企业法律与管理实务操作系列 WIN

超级实用版

《劳资先锋》杂志、劳资先锋网
HR俱乐部、人力资源管理研究中心
联合强力推荐

全新劳动争议处理实务指引

常见问题 典型案例 实务操作 法规参考

詹德强 著

(劳动法与劳资关系管理专家、著名律师、培训师)

中国法制出版社
CHINA LEGAL PUBLISHING HOUSE

第三版前言

《中华人民共和国劳动合同法》2008 年 1 月 1 日开始实施，至今已有十几个年头。在这个过程中，劳动合同法发挥了重大的作用：一方面，劳动合同法为广大劳动者的权益保障提供了坚实的法律支持；另一方面，通过劳动合同法的实施，尤其是劳动争议案件的处理，反过来也规范了企业的用工管理，促使用人单位更加主动地学习劳动合同法，细化人力资源管理的各个环节，以减少违法成本。在一定意义上，劳动合同法的实施提高了全社会的法律意识，起到了良好的普法效果，整个社会依法维权的意识得到了空前提升。

在这十几年中，作为一直奔走在实务前沿的法律人，我亲身感受到企业对劳动合同法的敬畏。首先，劳动争议仍然是企业经营管理中的难点，劳动争议案件高发态势虽有所改变，但仍占企业涉诉案件的多数。其次，处理劳动争议对企业提出了更高的要求，企业在处理过程中稍有不慎，不仅面临着法律的惩戒，而且会影响企业员工对企业文化的认同。企业处理劳动争议，除了要符合法律规定，而且要考虑到人性化、合理性等诸多因素。最后，随着劳动者维权意识的提升，劳动法律服务供给的增加，以及网络等新媒体影响力的扩大，劳动争议案件被放大传播导致公众关注甚至成为社会热点事件的可能性也在不断提高，增加了劳动争议处理的复杂度。

目前的劳动争议诉请日趋复合化、多元化，绝大多数的案件为“一案多诉请”，关注点从单一的薪资待遇向职业发展、休息休假、社会福利等全面延展，争议类型主要包括劳动报酬、经济补偿金、违法解除劳动合同赔偿金、确认劳动关系、社保待遇、工伤保险待遇、竞业限制等。此外，涉及商业秘密保护的案件也有增加。这些都需要在实务中进一步研究处理。

上述内容均为本书关注的重点。此次修订主要是根据近几年国家及地方出台或修订的法律法规对原版内容做了更新。此外，在近年我国持续推进供给侧结构性改革的新常态下，各地司法实务部门充分发挥司法能动性，使法律的实施更符合公平正义。比如有些法院通过判决对“客观情况发生重大变化”的认定有所调整，以平衡保障劳动者与用人单位之间的利益，本次修订过程中，我们努力纳入这些变化与调整，努力做到与时俱进。

再次感谢读者的信赖，正是您的支持才使得本书得以持续更新！希望新版的内容能给您带来更多的法律帮助！

首版前言

2005年12月全国人大常委会对《劳动合同法（草案）》的一审使劳动法重新成为全国关注的焦点，2006年3月20日该草案向社会征求意见后，在全国掀起了激烈的辩论，公众、学者、官员、企业家、律师等各方对该法进行思考、探索与争论。历经四次审议，全国人大终于在2007年6月29日通过《劳动合同法》，同时也将企业、员工等各方对劳动法律的关注推上了高点。继《劳动合同法》实施后，《就业促进法》《劳动争议调解仲裁法》及于2011年7月1日起实施的《社会保险法》相继出台，这些法律共同构筑起我国较为完善的劳动法体系，《最高人民法院关于审理劳动争议案件适用法律若干问题的解释》（一、二、三、四）等司法文件的制订实施，为劳动法的司法实践也提供了有力的指导。目前，劳动法律事务在律师业务中已经成为一个独立的专业领域，是律师提供法律服务的一个重要内容。

我在2006年自法院转入律师行业后即开始专注于劳动法事务的处理，经历了企业及员工对劳动法律事务的需求从最初的“零散”到《劳动合同法》实施前后的“井喷”的过程。我参与了百余家国内外知名企业的人事规章制度的构建、革新和劳动法事务咨询，代理或同团队律师共同代理了数百起新法下的劳动争议案件，组织实施了四五十起企业裁员员工安置项目，这些案例的实务积累，成为我劳动法服务水平提升的源泉。另外，我有幸受邀参加香港生产力促进局、香港人力资源协会、复旦大学管理学院、中国人民大学上海教学中心、宝钢教培中心等单位举办的论坛及讲座，并在上海、北京、广东等地多次为大型知名企业提供劳动关系解决方案的内训，在此过程中，与会人员睿智的提问与交流，为我更深刻地理解和体悟劳动法提供了滋养，成为我法律技能成长的一个重要支撑。2006年年底起我创办了“劳资先锋”（labourlaw. com. cn）专业劳动法网站，以期搭建一个能为更多人提供劳动法知识和技能的平台。上述经历及多年的实践，促使我一直打算在有机会时将这些实务心得整理成文字，以期能对企业或员工处理劳动关系时有所助益，这一想法成了写作本书的缘起。

对于企业管理人员或HR而言，常常面临的难题是如何将企业文化、企业人事管理人性化的“柔性”与法律规定的“刚性”有机结合，做到两者兼顾。而作为为企业提供劳动法服务的律师，在提供法律意见或方案解决劳动纠纷时应尽力解决这一难题，达到兼顾两者的效果。我认为这也是判断一个劳动法律师水平的关键因素。在代理企业处理国内目前最高诉求的员工告单位侵权索赔40亿的案件中，我提出处理劳动争议的一些原则：一是**合法化**，即应按照现行劳动法之最新规定及司法实践，在法律框架下寻求解决；二是**人性化**，即处理应符合人性之要求，对员工应考虑到个体的实际情况，尽最大可能考虑到员工的利益诉求，同时应结合企业实际经营管理的现状，不能一味促使资方迁就；三是**和谐化**，即双方处理劳动争议应尽最大诚意，不激化情绪和矛盾，不采取激进的言行，和谐坦诚地面对双方产生争议的现实；四是**合理化**，即双方的诉求均应充分考虑，在尊重事实的前提下，理性地寻求双方解决争议可接受的共同点，实现劳资冲突的最终解决；五是**保密化**，对于处理中可能涉及的企业商业秘密或员工个人隐私等现实问题，双方均应当遵守最基本的保密义务及道德准则。对于这些原则，我认为对解决劳动争议仍具有指导意义。

本书根据现实中劳动争议发生或被关注的实际情况，分为十七章。介绍了劳动争议处理程序；劳动合同订立、履行、续订、中止、终止、解除、无效等争议处理；商业秘密保护、竞业限制、培训服务期等争议处理；劳动报酬、经济补偿金、赔偿金、工伤与职业病、社会保险事务等争议处理；劳务派遣、集体协商等争议处理。对涉及的加班费、调岗调薪、女职工特殊保护、外国人就业、特殊劳动关系、劳务关系、工资及个人所得税处理、医疗期等较易产生的争议也做了相应介绍。另外，为了使这些知识更加易于阅读和掌握，在这些章节写作中加入了图表、案例及若干知识点小提示。

由于劳动人事法律涉及每个企业、每位劳动者个人的切身利益，因此，除了大量的法律法规和部门规章外，还有许多政策性的意见指导。这些政策不仅有中央或省级，更多的是落实到具体的地区、县、市，此外，很多规定又特别具体和琐细，因此，对于许多人员来说，面对劳动法事务常常感到无从下手。如何从这些成堆的文件、规定、政策中梳理、提炼出解决实务问题的方法是一名劳动法实务工作者必须面对的一个挑战。我在书中尽可能地满足这一要求，或进行问题的分类总结，或提供相应问题的解决思路或线索。

最后，衷心地期望本书能够帮助广大读者合法、合理、合情地处理好劳动争议。

目　录

第一章　劳动争议处理概述　1
第一节　劳动争议需掌握的基础知识　1
一、劳动争议的概念及特点　1
二、劳动争议范围　2
三、劳动争议与民事争议的区别　5
第二节　劳动争议处理需关注的基本问题　8
一、劳动争议处理的法律依据　8
二、劳动争议处理的基本原则　11
三、劳动争议的仲裁时效　12
四、劳动争议的管辖　16
五、劳动争议的举证　21
第三节　劳动争议处理的基本程序　25
一、劳动争议协商和解　26
二、劳动争议调解　26
三、劳动争议仲裁　28
四、劳动争议诉讼　31
案例：1-1　公司雇员雇佣他人是否属于劳动关系？　6
案例：1-2　签收邮件是否开始计算时效？　13
图表：1-1　仲裁时效图示　16
图表：1-2　劳动争议仲裁申请书（样本）　29

第二章　劳动关系争议　36
第一节　事实劳动关系　36
一、事实劳动关系的概念　36
二、事实劳动关系的认定　36

三、事实劳动关系产生的责任 39
四、避免事实劳动关系产生的措施 40
第二节 非典型劳动关系 41
一、劳动关系与雇佣关系 41
二、在校实习生 43
三、离退休返聘人员 46
四、外国人就业 49
案例：2-1 事实劳动关系如何认定？ 38
案例：2-2 在校学生实习受伤，用工单位是否应承担损害责任？ 44
案例：2-3 在校学生是否可与用人单位建立劳动关系？ 45
案例：2-4 退休后继续工作，生病不享受医疗期待遇？ 48
案例：2-5 未办就业证，不受劳动法保护？ 54
案例：2-6 就业证显示的用人单位信息与实际就业情况不一致，是否构成劳动关系？ 55
小贴士：2-1 港澳台居民在中国内地（大陆）就业是否需要办理就业证件？ 51
小贴士：2-2 什么情况下外国人所持工作许可证自行失效？ 51

第三章 劳动合同订立争议 57
第一节 招聘 57
一、招聘广告与录用条件 57
二、就业歧视 59
三、招聘中的告知 63
四、招聘中的担保禁止 64
五、未入职前的解约 64
第二节 无固定期限合同 65
一、无固定期限合同概念 65
二、无固定期限合同订立要件 66
三、无固定期限合同订立的实务操作 71
四、无固定期限合同的解除 71
第三节 合同续订 72
一、续订合同的法律特征 72
二、到期不续签的后果 73

图表：4－1　试用期、见习期和实习期的区别　80
图表：4－2　试用期期限设置　81
小贴士：4－1　底薪＋提成的限制　82
小贴士：4－2　用人单位限制兼职措施　95

第五章　劳动合同解除争议　96
第一节　劳动合同解除概述　96
一、概述　96
二、劳动合同解除的类型　97
第二节　劳动合同的协商解除　98
一、协商解除　98
二、协商解除的经济补偿金　98
第三节　试用期内解除劳动合同　99
一、试用期解除的规定　100
二、劳动者试用期内解除劳动合同　100
三、用人单位试用期内解除劳动合同　101
第四节　用人单位单方解除劳动合同　102
一、过错性解除　102
二、非过错性解除　105
三、解除的程序　107
第五节　劳动合同的特殊解除——裁员　109
一、裁员的前提条件　109
二、裁员需履行的程序　110
三、裁员中对劳动者的保护　111
第六节　劳动者单方解除劳动合同　114
一、预告解除（辞职）　114
二、即时解除　115
第七节　解除劳动合同的限制　117
一、涉及职业病及工伤的限制　117
二、医疗期内的限制　118
三、女职工、老职工的限制　119
四、其他情形的限制　120
第八节　违法解除的法律责任　120
一、用人单位的法律责任　120

二、劳动者的法律责任 121
案例：5-1 协商解除协议中“不存在任何纠纷”的约定是否有效？ 99
案例：5-2 规章制度未规定的严重违纪行为如何认定？ 102
案例：5-3 用人单位单方解除劳动合同，应当依法通知工会 107
案例：5-4 劳动者提出辞职后是否可以再撤销？ 115
图表：5-1 劳动合同的解除类型 97
图表：5-2 《劳动合同法》对试用期内解除合同的规定 100
图表：5-3 《劳动法》与《劳动合同法》对过错性解除劳动合同的规定 105
图表：5-4 劳动部的医疗期规定 118
图表：5-5 上海市关于医疗期的规定 119
小贴士：5-1 劳动合同解除与劳动合同终止的区别 96
小贴士：5-2 《劳动合同法》第四十条所规定的“额外支付劳动者一个月工资”，该“一个月工资”标准是多少？ 106
小贴士：5-3 裁员后仍须办理后续手续 113
小贴士：5-4 女职工“三期内”严重违纪，劳动合同可否解除？ 119

第六章 劳动合同的中止、终止争议 123
第一节 劳动合同的中止 123
一、中止的理由 123
二、中止的法律后果 124
第二节 劳动合同的终止 124
一、法定终止情形 125
二、法定终止的补偿 127
三、终止的特殊保护 131
案例：6-1 员工被宣告失踪，怎么终止劳动合同？ 125
案例：6-2 劳动合同期满后终止，用人单位是否要给经济补偿？ 127
案例：6-3 处于孕期、产期以及哺乳期的员工违法或者违约的，企业是否可以解除劳动合同？ 132
图表：6-1 经济补偿金基本计算公式 130
小贴士：6-1 计算前12个月平均工资时是否包含加班工资？ 128
小贴士：6-2 劳动合同法对特定劳动群体终止劳动合同的规定 132

第七章　劳动合同无效争议 133
第一节　无效的类型 133
一、法定的无效 133
二、约定的无效 136
第二节　无效的认定 138
一、全部无效 138
二、部分无效 139
第三节　无效的后果 139
一、解除劳动合同 139
二、改正履行 140
三、赔偿 140
案例：7－1　“无工资上岗”是否合法？ 136
案例：7－2　签了合同就得自认倒霉？ 137
案例：7－3　劳动合同无效是否必然导致劳动关系无效？ 140
图表：7－1　《劳动法》和《劳动合同法》规定的劳动合同无效的情形 133

第八章　经济补偿金与赔偿金争议 142
第一节　经济补偿金 142
一、经济补偿金的特征 142
二、经济补偿金的类型 143
三、经济补偿金的支付范围 144
四、经济补偿金的支付标准 149
五、经济补偿金的支付时间 155
第二节　赔偿金 156
一、单位支付的赔偿金 156
二、劳动者支付的赔偿金 157
案例：8－1　财务人员遭受电信诈骗给单位造成损失应根据过错承担赔偿责任 158
图表：8－1　经济补偿金、赔偿金、违约金对比 143
图表：8－2　不需要支付经济补偿金的情形 149
小贴士：8－1　支付经济补偿金时仅依据劳动者工资项目中的基本工资是否合法？ 151
小贴士：8－2　经济补偿金是否应缴税？ 151

第九章 其他类型劳动合同争议 160
第一节 以完成一定任务为期限的合同 160
一、以完成一定工作任务为期限的劳动合同与固定期限劳动合同之间的不同之处 160
二、以完成一定工作任务为期限的劳动合同的经济补偿 161
三、对以完成一定任务为期限用工的限制 161
第二节 非全日制劳动合同 161

第十章 劳动报酬争议 164
第一节 工资的构成与税务处理 164
一、工资的构成 164
二、不纳入工资构成 165
三、工资与个人所得税 165
四、年终奖与经济补偿金的个人所得税处理 168
第二节 最低工资 171
一、最低工资的作用 171
二、不纳入最低工资的费用 171
三、月最低工资与小时最低工资 172
四、违反最低工资的责任 172
第三节 工资支付 173
一、工资支付形式 173
二、工资支付时间 173
三、假期工资的支付 173
四、特殊情况下的工资支付 174
五、加班工资支付及管理建议 175
六、克扣与减发工资 177
第四节 五省市工资支付制度比较 179
一、工资组成 179
二、支付形式和记录保存要求 180
三、支付周期 181
四、特殊情况下的支付 182
五、加班工资 184
六、假期工资支付及工资基数 186
七、工资扣减的规定 188

案例：10－1　年终奖纳税实例讲解　169
案例：10－2　经济补偿金纳税实例讲解　170
案例：10－3　计件工资是否存在最低工资问题？　171
案例：10－4　用人单位安排加班，员工同意的，是否还存在法律风险？　177
案例：10－5　工龄工资能否变更为绩效奖金？　178
图表：10－1　个人所得税税率对比表　166
小贴士：10－1　津贴和补贴的简易区别　165
小贴士：10－2　工资可否按最低工资支付？　172
小贴士：10－3　用人单位拖欠工资，劳动者可以申请支付令吗？　178

第十一章　培训服务期争议　190

第一节　培训服务期　190
一、培训概念的界定　190
二、服务期期限　192
第二节　违反服务期的责任　194
一、培训费用的确定　194
二、违约金的计算　195
案例：11－1　针对职业培训约定的服务期和违约责任是否有效？　191
案例：11－2　服务期与劳动合同期限不一致，违约责任如何处理？　193
案例：11－3　违反服务期员工是否应向用人单位赔偿培训期间工资？　194
图表：11－1　服务期和劳动合同期限的关系　192
小贴士：11－1　服务期内留住劳动者的其他途径　191
小贴士：11－2　单位降低工资致使服务期未能履行，劳动者是否承担违约金？　196
小贴士：11－3　培训费的追偿原则　197

第十二章　保密及竞业禁止争议　198

第一节　商业保密　198
一、商业秘密认定　198
二、保密对象　200

三、违反保密义务的责任 202
第二节 竞业禁止 203
一、竞业禁止的对象 204
二、竞业禁止的期限 204
三、竞业禁止的补偿 205
四、违反竞业禁止的责任 207
五、竞业限制协议的解除 209
第三节 企业对员工的管理措施 209
一、制定保密制度 210
二、签订保密协议 210
三、主动对离职员工采取脱密措施 211
四、签订竞业限制协议 211
案例：12－1 保密费等同于竞业限制补偿金吗？ 203
案例：12－2 劳动者违反竞业限制义务应按约定返还取得股票之利益 208
图表：12－1 商业秘密劳动争议的特点 199
图表：12－2 保密义务：《公司法》VS《劳动合同法》 201
图表：12－3 保密协议与竞业限制协议的比较 206
小贴士：12－1 商业秘密保护常见措施 200

第十三章 女职工特殊保护争议 213
一、女职工特殊保护概述 213
二、女职工禁忌工作范围 213
三、女职工特殊期间的权利 215
四、违反女职工保护的法律责任 222
案例：13－1 女职工在哺乳期内，用人单位可以以违反规章为由解除劳动合同吗？ 217
案例：13－2 女职工未婚先孕，公司是否可以解除合同？ 218
案例：13－3 协商解除劳动合同后能否以怀孕为由恢复劳动关系？ 219
案例：13－4 女职工孕期调整工作岗位的，用人单位可否降低其收入？ 220

第十四章　工伤及职业病争议　224
第一节　工伤概述　224
一、工伤基础　224
二、工伤保险的交纳　225
三、工伤保险与商业保险　226
第二节　工伤的认定　227
一、工伤认定的范围　227
二、工伤认定的程序　231
三、伤残等级的认定　233
第三节　工伤待遇　235
一、工伤保险待遇　235
二、非法用工的工伤待遇　239
第四节　职业病争议　240
一、职业病认定　240
二、职业病享受的待遇　247
案例：14-1　员工在公司组织的旅游活动中受伤是否应认定为工伤？　230
案例：14-2　下班途中绕道，交通事故受伤是否算工伤？　231
案例：14-3　受工伤的职工是否可以同时获得工伤保险赔偿和商业保险赔偿？（案例选于《最高人民法院公报》2017年第12期）　238
案例：14-4　工伤认定申请起算时间如何确定？　239
案例：14-5　用人单位未安排从事职业病危害作业的劳动者进行离岗前健康检查系违法　247
图表：14-1　工伤认定流程图　233
图表：14-2　劳动能力鉴定的基本流程图　235
图表：14-3　工伤待遇一览表　236
图表：14-4　非法用工伤亡赔偿　239
图表：14-5　职业病鉴定程序　246
小贴士：14-1　工伤赔偿的无过错责任原则　225
小贴士：14-2　“工伤概不负责”条款的效力　225
小贴士：14-3　用人单位不缴纳工伤保险仍按工伤责任标准负担劳动者工伤待遇　226
小贴士：14-4　醉酒的认定　230

第十五章 社会保险事务争议 248
第一节 社会保险概述 248
一、社会保险制度综述 248
二、社会保险类型及征缴范围 250
三、用人单位违反社会保险义务的法律责任 255
四、《社会保险法》亮点及对企业的影响 255
第二节 养老保险争议 260
一、养老保险概述 260
二、退休退职 262
三、跨地区就业时养老保险的转移接续 265
四、养老保险争议处理 266
第三节 医疗保险争议 269
一、医疗保险概述 269
二、医疗保险的缴纳及支付 270
三、医疗保险争议处理 273
第四节 失业保险 273
一、失业保险概述 273
二、失业保险的领取 274
第五节 生育保险 276
一、生育保险概述 276
二、生育保险待遇的申领 277
案例：15－1 职工医疗费用支付实例 272
图表：15－1 中国社会保险体系构成 250
图表：15－2 特殊情况下的员工缴费基数计算原则 252
图表：15－3 部分城市职工基本养老保险、基本医疗保险、失业保险、生育保险缴费比例一览表 253
图表：15－4 个人账户养老金计发月数表 261
小贴士：15－1 用人单位可否在劳动合同中与劳动者约定不为其缴纳社会保险费？ 249
小贴士：15－2 劳动者可否要求用人单位将应缴纳的社会保险费变现支付给自己？ 249
小贴士：15－3 用人单位招收在校实习生和退休返聘人员是否需为其缴纳社会保险费？ 251
小贴士：15－4 试用期员工是否可以不缴纳社会保险费？ 251

小贴士：15－5 对企业富余人员、长期请（病）假、外借人员和带薪培训（上学）人员，是否应缴纳社会保险费？ 251
小贴士：15－6 缴费月平均工资的确定 253
小贴士：15－7 养老保险争议仲裁裁决的效力 269
小贴士：15－8 未就业配偶仍可享受生育保险待遇吗？ 277

第十六章 劳务派遣争议 279

第一节 劳务派遣概述 279
一、劳务派遣的法律关系 279
二、劳务派遣与相关概念的区分 282
三、劳务派遣的适用岗位 284
第二节 劳务派遣的法定保护 285
一、用工单位的法定义务 285
二、劳务派遣工的工资保护 287
三、劳务派遣工的工会参加权 288
四、侵害劳务派遣工的责任承担 288
案例：16－1 劳务派遣，发生工伤谁来赔？ 279
案例：16－2 派遣员工受伤，找谁维权？ 289
图表：16－1 劳务派遣中用人单位、用工单位、劳动者三方关系示意图 281
小贴士：16－1 劳务派遣公司的资质要求 281
小贴士：16－2 用工单位是否需要与被派遣劳动者签订书面协议？ 282
小贴士：16－3 用工单位如何维护自身权益？ 289

第十七章 集体合同争议 293

第一节 集体合同的概念及特征 293
一、集体合同的概念及特征 293
二、集体合同与劳动合同 294
第二节 集体合同的协商与签订 295
一、集体合同平等协商原则 295
二、集体合同协商代表 296
三、集体合同内容 299

三、续订合同的操作建议 73
案例：3－1 如何证明劳动者在试用期内不符合录用条件？ 59
案例：3－2 反就业歧视案 61
案例：3－3 视为无固定期后仍未签订书面劳动合同，能否索要双倍工资？ 70

第四章 劳动合同履行争议 75

第一节 劳动合同履行原则 75
一、劳动合同履行的原则 75
二、劳动合同主体变更时的履行原则 76
三、履行地与用人单位注册地不一致时的履行原则 78
第二节 试用期 79
一、试用期与见习期、实习期 79
二、试用期限 80
三、试用期工资 81
四、试用期考核与转正 82
第三节 劳动合同的变更 84
一、概述 84
二、导致劳动合同变更的情形 84
三、劳动合同变更的形式及步骤 88
四、劳动合同变更“书面形式”的例外 89
第四节 调岗调薪 90
一、调岗事由 90
二、调薪与扣薪 91
第五节 兼职行为 94
一、兼职的概念及法律基础 94
二、兼职的限制 95
案例：4－1 报酬的计算 75
案例：4－2 工龄可否继承？ 77
案例：4－3 如何解雇试用期内不符合录用条件的员工？ 83
案例：4－4 部门取消是否属于客观情况发生重大变化？ 87
案例：4－5 劳动合同变更未采取书面形式，实际履行是否受保护？ 89
案例：4－6 用人单位能否以亏损为由调岗降薪？ 93

第一章　劳动争议处理概述

2008年1月1日实施的《中华人民共和国劳动合同法》及2008年5月1日起实施的《中华人民共和国劳动争议调解仲裁法》掀开了劳资博弈的新篇章，中国劳动争议数量大增，并呈现以下特点：1. 员工主动维权的劳动争议案件数量大幅上升。两法本身的制度设计得到极其广泛的宣传，劳动者维权意识增强，导致维权案件数量大幅增长。2. 劳动争议中员工维权诉求以利益型诉求为主。工资、加班工资、经济补偿金、工伤保险等利益型争议占劳动争议总数的70%以上，劳动者把关注点集中在与个人利益密切相关的经济利益上，成为当前及今后劳动者维权的新特点。3. 争议结果，员工维权成功的概率较高。企业用工的不规范及用工观念尚未调整到位，使用人单位败诉率、员工维权成功率居高不下成为不争的事实。4. 劳动争议中，员工维权形式及维权诉求内容日趋多样化和复杂化。一方面，员工通过劳动监察部门、工会、劳动争议仲裁委员会、法院，甚至信访途径进行自身维权。另一方面，维权诉求内容与法律关系相互交叉，法律与政策相互交叉，使员工维权日趋多样化和复杂化。

鉴于此，如何避免和减少可能败诉的劳动争议，是当前用人单位必须面对需要解决的课题，掌握妥善处理劳动争议有关的实务技能是公司管理者、HR和内部法务人员工作的必需课程，对劳动者而言，掌握劳动争议处理的有关知识，亦是帮助自己维权的手段。

第一节　劳动争议需掌握的基础知识

一、劳动争议的概念及特点

劳动争议，有时也称为“劳动纠纷”“劳资纠纷”“劳资争议”，在我国最早因20世纪30年代南京国民政府颁布《劳动争议处理法》而得名沿用至今，它主要是指用人单位和劳动者在执行劳动方面的法律、法规和劳动合同、集体合同的过程中，就劳动权利义务发生分歧而引起的争议。

劳动争议具有如下特点：

1. 劳动争议的主体一方是用人单位，另一方是劳动者。用人单位包括企业、事业单位、国家机关、社会团体、个体经济组织、民办非企业单位等组织。

2. 劳动争议主体之间必须存在劳动关系，在实践中是否签订劳动合同并不是判断劳动关系存在与否的标准。

3. 劳动争议的产生是在劳动关系存续期间发生的，因此，劳动争议处理亦有时效方面的限制。

4. 劳动争议的内容必须与劳动权利义务有关。劳动权利和义务的内容，主要是指《劳动法》第三条规定的劳动者享有的八项权利和应履行的义务，如取得劳动报酬、休息休假、获得劳动安全卫生保护、享受社会保险和福利等权利，及完成劳动任务、执行劳动安全卫生规程、遵守劳动纪律和职业道德等义务。

二、劳动争议范围

因我国的劳动争议处理需要以劳动仲裁委员会先行仲裁后才可进入法院审理程序，因此劳动争议范围的界定具有重要意义。通常，劳动争议范围是以劳动争议仲裁委员会依法有权处理的范围来确定的。

依据《劳动争议调解仲裁法》《最高人民法院关于审理劳动争议案件适用法律若干问题的解释》（一、二、三、四）及《企业劳动争议处理条例》等有关法律法规，应纳入我国劳动争议范围的有：

（一）因确认劳动关系发生的争议

劳动关系是指用人单位招用劳动者为其员工，劳动者在用人单位的管理下提供有报酬的劳动而产生的权利义务关系。实践中，一些用人单位不主动与劳动者签订劳动合同，致使一旦出现侵害劳动者权益的事情，劳动者很难维权，因此，确认劳动关系应当纳入劳动争议的范围，有利于保护劳动者权益。

（二）因订立、履行、变更、解除和终止劳动合同发生的争议

用人单位与劳动者之间的劳动关系和权利义务主要是由劳动合同约定的，涉及订立、履行、变更、解除和终止劳动合同全过程。任何一个环节发生的争议，都应纳入劳动争议处理范围之内。

（三）因除名、辞退和辞职、离职发生的争议

这些主要是解除和终止劳动关系而引起的争议。由于《企业职工奖惩条例》已经废止，“除名”这一名词基本不再使用，而以解雇或单方面解除劳动合同等较规范的用词代之。辞退是指用人单位依据法律规定的条件和程序解除与其工作人员的工作关系。辞职是指劳动者根据本人意愿，辞去所担任的职务，并解除与用人单位的劳动关系。离职是劳动者根据本人意愿，自动解除与所在单位的劳动关系的行为。因解雇、辞退、辞职、离职所发生的争议，均纳入劳动争议处理范围。

（四）因工作时间、休息休假、社会保险、福利、培训以及劳动保护发生的争议

工作时间、休息休假争议主要涉及用人单位制订的工时制度是否符合法律规定，

劳动者是否能够享受到法定的节假日及带薪休假的权利而产生的争议。社会保险争议主要涉及用人单位是否依照法律法规为劳动者缴纳养老、工伤、医疗、失业、生育等社会保险费而引起的争议。因福利、培训发生的劳动争议主要涉及用人单位与劳动者订立的劳动合同中规定的福利待遇、培训服务期等约定款项履行而产生的争议。因劳动保护发生的争议，主要涉及用人单位是否为劳动者提供符合法律规定的劳动安全卫生条件等产生的争议。

（五）因劳动报酬、工伤医疗费、经济补偿或者赔偿金等发生的争议

这部分争议主要涉及金钱赔付。劳动报酬争议主要涉及拖欠、克扣工资、加班费，不合法的工资抵扣等。工伤医疗费争议主要是劳动者因工负伤，用人单位应当承担的医疗费用等争议。经济补偿是指根据法律规定，用人单位解除或终止劳动合同时，应给予劳动者的补偿。经济补偿主要是法定补偿，支付主体是用人单位。赔偿金则是指根据法律规定，用人单位应当向劳动者支付的赔偿金或劳动者应当向用人单位支付的赔偿金，赔偿主体可以是双方的任何一方。

（六）社会保险争议

根据 2010 年 9 月 14 日施行的《最高人民法院关于审理劳动争议案件适用法律若干问题的解释（三）》之规定，劳动者以用人单位未为其办理社会保险手续，且社会保险经办机构不能补办导致其无法享受社会保险待遇为由，要求用人单位赔偿损失而发生争议的，人民法院应予受理。

这一规定，同时也意味着，如果用人单位已经为劳动者办理了社保手续，但由于双方对缴费基数、缴费年限发生争议，不应当属于劳动争议解决处理的范围，而应由社保管理部门依其行政职能处理。

（七）法律、法规规定的其他劳动争议

这是一项兜底性规定，除了上述的劳动争议，其他法律、法规或地方性法规规定的争议，也应纳入劳动争议的范围之内。例如根据《最高人民法院关于审理劳动争议案件适用法律若干问题的解释》第一条规定，劳动者与用人单位之间发生的下列纠纷，属于《劳动法》第二条规定的劳动争议，当事人不服劳动争议仲裁委员会作出的裁决，依法向人民法院起诉的，人民法院应当受理：

（1）劳动者与用人单位在履行劳动合同过程中发生的纠纷；

（2）劳动者与用人单位之间没有订立书面劳动合同，但已形成劳动关系后发生的纠纷；

（3）劳动者退休后，与尚未参加社会保险统筹的原用人单位因追索养老金、医疗费、工伤保险待遇和其他社会保险费而发生的纠纷。

同时，该解释第十三条规定：“因用人单位作出的开除、除名、辞退、解除劳动合同、减少劳动报酬、计算劳动者工作年限等决定而发生的劳动争议，用人单位负举证责任。”

除此之外，依据《最高人民法院关于审理劳动争议案件适用法律若干问题的解释（三）》之规定，因企业自主进行改制引发的争议，及劳动者依据《劳动合同法》第八十五条规定，向人民法院提起诉讼，要求用人单位支付赔偿金的，人民法院均应予受理。

另外，依据《最高人民法院关于审理劳动争议案件适用法律若干问题的解释（二）》的规定，下列纠纷不属于劳动争议的范围：

（1）劳动者请求社会保险经办机构发放社会保险金的纠纷；

（2）劳动者与用人单位因住房制度改革产生的公有住房转让纠纷；

（3）劳动者对劳动能力鉴定委员会的伤残等级鉴定结论或者对职业病诊断鉴定委员会的职业病诊断鉴定结论的异议纠纷；

（4）家庭或者个人与家政服务人员之间的纠纷；

（5）个体工匠与帮工、学徒之间的纠纷；

（6）农村承包经营户与受雇人之间的纠纷。

在上述纠纷中，劳动者请求社会保险经办机构发放社会保险金的纠纷，劳动者对劳动能力鉴定委员会的伤残等级鉴定结论或者对职业病诊断鉴定委员会的职业病诊断鉴定结论的异议纠纷属于行政纠纷，通常需要经过行政处理程序后，以行政诉讼案件起诉到法院，因此不属于劳动争议类纠纷案件，不能以劳动争议为由提起仲裁或诉讼。

劳动者与用人单位因住房制度改革产生的公有住房转让纠纷，家庭或者个人与家政服务人员之间的纠纷，个体工匠与帮工、学徒之间的纠纷，农村承包经营户与受雇人之间的纠纷均属于普通民事关系争议，即以普通民事案件而被法院直接受理，当事人不能以劳动争议为由提起诉讼，当事人只能按照民事诉讼程序提起普通民事诉讼，维护正当的民事权利。

此外，人力资源和社会保障部于2009年1月1日公布实施的《劳动人事争议仲裁办案规则》第二条的规定也对劳动争议仲裁范围作了相应的规定。该条规定：“本规则适用下列争议的仲裁：（一）企业、个体经济组织、民办非企业单位等组织与劳动者之间，以及机关、事业单位、社会团体与其建立劳动关系的劳动者之间，因确认劳动关系，订立、履行、变更、解除和终止劳动合同，工作时间、休息休假、社会保险、福利、培训以及劳动保护，劳动报酬、工伤医疗费、经济补偿或者赔偿金等发生的争议；（二）实施公务员法的机关与聘任制公务员之间、参照公务员法管理的机关（单位）与聘任工作人员之间因履行聘任合同发生的争议；（三）事业单位与工作人员之间因除名、辞退、辞职、离职等解除人事关系以及履行聘用合同发生的争议；（四）社会团体与工作人员之间因除名、辞退、辞职、离职等解除人事关系以及履行聘用合同发生的争议；（五）军队文职人员聘用单位与文职人员之间因履行聘用合同发生的争议；（六）法律、法规规定由仲裁委员会处理的其他争议。”

（八）仲裁不予受理的处理

劳动者或用人单位在申请仲裁时，可能会遇到仲裁部门不予受理的情形，针对此《最高人民法院关于审理劳动争议案件适用法律若干问题的解释（四）》第一条对仲裁不予受理后又起诉的处理作出了具体性的规定：

劳动人事争议仲裁委员会以无管辖权为由对劳动争议案件不予受理，当事人提起诉讼的，人民法院按照以下情形分别处理：

（一）经审查认为该劳动人事争议仲裁委员会对案件确无管辖权的，应当告知当事人向有管辖权的劳动人事争议仲裁委员会申请仲裁；

（二）经审查认为该劳动人事争议仲裁委员会有管辖权的，应当告知当事人申请仲裁，并将审查意见书面通知该劳动人事争议仲裁委员会，劳动人事争议仲裁委员会仍不受理，当事人就该劳动争议事项提起诉讼的，应予受理。

本条解释的前提在于该类劳动争议案件属于劳动人事争议仲裁委员会的仲裁事项。因此对于确属仲裁管辖的劳动争议事项，劳动者向劳动人事争议仲裁委员会提起仲裁的，则劳动人事争议仲裁委员会应当受理；即使该劳动人事争议仲裁委员会确无管辖权，也应将该案件移送到有管辖权的劳动人事争议仲裁委员会，而不应以各种理由不予受理；如果对此类案件劳动人事争议仲裁委员会以无管辖权为由不予受理，劳动者提起诉讼的，人民法院经审查认为该劳动人事争议仲裁委员会有管辖权并经书面通知但其仍不受理的，法院应予受理。当然，如果劳动者提交的事项确实不属于劳动争议案件，而一定程度上属于刑事案件或者行政诉讼案件，甚至属于普通的民事案件，则人民法院可以直接受理。

三、劳动争议与民事争议的区别

劳动争议是劳动关系双方主体因实现或履行劳动法律、法规确定的劳动权利和义务产生分歧而引起的争议。民事争议是公民之间、法人之间、公民和法人之间因民事权利和民事义务而产生的纠纷。两者之间有时某些条件存在交叉，如劳动合同争议与雇佣合同争议，因此，我们应注意从以下几个方面做区分：

1. 主体

劳动争议中主体是劳动者与用人单位，而且其中一方必然是非自然人。民事争议的主体是不确定的，它既可以发生在公民与公民之间，也可以发生在公司与法人之间、法人与法人之间。劳动争议的主体之间存在着管理与被管理的法律关系，存在着一定的隶属关系，而民事争议的主体之间是平等的，双方之间不存在隶属关系。

2. 争议的内容

劳动争议的内容必须是因为执行劳动法律法规或者订立、履行、变更、解除和终止劳动合同而引起的，争议多集中在劳动合同履行中。民事争议的内容是当事人之间的民事权利和民事义务，是关于财产权益和人身利益的纠纷，具体体现为物权、债权、人身权等，多是发生在公民个人生活中或公民和法人经济活动中的权利义务争议，民事争议的数量和内容较为广泛。

3. 责任后果及适用法律不同

劳动争议的法律后果不仅有未履行劳动法律法规而产生的民事责任后果，如违法解除劳动合同时支付的赔偿金等，也有可能承担国家劳动保障部门行政处罚的行政责任后果。而民事争议的法律后果通常是承担违约责任或侵权责任，不涉及行政责任的承担。劳动争议主要适用的是《劳动法》《劳动合同法》及其他劳动相关法律法规，而民事争议所适用的法律主要是《民法通则》《合同法》等。

4. 争议的救济手段方式不同

发生劳动争议时，当事人可以通过调解，调解不成或不愿意调解的则必须向劳动争议仲裁委员会申请劳动仲裁，若不是一裁终决的案件，对仲裁结果不服的，可以向法院提起诉讼进行救济。民事争议产生后，当事人可以协商调解，调解不成的，当事人可依法直接向法院诉讼，由法院进行裁决。虽然调解在处理劳动争议和民事争议时都可以适用，但并不是解决争议的必经程序。两类争议救济的主要区别在于，劳动争议必须经过仲裁处理程序，否则不可以向法院直接诉讼，而民事争议的救济则可以通过直接向法院提起诉讼而达到目的。

案例：1－1　公司雇员雇佣他人是否属于劳动关系？

史蒂芬女士是外籍人士，2015年8月起被上海某公司聘任，为方便史蒂芬女士在上海的工作和生活，公司配备了车辆供其个人使用。2017年12月，史蒂芬女士通过家政服务公司介绍聘请李先生为其个人司机，史蒂芬出入境时由李先生到机场接机和送机，根据史蒂芬要求处理一些临时性事宜，必要时陪同异地出差。史蒂芬不在国内期间，李先生在家休息。史蒂芬每月支付李先生劳务报酬5000元，此外还有数目不等的节日慰问费和外地出差补贴。2018年7月，二人因故发生争吵，史蒂芬结清李先生报酬后，不再雇佣。

2018年8月，李先生提起劳动仲裁，要求确认与公司存在劳动关系，并要求公司支付未签订书面劳动合同的双倍工资、违法解除劳动合同的赔偿金、补缴社保等。公司认为，车辆是公司配给史蒂芬个人使用的，李先生是为史蒂芬个人提供劳务，不接受公司管理，也不领取劳动报酬，与公司不存在劳动关系。史蒂芬也向仲裁委提供情况说明，证明是个人雇佣，并提交了每月向李先生支付劳务报酬的凭证。仲裁委经过审理，裁决对李先生的仲裁请求不予支持。

律师点评

本案的争议焦点有两个，一是公司雇员的雇佣行为能否视为公司的聘用行为？二是劳动关系和劳务关系的认定。

首先，公司雇员的雇佣行为能否认定为公司行为，关键取决于公司雇员以何名义对外聘雇，以及受雇人员接受谁的管理，为谁提供服务。本案中，史蒂芬以个人名义聘用李先生为私人司机，李先生也知晓其为史蒂芬个人提供劳务，不接受公司管理。因此史蒂芬聘用李先生的行为属个人行为而非公司行为。

其次，关于劳动关系的认定，根据《劳动和社会保障部关于确立劳动关系有关事项的通知》规定，劳动关系的确立需同时具备以下条件：（一）用人单位和劳动者符合法律法规规定的主体资格；（二）用人单位依法制定的各项规章制度适用于劳动者，劳动者受用人单位的劳动管理，从事用人单位安排的有报酬的劳动；（三）劳动者提供的劳动是用人单位业务的组成部分。本案中，史蒂芬显然不具备用人单位主体资格，其与李先生不能建立劳动关系；且李先生并不接受公司管理，也未从公司领取劳动报酬，其与公司也不存在劳动关系。

因此李先生基于存在劳动关系提出的仲裁请求，不能得到支持。

通常来讲，判断劳动关系和雇佣关系主要从以下几个方面进行：

1. 主体资格。劳动关系双方中一方是具备合法用工资格的用工单位，一方为劳动者。而雇佣合同的双方签约主体都可以是自然人，且提供劳务一方的主体资格也不需要严格界定，比如大学生、退休人员都可以作为一方主体。

2. 主体地位。在劳动合同中，劳动者受用人单位管理，劳动者处于相对的弱势地位。雇佣合同的主体为平等主体，主体之间的法律地位完全平等，相互独立，不具有身份上的隶属性和依附性。

3. 合同当事人双方的权利、义务。劳动合同中，用人单位除需履行劳动合同中约定的义务外，还需按照相关法律规定，履行为劳动者缴纳社会保险的义务。而雇佣合同中无此义务规定。

4. 合同形式。法律对雇佣合同的形式没有要求，根据我国合同法的规定，既可以是书面合同，也可以是口头合同。根据我国劳动合同法的规定，我国的劳动合同应当采用书面形式。

5. 解决争议的方式不同。雇佣合同是一种民事合同，发生争议时，当事人有权直接向人民法院起诉。而因劳动合同发生的争议，当事人要向人民法院起诉，必须先向有管辖权的劳动争议仲裁委员会申请仲裁，对仲裁裁决不服的才可以向人民法院起诉。

第二节 劳动争议处理需关注的基本问题

一、劳动争议处理的法律依据

处理劳动争议的法律依据，从广义上来看，主要包括法律、行政法规、地方性法规，同时也包括部门规章和地方政府规章，在司法实践中既包括最高人民法院的司法解释，也包括地方性法院出台的指导意见及地方劳动争议仲裁机关所发布的仲裁指导意见。为方便理解，主要从实体性规范和程序性规范两方面进行介绍。

（一）实体性法律规范

1. 法律，主要指依据《立法法》所规定的由全国人民代表大会及其常务委员会制定和颁布的劳动基本法，最主要的法律有1995年1月1日起实施的《劳动法》和2008年1月1日起实施的《劳动合同法》，这两部法律构成了我国劳动法律体系的基础，是我国劳动争议处理的基本性法律。《职业病防治法》《就业促进法》等也是劳动法体系中重要的法律。另外，其他法律如《刑法》《未成年人保护法》《妇女权益保障法》等也有有关劳动方面的规定。

2. 行政法规，主要是指国务院制定和颁布实施的文件，如《劳动合同法实施条例》《职工带薪年休假条例》《工伤保险条例》《国务院关于职工工作时间的规定》《女职工劳动保护特别规定》等，上述行政法规主要是依据基本法律的规定，对用人单位与劳动者的权利义务做详细的规定，相对于基本的劳动法律来讲，更具有可操作性。

3. 部门规章，规章主要是指劳动和社会保障部门（此前曾称劳动部，现该部门已经改为人力资源和社会保障部，但为了称呼习惯的方便，笔者仍称之为劳动和社会保障部）在劳动法和行政法实施过程中对更加详细的问题做出的明确规定，以弥补法律或行政法规的不足，如《最低工资规定》《工资支付暂行规定》等，在劳动争议处理过程中，部门规章对劳动争议仲裁与诉讼的裁决起到了重要的参考作用，是非常重要的实体性法律依据。

4. 地方性法规和地方性规章，地方性法规主要是指地方人民代表大会及其常务委员会制定和颁布的适用于当地的有关劳动方面的规范性文件。如《上海市劳动合同条例》《江苏省劳动合同条例》等。地方性规章是由各地人民政府制定的有关劳动方面的规范性文件，如《上海市外来从业人员综合保险暂行办法》等。由于目前我国各地经济社会发展水平的不统一，各地根据当地的实际经济社会情况，由地方人大制定符合实际的地方法规，有利于劳资关系的协调发展，有利于更好地实现公平。这些地方

四、集体合同签订程序 300
第三节 集体合同的变更、解除和终止 302
一、集体合同的变更 302
二、集体合同的解除 302
三、集体合同的终止 303
第四节 集体合同争议处理 304
一、集体合同协商签订过程中的争议处理 304
二、集体合同履行中的争议处理 304
图表：17－1 集体合同与劳动合同比较 294
图表：17－2 集体合同变更、解除或终止通常事由 303

性的法规和规章在各地的仲裁或诉讼过程中具有重要的指导作用。

5. 司法解释。司法解释通常是指在司法实务中由最高人民法院公布的指导性文件。由于是最高人民法院制定并公布实施的，在适用上具有高度的统一性和针对性。例如最高人民法院针对劳动法相继出台了《最高人民法院关于审理劳动争议案件适用法律若干问题的解释》《最高人民法院关于审理劳动争议案件适用法律若干问题的解释（二）》《最高人民法院关于审理劳动争议案件适用法律若干问题的解释（三）》《最高人民法院关于审理劳动争议案件适用法律若干问题的解释（四）》，对劳动争议案件处理口径的统一起到了很好的作用。

6. 国际劳工公约。国际劳工公约是国际劳工大会通过的法律文件，截至2004年底，共通过国际劳动公约184个，建议书194个。我国到2007年止，共加入了国际劳工公约26个。凡是经我国政府批准加入的国际劳工条约，除事先声明保留的条款外，均应按条约规定保证实施。

（二）程序性法律规范

程序性法律规范是指劳动争议处理机构处理劳动争议的程序性规范文件，是劳动争议处理程序公正合理的保障。依据我国现有的法律法规，涉及劳动争议处理的程序性规范文件主要有：

1.《劳动争议调解仲裁法》。该法于2007年12月29日经第十届全国人民代表大会常务委员会第三十一次会议通过，并于2008年5月1日起实施。该法较系统地规范了劳动争议处理过程中调解仲裁活动，对之前劳动争议处理“一调一裁两审”程序进行了补充、修改，明确我国劳动争议处理“一裁两审”及部分案件“一裁终结”的处理程序，为建立及时、有效、快捷的劳动争议处理程序提供制度保障，保护当事人合法权益，促进劳动关系和谐稳定。此外，《劳动法》第十章规定了劳动争议处理的程序、原则、机构组成及时效等，其与劳动争议调解仲裁法有部分冲突的规定，根据新法优于旧法的原则，应优先适用劳动争议调解仲裁法的规定，但其余的非冲突部分仍具有十分重要的指导意义。

2.《企业劳动争议协商调解规定》《劳动人事争议仲裁组织规则》《劳动人事争议仲裁办案规则》等。该三个部门规章都是根据《劳动争议调解仲裁法》等规定新公布实施的，公布后原劳动部下发的《劳动争议仲裁委员会组织规则》《劳动争议仲裁委员会办案规则》《企业劳动争议调解委员会组织工作规则》等文件废止。这些文件构成了劳动争议处理的机构组成、仲裁程序和规则，调解程序和规则的基本框架。

3.《民事诉讼法》。民事诉讼法是审理民事案件的最基本的程序法，虽然劳动争议处理有自身特殊的规定，但一些基本程序仍需参照《民事诉讼法》的有关规定。如《劳动人事争议仲裁办案规则》规定，争议处理中涉及证据形式、证据提交、证据交换、证据质证、证据认定等事项，本规则未规定的，参照民事诉讼证据规则的有关规定执行。

4. 法律解释。此处的法律解释既包括最高人民法院发布的司法解释，也包括劳动和社会保障部门所做的部门规章性质的解释，最高法院的司法解释中对某些程序性的问题做了规定，如劳动争议案件的受理范围及不属于劳动争议的案件类型。劳动和社会保障部门所做的解释，主要是以在实际工作中发布的有关规范性文件和对下级机关就程序问题请示的复函等形式而出现的。

中华人民共和国人力资源和社会保障部简介

中华人民共和国人力资源和社会保障部 Ministry of Human Resources and Social Security of the People's Republic of China（MOHRSS）是统筹机关企事业单位人员管理和统筹城乡就业和社会保障政策的中国国家权力机构，于十一届全国人大一次会议第四次全体会议（2008. 03. 11）“国务院机构改革方案”审议通过组建，同时组建国家公务员局，由人力资源和社会保障部管理。不再保留人事部、劳动和社会保障部。

2008 年 3 月 31 日，在原中华人民共和国人事部与中华人民共和国劳动和社会保障部的基础上新组建的中华人民共和国人力资源和社会保障部正式挂牌，官方网站也于同日开始运行。

历史沿革：

1949 年 10 月，中央人民政府成立政务院人事局，这就是原国家人事部的前身。到 1950 年，中央人事部成立，安子文任部长。1954 年撤销中央人事部，成立国务院人事局。1959 年撤销国务院人事局，成立内务部政府机关人事局。“文化大革命”期间，内务部撤销，有关人事方面的工作移交中央组织部办理，1978 年 3 月成立民政部政府机关人事局。1980 年，国务院决定将民政部政府机关人事局与国务院军队转业干部安置工作小组办公室合并，成立国家人事局，直属国务院领导。

原劳动保障部的前身要追溯到中央人民政府劳动部，成立于 1949 年 9 月，李立三任部长。此后，几经变动。1954 年 9 月成立劳动部，1970 年 6 月，中央决定劳动部并入国家计划委员会。1975 年 9 月，国务院决定将劳动工作从国家计委分出，成立国家劳动总局。

到了 1982 年，我国开始了五轮的政府部门精简改革，分别是在 1982 年、1988 年、1993 年、1998 年和 2003 年。1982 年第一次政府机构改革，主要任务就是将国务院 100 个工作部门精简到 61 个。1988 年和 1993 年，为了“政企分开，转变职能”又进行了两次机构改革。到了 1998 年，是力度最大的一次机构调整，国务院组成部门由 40 个减为 29 个。1982 年 5 月，国家劳动总局、国家人事局、国家编办和国务院科技干部局合并成立劳动人事部，赵守一任部长。1988 年，根据国务院机构改革方案，劳动人事分离，并分别充实了其他功能后成立了人事部、劳动部，将原国家科委科技干部局并入人事部，适应党政分开和干部人事制度的改革，推行国家公务员制度，强化政府的人事管理职能。1998 年的机构改革，在劳动部基础上组建了劳动和社会保障部，把当时由劳动部管理的城镇职工社会保险、人事部管理的机关事业单位社会保险、民政部管理的农村养老保险、各行业部门统筹的养老保险以及卫生部门管理的公费医疗，统一由劳动和社会保障部管理，建立起统一的社会保险行政机构。为了实现人力资源强国战略，为了减少机构重叠、职能交叉与脱节现象，2008 年，政府推行大部制，人事与劳动保障成为首选的一批，人力资源和社会保障部成立。2018 年 3 月，全国人大会议批准国务院机构改革方案，将人力资源和社会保障部军官转业安置职责整合，组建退役军人部；将人力资源和社会保障部城镇职工和城镇居民基本医疗保险、生育保险职责整合，组建国家医疗保障局。

二、劳动争议处理的基本原则

劳动争议处理的基本原则，是指处理劳动争议纠纷过程中应遵循的指导思想和基本要求。由于劳动争议与民事争议在许多方面存在着差异，因此，在处理劳动争议过程中应把握以下原则：

1. 尊重事实原则。尽管面对同一事实，当事人认识或者主张也可能存在较大分歧，因此认清事实就成为解决争议的前提和基础，在处理劳动争议时应坚持实事求是，注重证据，注重调查研究，以便在争议处理时尽可能地还原客观事实，争取做到以客观事实作为分清当事人是非曲直和裁决的依据。

2. 合法原则。合法原则是指劳动争议处理机构在调解、仲裁、诉讼过程中以事实为根据，以法律为准绳，依法处理劳动争议案件。笔者认为，劳动争议的合法性原则包括以下方面：（1）劳动争议处理机关在适用法律时既要遵守实体法的规定，也应严格遵循程序法的要求，做到既要维护当事人在实体法上的权利，也要充分尊重当事人在程序法上的程序权利；（2）劳动争议处理时应当保护当事人的合法权益，处理机关应对当事人的合法权益予以保护，对违法或不适当的行为予以纠正，使争议解决的最终目的是保护当事人的合法权利。

3. 公正原则。公正原则是指劳动争议处理过程中，处理机构能够公平正义、不偏袒任何一方，中立地解决争议，保证用人单位和劳动者处在平等的法律地位上，具有平等的权利和义务，保证双方的利益能在同一个标准上得到保护。笔者认为，由于劳动者相对于用人单位先天处于弱势地位，处理劳动争议时，应当通过法律手段保障劳动者能够平等地与用人单位对话，保障劳动者的合法权益，但同时也应防止另一种倾向，即过分地强调保护劳动者权益而置用人单位的正当权益于不顾，导致处理结果失去公正。

4. 及时性原则。及时性原则是指劳动争议处理机构在处理争议时应遵循法律规定的期限，做到合法准确的同时，迅速及时快速高效地处理和解决劳动争议。劳动争议纠纷区别于其他纠纷，一旦发生争议，不仅影响到单位的生产和在职员工的情绪，对劳动者而言可能会影响到劳动者及其家人的生活，此外还可能会产生社会不稳定因素，因此及时处理劳动争议对于各方来讲都是必要的。

5. 调解原则。劳动争议双方之间并不存在着尖锐的不可调和的矛盾，双方之间总存在着权利义务的平衡点，通过调解，劳资双方均可在平和的状态下化解矛盾。调解过程中，应注意把握以下原则：（1）全程调解原则。整个劳动争议解决过程中，应把调解作为解决双方劳动争议的基本手段，努力促使双方当事人通过调解解决争议。（2）自愿原则。调解应遵循双方当事人自愿原则，不可以强迫任何一方接受调解。（3）平等原则。调解时双方当事人地位平等。

三、劳动争议的仲裁时效

劳动争议的仲裁时效，是指根据法律规定，在一定的期间内，劳动争议当事人不行使请求劳动争议仲裁机构保护其民事权利的请求权，其就丧失了请求权的法律制度。劳动争议的时效具有以下几方面特征：（1）仲裁时效是以权利人不行使请求劳动争议处理机构保护其权利的事实状态为前提；（2）仲裁时效超过后，权利人并非丧失了向争议处理机构申请仲裁或诉讼的权利，即权利人仍可以提起仲裁或诉讼，但由于时效已过，丧失了胜诉权；（3）劳动争议时效具有法定强制性，当事人不得协议排除对仲裁时效的适用；（4）劳动争议时效具有特殊性，民事案件的普通时效通常为两年，但劳动争议时效较特殊，仅为1年。

（一）劳动争议仲裁时效期间

我国劳动争议仲裁时效的期间经过了一个被修改的过程。1995年实施的《劳动法》第八十二条规定："提出仲裁要求的一方应当自劳动争议发生之日起六十日内向劳动争议仲裁委员会提出书面申请。"这一规定一直被执行，直到2008年5月1日《劳动争议调解仲裁法》实施时废止。《劳动争议调解仲裁法》第二十七条规定："劳动争议申请仲裁的时效期间为一年。仲裁时效期间从当事人知道或者应当知道其权利被侵害之日起计算。"

在此需要特别明确，《劳动法》规定"劳动争议发生之日"作为争议时效的起算点。2006年8月14日发布的《最高人民法院关于审理劳动争议案件适用法律若干问题的解释（二）》（以下简称《最高人民法院司法解释二》）第一条根据《劳动法》的这一立法精神，对于"争议发生之日"作出了较详细的解释："人民法院审理劳动争议案件，对下列情形，视为劳动法第八十二条规定的'劳动争议发生之日'：（一）在劳动关系存续期间产生的支付工资争议，用人单位能够证明已经书面通知劳动者拒付工资的，书面通知送达之日为劳动争议发生之日。用人单位不能证明的，劳动者主张权利之日为劳动争议发生之日。（二）因解除或者终止劳动关系产生的争议，用人单位不能证明劳动者收到解除或者终止劳动关系书面通知时间的，劳动者主张权利之日为劳动争议发生之日。（三）劳动关系解除或者终止后产生的支付工资、经济补偿金、福利待遇等争议，劳动者能够证明用人单位承诺支付的时间为解除或者终止劳动关系后的具体日期的，用人单位承诺支付之日为劳动争议发生之日。劳动者不能证明的，解除或者终止劳动关系之日为劳动争议发生之日。”而《劳动争议调解仲裁法》则使用了“当事人知道或者应当知道其权利被侵害之日”作为起算点。两者在立法上存在着不统一。

根据法律原则，新法优于旧法，法律对争议时效起点作出了不同的规定，应当以新法为准。笔者主张，在实务操作中应依据“当事人知道或者应当知道其权利被侵害之日”作为争议时效的起算点，《最高人民法院司法解释二》规定的情形应当作为判断起算点的参考。

“当事人知道”指在主观上，权利人了解到自己的权利被侵害的事实已经发生。“应当知道”是权利人尽管主观上不了解其权利已被侵害的事实，但根据他所处的环境情况，完全有理由认为权利人已经了解到其权利被侵害的事实。需要注意，仲裁时间的起算，应当以权利人的权利客观上受到了侵害，并且主观上已经知道其权利被侵害的事实存在作为构成要件。现实上，若仅仅是权利人主观上认为自己的权利受到了侵害，而事实上并未发生，并不能作为时效期间开始计算的依据。

案例：1－2　签收邮件是否开始计算时效？

2018年5月1日，趁着五一长假，小李在公司请了探亲假，回乡探亲。2018年5月9日公司在小李探亲期内以挂号信的形式向小李发出解除合同通知书，要求小李回单位办理离职手续。小李在2018年5月11日，签收了此挂号信。后小李一直没回原单位办理离职手续，并另外找了一个工作单位。2019年5月24日，小李在工作中了解到对原单位的不当解除劳动合同行为可以提请劳动仲裁，于是向当地劳动仲裁委员会提出仲裁申请。劳动仲裁委员会以小李没在仲裁时效内提出仲裁申请，超过劳动争议仲裁的时效为由驳回他的申请。之后，小李又向人民法院提起诉讼请求。

专家分析

本案例的焦点在于是否超过劳动争议仲裁的时效。

一般民事案件的诉讼时效自当事人“知道或者应当知道自己权利被侵犯之日”开始计算。劳动争议仲裁申请时效亦规定应自“当事人知道或者应当知道其权利被侵害之日”起计算。

本案小李于2018年5月11日签收了单位发出的终止合同挂号信，即视为其知道自己的权益受到侵害，诉讼时效也从收到挂号信的这天开始计算。因此，本案小李将会因超过法定的一年的仲裁申请时效而失去了维护自己合法权益的机会。

（二）劳动争议仲裁时效的中断

仲裁时效的中断，是指在仲裁时效进行期间，因发生法定的事由致使已经经过的仲裁时效期间统归无效，待时效中断事由消除后，重新开始计算仲裁时效期间。

1. 中断的事由

法定的中断事由主要包括：

（1）向对方当事人主张权利

设置时效的目的是督促当事人在发生劳动争议后，及时寻求解决的途径。如果当事人在争议之后已经向对方当事人主张了自己的权利，设置时效的目的就已经达到，应当构成仲裁时效的中断事由。

（2）向有关部门请求权利救济

主要是指，在劳动争议发生之后，当事人已经向有关部门明确表达了要求相关部门出面解决劳动争议的意思，在此情况下，由于当事人已经表示要求解决劳动争议，设置仲裁时效督促当事人行使权利的目的已经达到，也应当构成仲裁时效的中断事由。

关于有关部门，此处需要注意在司法实践中范围不应放得太宽泛，如上海市相关司法指导文件即作了相应的适用解释："从目前社会现实考虑，只要劳动者能举证证明在申请仲裁期间内曾向法院、劳动行政部门、工会等请求权利救济的，即应认定申请仲裁期间中断。但是，从现有法律对时效制度的规定来看，我们对时效中断的把握也不能放得过宽，对于劳动者仅以信访、上访等方式向其他部门投诉的，不应认定时效中断。"

（3）对方当事人同意履行义务

劳动争议一方当事人对于劳动争议没有表示异议，自愿履行义务，包括承认相关事实愿意履行，要求缓期履行或提供担保并表示愿意承担责任等。

当事人同意履行义务的形式，包括书面同意或口头同意，只要表示了履行的意愿，则仲裁时效即构成中断。但是作为当事人一方，在实务中应当注意尽量要求同意履行义务的对方当事人出具书面同意的材料，以防以后如果仲裁或诉讼时举证困难。

2. 中断的法律后果

发生仲裁时效中断时，已经计算的仲裁时效期间归于无效，将重新开始计算时效期间，仲裁时效期间重新计算应当从"中断事由消除起"。具体来讲，向对方当事人主张权利时，自对方当事人接收到主张权利的意思表示后，明确拒绝履行时开始；劳动者向有关部门请求权利救济而导致中断的，从有关部门作出处理决定、明确表示不予受理时起，重新计算时效；对方当事人同意履行义务而导致的中断，在对方当事人明确表示拒绝履行义务时重新计算仲裁申请时效。

（三）劳动争议仲裁时效的中止

仲裁时效的中止是指在仲裁时效有效期内的某个阶段，因发生特定法定事由而导致权利人不能行使请求权，暂停计算仲裁时效，待阻碍时效进行的事由消除后，继续进行仲裁时效期间的计算。

1. 中止的事由

法定的中止事由主要包括：

（1）不可抗力

不可抗力，根据《民法总则》第一百八十条规定，是指不能预见、不能避免并不能克服的客观情况，如发生特大自然灾害、发生地震等情形。

（2）其他正当理由

其他正当理由是指不可抗力以外的，非由权利人的意志所决定的，足以阻碍权利人行使权利的情况。按照《最高人民法院关于贯彻执行〈中华人民共和国民法通则〉若干问题的意见》第一百七十二条的规定，包括权利被侵害的无民事行为能力的人、限制民事行为能力的人、没有法定代理人或法定代理人死亡、丧失代理权和丧失行为能力等情况。

2. 中止的法律后果

符合法律规定的中止事由出现后，仲裁申请期间中止，中止事由消灭以后，继续计算仲裁申请期间，在中止事由出现以前经过的期间仍然有效。换言之，发生时效中止的情况时，此前的诉讼时效仍然有效，中止事由消除后，应当将中止前后时效进行的时间合并计算仲裁时效期间。

（四）关于劳动报酬争议的特别时效

《劳动争议调解仲裁法》规定，劳动关系存续期间因拖欠劳动报酬发生争议的，劳动者申请仲裁不受1年的仲裁时效期间的限制；但是，劳动关系终止的，应当自劳动关系终止之日起1年内提出。劳动仲裁的一般时效为1年，此条就劳动报酬争议的时效作出的特别规定，是因为劳动者相对处于弱势地位，有时为了维持工作，不得不容忍用人单位拖欠工资，不敢或不便主张权利，因此法律有必要对此作特别规定，以利于保护这些劳动者的特别权益。劳动关系结束后，由于劳动者对维系与用人单位之间关系的担心消失了，因此，应当遵守1年时效的限制。

需要特别指出的是，对于劳动关系存续期间双方发生劳动报酬争议时，以争议时间点为界，此前的劳动报酬追索期间到底有多久，法律没有明确作出规定，各地法院或仲裁机关在司法实践中做法也不一，有的地方主张无期限追索，有的地方则主张按照民事诉讼时效的原则，追索的时间不超过争议发生前的两年。如浙江省高院在2009年4月16日下发的指导性通知中则规定“劳动者与用人单位之间因加班工资发生争议的，其申请仲裁的时效期间为二年，从当事人知道或应当知道其权利被侵害之日起计算”。

笔者认为，虽然法律规定了劳动关系存续期间劳动报酬的特别时效，但从解决纠纷、督促当事人权利的及早实现及实际案件审理中举证的可能性来讲，对劳动报酬的特别时效，作两年时效的适当限定是合理的，除非有相反的证据足以证明报酬的拖欠是明显存在的，不加以保护明显违反公平原则。

图表：1－1 仲裁时效图示

仲裁时效
- 一般时效（一年）
- 时效中断
  - 向对方当事人主张权利
  - 向有关部门请求权利救济
  - 对方当事人同意履行义务
- 时效中止
  - 不可抗力
  - 其他正当理由
- 劳动报酬争议的特殊时效
  - 劳动关系存续期内：未规定时间
  - 劳动关系结束后：仍为一年

四、劳动争议的管辖

劳动争议管辖，包括两个层面，一个是指劳动争议双方到仲裁委员会申请仲裁时的劳动争议仲裁管辖，另一个是指劳动争议双方进行法院诉讼时的劳动争议诉讼管辖。对于劳动争议仲裁管辖，是指确定各个劳动争议仲裁委员会审理劳动争议案件的分工和权限，明确当事人应当到哪一个劳动争议仲裁委员会申请劳动争议仲裁，由哪一个劳动争议仲裁委员会受理的法律制度。而对于劳动争议诉讼管辖，则是指由争议双方需到哪一个法院诉讼，由哪一个法院受理的制度。由于诉讼管辖由民事诉讼法的原则来确定，此处，重点介绍劳动争议仲裁管辖。

关于劳动人事争议仲裁委员会的管辖权，依据《劳动争议调解仲裁法》《劳动人事争议仲裁办案规则》的相关规定，主要应关注以下几个方面：

（一）劳动人事争议处理的一般性管辖

关于劳动争议管辖的一般性规定，《劳动争议调解仲裁法》第二十一条第二款规定“劳动争议由劳动合同履行地或者用人单位所在地的劳动争议仲裁委员会管辖。双方当事人分别向劳动合同履行地和用人单位所在地的劳动争议仲裁委员会申请仲裁的，由劳动合同履行地的劳动争议仲裁委员会管辖”。

《企业劳动争议处理条例》（已废止）第十八条及原劳动部《劳动争议仲裁委员会

办案规则》（已废止）第八条均规定，发生劳动争议的单位与职工不在同一仲裁委员会管辖区的，由职工当事人工资关系所在地的仲裁委员会受理。而在实际劳动关系中，工资关系所在地很多情况下都是用人单位所在地，这样的规定对用人单位有利，而对劳动者极为不便。特别是当前有很多企业将人员派往外地工作，但工资发放仍在总部进行，按照此规定则劳动者的维权经济成本支出大大增加，将会使劳动者轻易不愿意进行维权。

正是考虑到此方面的原因，《劳动争议调解仲裁法》第二十一条修改了此前《企业劳动争议处理条例》及原劳动部《劳动争议仲裁委员会办案规则》中有关管辖的规定，规定了劳动合同履行地和用人单位所在地的劳动争议仲裁委员会均有对劳动争议案件的管辖权；同时还规定，在二者发生冲突时，则由劳动合同履行地的劳动争议仲裁委员会管辖。

需要注意的是，《劳动争议调解仲裁法》规定劳动合同履行地的劳动争议仲裁委员会具有优先管辖权。之所以如此规定，一方面，有利于劳动者在本工作地参加劳动争议仲裁活动，可以减少其维权支出；另一方面，由劳动合同履行地即劳动者实际工作场所地的劳动争议仲裁委员会管辖，有利于劳动争议仲裁委员会查清事实便于调查取证。例如，在众多的劳动合同履行过程中，一些公司在全国各地设立分支机构，并且将劳动者长期派往这些分支机构工作，但是这些劳动者的劳动关系及工资支付并不在当地，而当这些劳动者与单位发生纠纷时，如果劳动者还需要回到公司总部所在地，则会对劳动者带来极大的不便，从而不利于劳动者维权。

何谓《劳动争议调解仲裁法》第二百二十一条所规定的劳动合同履行地？根据《劳动人事争议仲裁办案规则》第八条第一款规定，劳动合同履行地为劳动者实际工作场所。对于用人单位所在地，根据《劳动人事争议仲裁办案规则》第十二条第一款规定“劳动合同履行地为劳动者实际工作场所地，用人单位所在地为用人单位注册、登记地或者主要办事机构所在地。用人单位未经注册、登记的，其出资人、开办单位或主管部门所在地为用人单位所在地”。与此同时，《劳动人事争议仲裁办案规则》第八条第三款规定案件受理后，劳动合同履行地和用人单位所在地发生变化的，不改变争议仲裁的管辖。

（二）劳动人事争议管辖的级别管辖

级别管辖是指各级劳动争议仲裁委员会受理劳动争议的分工和权限。对于级别管辖的确定，原则上是根据劳动人事争议仲裁委员会的设置加以确定。《劳动争议调解仲裁法》第二十一条第一款规定：劳动仲裁委员会负责管辖本区域内发生的劳动争议。而在《劳动人事争议仲裁组织规则》中并无相关级别管辖的内容规定。

一般说来，劳动争议仲裁委员会按照统筹规划、合理布局和适应实际需要的原则设立。而对于劳动人事争议仲裁委员会的设立，《劳动人事争议仲裁组织规则》第四条规定：“仲裁委员会按照统筹规划、合理布局和适应实际需要的原则设立，由省、自治区、直辖市人民政府依法决定。”而人力资源和社会保障部在其《关于进一步做好劳动人事争议调解仲裁工作的通知》（人社部发〔2009〕3号）进一步要求：“各地要在认真总结近年来实践经验的基础上，加快推进仲裁机构实体化建设。要在稳定现有机构的基础上，按照法律规定的统筹规划、合理布局和适应实际需要的原则，争取用三年时间，在全国地级以上城市和争议案件较多的县（市、区），普遍建立以仲裁院为主要形式的，财政经费保障、具有公共事务管理能力的实体性仲裁办案机构。要积极开展仲裁机构标准化特别是标准庭建设，努力形成以城市带动区县、辐射乡镇街道。机构健全、人员到位、场所齐备、信息畅通、规范有序的仲裁新格局。”因此，在我国劳动人事争议仲裁委员会尚处于逐步建设及发展的形势下，笼统地确定具体的劳动人事争议仲裁委员会的级别管辖，目前尚不具备制度上的支撑。而对于劳动人事争议仲裁委员会的管辖问题，人力资源和社会保障部在其《关于进一步做好劳动人事争议调解仲裁工作的通知》中要求：“人事争议仲裁在办案程序上统一适用劳动争议调解仲裁法，在争议受理范围、管辖、仲裁委员会组成等方面要继续按人事争议处理现有规定执行。在目前的法律框架和机构格局下，特别要做好劳动争议仲裁和人事争议仲裁工作的衔接和配合，依法落实当事人申请仲裁的权利。”因此，在目前的形势下，《劳动争议调解仲裁法》等法律、法规及部门规章的相关级别管辖规定可以作为具体的处理依据。

**法律法规：1－01**

上海市人力资源和社会保障局关于印发《关于进一步明确本市劳动人事争议仲裁管辖的若干规定》的通知

（沪人社仲发〔2014〕38号）

关于进一步明确本市劳动人事争议仲裁管辖的若干规定

为规范全市劳动人事争议仲裁案件办理，明确案件管辖范围，维护仲裁当事人合法权益，根据《劳动争议调解仲裁法》《劳动人事争议仲裁组织规则》《劳动人事争议仲裁办案规则》《人事争议处理规定》和《上海市事业单位人事争议处理办法》等规定，对本市劳动人事争议仲裁管辖做出如下规定：

一、劳动争议由劳动合同履行地或者用人单位所在地的劳动人事争议仲裁委员会管辖。当事人分别向劳动合同履行地和用人单位所在地的劳动人事争议仲裁委员会申请仲裁的，由劳动合同履行地的劳动人事争议仲裁委员会管辖。

二、本市各级劳动人事争议仲裁委员会的管辖范围

（一）市劳动人事争议仲裁委员会管辖下列劳动人事争议：

1. 根据《中华人民共和国外资企业法》规定，在本市注册设立的注册资金在壹仟

万美元以上或者相当于壹仟万美元以上的外资企业和劳动者发生的劳动争议；

2. 根据《中华人民共和国外资企业法实施细则》规定，参照执行的香港、澳门、台湾地区的公司、企业和其他经济组织或者个人或在国外居住的中国公民在大陆设立全部资本为其所有的，在本市注册设立的注册资金在壹仟万美元以上或者相当于壹仟万美元以上的企业和劳动者发生的劳动争议；

3. 经市人民政府及其有关主管部门批准成立的事业单位和中央、外省市在本市的事业单位发生的人事及劳动争议；

4. 驻沪军级以上军队聘用单位与文职人员发生的人事争议；

5. 取得合法就业资格的外籍人员、台港澳人员和定居国外人员与所在单位发生的劳动人事争议；

6. 本市范围内有重大影响的劳动争议案件。

（二）区（县）劳动人事争议仲裁委员会管辖下列劳动人事争议：

1. 市劳动人事争议仲裁委员会管辖范围以外的，用人单位所在地或者劳动合同履行地在本行政区域内的劳动争议；

2. 经区（县）人民政府及其有关主管部门批准成立的事业单位发生的人事及劳动争议；

3. 驻沪师级以下军队聘用单位与文职人员发生的人事争议。

三、仲裁申请接待、受理时的管辖审查

各级劳动人事争议仲裁委员会（以下简称“仲裁委员会”）应继续按照《关于进一步规范仲裁接待和案件移送的通知》（沪人社仲〔2013〕167号）的规定，做好仲裁申请的接待工作。

当事人仲裁申请时所填写的劳动合同履行地的地址、用人单位的送达地址、用人单位注册登记地址，有其一属于本区县行政区域内的（属于市仲裁委员会管辖的除外），该仲裁委员会对于材料齐备的仲裁申请应当出具收件回执。

仲裁委员会对符合《劳动人事争议仲裁办案规则》（以下简称“《办案规则》”）第三十条条件的仲裁申请应当予以受理，并在收到仲裁申请之日起五日内向申请人出具受理通知书。对不符合《办案规则》第三十条第一、二、三项规定之一的仲裁申请，仲裁委员会不予受理，并在收到仲裁申请之日起五日内向申请人出具不予受理通知书。对不符合《办案规则》第三十条第四项规定的仲裁申请，仲裁委员会应当在收到仲裁申请之日起五日内，向申请人作出书面说明并告知申请人向有管辖权的仲裁委员会申请仲裁。

四、附则

本规定自2014年10月1日起施行。有效期至2018年12月31日。

本规定施行前，各仲裁委员会已按原管辖规定受理，尚未审理完毕的劳动人事争议案件，继续处理。上海市劳动和社会保障局《关于调整本市劳动争议仲裁管辖的通知》（沪劳保仲发〔2008〕44号）同时废止。

（三）劳动人事争议仲裁管辖的法定性

劳动人事仲裁管辖不同于普通民商事活动协议中可以约定管辖地的规定，劳动人事仲裁管辖地不允许当事人自由约定。

《民事诉讼法》对地域管辖有特别规定，即在有关经济合同纠纷的民事诉讼地域管辖中，允许合同的双方当事人在书面合同中协议选择被告住所地、合同履行地、合同签订地、原告住所地、标的物所在地人民法院管辖。我国的民商事仲裁所适用的《仲裁法》也规定，由双方当事人在合同或协议中约定处理双方当事人争议的仲裁委员会。

然而，《劳动争议调解仲裁法》及配套的《劳动人事争议仲裁办案规则》等相关法律法规均无有关协议约定由特定的劳动争议仲裁委员会管辖的规定。这表明我国劳动争议仲裁管辖权具有法定性，不能由双方当事人协议约定劳动争议仲裁委员会。

需要特别注意的是，现实生活中，双方当事人出于不同的考量可能分别向劳动合同履行地和用人单位所在地的劳动争议仲裁委员提出仲裁申请，而出现了管辖争议的情形，这种情况出现时，法律明确规定应由劳动合同履行地的劳动争议仲裁委员会管辖。

司法实践中通常有以下几种情况会产生管辖确定问题：

1. 发生劳务派遣时，用人单位与用工单位不在同一仲裁委员会管辖区域内。此种情况，用人单位所在地或用工单位所在地的劳动争议仲裁委员会均应有权管辖。

2. 公司的分公司或分支机构与公司不在同一仲裁委员会管辖区域内，劳动者与公司签订劳动合同，而实际在异地分公司工作，关于分支机构的用工主体资格，《劳动合同法实施条例》规定，劳动合同法规定的用人单位设立的分支机构，依法取得营业执照或者登记证书的，可以作为用人单位与劳动者订立劳动合同；未依法取得营业执照或者登记证书的，受用人单位委托可以与劳动者订立劳动合同。

因此，分支机构可以作为用人单位，若发生劳动争议，其所在地的劳动争议仲裁委员会有管辖权，当然，公司所在地劳动争议仲裁委员会亦有权管辖。

3. 用人单位因业务需要而造成的员工异地工作，如用人单位派遣促销员至异地长期进行促销工作；用人单位派遣技术人员工长期定点至异地客户或供应商所在地从事技术工作；用人单位长期安排员工在外地多个地点从事销售工作；劳动者在用人单位异地搬迁前后在两个地点均上班等情形。

对于上述管辖地不止一个时的解决应把握以下原则：

（1）劳动合同履行地与用人单位所在地的劳动人事争议仲裁委员会对劳动争议都

有管辖权，因此，仲裁时选择上述任一个劳动人事仲裁委员会均可以；

（2）如果出现当事人同时提起仲裁时，劳动合同履行地的劳动人事争议仲裁委员会具有优先管辖权。

因此，必须要明确劳动人事争议管辖这种法律规定的管辖权顺序不允许当事人加以约定，即便用人单位以与劳动者约定了由用人单位所在地劳动争议仲裁委员会处理双方争议为由，要求由用人单位所在地劳动争议仲裁委员会处理劳动争议案件，也不具有法律效力。

五、劳动争议的举证

劳动争议举证责任，是指当事人对自己提出的主张，有提出证据并加以证明的责任。如果当事人未能尽到上述责任，则有可能承担对自己不利的法律后果。

（一）劳动争议的举证原则

《劳动争议调解仲裁法》第六条规定了总的举证原则："发生劳动争议，当事人对自己提出的主张，有责任提供证据。与争议事项有关的证据属于用人单位掌握管理的，用人单位应当提供；用人单位不提供的，应当承担不利后果。"

1. 谁主张，谁举证原则

"谁主张，谁举证"作为罗马法中的证明责任分配规定，符合自然正义理念的古老经验，也是多数国家正在采用的一般举证规定。在我国《民事诉讼法》中规定："当事人对自己提出的主张，有责任提供证据。"《最高人民法院关于民事诉讼证据的若干规定》第二条中亦明确规定，当事人对自己提出的诉讼请求所依据的事实或者反驳对方诉讼请求所依据的事实有责任提供证据加以证明。没有证据或者证据不足以证明当事人的事实主张的，由负有举证责任的当事人承担不利后果。

劳动争议中，当事人对自己的主张应负积极的举证责任，没有证据或者证据不足以证明当事人的事实主张的，由负有举证责任的当事人承担不利后果。

例如：劳动者向仲裁机构主张维护其权益，主要证明与用人单位之间存在劳动关系，如果劳动者不能证明与用人单位之间存在劳动关系，则维权的基础将不存在。又如，用人单位因劳动者严重违纪而解除与劳动者的劳动合同，在举证时，用人单位应当对劳动者存在严重违纪行为的事实负举证责任。

2. 用人单位的特殊举证责任

用人单位的特殊举证责任，指的是在劳动争议仲裁或诉讼中，法律直接对举证责任的分配进行规定，用人单位对某些事实或主张应当负举证责任，而免除由劳动者对其主张的事实首先进行举证的责任。这种举证责任的分配，亦被称为举证责任倒置。

之所以如此规定，是考虑到用人单位和劳动者之间地位的不平等，存在一种管理和被管理的关系，在很多情况下，用人单位会利用其优势地位，使劳动者举证不能或举证困难，如用人单位不与劳动者签订劳动合同，解除劳动合同时，不发通知，不说明原因。此外，有些证据掌握在用人单位手中，如人事档案、用工花名册、考勤记录、工资签收单等，这种情况下，劳动者根本无法举证。法律有必要对举证责任进行分配。如 2001 年 4 月 30 日起施行的《最高人民法院关于审理劳动争议案件适用法律若干问题的解释》第十三条规定："因用人单位作出的开除、除名、辞退、解除劳动合同、减少劳动报酬、计算劳动者工作年限等决定而发生的劳动争议，用人单位负举证责任。"《劳动争议调解仲裁法》则进一步明确这种责任的分配，规定："与争议有关的证据属于用人单位掌握管理的，用人单位应当提供，用人单位不提供的，应当承担不利后果。"《劳动人事争议仲裁办案规则》对劳动争议举证责任亦做出相同的规定："当事人对自己提出的主张有责任提供证据。与争议事项有关的证据属于用人单位掌握管理的，用人单位应当提供；用人单位不提供的，应当承担不利后果。"以此来指导仲裁部门审理案件时对举证责任进行分配。同时，该规则对无法确定举证责任的情形强调了以公平原则和诚实原则为指导原则，规定："在法律没有具体规定，依本规则第十七条规定无法确定举证责任承担时，仲裁庭可以根据公平原则和诚实信用原则，综合当事人举证能力等因素确定举证责任的承担。"

根据笔者处理的案例，在实务中，通常用人单位应当承担以下事项的举证责任：

1. 劳动合同订立、变更、终止或无效引发的争议；
2. 用人单位作出解除劳动合同等决定引发的争议；
3. 劳动报酬支付引发的争议；
4. 计算劳动者工作年限引发的争议；
5. 劳动者出勤状况引发的争议；
6. 工伤待遇给付引发的争议；
7. 经济补偿金给付引发的争议；
8. 办理档案和社会保险关系转移手续引发的争议；
9. 用人单位规章制度及其效力引发的争议；
10. 商业秘密保护引发的争议；
11. 用人单位掌握管理的与争议直接有关的其他证据引发的争议。

（二）劳动争议的证据种类

1. 当事人的陈述。当事人陈述是指当事人就自己所知道的案件事实情况向司法机关所作的陈词与叙述。

2. 书证。书证是指以文字、符号、图形等方式记载的内容来证明案件事实的文件或其他物品。例如，劳动合同、解除通知书、E-mail 等形式均为书证形式之一。

3. 物证。物证是指具有内在属性、外部形态、空间方位等客观存在的特征，证明争议事实的物体和痕迹。例如，在违纪解除劳动合同的争议中，用人单位出具的劳动者损害公司财务的具体物品，如精密仪器。

4. 视听资料。视听资料是指以录音、录像、电子计算机以及其他电磁方式记录存储的音像信息证明案件事实的证据。例如，劳动争议案件中一方当事人提供的工作现场录像、职工代表大会会议录像等。

5. 电子数据。电子数据证据是以数字化的信息编码的形式出现的，能准确地储存并反映有关案件的情况，是对案件具有较强证明力的独立的证据。此类证据一般包括手机短信、电子邮件、网页证据等，法院对此类证据的举证、审查作出的解答，对电子数据如何作为证据使用具有很好的参考价值。

6. 证人证言。证人证言是证人就自己所知道的案件事实情况向司法机关所作的陈述。例如，在劳动争议案件中，公司员工就劳动争议事实所作的法庭陈述。

7. 鉴定意见。鉴定意见是指具有鉴定资格的专业人员就案件中的专门问题向司法机关提供的结论性意见。例如在劳动争议中，争议双方就考勤卡机工作机能发生争议，则有关机构可以对此出具专家的鉴定意见。

8. 勘验笔录。勘验笔录是指司法人员、执法人员或法律工作者在证据调查时所做的各种记录。例如，劳动争议中当事人申请法院对某一事实进行调查，法院工作人员在调查时形成的笔录。

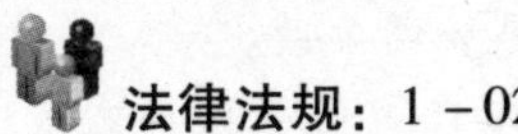

法律法规：1－02

上海市高级人民法院关于数据电文证据若干问题的解答（高院民二庭）

近来，有不少法院反映，实践中对数据电文证据如何开展举证、质证和认证较难把握。为统一审判思路，高院民二庭就相关问题解答如下：

一、什么是数据电文？数据电文能否作为证据使用？

答：根据我国《电子签名法》之规定，数据电文是指以电子、光学、磁或者类似手段生成、发送、接收或者储存的信息。

《电子签名法》规定，数据电文不得仅因为其是以电子、光学、磁或者类似手段生成、发送、接收或者储存的而被拒绝作为证据使用。《合同法》规定，当事人订立合同，有书面形式、口头形式和其他形式。书面形式是指合同书、信件和数据电文（包括电报、电传、传真、电子数据交换和电子邮件）等可以有形地表现所载内容的形式。因此，数据电文可以作为证据使用。

二、实践中数据电文证据主要有哪些？

答：主要有手机短信、传真件、电子邮件及网页证据等。

三、手机短信如何在法庭上出示？

答：手机短信应当庭出示，并将短信内容、发（收）件人、发（收）时间、保存位置等相关信息予以书面摘录，作为庭审笔录的一部分。

举证方也可自愿申请短信公证，并将公证文书作为证据出示。

四、审查手机短信应注意哪些情况？

答：经过法院审查核实符合证据“三性”要求的手机短信，可以作为定案依据。但因手机短信存在删改的特性，一般情况下不宜单独作为认定案件事实的依据，应结合其他证据予以补强。

（1）审查发、收件人（姓名及手机号码）以及发送、接收的时间；发、收件人与案件当事人之间的关系；

（2）审查手机短信的位置是否出现变动，发出（收到）的信息是否仍在发（收）件箱中；

（3）审查手机短信的内容是否完整，与其他证据是否有矛盾，与待证事实是否有关联；

（4）必要时可申请鉴定或向电信运营商作调查。

五、审查传真件应注意哪些方面？

答：根据《合同法》第十一条之规定，传真已成为当事人订立书面合同的一种法定形式，其效力受法律保护。在订立合同时，传真的内容即是合同条款。

但是，由于传真件的真实性较难判断，采用某些技术性手段可以变造内容，同时传真件的保存时间不长，对其真实性及证明力应注意审查。

（1）核实传真的收件人、发件人，发、收传真的号码、传真时间，以判断传真收、发人与案件当事人之间的关系，传真过程，传真内容是否真实；

（2）存在多份传真件的，应审查各传真件之间的内容是否相互衔接，与其他证据能否印证。通过一系列传真件结合其他证据能够证明各传真件之间存在连续性及关联性的，可认定传真件的证据效力；

（3）传真件留有手写字迹的，可通过鉴定以判断传真件之真实性；

（4）对单一传真件的审查，可以适用证据补强规则，结合其他证据加以佐证。

六、电子邮件如何在法庭上出示？

答：举证一方应提供邮件的来源，包括发件人、收件人及邮件提供人，上述人员与案件当事人的关系，邮件的生成、接收时间及邮件内容。庭审出示证据时，若双方均无异议，可直接出示邮件纸质件；否则，应在计算机上当庭演示，并下载打印成纸质件。

若对电子邮件已作公证的，可不当庭演示邮件，而直接将公证文书作为证据出示。

七、可供判断电子邮件真伪的因素有哪些？

答：尽管电子邮件以电子信息形式传播和收发，不如传统书证保真程度高，被篡改后不易识别，但电子邮件也有其自身优势，即其发件人和收件人为唯一，每个电子邮箱对应唯一的用户，其互联网的账号、密码、用户名在相对时间内也是唯一的。

可供判断邮件真伪的因素有：

(1) 将电子邮件与其他证据进行比对，必要时要求相关人员进行对质；

(2) 审查邮箱的取得方式，系从网络服务商处购买的，还是免费注册的。一般而言，前者更加可靠；

(3) 审查邮件发、收时间。邮件如经国外的网络服务商发送或经国际邮件转发器递送，必须要经过一定的时间，否则不符合客观情况；

(4) 必要时，请网络服务商提供协助，从电子邮件的传输、存储环节中直接保全证据。或进行鉴定，从电子邮件生成、存储、传输环境的可靠性，是否篡改等请有关方面提出专家意见。

八、对于网页证据如何组织举证？

答：将网页作为证据出示时，举证方应提供网址、时间，并将网页当庭演示，指明网页中与案件相关联的内容。同时，提供网页的纸质件，以备留档查考。经双方同意，也可只出示网页纸质件，不再演示网页。上述过程应在庭审笔录中完整体现。

若对相当网页已作公证的，可不当庭演示网页，而直接将公证文书作为证据出示。

九、如何审查网页证据的真实性？

答：诉讼双方对网页证据真实性发生争议，而该网页恰恰是查明案件事实的主要证据，经当事人申请，可要求相关网站提供协助，从计算机系统传输、存储的环节中直接保全证据，或请有关单位专家作鉴定，从网页证据的生成、存储、传递和输出环境的可靠性提出专家意见。

由于网页信息更新快，时效性强，诉讼中应注意对网页证据的保全，可通过公证、摄像、下载等形式固定网页。一般而言，经过公证的网页证据具有较强的证明力。

2007年9月19日

第三节 劳动争议处理的基本程序

劳动争议处理制度传统上为“一调一裁两审”框架，即劳动争议发生后，当事人可以进行自我协商，在不进行协商或协商不成后，可以申请劳动调解，调解不成，或者不愿意调解的，当事人可以向劳动争议仲裁委员会申请仲裁；对仲裁裁决不服的，可以向人民法院提起诉讼，其诉讼程序按照民事诉讼法的规定，实行两审终审制。“一调一裁两审”的制度将仲裁作为诉讼的一个前置程序，不经仲裁，当事人不能直接向人民法院提起诉讼。

《劳动争议调解仲裁法》对上述框架作了重大变革，对涉及金额不大的追索劳动报酬、经济补偿、养老金或者赔偿金的争议，以及因执行国家的劳动标准在工作时间、休息休假、社会保险等方面发生的争议实行一裁终局的制度，使劳动纠纷终止于仲裁环节，不须再经法院诉讼程序，从而解决争议处理周期长的问题，以降低劳动者的维权成本。

一、劳动争议协商和解

协商和解是劳动争议双方当事人经充分自主协商，自愿就争议事实及处理结果达成和解的做法。协商和解是解决对立冲突双方争议的最佳方式，经过双方当事人的充分协商有利于双方互相理解，消除矛盾，对争议的内容处理达成一致，对用人单位而言，也会将负面的影响降到最低，对双方而言，协商和解将有效缩短争议处理时间，为双方节约大量的时间成本。

协商和解需要双方在遵循诚实信用、自愿、公平、合法合理的前提下进行，特别需要强调的是双方当事人都应当遵循诚实信用的原则，任何一方不能利用对方的不利地位，欺诈对方，否则达成的和解亦可能无效。

二、劳动争议调解

劳动争议调解是指在劳动争议调解委员会的主持下，在双方当事人自愿的基础上，自愿就争议事项达成协议，使劳动争议能及时得到解决的一种活动。劳动争议调解是在第三方主持下达成的，不同于双方自己达成的协商和解。

1. 调解组织

目前劳动调解组织主要有：一是企业内部的劳动争议调解委员会；二是依法设立的基层人民调解组织；三是在乡镇、街道设立的具有劳动争议调解职能的组织。在《劳动争议调解仲裁法》实施前，《劳动法》和《企业劳动争议处理条例》中规定的调解组织仅限于企业内部的劳动争议调解委员会，而现在调解组织范围得到扩大，基层人民调解组织及在乡镇、街道设立的具有劳动争议调解职能的组织都可以履行劳动争议调解功能，从而产生相应的法律后果。

企业劳动争议调解委员会设立于企业内部，由职工代表和企业代表共同组成，其中职工代表由工会成员担任或者由全体职工推举产生，企业代表由企业负责人指定。企业劳动争议调解委员会主任由工会成员或双方推举的人员担任。此种组成，充分保证调解的结果获得劳资双方的信赖。

基层人民调解组织，主要是依据 1989 年 6 月国务院制定的《人民调解委员会组织条例》设立的民间纠纷解决组织。依据该条例，人民调解委员会是村民委员会和居民委员会下设的调解民间纠纷的群众性组织，在基层人民政府和人民法院指导下工作。人民调解委员会由委员三至九人组成，设主任一人，必要时可设副主任，委员除由村民委员会成员或者居民委员会成员兼任的以外，均由群众选举产生，每3年改选一次，可以连选连任。根据2002年9月司法部颁布的《人民调解工作若干规定》，乡镇、街道可以设立人民调解委员会，企业事业单位根据需要也可以设立人民调解委员会，还可以根据需要设立区域性、行业性的人民调解委员会。当前的模式主要有两种：一种是依托于乡镇劳动服务站的调解组织，另一种是依托于地方工会的劳动调解组织。

2. 调解的提起

《劳动争议仲裁调解法》规定，当事人申请调解，既可以采取书面形式，也可以采取口头形式。书面的调解申请书通常应包括：（1）申请人的姓名、住址和身份证明信息及联系方式，被申请人的名称、住所及法定代表人或主要负责人姓名、职务等；（2）发生争议的事实、申请人的主张和理由等。口头申请较为方便，但当事人口头申请的，调解组织应当当场记录申请人的基本情况，申请调解的争议事项、理由和时间。

3. 调解书的效力

经调解组织调解，若双方当事人能就劳动争议事项达成协议的，应当制作调解协议书。调解协议书经双方当事人签名或签章，并经调解员签名加盖调解组织印章后生效，对双方当事人具有约束力，当事人应当履行。

但是需要特别注意的是，《劳动争议调解仲裁法》并未直接赋予调解协议法律效力，保证调解的有效性，即并没有直接赋予调解协议有申请人民法院强制执行的效力。

既然调解协议没有法院的强制执行效力，则如何理解调解协议的效力和性质？参照2002年最高人民法院发布的《关于审理涉及人民调解协议的民事案件若干规定》，对于由人民调解委员达成的调解协议，有权利义务内容的，并由双方当事人签字或盖章的调解协议，应当具有民事合同性质。因此，由劳动争议调解组织主持达成的调解协议书，可作为劳动争议仲裁委员会或人民法院裁决劳动争议案件的重要证据，如果没有其他证据证明调解协议无效或是可撤销，可以作为仲裁组织裁决和人民法院判决的依据。

虽然，调解协议书无法具有法院强制执行效力，但是对于因拖欠劳动报酬、工伤医疗费、经济补偿或者赔偿事项达成的调解协议，用人单位在协议约定的期限内不履行的，劳动者可以持调解书依法向人民法院申请支付令。人民法院应当发出支付令。用人单位如果提不出抗辩事由的，人民法院就可以强制执行。

此外，需要注意，根据《劳动合同法》第三十二条第二款的规定，用人单位拖欠或未足额支付劳动报酬的，劳动者可以依法向人民法院申请支付令，不一定需要事先达成调解协议。

除上述申请支付令的情况外，若在达成调解协议后，一方当事人在协议约定的期限内不履行调解协议的，另一方当事人可以依法申请仲裁。而若向调解组织申请调解后，15 日内未达成调解协议的，当事人可以依法申请仲裁，以及时解决争议。

三、劳动争议仲裁

劳动争议仲裁是指法律规定的仲裁机构应劳动争议一方当事人的申请，依法对当事人双方的劳动争议进行审理，并做出具有法律效力的裁决，使争议得以解决的争端处理方式。

劳动争议仲裁是一种准司法的仲裁制度，劳动争议处理结果具有法律效力。劳动争议仲裁是解决劳动争议的必经程序，当事人对仲裁裁决不服的，可以依法向人民法院提出诉讼，但对于其中一部分争议金额较少或者违法事实简单的劳动争议，依照法律规定，劳动者对仲裁裁决无异议的，则该仲裁裁决为终局裁决，当事人对发生法律效力的裁决书或仲裁调解书应当在规定的期限内履行，一方当事人逾期不履行的，另一方当事人可以申请人民法院强制执行。

1. 仲裁申请的提起

当事人申请是启动劳动争议仲裁的前提。没有当事人的申请，仲裁机构无权主动对劳动争议进行处理。仲裁机构受理劳动争议案件，同法院受理民事案件一样，按照“不告不理”原则进行。

根据现行有关法律规定，劳动争议仲裁申请的提出，应具备以下主要条件：

（1）申请仲裁的争议必须是劳动争议，即劳动者与用人单位之间因劳动权利义务发生的争议，一般的其他民事争议，应当向法院提起诉讼。

（2）申请仲裁的劳动争议必须是属于劳动争议仲裁委员会依法受理的范围。

（3）申请人必须是作为劳动争议的一方当事人。劳动争议当事人是指因劳动权益纠纷，以自己的名义参加劳动争议仲裁活动，请求保护自己的合法权益，并受劳动争议仲裁委员会仲裁裁决约束的直接利害关系人。

（4）劳动争议仲裁委员会对劳动争议必须有管辖权。只有享有法定管辖权的劳动争议仲裁委员会才能处理劳动争议纠纷。当事人必须正确地选择劳动争议仲裁委员会，其申请方可得到受理。

（5）有明确的被申请人及明确的诉请。明确的被申请人及明确的诉请是劳动争议仲裁委员会受理和处理案件的前提，若当事人无法明确被申请人及诉请，仲裁无法进行。

（6）应当在法定的仲裁时效期间内提出申请。如果出现时效中止或中断，当事人有义务提供相应的证明。

2. 书面的仲裁申请书

根据法律规定，当事人提出劳动争议仲裁申请的形式必须是以书面形式提出。以书面形式进行，有利于明确表达当事人的请求及依据事实理由，同时有利于劳动争议仲裁委员会审理是否受理。

《劳动争议调解仲裁法》第二十八条规定：“申请人申请仲裁应当提交书面仲裁申请，并按照被申请人人数提交副本。仲裁申请书应当载明下列事项：（一）劳动者的姓名、性别、年龄、职业、工作单位和住所，用人单位的名称、住所和法定代表人或者主要负责人的姓名、职务；（二）仲裁请求和所根据的事实、理由；（三）证据和证据来源、证人姓名和住所。书写仲裁申请确有困难的，可以口头申请，由劳动争议仲裁委员会记入笔录，并告知对方当事人。”与《劳动争议调解仲裁法》第二十八条规定相适应，《劳动人事争议仲裁办案规则》第二十九条规定：“申请人申请仲裁应当提交书面仲裁申请，并按照被申请人人数提交副本。仲裁申请书应当载明下列事项：（一）劳动者的姓名、性别、年龄、职业、工作单位、住所、通讯地址和联系电话，用人单位的名称、住所、通讯地址、联系电话和法定代表人或者主要负责人的姓名、职务；（二）仲裁请求和所根据的事实、理由；（三）证据和证据来源，证人姓名和住所。书写仲裁申请确有困难的，可以口头申请，由仲裁委员会记入笔录，经申请人签名或者盖章确认。

申请人的书面仲裁申请材料齐备的，仲裁委员会应当出具收件回执。对于仲裁申请书不规范或者材料不齐备的，仲裁委员会应当当场或者在五日内一并告知申请人需要补正的全部材料。申请人按要求补正全部材料的，仲裁委员会应当出具收件回执。”

图表：1－2 劳动争议仲裁申请书（样本）

（劳动者用）

申　请　人				被　申　请　人			
姓名				单位名称			
性别		年龄		法定代表人		职务	
民族		用工性质		住所地			
工作单位				电话			
家庭住址				邮编			
电话							
邮编							

请求事项：

事实和理由（包括证据和证据来源，证人姓名和住址等情况）：

此　　致

×××劳动争议仲裁委员会

申请人：　　　　　　（签名或盖章）

年　　月　　日

附：1. 副本　　　份；

2. 物证　　　件；

3. 书证　　　件。

注：1. 申诉书应用钢笔、毛笔书写或印制。

2. 请求事项应简明扼要地写明具体要求。

3. 事实和理由部分空格不够用，可用同样大小纸续加中页。

4. 申诉书副本份数，应按被诉人数提交。

3. 劳动争议仲裁申请的审查和受理

劳动争议仲裁委员会受理当事人的申请后，应当依法对申请进行审查，决定是否受理。根据《劳动人事争议仲裁办案规则》的规定，申请符合以下条件的，仲裁委员会应当进行受理，并在收到仲裁申请书5日内向申请人出具受理通知书：

（1）属于规定的劳动争议范围；

（2）有明确的仲裁请求和事实理由；

（3）在申请仲裁的法定时效期间内；

（4）属于仲裁委员会管辖范围。

在进行审查后，仲裁委员会对于不符合上述第（1）、（2）、（3）项规定之一的仲裁申请，将不予受理，并在收到仲裁申请之日起五日内向申请人出具不予受理通知书。对不符合上述第（4）项规定的仲裁申请，仲裁委员会则应当在收到仲裁申请之日起5日内，向申请人作出书面说明并告知申请人向有管辖权的仲裁委员会申请仲裁。

需要特别提醒的是，当事人对仲裁委员会逾期未作出决定或决定不予受理的，申请人可以就该争议事项向人民法院提起诉讼。

4. 劳动争议的开庭审理

立案后，劳动争议仲裁委员会将组成仲裁庭，并将仲裁庭组成人员书面通知当事人，在开庭前5日将开庭时间、地点书面通知双方当事人。在开庭审理前，可以组织双方当事人进行证据交换。劳动争议开庭审理时，仲裁员应当听取申请人的陈述和被申请人的答辩，主持庭审调查、质证和辩论、征询当事人的最后意见，并进行调解。仲裁裁决过程中，对案件一部分事实已经清楚，可以就该部分先行裁决。

仲裁庭裁决的案件，应当自仲裁委员会受理仲裁申请之日起45日内结束。案情特别复杂需要延期的，经仲裁委员会主任批准，可以延期并书面通知当事人，但延长的期限不得超过15日。逾期未做出仲裁裁决的，当事人可以就该劳动争议事项向人民法院提起诉讼。

由于仲裁委员会的开庭审理过程中，某些程序及要求可参照人民法院审理民事案件的程序要求进行，在下文中还将做相应的论述。

四、劳动争议诉讼

劳动争议诉讼是指劳动争议当事人对仲裁机构裁决不服，依法向人民法院进行诉讼的权益救济程序。

由于《劳动争议调解仲裁法》对于一裁终局的裁决规定了用人单位不可以提起诉讼，只能通过向人民法院申请撤销仲裁裁决的方式进行救济。本节亦一并介绍。

1. 非一裁终局案件的诉讼

根据《劳动法》第八十三条规定，劳动争议当事人对仲裁裁决不服的，可以自收到仲裁裁决书之日起15日内向人民法院提起诉讼。因此，对于根据《劳动争议调解仲裁法》规定非一裁终局案件，向人民法院起诉时，应当满足两个条件：一是该劳动争议已经经过劳动争议仲裁委员会的裁决；二是当事人应当在收到仲裁裁决书之日起15日内向人民法院提起诉讼。

除此之外，根据《劳动争议调解仲裁法》及《最高人民法院关于审理劳动争议案件适用法律若干问题的解释》等有关规定，存在部分劳动争议非经仲裁开庭审理，当事人仍有权直接提出诉讼的情形，主要包括：

（1）当事人提出仲裁申请的，仲裁委员会逾期（45天）未作出决定受理的，申请人可以就该争议事项向人民法院提起诉讼；

（2）仲裁委员会以当事人申请仲裁的事项不属于劳动争议为由，作出不予受理后的书面裁决、决定或者通知，当事人不服，依法向人民法院起诉；

（3）仲裁委员会以当事人的仲裁申请超过仲裁时效（1年）为由，作出不予受理的书面裁决、决定或通知，当事人不服，依法向人民法院起诉；

（4）仲裁委员会以申请仲裁的主体不适格为由，作出不予受理的书面裁决、决定或者通知，当事人不服，依法向人民法院起诉。

2. 一裁终局案件的诉讼及申请撤销

《劳动争议调解仲裁法》对原有的劳动争议做了修改，其中，对部分争议简单，争议金额小的案件做了一裁终局的安排，从而使大量简单的劳动争议案件在仲裁阶段就能得到解决，不用再拖延到诉讼阶段，能够有效地缩短劳动争议的处理时间，保护当事人特别是劳动者的合法权益。

（1）适用于一裁终局的劳动争议案件主要包括：

①追索劳动报酬、工伤医疗费、经济补偿或者赔偿金，不超过当地月最低工资标准 12 个月金额的争议；

②因执行国家的劳动标准在工作时间、休息休假、社会保险等方面发生的争议。

（2）终局裁决的撤销

根据相关规定，终局裁决一经作出即发生法律效力，当事人不得就同一劳动争议向人民法院提起诉讼或者申请撤销仲裁裁决。这里需要注意条件限制，即对于劳动者而言，仲裁裁决是否立即生效其有选择权：如果劳动者认为仲裁裁决对其有利，其可以不起诉，仲裁裁决即生效；如果劳动者认为仲裁裁决对其不利，其可以提起诉讼，导致仲裁裁决不生效，当然，劳动者必须在自收到仲裁裁决书之日起 15 日内起诉，否则期满不起诉的，视为放弃诉权，裁决书对劳动者发生法律效力。换言之，对于终局裁决的案件，裁决是先生效，因劳动者的提起诉讼而失效。

对于用人单位来说，实践中存在裁决书未列明该裁决是否属于终局裁决的情形，如用人单位提起诉讼，《最高人民法院关于审理劳动争议案件适用法律若干问题的解释》对此规定人民法院负有审查义务，如审查后认为属于非终局裁决，法院应予受理；如审查后认为确属终局裁决的，则人民法院应不予受理，并告知用人单位寻求申请撤销仲裁裁决的救济途径：

第二条　仲裁裁决的类型以仲裁裁决书确定为准。

仲裁裁决书未载明该裁决为终局裁决或非终局裁决，用人单位不服该仲裁裁决向基层人民法院提起诉讼的，应当按照以下情形分别处理：

（一）经审查认为该仲裁裁决为非终局裁决的，基层人民法院应予受理；

（二）经审查认为该仲裁裁决为终局裁决的，基层人民法院不予受理，但应告知用人单位可以自收到不予受理裁定书之日起 30 日内向劳动人事争议仲裁委员会所在地的中级人民法院申请撤销该仲裁裁决；已经受理的，裁定驳回起诉。

上述一裁终局的案件，裁决书自作出之日起发生法律效力。

（3）劳动者的直接诉讼

虽然《劳动争议调解仲裁法》规定了一裁终局，但是区分有关劳动者和用人单位两种不同主体的相应情形，法律对仲裁裁决作出后的救济途径作了不同规定。

对于劳动者而言，法律规定，若劳动者对上述案件不服，可以直接向人民法院提起诉讼。之所以如此规定，是法律对弱者保护的慎重，也是防止用人单位恶意诉讼。

对于劳动者直接诉讼，需要注意把握以下几个方面：①直接诉讼的是劳动者，而不是用人单位；②劳动者有权决定诉与不诉，如果劳动者认为仲裁结果对自己有利，可选择不诉；③提起诉讼的期间是收到仲裁裁决书之日起的15日内。

（4）用人单位的撤销申请

用人单位在一裁终局的裁决发生法律效力后，用人单位不得就同一事项再向仲裁委员会申请仲裁或向法院提起诉讼。但为了保障用人单位的救济权利，法律规定了用人单位可向法院提起撤销仲裁裁决的救济方法。

申请撤销仲裁裁决，应满足以下条件：（a）应当在法定的期间内提出，即收到裁决书之日起30日内。（b）应当向有管辖权的法院提出申请，即向劳动争议仲裁委员会所在地的中级人民法院提出申请。（c）申请时应有证据证明一裁终局的仲裁裁决有法定撤销的情形。

法定的撤销情形包括：（a）适用法律、法规确有错误的；（b）劳动争议仲裁委员会无管辖权的；（c）违反法定程序的；（d）裁决所根据的证据是伪造的；（e）对方当事人隐瞒了足以影响公正裁决的证据的；（f）仲裁员在仲裁该案时有索贿受贿、徇私舞弊、枉法裁决行为的。

仲裁裁决若经法院审查核实满足法定的撤销情形，法院应当裁定撤销。

仲裁裁决被撤销后将产生以下法律后果：（a）当事人，包括用人单位和劳动者均可在收到裁决书之日起15日内就该劳动争议事项向人民法院提起诉讼。（b）仲裁裁决被人民法院裁定撤销后，仲裁裁决自始无效。

3. 法院审查的基本程序

劳动争议案件进入法院，开始了诉讼，通常包括第一审程序和第二审程序，部分案件可能会启动再审程序。

（1）第一审程序

第一审程序包括普通程序和简易程序。普通程序和简易程序的区别主要表现在，普通程序应由三名法官或人民陪审员组成合议庭审理，审限为6个月，简易程序可由一名法官独任审判，审理期限通常要求为3个月。

一审程序通常包括以下阶段：

起诉受理阶段。

庭前准备阶段。庭前准备阶段通常包括，送达起诉状副本和答辩状副本，告知庭审组成人员，组织双方当事人交换证据等。

开庭审理阶段。开庭审查通常包括，开庭准备、法庭调查、法庭辩论、评议和笔录、法庭笔录等。在开庭审理过程中，可能会出现一方当事人提起反诉，延期审理等。

撤诉和缺席判决。人民法院在当事人一方无故未参加或未参加完开庭审理的情况下，可依法缺席判决。

诉讼中止和终结。在诉讼过程中因某种法定原因，诉讼可能中途停止，到中止事由消失后继续进行。诉讼终结是指在诉讼进行中，因发生法定的原因，使诉讼无法继续进行或继续进行已经无必要，不得不结束已经开始的程序。

（2）第二审程序

二审程序是当事人不服第一审人民法院的判决、裁定，在法定的期限内提起上诉，由上一级人民法院进行审理的程序。由于我国实行的是两审终审制，案件经过两级人民法院审判即告终结，当事人不得再提起上诉，所以二审程序也叫终结程序。

二审程序与一审程序相比，通常应当依法组成合议庭审理，可以依法径行判决，不一定需要开庭，同时二审可以调解，若二审调解，一审作出的裁决将不会发生效力，由于是终审，二审作出的判决、裁定一旦宣判将直接发生法律效力。

二审程序的审理期限：

根据《民事诉讼法》第一百七十六条，人民法院审理对判决的上诉案件，应当在第二审立案之日起3个月内审结。有特殊情况需要延长的，由本院院长批准。

人民法院审理对裁定的上诉案件，应当在第二审立案之日起30日内作出终审裁定。

二审程序通常包括以下阶段：

提起上诉及受理。

上诉审理。上诉审理可采用两种方式：一是开庭审理；二是径行裁判。二审法院合议庭经过阅卷和调查，询问当事人，在事实核结清楚后，合议庭认为不需要开庭审理的，可以径行裁决、判定。

上诉案件裁判，二审法院对上诉的劳动争议案件审理后，根据不同情况分别处理：①原审判决认定事实清楚，适用法律正确的，维持原判；②原审判决适用法律错误的，依法改判；③原审裁定所依据的事实不清或错误，适用法律不当，二审法院撤销原裁定，作出变更原裁定的裁定；④根据不同情况，发回重审。

（3）再审程序

再审程序为审判监督程序，指人民法院依当事人申请或人民法院依职权，或人民检察院抗诉，对已经发生法律效力而又确有错误的判决、裁定或调解书，再次进行审理并作出裁判的诉讼程序。再审程序不是案件审理的必经程序。

再审提出的期限，根据《民事诉讼法》第二百零五条，当事人申请再审，应当在判决、裁定发生法律效力后6个月内提出；有下列几种情形的，自知道或者应当知道之日起6个月内提出：有新的证据，足以推翻原判决、裁定的；原判决、裁定认定事实的主要证据是伪造的；据以作出原判决、裁定的法律文书被撤销或者变更的；审判人员审理该案件时有贪污受贿、徇私舞弊、枉法裁判行为的。

启动再审的原因，主要有：①各级人民法院院长对本院已经发生法律效力的判决、裁定、调解书，发现确有错误，认为需要再审的，应当提交审判委员会讨论决定。②最高人民法院对地方各级人民法院已经发生法律效力的判决、裁定、调解书，上级人民法院对下级人民法院已经发生法律效力的判决、裁定、调解书，发现确有错误的，有权提审或者指令下级人民法院再审。③当事人对已经发生法律效力的判决、裁定，认为有错误的，可以向上一级人民法院申请再审；当事人一方人数众多或者当事人双方为公民的案件，也可以向原审人民法院申请再审。④ 最高人民检察院对各级人民法院已经发生法律效力的判决、裁定，上级人民检察院对下级人民法院已经发生法律效力的判决、裁定，发现相关再审情形之一的，或者发现调解书损害国家利益、社会公共利益的，应当提出抗诉。地方各级人民检察院对同级人民法院已经发生法律效力的判决、裁定，发现相关再审情形之一的，或者发现调解书损害国家利益、社会公共利益的，可以向同级人民法院提出检察建议，并报上级人民检察院备案；也可以提请上级人民检察院向同级人民法院提出抗诉。各级人民检察院对审判监督程序以外的其他审判程序中审判人员的违法行为，有权向同级人民法院提出检察建议。

其中对于当事人申请再审，《民事诉讼法》规定应当符合以下条件：

（1）有新的证据，足以推翻原判决、裁定的；

（2）原判决、裁定认定的基本事实缺乏证据证明的；

（3）原判决、裁定认定事实的主要证据是伪造的；

（4）原判决、裁定认定事实的主要证据未经质证的；

（5）对审理案件需要的主要证据，当事人因客观原因不能自行收集，书面申请人民法院调查收集，人民法院未调查收集的；

（6）原判决、裁定适用法律确有错误的；

（7）审判组织的组成不合法或者依法应当回避的审判人员没有回避的；

（8）无诉讼行为能力人未经法定代理人代为诉讼或者应当参加诉讼的当事人，因不能归责于本人或者其诉讼代理人的事由，未参加诉讼的；

（9）违反法律规定，剥夺当事人辩论权利的；

（10）未经传票传唤，缺席判决的；

（11）原判决、裁定遗漏或者超出诉讼请求的；

（12）据以作出原判决、裁定的法律文书被撤销或者变更的；

（13）审判人员审理该案件时有贪污受贿，徇私舞弊，枉法裁判行为的。

再审案件依照启动再审的不同原因，会适用一审或二审程序进行审理。如果在再审过程中，双方当事人在人民法院主持下达成调解，调解书送达后，原判决、裁定即视为撤销。

第二章 劳动关系争议

第一节 事实劳动关系

一、事实劳动关系的概念

（一）概念

事实劳动关系是指无劳动契约或无有效之劳动契约，而为劳务之给付，此种情形于劳动契约失效时最为常见。[①] 因此所谓的事实劳动关系是指用人单位与劳动者没有订立书面合同或订立书面合同属无效，但双方实际履行了劳动权利义务而形成的劳动关系。

（二）事实劳动关系产生的情形

在实践中，事实劳动关系主要产生于以下几种情况：

（1）用人单位与劳动者在建立劳动关系时未签订书面合同；

（2）在原劳动合同期满后未办理终止和续订手续，劳动关系继续履行；

（3）当事人因履行无效劳动合同而形成的事实劳动关系。

其中第三种情况在实务处理中较少，前两种情况存在较多。

之所以存在大量的事实劳动关系，主要原因有：一是我国存在大量的中小型企业，往往企业主与就业的劳动者的法律意识不强；二是用人单位与劳动者之间的地位不平等，用人单位掌握着主动权；三是签订了劳动合同，企业必须承担相应的义务，如缴纳社会保险。而不签订劳动合同，对于企业来讲不仅灵活方便，而且违法成本较低，用人单位可以逃避法律责任，如任意调整岗位、降低工资、随意解除劳动关系等。

《劳动合同法》实施后，法律加大了对事实劳动关系的规范，但现实中，基于上述原因，事实劳动关系仍大量存在。

二、事实劳动关系的认定

（一）判定事实劳动关系的要件

判断事实劳动关系是否存在，实践中主要从以下三个方面进行认定：

---

① 黄越钦：《劳动法新论》，中国政法大学出版社2003年版，第87页。

一是双方主体是否适格，即双方都是符合劳动法规定的法律主体。我国的劳动法律法规规定了用人单位的范围，包括企业、个体经济组织、民办非企业单位以及聘用劳动者的国家机关、事业单位、社会团体。而劳动者通常指年满16周岁的，具有完全民事行为能力的自然人（特殊主体除外）。

二是双方之间存在着管理与被管理的关系，即用人单位依法制定的各项规章制度适用于劳动者，劳动者用人单位管理，从事用人单位安排的有偿劳动。双方之间存在着从属的管理关系是认定双方之间的关系，也是区别于雇佣关系的主要特点。

三是劳动者提供的劳动是用人单位业务的组成部分。即劳动者从事的劳动应当是属于用人单位业务范围之内的，并且是受用人单位安排和有报酬的。

（二）认定事实劳动关系的证据

根据《关于确立劳动关系有关事项的通知》的规定，用人单位未与劳动者签订劳动合同，认定双方存在劳动关系时可参照下列凭证：

（1）工资支付凭证或记录（职工工资发放花名册）、缴纳各项社会保险费的记录；

（2）用人单位向劳动者发放的“工作证”“服务证”等能够证明身份的证件；

（3）劳动者填写的用人单位招工招聘“登记表”“报名表”等招用记录；

（4）考勤记录；

（5）其他劳动者的证言等。

在实务中，除了上述规定的五类证据之外，可以作为事实劳动关系证据的通常还有：

（1）用人单位与劳动者之间的联络信函，如E-mail；

（2）与用人单位有业务往来的第三方的证言；

（3）劳动者向用人单位报销的凭证（如差旅费报销凭证、医疗费报销凭证等）。

（三）认定事实劳动关系中的举证责任

我国法律规定的举证责任的分配规则是“谁主张，谁举证”，因此，对于事实劳动关系的认定举证责任仍应贯彻该原则，即主张事实劳动关系存在的一方应当负有基本的举证义务。

但是作为劳动争议处理的特殊情况，劳动者往往由于地位的弱势，在举证时面临困难，因此，法律规定了举证责任例外，即“举证责任倒置”。《关于确立劳动关系有关事项的通知》第二条第二款规定：对于认定事实劳动关系所依据的凭证中的以下三类凭证，由用人单位负举证责任：

（1）工资支付凭证或记录（职工工资发放花名册）、缴纳各项社会保险费的记录；

（2）劳动者填写的用人单位招工招聘“登记表”“报名表”等招用记录；

（3）考勤记录。

实践中，需要认识到，虽然法律规定了举证责任倒置，要求用人单位进行举证，但并不代表劳动者在处理此类案件中不需要提供任何证据，劳动者仍应对事实劳动关系认定的基本证据负有举证责任，如上述所提的“工作卡”，第三方证人证言等。

案例：2－1　事实劳动关系如何认定？

华益铝厂于2012年1月26日设立，系从事生产铝型材，销售自产产品的有限责任公司。郝某自2014年7月起与该公司订立劳动合同，合同文本由公司保管，其间郝某从事分料工工作。2016年7月12日，郝某向沛县劳动人事争议仲裁委员会申请确认劳动关系，2016年7月18日，沛县劳动人事争议仲裁委员会以“未能按照沛劳人仲补字〔2016〕第27号补充证据材料”为由，认为郝某的申请不符合受理条件，决定不予受理，并作出沛劳人仲〔2016〕第57号不予受理通知书，郝某不服该通知书，向江苏省沛县人民法院起诉，郝某未能提交书面劳动合同，但其提交的上岗证、饭卡（门禁卡）、工作服、保温杯、雨伞等证据中，均标注有“江苏华益铝厂有限公司”字样。华益铝厂辩称，上岗证系进门证，是为了郝某收集废品方便，工作服等物品亦是做广告时发放。郝某要求法院确认双方之间存在劳动关系。

裁　判

江苏省沛县人民法院经审理认为，华益铝厂作为依法设立的有限责任公司，郝某作为具备完全民事行为能力的自然人，双方符合法律规定的成立劳动关系的主体资格。根据原劳动和社会保障部《关于确立劳动关系有关事项的通知》第二条规定，认定双方存在劳动关系时，可以参照用人单位发放的工作证、服务证等能够证明身份的证件。本案中，郝某提交了上岗证、饭卡、保温杯、雨伞、工作服等证据，上岗证上明确了部门、姓名、职务、编号等信息，并加盖有华益铝厂人事处的专用章，饭卡、保温杯、雨伞、工作服等印制有华益铝厂的名称、照片及使用的商标等，从外在显征来看，足以证实，郝某与华益铝厂之间存在事实的用工关系。一审法院对华益铝厂“为收集废品者办理“上岗证”，向不特定的人发放“工作服”进行广告宣传的抗辩不予采信。一审宣判后，华益铝厂不服，向江苏省徐州市中级人民法院上诉，二审法院驳回上诉，维持原判。

律师点评

事实劳动关系是指无书面劳动合同而存在劳动关系的一种客观状态，即只要客观上存在劳动关系，就可以认定为事实劳动关系。在司法实践中，提交有效证据是劳动者有效维权的必备条件。

本案中郝某向法庭提交了上岗证、饭卡、保温杯、雨伞、工作服等证据，上岗证上明确了部门、姓名、职务、编号等信息，并加盖有华益铝厂人事处的专用章，饭卡、保温杯、雨伞、工作服等印制有华益铝厂的名称、照片及使用的商标等，无疑对法官认定劳动关系起到了关键作用，可见，有效的相关证据是认定事实劳动关系的关键。

三、事实劳动关系产生的责任

（一）用人单位的责任

如果因用人单位的原因，而致使产生事实劳动关系，则用人单位应当按照法律规定承担以下几方面责任：

1. 及时补订书面劳动合同

与劳动者签订书面劳动合同是用人单位的法定义务，《劳动合同法》第十条第二款规定："已建立劳动关系，未同时订立书面劳动合同的，应当自用工之日起一个月内订立书面劳动合同。"

2. 超过1个月未满1年期间内，支付两倍工资

劳动合同法给予用人单位1个月的合理宽限期，以便用人单位及时与劳动者完成签订劳动合同的手续，但若1个月后，不满1年的期间内，用人单位仍未履行签订劳动合同的义务，则应承担向劳动者支付双倍工资的惩罚性责任。

支付两倍工资的起算时间为用工之日起满1个月的次日，截止时间为补订书面劳动合同的前1日。

3. 超过1年未签订时，视为订立无固定期限合同

为了强化用人单位签订书面劳动合同的意识，劳动合同法对于超过1年仍未与劳动者签订劳动合同的情况直接做了规定，"用人单位自用工之日起满一年不与劳动者订立书面劳动合同的，视为用人单位与劳动者已订立无固定期限劳动合同"。

（二）劳动者的责任

如果因劳动者的原因，而致使产生事实劳动关系，则产生以下法律后果：

1. 未满1年的，用人单位可单方面终止劳动关系，终止劳动关系时，用人单位应当书面通知劳动者。

终止后，用人单位根据情况承担不同的责任：（1）自用工之日起1个月内，经用人单位书面通知后，劳动者不与用人单位订立书面劳动合同，用人单位终止劳动关系的，无需向劳动者支付经济补偿，但应当依法向劳动者支付其实际工作期间的劳动报酬。（2）自用工之日起超过1个月不满1年，若劳动者不与用人单位订立书面劳动合同的，用人单位终止劳动关系，应同时向劳动者支付经济补偿金。

2. 视用人单位与劳动者签订无固定期限合同

即使劳动者存在不与用人单位签订劳动合同的情形，但该事实劳动关系存在满1年时，视为自用工之日起满1年的当日用人单位已经与劳动者订立无固定期限劳动合同，用人单位应当立即与劳动者补订书面劳动合同。

四、避免事实劳动关系产生的措施

由于事实劳动关系主要会对企业产生较多的不利影响，因此，为了避免事实劳动关系的产生，企业应采取主动措施：

（一）强化招聘后的签约管理

实践中许多企业招聘员工，常常是在面试、考查完毕后直接就通知劳动者于某日直接入职，然后再准备有关的签约手续，即通常所谓的“先入职后签约”，若此后因某种原因，没能及时与劳动者签订合同，无疑会带来产生事实劳动关系的风险。

因此，建议用人单位在招聘员工成功后应及时签约，然后再入职。这种招聘流程，无疑是避免产生事实劳动关系的首选做法。

（二）约定合同到期顺延条款

由于合同到期后未及时签订劳动合同产生事实劳动关系的情况，往往更容易被企业所忽略，因此，在双方签订的劳动合同条款中约定合同到期顺延条款可以有效地避免由于遗忘或疏忽而未能及时签订合同的尴尬。

该顺延条款可以表述如“合同到期前，双方应当及时协商确定是否续订劳动合同，若任何一方没有异议或没有及时签订新合同，合同到期后，视为双方同意按照原合同条件进行签订，续订的期限为×年”。

但是这种约定顺延条款也会产生不利的影响。例如，公司由于疏忽未能在合同到期时及时与员工续签劳动合同，合同到期后（1个月内），公司又认为该员工表现不佳，不打算继续聘用该员工，此时如果强行解除该员工的合同，则会构成非法解除劳动合同。

（三）及时补签书面劳动合同

虽然法律对不签订劳动合同持否定态度，并规定了对用人单位的罚责，但是如果劳动者与用人单位之间能对未签订劳动合同之事沟通协商好，并及时补签订劳动合同，也能避免因未及时签订书面劳动合同所要承担的法律责任。

（四）对恶意不签订行为的证据保留

虽然法律对未签订书面劳动合同规定了惩罚措施，但在司法实务中，对是否要承担双倍责任，各地法院会把握相应的标准，对于确因恶意不签劳动合同的，应当考查双方是否遵循诚实信用原则，如果用人单位不存在恶意，部分地区的司法实践不支持劳动者的双倍赔偿金请求。

例如上海市高级人民法院的指导性意见认为，如果劳动者已经实际为用人单位工作，用人单位超过1个月未与劳动者订立书面合同的，是否需要双倍支付劳动者的工资，应当考虑用人单位是否履行诚实磋商的义务以及是否存在劳动者拒绝签订等情况。如用人单位已尽到诚信义务，因不可抗力、意外情况或者劳动者拒绝签订等用人单位以外的原因，造成劳动合同未签订的，不属于《劳动合同法实施条例》（以下简称《实施条例》）第六条所称的用人单位“未与劳动者订立书面劳动合同”的情况；因用人单位原因造成未订立书面劳动合同的，用人单位应当依法向劳动者支付双倍工资；但因劳动者拒绝订立书面劳动合同并拒绝继续履行的，视为劳动者单方终止劳动合同。

对于用人单位而言，如果遇到劳动者恶意不愿意签订书面合同的情形，一定要注意保存好相关的书面证据，例如要求劳动者签订劳动合同的通知书、E-mail或工会等有关人员证明等，以便在出现相关争议时，保护好自己的合法利益，避免不必要的损失。

法条链接

《劳动合同法》

第八十二条第一款　用人单位自用工之日起超过一个月不满一年未与劳动者订立书面劳动合同的，应当向劳动者每月支付二倍的工资。

《劳动合同法实施条例》

第五条　自用工之日起一个月内，经用人单位书面通知后，劳动者不与用人单位订立书面劳动合同的，用人单位应当书面通知劳动者终止劳动关系，无需向劳动者支付经济补偿，但是应当依法向劳动者支付其实际工作时间的劳动报酬。

第六条　用人单位自用工之日起超过一个月不满一年未与劳动者订立书面劳动合同的，应当依照劳动合同法第八十二条的规定向劳动者每月支付两倍的工资，并与劳动者补订书面劳动合同；劳动者不与用人单位订立书面劳动合同的，用人单位应当书面通知劳动者终止劳动关系，并依照劳动合同法第四十七条的规定支付经济补偿。

前款规定的用人单位向劳动者每月支付两倍工资的起算时间为用工之日起满一个月的次日，截止时间为补订书面劳动合同的前一日。

第七条　用人单位自用工之日起满一年未与劳动者订立书面劳动合同的，自用工之日起满一个月的次日至满一年的前一日应当依照劳动合同法第八十二条的规定向劳动者每月支付两倍的工资，并视为自用工之日起满一年的当日已经与劳动者订立无固定期限劳动合同，应当立即与劳动者补订书面劳动合同。

第二节　非典型劳动关系

一、劳动关系与雇佣关系

无论是对用人单位还是劳动者而言，准确地区分劳动关系与雇佣关系还是较困难的一件事，因为，劳动关系和雇佣关系有很多相似之处，在实践中很容易混淆。但是准确区分劳动关系和雇佣关系是判定在工作中的受伤属于工伤还是人身损害的关键，同时，区别两者后，对于如何处理相关事宜，亦具有十分重要而现实的意义。

（一）主体上的区分

《劳动法》1995 年实施后，在《劳动部关于贯彻执行劳动法若干问题的意见》第二条规定：中国境内的企业、个体经济组织与劳动者之间只要形成劳动关系，即劳动者事实上已成为企业、个体经济组织的成员，并为其提供有偿劳动，适用劳动法。从这条规定可以看出，劳动关系应建立在劳动者成为用人单位的一个成员的基础上。因此，在《工伤保险条例》及《最高人民法院人身损害赔偿条件适用法律若干问题的解释》（以下简称《最高院人身损害赔偿解释》）实施前，一直依照《劳动法》及其解释规定，审查用人单位主体资格，若用人单位具有营业执照或依法履行了登记、备案手续，则属于劳动关系的范畴，反之，则属于雇佣关系。

但《工伤保险条例》在肯定有营业执照，已履行登记、备案手续的用人单位与劳动者之间发生的关系认定为劳动关系基础上，同时扩大了用人单位的外延，将无营业执照未经依法登记、备案的单位及依法吊销营业执照或者撤销登记、备案的单位也纳入了劳动关系的范畴。

2008 年 1 月 1 日起施行的《劳动合同法》对签订劳动合同的当事人作了具体规定，排除了五种人的劳动者身份：1. 公务员；2. 比照实行公务员制度的事业组织和社会团体的工作人员；3. 现役军人；4. 农村劳动者（乡镇企业职工和进城务工、经商的农民除外）；5. 家庭保姆。前三种应按《公务员法》的相关规定处理；后两种应按雇佣关系处理。

（二）其他区分因素

除了上述主体上的区分外，还应参考其他因素，如：

1. 两者之间是否存在行政隶属关系

劳动关系中用人单位与劳动者之间有行政隶属关系，有管理与被管理关系，在雇佣关系中，尽管劳动者在一定程度上也要接受用人单位的监督管理和支配，用人单位的各项概率制度对劳动者通常不具有约束力。而人身的依附程度也没有前者这般强烈，劳动者在实际工作中有时也具有相对独立的一面。

例如，某企业为整修厂地草坪，以每人日工资 100 元，临时招用了 6 名农民工，一农民在工作中不慎被割草机碰伤致残，该案中，尽管劳动者施工当中要服从单位的安排，但两者之间不存在着行政上的从属关系，因此，双方所形成的仅是一种雇佣关系而非劳动关系，所受到伤害不应算作工伤，不能按照劳动争议进行处理。

2. 是否连续稳定地从事工作

通常来讲，劳动关系中劳动者在用人单位的工作，具有长期、持续、稳定性，但雇佣关系中的劳动人员所从事的工作通常仅是临时性工作，例如，花园清扫工，可能今天做了明天就不做了，因此，这种雇佣就不能算形成劳动关系。

二、在校实习生

很多用人单位常常会招用一些中等专业学校或大学尚未毕业的在校学生来单位从事一段时间的临时性工作，在考查人才的同时也可一定程度上降低用工成本和劳动用工风险。对于这类人员如何保护自身权益，以及用人单位如何管理是实务中常常遇到的问题。

（一）实习生与用工单位的关系界定

实习生是学生还是劳动者？我们认为，实习生首先的身份是“学生”，因为在校学习仍是他们主要的任务。其次，对于参加实习的学生来说，实习是为了积累实践经验；而对于用人单位来说，实习只是为学生提供一个参加实践的机会，同时也是考查人才的一个过程，实习生与正式劳动者有本质的区别，学生的身份使其无法与用人单位建立正式劳动关系。

在校实习生与实习单位也不形成事实上的劳动关系。在校实习生参加实习，不是以实习劳动作为自己谋生的基本手段，而实习单位在实习中发放的实习费用，也只是一种补偿性的费用，而不是劳动法上所界定的工资。另外，在校实习生在实习期间虽然得服从实习单位的实习管理，但是对实习单位并不具有依附性。因此，在校实习生并不是劳动者。

原劳动部《关于贯彻执行〈中华人民共和国劳动法〉若干问题的意见》（劳部发〔1995〕309 号）第十二条规定，在校生利用业余时间勤工俭学，不视为就业，未建立劳动关系，可以不签订劳动合同。因此，该规定明确了在校实习生不是适格的劳动关系主体，故其与用人单位之间可以不签订劳动合同，双方之间的法律关系处理并不按照劳动关系处理。

（二）实习生权益受损时的责任承担

大学生在用人单位实习，实际参与劳动和工作，在这一过程中难免会遇到权益受损的情况，由于实习生与用人单位之间不存在劳动关系，因此，在劳动中受到伤害时，很难按照劳动争议进行处理。

在这一法律关系中，实习生与学校和用人单位三方同时发生了法律关系：学校作为施教者、监护人和实习活动的指挥安排者，应当预见实习生在实习劳动中必然存在和可能出现的风险，并且承担相应的法律责任。用人单位作为劳动提供者、劳动的安排指挥者和劳动成果受益人，应当为实习生提供符合国家规定的安全卫生的劳动条件。因此，若出现事故伤害，在我国目前没有法律明文规定的情况下，通常应由学校和用人单位承担连带赔偿责任。一般来讲，如果学校与用人单位事先对于责任的承担有约定，双方按照约定承担责任，但该约定本身不能构成任何一方对实习生受伤的免责。

通常，在校实习生在实习中受伤的责任承担可区分为三种情况来认定：

第一，在校生的实习是经过学校安排、推荐的。在这种情况下，学校和用人单位应当对实习生承担连带赔偿责任，实习生可以选择要求其中一方或者两方承担赔偿责任。

第二，在校生的实习过程未经学校安排或者推荐。在这种情况下，只要学校在平时的监管活动中尽到了监管责任，对学生自己联系实习可能出现的问题进行了适当的宣传和告知活动，就应当由实习单位对实习生的受伤承担主要责任，学校仅出于监管义务承担补充责任。即在用人单位不能支付全部补偿费用时，由学校承担补充的赔偿义务；在用人单位不能及时支付赔偿费用危及受伤学生的治疗或康复时，由学校先行垫付相关费用。

第三，若参与实习的在校生是未成年人。在此情形下，无论该学生的实习活动是否有学校参与，学校都应与实习单位一起对该学生在实习中的受伤负连带责任。

案例：2-2　在校学生实习受伤，用工单位是否应承担损害责任？

李某是某交通学校在校学生，经学校推荐，到某运输公司参加汽车维修实习。某天李某在工作时被公司的职工在倒车中撞倒致伤。事发后，劳动能力鉴定委员会确认李某的伤残等级为7级。李某以工伤待遇争议为由向劳动争议仲裁委员会提请劳动仲裁。仲裁委员会以双方未形成劳动关系不属劳动争议为由决定终止审理。李某不服，向人民法院起诉。法院认为：李某基于学校的安排到汽运公司实习，是其学校课堂教学内容的延伸。李某与汽运公司间无劳动关系，也未建立实质意义上的劳动者与用人单位间的身份隶属关系，双方的权利义务不受劳动法的调整。李某在实习单位虽然是因实习受伤，但不能享受工伤待遇，其所受损害应按一般民事侵权纠纷处理。据此，法院判决汽运公司向李某偿付人身损害赔偿金共计32762.81元。

律师点评

本案中，李某作为在校学生，不具备劳动关系主体资格，其实习过程中受到伤害的救济方式是按照民事关系中的人身损害赔偿原则进行处理的。无论是用人单位还是实习生都应当认识到此种就业关系中存在的潜在风险，在双方建立关系之初，就应当对可能发生的事故伤害做出预判，如通过购买意外险等方式来减少万一发生事故伤害时可能带来的损失。

（三）对实习生人员管理建议

对于实习生和用人单位而言，在实习过程中，双方应当注意如下问题：

1. 若有可能，最好由学校推荐选择实习单位。

2. 双方应签订书面的实习协议，在协议中明确双方的权利义务。一旦在实习过程中出现违约的情况，实习生可以以该协议为根据提起民事诉讼，要求实习单位承担违约责任，而用人单位也可以对实习生通过协议约束其行为。同时，明确的协议，也是处理双方争议时的最有效依据。

3. 需要注意的是，实习单位无权在实习期间扣押实习者的证件，对于实习单位扣押证件的要求，实习生可以拒绝。

（四）实习生与用人单位认定劳动关系的特殊情形

如前文所述，一般在学校安排下到用人单位进行教学实习，或者利用课余时间以勤工俭学为目的的实习不视为就业，不构成劳动关系，实习生与用人单位之间存在劳务关系，相互之间的权利义务由合同法调整。但是即将毕业的大专院校在校学生在完成学习任务的情况下，以就业为目的与用人单位签订劳动合同，且接受用人单位管理，按合同约定付出劳动；用人单位在明知求职者系在校学生的情况下，仍与之订立劳动合同并向其发放劳动报酬的，目前的司法实践一般倾向于认定双方之间形成劳动关系。

案例：2-3 在校学生是否可与用人单位建立劳动关系？

郭某系南京市某高校2008届毕业生，毕业时间为2008年7月。2007年10月郭某至南京市某公司处进行求职登记，经人力资源部和总经理审核，同意试用。2007年10月30日双方签订劳动合同，为期三年，自2007年10月30日起至2010年12月30日止。2008年7月，该公司以对双方之间是否存在劳动关系持有异议为由，向南京市白下区劳动争议仲裁委员会提起仲裁申请，请求确认双方之间的劳动关系不成立。南京市白下区劳动争议仲裁委员会，以郭某系在校学生，不具有建立劳动关系的主体资格，双方之间的争议不属于劳动争议处理范围为由，裁定不予受理。郭某对此不服，认为双方之间系劳动关系，双方签订的劳动合同真实、合法、有效，请求法院判决确认原、被告之间的劳动合同有效。

裁 判

法院经审理认为：首先，郭某与公司签订劳动合同时已年满19周岁，符合《中华人民共和国劳动法》规定的就业年龄，具备与用工单位建立劳动关系的行为能力和责任能力。原劳动部《关于贯彻执行〈中华人民共和国劳动法〉若干问题的意见》第十二条规定："在校生利用业余时间勤工助学，不视为就业，未建立劳动关系，可以不签订劳动合同。"该条规定仅适用于在校生勤工助学的行为，并不能由此否定在校生的劳动权利，推定出在校生不具备劳动关系的主体资格。综上，法律并无明文规定在校生不具备劳动关系的主体资格，故郭某能够成为劳动关系的主体。

其次，本案中郭某的情形显然不属于勤工助学或实习。郭某在登记求职时，已完成了全部学习任务，明确向公司表达了求职就业愿望，双方签订了劳动合同书。郭某在与公司签订劳动合同后，亦按照规定内容为公司付出劳动，公司向郭某支付劳动报酬，并对其进行管理，这完全符合劳动关系的本质特征。故公司辩称双方系实习关系的理由不能成立。

最后，郭某签约时虽不具备公司要求的录用条件，但郭某在应聘时明确告知了公司其系2008届毕业生，2007年是学校规定的实习年，自己可以正常上班，但尚未毕业。公司对此情形完全知晓，双方在此基础上就应聘、录用达成一致意见，签订劳动合同。因此，劳动合同的签订是双方真实意思的表示，不存在欺诈、隐瞒事实或胁迫等情形，并没有违反法律、行政法规的规定，且郭某已于2008年7月取得毕业证书，公司辩称郭某不符合录用条件的理由亦不能成立。

综上，法院判决郭某与公司存在劳动关系，双方签订的劳动合同合法、有效，对双方均具有法律约束力。

律师点评

用人单位在招用大学生时，应对其身份及学业情况有全面的了解，在知晓其已完成学业、虽尚未毕业但以就业为目的并且可以正常全勤上班的情况下，双方在订立劳动合同过程中系真实意思表示，无欺诈胁迫等情形，并且劳动合同中约定的内容包括工作内容、劳动报酬等不存在显失公平、违反法律法规的情形，这种情况下双方之间签订的劳动合同应认定为有效，双方之间存在劳动关系。

三、离退休返聘人员

劳动合同法实施后，一些企业为了降低用工成本，招聘部分离退休人员，同时期望充分利用这些离退休人员的丰富工作经验和社会资源为企业带来更多效益。甚至在某些岗位，如会计、教师、行政、技工工种行业等，反而越老越吃香。

（一）离退休人员与用工单位的关系界定

根据《最高人民法院关于审理劳动争议案件适用法律若干问题的解释（三）》第七条规定："用人单位与其招用的已经依法享受养老保险待遇或领取退休金的人员发生用工争议，向人民法院提起诉讼的，人民法院应当按劳务关系处理。"从该条款中，可知法律上对达到法定退休年龄并已享受养老待遇的人员与用人单位之间的争议，不作为劳动争议处理。劳动者从他们达到离退休年龄办理离退休手续后，社保开始向他们支付养老保险，法律上不再确认其作为劳动主体的权利。

（二）聘用离退休人员权益保护

虽然离退休人员不具备劳动法意义上的劳动者主体资格，但是他们仍然应享受到部分劳动者作为个体自然人的权益，如工作时间规定，劳动保护规定，最低工资规定。

另外，由于返聘形成的劳务关系不受《劳动法》《劳动合同法》调整，因此企业不需要为他们缴纳社会保险、工伤保险，但同时也意味着他们享受不了工伤待遇。

如果离退休人员在工作中发生事故伤害，不能适用《工伤保险条例》的规定进行处理。虽然有一些地区或法院按照劳动争议的原则处理此类事件，但从法律上，双方应当是劳务关系，发生工伤时，用人单位原则上应按照雇主责任承担责任。《最高人民法院关于审理人身损害赔偿案件适用法律若干问题的解释》第十一条规定，雇员在从事雇佣活动中遭受人身损害，雇主应当承担赔偿责任。属于《工伤保险条例》调整的劳动关系和工伤保险范围的，不适用本条规定。如前所述，劳务关系不属于《工伤保险条例》调整的劳动关系，企业作为雇主应向被聘用的离退休人员承担人身损害赔偿责任。

与工伤赔偿标准相比，人身损害赔偿标准却比工伤标准更高，反而是加重了企业的责任。首先，工伤保险由社保基金承担，人身损害赔偿由企业承担；其次，人身损害中的伤残补偿与死亡补偿标准高于工伤中的标准；最后，人身损害赔偿包括精神损失，工伤赔偿则不包括。因此，雇用离退休人员一旦发生伤亡事故，企业将会承担更高的成本。

（三）关于聘用离退休人员的建议

虽然雇用离退休人员，若发生伤亡时，企业会支出更多成本，但综合考虑各因素，企业还是会雇用一些离退休返聘人员。对此，我们建议：

1. 双方应当签订书面的劳务合同。书面的劳务合同一方面可以明确双方的权利义务，如劳务报酬、工作时间、解除合同条件等；另一方面也有利于在一方损害对方利益时，提供有利的证据。

2. 作为用人单位，应当购买相应的商业险作为防范风险的主要方式。由于无法为离退休返聘人员缴纳工伤保险，其因工发生伤亡事故时，无法从工伤保险基金获得支付，因此，购买合适的商业保险，可以避免在事故发生后，企业承担较大的经济支出。

3. 用人单位应当注意对离退休人员的基本权益保障，虽然离退休人员不具备合格的劳动法主体资格，但并不意味着用人单位可以随意侵害相关人员的权益，如无节制地要求加班等。用人单位在聘用离退休人员时，应提供最基本的三方面保障：一是工作时间的保障，即应当遵照国家关于工作时间的规定，不可任意无约束地安排加班；二是劳动保护的规定，即提供符合安全的工作条件和场所；三是满足最低工资规定，即劳动报酬应当符合当地最低工资标准的要求，即月薪计酬或小时计酬均应达到法定的最低标准。

案例：2－4　退休后继续工作，生病不享受医疗期待遇？

刘某为某信息技术研究中心退休人员。退休后，信息技术中心依法为其办理退休手续，刘某依法享受养老保险待遇。刘某退休后为了发挥余热，与公司签订退休返聘协议，继续留在公司工作。刘某每天也同退休前一样朝九晚五地上下班。2017 年 5 月，刘某因身体不适，在家休息了一个月。6 月上班后向公司主张其 5 月份的病假工资。公司人事部门告知刘某双方之间是劳务关系。在协议中约定了因病不出勤，公司将不支付报酬。刘某认为双方之间为劳动关系，公司应当支付其病假工资。遂向劳动人事争议仲裁委员会申请仲裁，要求确认双方之间存在劳动关系，要求公司支付病假工资。

仲裁委经审理，认为刘某属于已经依法享受养老保险待遇的人员，不能成为劳动关系中的劳动主体，其与公司之间属于劳务关系，而非劳动关系，因此不享受劳动法律法规规定的医疗期待遇，公司无需向其支付病假工资。

律师点评

本案中，刘某退休后继续在公司工作，其与公司形成的用工关系不属于《劳动合同法》等相关法律法规调整的劳动关系，故刘某并不享受劳动者所享有的医疗期待遇。双方之间形成劳务关系，双方之间的权利义务受双方签订的退休返聘协议约束，因此刘某要求公司支付病假工资于法无据。

（四）离退休人员与用人单位确认劳动关系的特殊情形

根据《最高人民法院关于审理劳动争议案件适用法律若干问题的解释（三）》第七条规定："用人单位与其招用的已经依法享受养老保险待遇或领取退休金的人员发生用工争议，向人民法院提起诉讼的，人民法院应当按劳务关系处理。"从该条款可以看出对于已经依法享受养老待遇的离退休人员，已经非常明确与用人单位之间形成劳务关系。

但在实务中还存在一种情形：劳动者达到法定退休年龄后，公司并未为其办理退休手续，双方仍按照原来的劳动合同继续履行。对于这种已达到法定退休年龄但未享受退休待遇的人员，其与用人单位之间的关系如何处理？

目前对此类情形国家层面并无法律法规或司法解释进行明确，各地司法实践中对此问题也有不同观点：

北京市高院《关于劳动争议案件法律适用问题研讨会会议纪要（二）》第十二条规定："依法享受养老保险待遇的人员、领取退休金的人员、达到法定退休年龄的人员，其与原用人单位或者新用人单位之间的用工关系按劳务关系处理。"

广东省高院《关于审理劳动人事争议案件若干问题的座谈会纪要》第十一条规定："用人单位招用已达到法定退休年龄但尚未享受基本养老保险待遇或退休金的劳动

者，双方形成的用工关系按劳务关系处理。”

而上海市高院又将这类情形分为两种情况进行处理，上海市高院《民事法律适用问答 2012 年第 1 期》规定：“对于达到法定退休年龄，用人单位又未与其解除劳动合同继续留用，未办理退休手续的，按劳动关系处理；对于达到法定退休年龄的，用人单位与其解除劳动合同，因缴费年限不够，而未享受养老保险待遇，应根据《社会保险法》的规定，劳动者只要补缴社保费就可以享受养老保险待遇，其与再就业用工单位发生争议的，按劳务关系处理。”

因此，对于达到法定退休年龄后继续工作的劳动者与用人单位之间的关系不能简单地认定为劳动关系或劳务关系。需要根据不同的情形进行判断。

四、外国人就业

所谓外国人在中国就业，是指没有取得定居权的外国人在中国境内依法从事社会劳动并获取劳动报酬的行为。根据《外国人在中国就业管理规定》和劳动部办公厅《关于贯彻实施〈外国人在中国就业管理规定〉有关问题的通知》，外国人就业主要包括两种形式：一是在中国工作的外国人，其劳动合同是同中国境内的用人单位（驻地法人）直接签订的，无论其在中国就业的时间长短，一律视为在中国就业；二是在中国工作的外国人，其劳动合同是和境外法人签订，劳动报酬来源于境外，在中国境内工作 3 个月以上的（不包括执行技术转让协议的外籍工程技术人员和专业人员），视为在中国就业，需办理相应的手续。

目前外国人在中国就业变得越来越普遍，外资企业或中资企业中都存在雇用外国人的情形，但外国人相关权益的保护目前仍在不断完善中。

（一）外国人在中国就业的条件

我国目前关于外国人就业的主要规定，仍然是 1996 年劳动部、公安部、外交部、对外贸易经济合作部联合颁布，2010 年 11 月 12 日人力资源和社会保障部令第 7 号及 2017 年 3 月 13 日人力资源和社会保障部令第 32 号修正的《外国人在中国就业管理规定》，各地方在此规定的基础上，颁布了地方性的细化规定，如上海《关于贯彻〈外国人在中国就业管理规定〉的若干意见》，根据相关规定，外国人在中国就业须具备下列条件：（1）年满 18 周岁，身体健康；（2）具有从事其工作所必需的专业技能和相应的工作经历；（3）无犯罪记录；（4）有确定的聘用单位；（5）持有有效护照或能代替护照的其他国际旅行证件。

（二）外国人在中国就业的办理程序

我国政府对外国人在中国就业实行许可制度。即用人单位聘用外国人，必须为外国人申请就业许可，经批准后，方可聘用。根据 2015 年国务院审改办关于将“外国人入境就业许可”和“外国专家来华工作许可”整合为“外国人来华工作许可”的决定，2017 年 3 月 28 日国家外国专家局、人力资源社会保障部、外交部、公安部联合发布《关于全面实施外国人来华工作许可制度的通知》，根据该通知，2017 年 4 月 1 日起，全国统一实施外国人来华工作许可制度，发放《中华人民共和国外国人工作许可通知》（以下简称《外国人工作许可通知》）和《中华人民共和国外国人工作许可证》（以下简称《外国人工作许可证》，由人力资源社会保障部和国家外专局联合印制），来华工作外国人凭《外国人工作许可通知》和《外国人工作许可证》办理相关签证和居留手续。

因此，外国人来中国就业需按照规定办理《外国人工作许可通知》、《外国人工作许可证》、相关签证和居留手续后，方可在中国境内就业。

1.《外国人工作许可通知》

用人单位或委托专门机构在外国人来华工作管理服务系统登记注册账号，在线提交许可申请，经批准后在线打印《外国人工作许可通知》，并提供下列有效文件：

（1）外国人来华工作许可申请表；

（2）工作资历证明；

（3）最高学位（学历）证书或相关批准文书；

（4）职业资格证明；

（5）无犯罪记录证明；

（6）体检证明；

（7）聘用合同或任职证明（包括跨国公司派遣函）等。

2. 办理工作签证

外国人凭《外国人工作许可通知》及其他所需材料到中华人民共和国驻外使、领馆申请 Z 字签证或 F 字签证或 R 字签证。

3. 办理《外国人工作许可证》

外国人凭有效签证入境后 15 日内，用人单位在线申领《外国人工作许可证》，并至所在地外国人工作管理部门领取证件。

4. 办理居住证

外国人凭有效签证入境后 30 日内，需至用人单位所在地公安机关出入境管理机构办理工作类居留证件。

Tips 小贴士：2-1 **港澳台居民在中国内地（大陆）就业是否需要办理就业证件？**

律师指引

根据人力资源和社会保障部2018年8月23日颁布并实施《人力资源社会保障部关于香港澳门台湾居民在内地（大陆）就业有关事项的通知》，原《台湾香港澳门居民在内地就业管理规定》（劳动和社会保障部令第26号）被废止，2018年7月28日起，港澳台人员在内地（大陆）就业不再需要办理《台港澳人员就业证》。2018年12月31日前，处于有效期内的《台港澳人员就业证》仍可同时作为港澳台人员在内地（大陆）就业证明材料；2019年1月1日起终止使用。

在内地（大陆）求职、就业的港澳台人员，可使用港澳台居民居住证、港澳居民来往内地通行证、台湾居民来往大陆通行证等有效身份证件办理人力资源社会保障各项业务，以工商营业执照、劳动合同（聘用合同）、工资支付凭证或社会保险缴费记录等作为其在内地（大陆）就业的证明材料。

因此，按照我国目前的相关规定，港澳台居民在内地就业不再需要就业许可审批，而是直接使用港澳台居民居住证、港澳居民来往内地通行证、台湾居民来往大陆通行证等有效身份证件即可在内地就业并办理各项相关事项。

Tips 小贴士：2-2 **什么情况下外国人所持工作许可证自行失效？**

律师指引

被聘用的外国人与用人单位签订的劳动合同期满时，其工作许可证即行失效。逾期未办理工作许可证延期手续的，其工作许可证自行失效。

（三）外国人在中国就业的劳动关系处理

（1）劳动合同相关事项

根据《外国人在中国就业管理规定》的要求，用人单位应当与被聘用的外国人依法订立劳动合同。用人单位一旦聘用了外国人，双方就建立了劳动关系，按照劳动法及劳动合同法的要求，建立劳动关系应当签订书面的合同。

但是需要注意，用人单位与被聘用的外国人签订的劳动合同有期限限制。根据《外国人在中国就业管理规定》，用人单位与被聘用的外国人签订的劳动合同期限最长不能超过5年，劳动合同期限届满即行终止。如果劳动合同期满后需要续订，应当由用人单位在原劳动合同期满前30日内，向劳动保障行政部门提出延长聘用时间的申请，经劳动保障行政部门批准后办理就业证件延期手续，但是续签订的劳动合同最长期限仍是5年。

根据劳动合同法规定，劳动合同分为固定期限、无固定期限及以完成一定工作为期限的合同。固定期限明确合同的有效期，可以是长期的，也可以是短期的，用人单位可以与所聘用的外国人签订5年以下有固定期限的劳动合同。但用人单位不可以与聘用的外国人签订无固定期限的劳动合同。对于以完成一定工作为期限的合同，双方也可选择签订，但同样需注意5年期限。

关于劳动合同内容，根据《外国人在中国就业管理规定》第二十二条规定，在中国就业的外国人的工作时间、休息休假、劳动安全卫生以及社会保险按国家有关规定执行。即外国人就业原则上应当受到相关劳动法上权利义务的保护，《外国人在中国就业管理规定》所列明的事项，在劳动合同中应明确，用人单位不得侵害外国人的合法劳动权益。

关于劳动合同解除，虽然外国人与用人单位之间建立了劳动关系，应当受到劳动合同法的保护，按照劳动合同法的要求，用人单位与劳动者之间不能约定劳动合同终止的条件。但考虑到外国人就业的特殊性，同时也是尊重外国人意思自治的国际惯例，在实务中，还是对约定解除与中国籍员工有所区别，即用人单位可以在与劳动者协商一致的基础上，尊重双方意愿，约定解除劳动合同的条件。例如，上海市劳动局《关于贯彻〈外国人在中国就业管理规定〉的若干意见》明确，用人单位与获准聘雇的外国人之间有关聘雇期限、岗位、报酬、保险、工作时间、解除聘雇关系条件、违约责任等双方的权利义务，通过劳动合同约定。

（2）关于外国人劳动争议的处理

由于外国人办理就业证件后与用人单位之间存在劳动关系，双方因履行合同，发生劳动争议，应当根据《劳动法》《劳动合同法》《劳动争议调解仲裁法》等规定按照劳动争议程序及原则进行处理。同时，应适用国内劳动争议有关的法律法规。

在实体权利的处理上，司法实践中，在处理外国人劳动合同中相关标准适用时，通常遵循参照劳动法相关权利义务，但在不违反法律的前提下，尊重当事人双方的意思自治原则的方式处理。例如，在《上海市高级人民法院关于审理劳动争议案件若干问题的解答》对在国内就业的外国人适用中国劳动标准的问题作出了以下指导性意见："（一）原劳动部、公安部、外交部、原对外贸易经济合作部等四部门颁布的外国人在中国就业管理规定（劳部发〔1996〕29号）第二十二条、第二十三条规定的最低工资、工作时间、休息休假、劳动安全卫生、社会保险等方面的劳动标准，当事人要求适用的，劳动争议处理机构可予支持。（二）当事人之间在上述规定之外约定或履行的其他劳动权利义务，劳动争议处理机构可按当事人的书面劳动合同、单项协议、其他协议形式以及实际履行的内容予以确定。（三）当事人在上述（一）、（二）所列的依据之外，提出适用有关劳动标准和劳动待遇要求的，劳动争议处理机构不予支持。"

(3) 关于外国人社会保险费缴纳问题

根据2011年7月1日起开始实施的《社会保险法》规定，外国人在中国境内就业的，参照本法规定参加社会保险。为了维护在中国境内就业的外国人依法参加社会保险和享受社会保险待遇的合法权益，加强社会保险管理，人力资源和社会保障部第67次部务会议审议通过了《在中国境内就业的外国人参加社会保险暂行办法》，报国务院同意，自2011年10月15日起施行。

根据该暂行办法规定，在中国境内依法注册或者登记的企业、事业单位、社会团体、民办非企业单位、基金会、律师事务所、会计师事务所等组织（以下称用人单位）依法招用的外国人，应当依法参加职工基本养老保险、职工基本医疗保险、工伤保险、失业保险和生育保险，由用人单位和本人按照规定缴纳社会保险费。与境外雇主订立雇用合同后，被派遣到在中国境内注册或者登记的分支机构、代表机构（以下称境内工作单位）工作的外国人，应当依法参加职工基本养老保险、职工基本医疗保险、工伤保险、失业保险和生育保险，由境内工作单位和本人按照规定缴纳社会保险费。

用人单位招用外国人的，应当自办理就业证件之日起30日内为其办理社会保险登记。受境外雇主派遣到境内工作单位工作的外国人，应当由境内工作单位按前述规定为其办理社会保险登记。依法办理外国人就业证件的机构，应当及时将外国人来华就业的相关信息通报当地社会保险经办机构。

参加社会保险的外国人，符合条件的，依法享受社会保险待遇。在达到规定的领取养老金年龄前离境的，其社会保险个人账户予以保留，再次来中国就业的，缴费年限累计计算；经本人书面申请终止社会保险关系的，也可以将其社会保险个人账户储存额一次性支付给本人。外国人死亡的，其社会保险个人账户余额可以依法继承。

(4) 未办理就业证件的外国人与其雇用单位之间的法律关系

《外国人入境出境管理法》第十九条规定："未取得居留证的外国人和来中国留学的外国人，未经中国政府主管机关允许，不得在中国就业。"《外国人在中国就业管理规定》第二条第二款规定："本规定所称外国人在中国就业，指没有取得定居权的外国人在中国境内依法从事社会劳动并获取劳动报酬的行为。"第五条规定："用人单位聘用外国人须为该外国人申请就业许可，经获准并取得《中华人民共和国外国人就业许可证书》（以下简称许可证书）后方可聘用。"第八条规定："在中国就业的外国人应持Z字签证入境（有互免签证协议的，按协议办理），入境后取得《外国人就业证》（以下简称就业证）和外国人居留证件，方可在中国境内就业。"根据以上规定，未取得居留证件和就业证件的外国人，未经中国政府主管机关批准，一律不得在中国就业。此系法律的强制性规定。

有部分外国人以非就业签证的形式进入中国，如持教育签证、旅游签证，在中国企业内工作，虽然，双方可能也会签订某种形式的“劳动合同”，但是这种情形的雇用或被雇用，双方都面临着较大的法律风险。

上述法律规范规定了外国人未取得相应就业证件时的行政责任，而关于他们与其雇主之间发生的民事关系的判断和处理，没有明确的法律规定作为依据。但从双方关系的法律性质来看，由于法律法规规定外国人只有办理了合法的就业证件，才可以在中国就业，并享有劳动法相关权利义务，这一要求是强制性法律要求。因此，用工单位雇用没有办理合法就业证件的外国人，双方关系不能受到劳动法的保护，不能纳入劳动关系范畴内。实践中对此种形式的雇佣一般作为民事关系对待，处理纠纷按照普通民事纠纷程序进行。

《上海市高级人民法院民一庭关于审理劳动争议案件若干问题的解答》规定：“（一）未领取就业证的国（境）外自然人，与本市用人单位之间形成劳动关系，发生劳动权利义务内容争议的，是否作为劳动争议案件？答：此类争议符合民诉法规定的民事案件受理条件的，目前可作为一般民事案件由人民法院直接受理。（二）国（境）外法人或其他组织擅自招用劳动者在本市就业，发生劳动权利义务争议的，是否作为劳动争议案件受理？答：此类争议符合民诉法规定的民事案件受理条件的，目前可作为一般民事案件受理，以国（境）外法人或其他组织为当事人。”

案例：2－5　未办就业证，不受劳动法保护？

A 某系俄罗斯籍人士，其于 2010 年 12 月 16 日入职 B 公司，并办理了外国人就业手续。A 某在职期间，B 公司拖欠其正常工作时间工资及未休年休假工资。随后，A 某向深圳市劳动人事争议仲裁委员会申请仲裁，未获得仲裁委支持。A 某不服仲裁，向法院提起诉讼，要求判令 A 公司：1. 支付工资 716303.51 元（2010 年 12 月 16 日至 2015 年 12 月 25 日）；2. 2011 年 12 月 16 日至 2015 年 12 月 25 日期间的未休年假工资 37033.53 元；3. 被迫解除劳动合同的经济补偿金 110000 元。

为证明其诉求，A 某向本院提交了与 B 公司签订的三份劳动合同及《外国人就业证》、银行流水、社保清单等。第一份劳动合同期限从 2010 年 12 月 16 日起至 2011 年 12 月 15 日止；第二份劳动合同期限从 2011 年 9 月 21 日起至 2014 年 9 月 20 日止；第三份劳动合同期限从 2014 年 9 月 21 日起至 2019 年 9 月 20 日止。但 A 某提供的《外国人就业证》显示其在就业许可的时间为 2014 年 8 月 1 日至 2016 年 5 月 30 日，故法院认为 A 某在 2014 年 8 月 1 日至 2016 年 5 月 30 日属于合法就业，可以认定上述期间双方建立有劳动关系。

法院经审理后裁判认定，A 某未能提供在 2014 年 8 月 1 日之前有办理《外国人就业证》，应认定 2014 年 8 月 1 日之前的劳动合同为无效劳动合同，依法规定原告在 2014 年 8 月 1 日之前除劳动报酬之外的劳动权益不受劳动法保护。

律师点评

外国人是否具有在我国就业的外国人相关就业证件是判断双方是否存在劳动关系的主要依据，本案中A某未能提供2014年8月1日之前有办理就业证，故该期间无法认定劳动关系，法院仅仅认定构成劳务（雇佣）关系，导致权益保障方面大打折扣。因此，外国人在我国就业，必须合法办理相关就业证件，才能真正在权益受到损失时得到合法的保护。

（5）外国人及用人单位违反中国就业管理规定的处理

外国人在中国就业期间违反中国就业管理规定的行为，主要有：①拒绝劳动保障行政部门检查就业证，以及擅自变更用人单位、擅自变更职业、擅自延长就业期限的行为；②伪造、涂改、冒用、转让、买卖就业证和许可证书的行为。根据相关规定，如果外国人在中国就业期间出现①条规定行为的，由劳动保障行政部门收回其就业证，并提请公安机关取消其居留资格。需要由公安机关遣送出境的，遣送费用由用人单位或该外国人承担。如果出现②规定之行为的，由劳动保障行政部门收缴就业证和许可证书，没收非法所得，并处以一万元以上十万元以下的罚款；情节严重构成犯罪的，移送司法机关依法追究刑事责任。

对违反《外国人在中国就业管理规定》，未申领就业证擅自就业的外国人和未办理许可证书擅自聘用外国人的用人单位，按照2012年制定的《中华人民共和国出境入境管理法》第八十条的规定：“外国人非法就业的，处五千元以上二万元以下罚款；情节严重的，处五日以上十五日以下拘留，并处五千元以上二万元以下罚款。介绍外国人非法就业的，对个人处每非法介绍一人五千元，总额不超过五万元的罚款；对单位处每非法介绍一人五千元，总额不超过十万元的罚款；有违法所得的，没收违法所得。非法聘用外国人的，处每非法聘用一人一万元，总额不超过十万元的罚款；有违法所得的，没收违法所得。”

案例：2-6 就业证显示的用人单位信息与实际就业情况不一致，是否构成劳动关系？

张某系马来西亚国籍，2016年11月10日到北京某公司担任销售总监，双方签订书面劳动合同，约定月工资标准5万元，张某正常提供劳动至2017年5月30日。该公司因经营不善，自2017年2月开始未支付张某工资。2017年6月1日，张某以公司未支付工资为由向公司提出解除劳动关系，并提起仲裁申请，要求确认与该公司存在劳动关系并由该公司支付拖欠的工资。

庭审中，张某提交了他的《外国人就业证》，证件显示：有效期为2014年6月12日至2015年6月12日，后又延期至2017年6月12日；职业为销售总监，工作单位为上海某公司北京分公司；变更登记页未显示有变更情况。

仲裁委最终裁决，张某与该公司之间劳动关系不成立，驳回张某关于确认双方存在劳动关系的请求，但该公司应支付未支付的劳动报酬。

律师点评

外国人是否具有在我国境内就业的外国人就业相关证件是判断双方是否存在劳动关系的主要依据，本案中张某虽持有《外国人就业证》，但其证件上所显示的用人单位与实际用人单位不一致，就业证登记的工作单位为上海某公司北京分公司，而实际用人单位却是北京某公司。根据《外国人在中国就业管理规定》相关规定，外国人在中国就业的用人单位必须与其就业证所注明的单位相一致。变更用人单位的就业证应办理相应的变更手续。

在本案中，张某原单位是上海某公司北京分公司，后到北京市某公司工作，变更了用人单位，但其未依法办理变更手续，其就业不符合法律规定，亦属于非法就业，张某与北京市某公司之间劳动关系不成立。因张某实际已向该公司提供了劳动，故该公司应支付其劳动报酬，但张某除劳动报酬以外的请求无法得到劳动法律保护。因此，外国人在中国就业，应依法办理相关就业证件并遵守相关法律法规的规定，才能真正在权益受损时得到合法的保护。

第三章　劳动合同订立争议

第一节　招　　聘

一、招聘广告与录用条件

招聘是用人单位选才的重要环节，有效的招聘能够确保企业获得符合其发展需要的优秀人才，也对保持合理的员工流动率发挥着重要作用。但是，作为人力资源管理的重要内容，招聘活动同样受到宏观环境尤其是法制环境的影响，同时，在招聘环节中，也会存在大量的风险，如果不做好防范，很容易引发劳动争议。

（一）招聘广告的性质

劳动合同的订立需要经要约和承诺两个阶段，双方当事人经过要约、承诺，意思表示达成一致，劳动合同成立，但是劳动合同成立并不表示双方劳动关系必然建立。用人单位发布的招聘广告，其性质如何似乎存有争议，有人认为其为要约的一个重要方式，而有人认为其为要约邀请。要约是指期望他人与自己订立合同的意思表示。而要约邀请则是期望他人向自己发出要约的意思表示。

依笔者来看，招聘广告的法律性质应为要约邀请而非要约。即用人单位发出招聘广告后，并非具有受约束的地位，而是通过招聘广告吸引应聘者前来应聘，而公司则享有是否与应聘者建立劳动关系，以及与谁建立劳动关系的权利，因此，招聘广告具有以下特点：

①向不特定的人发出；

②不包含劳动合同的主要内容；

③原则上对用人单位并没有必须履行的法律约束。

（二）招聘广告的内容

用人单位的招聘信息一般通过招聘广告发布，招聘广告从法律性质上来说属于要约邀请，一般情况下，其内容本身不具有约束力。所以很多人就认为招聘广告仅仅是用人单位招聘人员的一种宣传手段而已，不会有什么法律风险，从而对招聘广告不加重视，用人单位在撰写招聘广告时也比较随意。其实，风险可能会在这不经意间产生，如果招聘广告撰写得不好，就有可能暗藏“杀机”。所以，为防范风险，用人单位在确定招聘广告的内容时要注意以下两点：

1. 招聘广告发布的信息应该真实

《就业服务与就业管理规定》明确规定，用人单位招用人员不得提供虚假招聘信息，发布虚假招聘广告；用人单位违反该规定的由劳动保障行政部门责令改正，并可处以1000元以下的罚款；对当事人造成损害的，应当承担赔偿责任。而且，各地对于招聘广告的发布也都有明确的管理规定，如：用人单位公开发布人才招聘广告，应出具有关部门批准其设立的有效证明文件或营业执照以及其他相关证明文件，如实公布拟聘用人员的数量、岗位、条件和待遇等相关信息。广告经营者、广告发布者设计、制作、代理、发布人才招聘广告，应当依据有关法律、法规查验用人单位有关证明文件或者营业执照，核实招聘广告内容。对内容不实或证明文件不全的招聘广告，广告经营者不得提供设计、制作、代理服务，广告发布者不得发布。用人单位发布人才招聘广告，不得超出有关部门核准的经营范围或许可范围；广告发布者不得为超出业务范围或许可范围的用人单位或委托单位发布人才招聘广告等。

2. 招聘广告的内容应该契合招聘岗位的需求，明确岗位工作要求

《就业服务与就业管理规定》明确规定，招用人员简章应当包括用人单位基本情况、招用人数、工作内容、招录条件、劳动报酬、福利待遇、社会保险等内容，以及法律、法规规定的其他内容。此外，还包括报名的方式、时间、地点等。其中诸如报名的方式、时间、地点等注意事项通常而言并不具有法律上的意义，仅仅起到事实的通知作用。

尽管招聘广告是要约邀请，原则上对用人单位并不具有拘束力，但是招聘广告中的岗位信息以及应聘人员的基本条件等则可能会产生后续的法律后果。岗位信息实际上是确定人员招聘的前提条件，而且应聘者通常会针对招聘广告所公示的某个具体的岗位提出求职申请，因此，当企业经过面试甄选确定录用人员时，其岗位的确定，原则上应该符合招聘广告的要求。另外，对应聘人员的基本条件的要求则对于企业考核录用人员具有重要的意义，该部分内容在实践上常被称为“录用条件”的说明。根据《劳动合同法》第三十九条的规定，在试用期内，用人单位享有一项权利：如果发现劳动者不符合录用条件，可以随时解除劳动合同，仅需要向劳动者说明理由即可。对用人单位来说，可以单方随时解除合同无疑是赋予其一项极大的权利，但这项权利的行使是有条件的，即用人单位要证明劳动者不符合录用条件。具体到不符合哪一条录用条件，举证责任在于单位。而最有力的证据之一就是招聘广告。所以在招聘广告中，用人单位一定要明确自己的录用条件，注意将此广告存档备查，并保留刊登的原件。这样，一旦在试用期以不符合录用条件为由解雇劳动者而产生纠纷时，用人单位就可以处于主动地位，防止出现举证不能而败诉的风险。

案例：3－1　如何证明劳动者在试用期内不符合录用条件？

某公司招聘李先生为营销总监，并与其签订了为期3年的合同，约定试用期为4个月。3个月后，公司单方面提出解除合同，原因是李先生没有达到公司的季度营销目标。为此，李先生向劳动仲裁委员会提出了申诉，仲裁的结果是公司败诉。

裁决公司败诉的原因是由于公司在招聘广告中并没有列明录用条件，而且劳动合同签订后，公司也没有明确具体的职务说明书，也没有书面告知李先生该职务的工作内容以及岗位要求。因此在质证时，公司无法出具当初双方认可的录用条件要求，从而败诉。

律师点评

在试用期中提出解聘，是许多公司在解聘员工中经常使用的杀手锏，部分公司管理人员认为，公司并没有承诺员工什么，想让你离开就可以让你离开。其实并不然。在我国的劳动法以及地方的法规中，对试用期解聘都作了明确的限定：在试用期被证明不符合录用条件的，其中最容易被忽视的关键点就在于“被证明”以及“录用条件”，而这正是容易被对方抓住把柄的软肋。本案中，如果公司在招聘广告中就明确录用的条件，或者在招聘广告中先笼统说明录用的条件，然后再在劳动合同或入职登记表上具体列明录用条件，那么败诉的就可能不是公司了。

二、就业歧视

虽然招聘广告中录用条件是用人单位自行确定的，但这并不意味着用人单位制定录用条件可以随心所欲，对其最主要的规制就是不得违反法律法规的规定和不得含有就业歧视的内容。

近年来社会上出现了形形色色的就业歧视现象，乙肝歧视、性别歧视、户籍歧视、学历歧视、身高歧视、残疾歧视、相貌歧视、属相歧视、糖尿病歧视、酒量歧视等时常见诸报端，歧视种类可谓五花八门，而且不断翻新，“就业歧视”也已经成为就业市场上的关键词。

结合国际公约及其他国家和地区的相关规定，就业歧视可界定为：在招聘录用劳动者的过程中或在雇佣关系建立后，对那些条件相同或相近的劳动者基于某些与个人的工作能力或工作岗位无关的因素，如种族、肤色、宗教、政治见解、民族、社会出身、性别、户籍、残障或身体健康状况、年龄、身高等因素，不能给予平等的就业机会，或在报酬、晋升、培训、岗位安排、解雇或劳动条件与保护、社会保险与福利等方面采取的任何差别对待，包括区别、排斥、限制或偏向，从而取消或侵害了劳动者在就业或职业方面的机会平等权或待遇平等权的各种行为。

2008年1月1日起开始实施的《就业促进法》第三条规定：劳动者依法享有平等

就业和自主择业的权利。劳动者就业，不因民族、种族、性别、宗教信仰等不同而受歧视。《就业促进法》把禁止就业歧视明确为：

1. 禁止性别歧视

《就业促进法》第二十七条规定，国家保障妇女享有与男子平等的劳动权利。用人单位招用人员，除国家规定的不适合妇女的工种或者岗位外，不得以性别为由拒绝录用妇女或者提高对妇女的录用标准。用人单位录用女职工，不得在劳动合同中规定限制女职工结婚、生育的内容。据此，用人单位招收女职工时有两个义务：

第一，用人单位招用人员，除国家规定的不适合妇女的工种或者岗位外，不得以性别为由拒绝录用妇女或者提高对妇女的录用标准。《劳动法》第十三条也规定：妇女享有与男子平等的权利。在录用职工时，除国家规定的不适合妇女的工种或岗位外，不得以性别为由拒绝录用妇女或者提高妇女的录用标准。根据国务院2012年《女职工劳动保护特别规定》，"不适合妇女的工种或岗位"包括以下类型："一、女职工禁忌从事的劳动范围：（一）矿山井下作业；（二）体力劳动强度分级标准中规定的第四级体力劳动强度的作业；（三）每小时负重6次以上、每次负重超过20公斤的作业，或者间断负重、每次负重超过25公斤的作业。二、女职工在经期禁忌从事的劳动范围：（一）冷水作业分级标准中规定的第二级、第三级、第四级冷水作业；（二）低温作业分级标准中规定的第二级、第三级、第四级低温作业；（三）体力劳动强度分级标准中规定的第三级、第四级体力劳动强度的作业；（四）高处作业分级标准中规定的第三级、第四级高处作业。三、女职工在孕期禁忌从事的劳动范围：（一）作业场所空气中铅及其化合物、汞及其化合物、苯、镉、铍、砷、氰化物、氮氧化物、一氧化碳、二硫化碳、氯、己内酰胺、氯丁二烯、氯乙烯、环氧乙烷、苯胺、甲醛等有毒物质浓度超过国家职业卫生标准的作业；（二）从事抗癌药物、己烯雌酚生产，接触麻醉剂气体等的作业；（三）非密封源放射性物质的操作，核事故与放射事故的应急处置；（四）高处作业分级标准中规定的高处作业；（五）冷水作业分级标准中规定的冷水作业；（六）低温作业分级标准中规定的低温作业；（七）高温作业分级标准中规定的第三级、第四级的作业；（八）噪声作业分级标准中规定的第三级、第四级的作业；（九）体力劳动强度分级标准中规定的第三级、第四级体力劳动强度的作业；（十）在密闭空间、高压室作业或者潜水作业，伴有强烈振动的作业，或者需要频繁弯腰、攀高、下蹲的作业。四、女职工在哺乳期禁忌从事的劳动范围：（一）孕期禁忌从事的劳动范围的第一项、第三项、第九项；（二）作业场所空气中锰、氟、溴、甲醇、有机磷化合物、有机氯化合物等有毒物质浓度超过国家职业卫生标准的作业。"

第二，用人单位录用女职工，不得在劳动合同中规定限制女职工结婚、生育的内容。结婚、生育是妇女的基本权利。任何人不得以任何理由，剥夺或者变相剥夺妇女的这些基本权利。用人单位在和女性劳动者订立合同时，合同中不得有禁止或限制结婚、生育的条款。在现实生活中，很多用人单位针对未生育女职工做出歧视性规定，要求女职工在合同期内“不得生育”，否则解除劳动合同。这样的做法显然是错误的，该条款也因违反了法律、法规的规定而无效。

2. 禁止残疾歧视

《就业促进法》第二十九条规定，用人单位招用人员，不得歧视残疾人。

3. 禁止健康歧视

《就业促进法》第三十条规定，用人单位招用人员，不得以是传染病病原携带者为由拒绝录用。但是，经医学鉴定传染病病原携带者在治愈前或者排除传染嫌疑前，不得从事法律、行政法规和国务院卫生行政部门规定禁止从事的易使传染病扩散的工作。

目前对传染病病原携带者的就业歧视主要是指乙肝歧视。尽管医学专家已经明确认为：除了少数特殊行业外，慢性乙型肝炎病毒携带者可照常参加工作，但是许多用人单位在录用过程中仍然通过设置一定的体检标准来限制乙肝病毒携带者的录用。

案例：3-2 反就业歧视案

2014年，女大学生郭晶应聘杭州市东方烹饪职业技能培训学校文案岗位，她认为自己的学历以及实习经验符合企业的要求，便在网上提交了简历。等待多天后没有得到任何回复，郭晶又浏览了相关的页面，才发现招聘页面上写着“限男性”的要求。郭晶表示不解，多次向对方咨询，并到学校当面了解，对方坚持只要男性，表示这个岗位不适合女生。“企业拒绝女生的理由太多了，女生们不能再忍气吞声。”郭晶在7月向法院提起了诉讼。

11月12日，这起“浙江就业性别歧视第一案”在杭州市西湖区人民法院宣判，法官认为“被告不对原告是否符合其招聘条件进行审查，而直接以原告为女性、其需招录男性为由拒绝原告应聘，其行为侵犯了原告平等就业的权利，对原告实施了就业歧视”。杭州西湖区人民法院判定，被告东方烹饪学校侵犯了女生郭晶的平等就业权，赔偿其2000元精神损害抚慰金。

律师点评

职场中，对女性的歧视屡见不鲜。而实行男女平等是国家的基本国策，《宪法》《妇女权益保护法》均规定了妇女在政治、经济、文化、社会和家庭生活等方面享有同男性平等的权利，在《劳动法》《就业促进法》中进一步明确了妇女享有与男性平等的就业权利，除国家规定的不适合妇女的工种或岗位外，不得以性别为由拒绝录用妇女或者提高对妇女的录用标准。但现实中，因女性特殊生理性原因，如生育、哺乳等，用人单位往往以较为隐蔽的方式，如只接收简历不给面试机会，或以其他理由拒绝录用女性。而由于求职者与招聘单位地位不对等、信息不对称，使求职者在遭遇就业歧视时难以获取相关证据，对其维护自身权益造成极大困扰。因此，求职者在求职过程中应当注意保存相关证据，勇于拿起法律武器维护自身合法权益。

4. 禁止歧视农村劳动者进城务工

《就业促进法》第三十一条规定，农村劳动者进城就业享有与城镇劳动者平等的劳动权利，不得对农村劳动者进城就业设置歧视性限制。

有人把该条总结为禁止户籍歧视，但事实上，这与真正的禁止户籍歧视还是有差距的。该条仅规定“不得对农村劳动者进城就业设置歧视性限制”，首先，主体仅限于农村劳动者；其次，内容是农村劳动者进城，即农业户口在城镇就业；最后，该条更多的针对的是行政部门，不得人为地设置障碍限制农村劳动者进城务工。

法律对关于禁止就业歧视做了种种规定，但这并不意味着剥夺了用人单位的自主用工权，要求用人单位对所有劳动者一视同仁。禁止歧视不等于同等对待，用人单位在录用和管理劳动者上仍然可以采取差别对待。用人单位根据职位的性质、需求及其他相关因素仍然可以限定招聘的条件，这是“合理差别”。一般说来，如果不是特定的行业，用人单位不得对求职者的自然属性如性别、年龄、身高、相貌、血型、属相、身体健康状况以及其他一些社会属性如户籍等因素进行限制，因为这些自然属性是个人不能选择的，也很难通过后天努力加以改变，对上述的这些自然属性及部分社会属性做出的种种限制则构成就业歧视，这种限制不为法律所容忍。与此相对应，如果限制的是经过后天学习、训练而形成的社会属性，比如阅历、能力等，这种限制则不能构成就业歧视，应该理解为“合理差别”。此外，如果特殊行业有特殊需要，对应聘者的年龄、身高确有要求，应履行公示的原则，并将限制的合理性和必要性予以充分说明。

招聘广告所确定的应聘条件涉及“身高”和“户籍”的直接歧视，并且因此引发了诉讼。而当诉讼发生后，相关的用人单位都悄悄取消了涉及就业歧视的招聘要求。因此，对于用人单位而言，应该注意在发布和制作的招聘广告中尽量避免就业歧视的发生。

（1）用人单位应该根据上文中所提及的相关因素合理地确定招聘条件。就业歧视是对劳动者的平等权的侵害，如果企业想避免其招聘广告所确定的条件构成就业歧视，就应该承担证明其招聘条件具有正当性和合理性的责任，因此岗位特点、就业需求以及相关岗位是确定招聘条件的重要因素。

（2）招聘广告中关于招聘条件的用语要尽量趋于缓和，尽量不要采用刚性的条件。目前对于就业歧视的认定以及就业歧视的例外，法律没有明确规定，因此，司法实务中，是否构成就业歧视几乎完全依赖法官的自由裁量。因此，企业应该学会合理通过招聘广告设置和表达招聘条件。比如：“男性身高 1.68 米，女性身高 1.55 米以上”“35 岁以下、北京市城镇户口”，此类条件较为刚性，并且缺乏正当性，即身高以及是否具有城镇户籍不影响劳动的履行，自然会被定性为就业歧视。企业应该选择和缓的表述方式，将招聘条件的设置表述为某种倾向性的要求，如：优先、择优等。并且，最终的选择应是基于对应聘者进行评估和考核之后的合理选择，而非基于唯一刚性标准。

（3）用人单位对招聘广告中的部分内容，如果无法确定是否涉及就业歧视的，应该慎重表述或者不表述。

企业招聘广告的内容应该精简、表达准确，而并非越多越好，尤其是在部分内容比较模糊的情形下，企业更应该慎重，应该选择更为柔和的语言或者其他更为恰当的方式表述。

三、招聘中的告知

招聘的过程实际上是劳动者与用人单位相互了解的过程，用人单位通过简历、面试等程序了解和考核应聘者，而应聘者则通过用人单位所发布的招聘信息等了解用人单位的情况，当事人双方应该要遵循诚信原则，合理、真实地告知对方相关的信息。

同时，劳动者与用人单位相互之间享有相应的知情权，即用人单位可以了解劳动者与工作岗位等相关的信息，而劳动者也可以了解与企业相关的信息。如果用人单位在招聘广告或简章中没有就单位基本情况进行介绍，应当在面试过程中如实告知劳动者本单位基本情况。如劳动者有要求，还应当详细说明劳动者需要了解的其他基本情况，如一些劳动者对工作地点可能有特别要求，如是否离家近等，这些都应当如实告知，避免劳动者在不知情情况下签订合同、事后又反悔的情况发生，提高招聘工作效率。而且，要做好招聘过程中的证据保存工作，特别是用人单位履行告知义务情况的记录。要注意的是，用人单位是主动告知，劳动者是如实说明，两者义务不同，也就是说用人单位不管劳动者有没有提出，都应当按法律规定的内容进行告知；而劳动者则是被动的告知，即根据用人单位的提示做出如实说明即可，而且劳动者如实说明的是与劳动合同直接相关的基本情况，与劳动合同无关的情况，劳动者有权拒绝回答。但用人单位则没有拒绝告知的权利，一些用人单位在回答劳动者应聘时提出的一些问题时只是简单地对劳动者说：如果你被聘用的话，这些情况自然就知道了。这种做法容易引发争议。告知义务对合同效力也会产生影响，隐瞒真实情况，诱使对方做出错误的判断而签订劳动合同，可认定为欺诈，因欺诈手段而订立的劳动合同可认定为无效劳动合同。

《劳动合同法》第八条规定："用人单位招用劳动者时，应当如实告知劳动者工作内容、工作条件、工作地点、职业危害、安全生产状况、劳动报酬，以及劳动者要求了解的其他情况；用人单位有权了解劳动者与劳动合同直接相关的基本情况，劳动者应当如实说明。"

从该规定来看，用人单位的告知义务与劳动者的告知义务存在较大的区别：

1. 用人单位的告知义务——主动、积极

根据《劳动合同法》第八条的规定，用人单位有主动告知的义务。即用人单位应当主动地告知应聘的劳动者工作内容、工作条件、工作地点、职业危害、安全生产状况、劳动报酬。因此《就业服务与就业管理规定》明确指出："招用人员简章应当包括用人单位基本情况、招用人数、工作内容、招录条件、劳动报酬、福利待遇、社会保险等内容，以及法律、法规规定的其他内容。”在上述规定情形之外，如劳动者主动询问的，也需将相关的情况告知劳动者。

2. 劳动者的告知义务

根据《劳动合同法》第八条的规定，劳动者也应当承担相应的告知义务，需就其与工作相关的信息如实告知用人单位。

由于劳动者与用人单位的信息获取能力不同，劳动者相对处于弱势地位，其搜集就业信息的渠道和能力相对有限；而对于企业而言，由于具有较强的经济实力，故获得信息的能力也相对较强。因此，法律对双方的告知义务也有不同的要求。

因此，用人单位在制作招聘广告或招聘简章时必须注意这些问题，用人单位要证明履行告知义务，一般可以采用以下两种形式：

1. 通过招聘登记表或入职登记表等形式加以确认，如入职登记表中声明：公司已经告知本人工作内容、工作条件、工作地点、职业危害、安全生产状况、劳动报酬及其他情况，由员工签名确认；

2. 在劳动合同中声明；由员工在劳动合同中作出声明：本人保证提供的学历证明、资格证明、工作经历等资料真实，如有虚假，公司可立即解除劳动合同，并不予经济补偿。

四、招聘中的担保禁止

在实践中，有些用人单位为防止劳动者在工作中给用人单位造成损失后不辞而别的情况，在招用劳动者时就要求劳动者提供担保或者向劳动者收取风险抵押金，这是一种不合法的行为，如收取服装费、电脑费、住宿费、培训费、集资款（股金）等。此外，用人单位如通过扣押劳动者的居民身份证或者暂住证、资格证书和其他证明个人身份的证件等，以达到掌控劳动者的目的，也不合法。

根据《劳动合同法》第九条，用人单位招用劳动者，不得扣押劳动者的居民身份证和其他证件，不得要求劳动者提供担保或者以其他名义向劳动者收取财物。

根据该条，用人单位在招用劳动者时，不得从事下列行为：

1. 扣押劳动者的居民身份证和其他证件。

一些用人单位为了达到控制劳动者的目的，在招录劳动者时会要求劳动者将其身份证、暂住证、资格证书或其他证明个人身份的证件上交。

2. 要求劳动者提供担保。

3. 以其他名义向劳动者收取财物。

五、未入职前的解约

招聘完成后，企业一般会向已经通过招聘程序的人员发放 Offer 或直接与其签订劳动合同书，然后会安排在未来的某个时间报到入职，在未入职之前常常会碰到的情形是：该人员不到企业上班，而又“另谋高就”放了企业“鸽子”，或者是企业方基于某些原因不打算聘用该人员。

对于未入职前的解除，其法律性质该如何认定？按照《劳动合同法》第七条之规定，“用人单位自用工之日起即与劳动者建立劳动关系”。因此，建立劳动关系的唯一标准是实际提供劳动。换言之，只有劳动者提供了劳动，用人单位实际用工，才能建立劳动关系。不论劳动者是否签订了劳动合同，没有提供实际的劳动的，劳动关系就不能建立，因此不能适用劳动法有关规定进行处理。对于未入职前，双方虽然签订劳动合同，但由于劳动关系没有建立，双方之间的“劳动合同”只有合同，如果一方违约，只能按照民法规定追究其违约责任。

由于发放 Offer 后未入职前的法律关系只能按民事合同关系处理，为了防范一方违约（员工不入职或企业不录用），建议在有关文本中对违约责任做出明确约定。

第二节 无固定期限合同

一、无固定期限合同概念

无固定期限劳动合同，又称不定期劳动合同，是指用人单位与劳动者约定无确定终止时间的劳动合同。这里说的无确定终止时间并不意味着没有终止时间，只是终止的时间不能确定。只要没有出现法律规定的条件或者双方约定的条件，双方当事人就要继续履行劳动合同规定的义务。一旦出现了法律规定的情形，无固定期限劳动合同也同样能够解除。

许多国家和地区在立法中把无固定期限劳动合同作为劳动合同的一般类型，因为从保障就业的角度看，无固定期限劳动合同对劳动者更有利，尤其是就防止用人单位在使用完劳动者“黄金年龄段”之后不再使用劳动者而言，无固定期限劳动合同更有效。也有利于劳动者实现长期稳定职业，钻研业务技术。对用人单位而言，订立无固定期限的劳动合同，使劳动者可以长期在一个单位或部门工作。这种合同适用于工作保密性强、技术复杂，工作又需要保持人员稳定的岗位。这样，有利于维护用人单位的经济利益，减少频繁更换关键岗位的关键人员而带来的损失。

早在《劳动法》中就曾对无固定期限劳动合同制度进行了规定。《劳动法》第二十条第二款规定：“劳动者在同一用人单位连续工作满十年以上，当事人双方同意续延劳动合同的，如果劳动者提出订立无固定期限的劳动合同，应当订立无固定期限的劳动合同。”根据《劳动部关于贯彻执行〈中华人民共和国劳动法〉若干问题的意见》

(劳部发〔1995〕309 号) 规定,《劳动法》第二十条中的“在同一用人单位连续工作满十年以上”是指劳动者在同一用人单位签订的劳动合同期限不间断达到 10 年,劳动合同期满双方同意续订劳动合同时,只要劳动者提出签订无固定期限劳动合同的,用人单位应当与其签订无固定期限的劳动合同。在固定工转制中各地如有特殊规定的,从其规定。《劳动部关于实行劳动合同制度若干问题的通知》(劳部发〔1996〕354 号) 规定:“在固定工制度向劳动合同制度转变过程中,用人单位对符合下列条件之一的劳动者,如果其提出订立无固定期限的劳动合同,应当与其订立无固定期限的劳动合同:(1) 按照《劳动法》的规定,在同一用人单位连续工作满十年以上,当事人双方同意续延劳动合同的;(2) 工作年限较长,且距法定退休年龄十年以内的;(3) 复员、转业军人初次就业的;(4) 法律、法规规定的其他情形。”

和固定期限劳动合同相比,关于无固定期限劳动合同的特殊规定主要有:无固定期限劳动合同的试用期不得超过 6 个月;因破产、重整需要裁减人员时,对订立无固定期限劳动合同的劳动者应当优先留用。

二、无固定期限合同订立要件

《劳动合同法》第十四条第二款规定,用人单位与劳动者协商一致,可以订立无固定期限劳动合同。有下列情形之一,劳动者提出或者同意续订、订立劳动合同的,除劳动者提出订立固定期限劳动合同外,应当订立无固定期限劳动合同:(1) 劳动者在该用人单位连续工作满 10 年的;(2) 用人单位初次实行劳动合同制度或者国有企业改制重新订立劳动合同时,劳动者在该用人单位连续工作满 10 年且距法定退休年龄不足 10 年的;(3) 连续订立两次固定期限劳动合同,且劳动者没有本法第三十九条和第四十条第(一)项、第(二)项规定的情形,续订劳动合同的。用人单位自用工之日起满 1 年不与劳动者订立书面劳动合同的,视为用人单位与劳动者已订立无固定期限劳动合同。

综上,无固定期限劳动合同的订立主要有“协商一致订立”“法定应当订立”以及“视为已订立”三种形式:

(一) 用人单位与劳动者协商一致,可以订立无固定期限劳动合同。

根据《劳动合同法》规定,订立劳动合同应当遵循平等自愿、协商一致的原则。只要用人单位与劳动者协商一致,没有采取胁迫、欺诈、隐瞒事实等非法手段,符合法律的有关规定,就可以订立无固定期限劳动合同。

(二) 在法律规定的情形出现时,劳动者提出或者同意续订劳动合同的,应当订立无固定期限劳动合同。

无固定期限合同一经签订,双方就建立了一种相对稳固和长远的劳动关系,只要不出现法律规定的条件或者双方约定的条件,劳动合同就不能解除。因此,法律对无固定期限劳动合同的签订条件作了严格的规定,当事人一方并不能随意要求签订或者拒绝签订无固定期限劳动合同。

根据《劳动合同法》第十四条规定，只要出现了该条规定的三种情形，在劳动者主动提出续订劳动合同或者用人单位提出续订劳动合同劳动者同意的情况下，就应当订立无固定期限劳动合同。这种续订劳动合同意愿的主动权掌握在劳动者手中，无论用人单位是否同意，只要劳动者提出，用人单位就应当续订，而且是订立无固定期限劳动合同。这三种情形如下：

1. 劳动者已在该用人单位连续工作满 10 年的。

具体指劳动者与同一用人单位签订的劳动合同的期限不间断达到 10 年。法律做这样的规定，主要是为了维持劳动关系的稳定。如果一个劳动者在该用人单位工作了 10 年，就说明他已经能够胜任这份工作，而用人单位的这个工作岗位也确实需要保持人员的稳定性。在这种情况下，如果劳动者愿意，用人单位应当与劳动者订立无固定期限劳动合同，维持较长的劳动关系。

法律上对这一情形有两方面的要求：

（1）要求“连续工作”，即不间断。

如有的劳动者在用人单位工作 5 年后，离职到其他单位去工作了 2 年，然后又回到原来的用人单位工作 5 年。虽然累计时间达到了 10 年，但是劳动合同期限有间断，不符合“在该用人单位连续工作满 10 年”的条件。

（2）要求“工作满 10 年”。

劳动者在用人单位工作时间不足 10 年的，即使提出订立无固定期限劳动合同，用人单位也有权不接受。需注意的是，根据《劳动合同法实施条例》第九条规定，连续工作满 10 年的计算起始时间，应当自用人单位用工之日起计算，包括劳动合同法实施前的工作年限。

此外，关于工作年限，实践中存在一些特殊情形：

（1）劳动者被用人单位安排到新用人单位工作的，工作年限如何计算？

根据《劳动合同法实施条例》第十条规定，劳动者非因本人原因从原用人单位被安排到新用人单位工作的，劳动者在原用人单位的工作年限合并计算为新用人单位的工作年限。原用人单位已经向劳动者支付经济补偿的，新用人单位在依法解除、终止劳动合同计算经济补偿的工作年限时，不再计算劳动者在原用人单位的工作年限。需要注意的是，在判定是否应当签订无固定期限劳动合同时，如果劳动者加上合并计算的工作年限构成满 10 年的话，则此应为符合签订无固定期限的情形。

（2）因出现法定事由使得劳动者在同一用人单位工作时间超过 10 年的，如何处理？

实务中，因出现法定事由，使得劳动者在同一用人单位工作时间超过 10 年，是否作为签订无固定期限劳动合同的理由？对这种情况，上海高院的审判认为，劳动合同期满，合同自然终止。合同期限的延续只是为了照顾劳动者的特殊情况，对合同终止时间进行了相应的延长，而非不得终止。《劳动合同法》第四十五条也明确规定：“劳动合同期满，有本法第四十二条规定情形之一的，劳动合同应当延续至相应的情形消失时终止。”在法律没有对终止的情况做出特别规定的情况下，不能违反法律关于合同终止的有关规定随意扩大解释，将订立无固定期限合同的后果纳入其中。因此，法定的延续事由消失时，合同自然终止。笔者认为此审判观点合法理性，具有典型性。

2. 用人单位初次实行劳动合同制度或者国有企业改制重新订立劳动合同时，劳动者在该用人单位连续工作满 10 年且距法定退休年龄不足 10 年的。

劳动合同制是以签订劳动合同的形式，明确规定用工单位和劳动者双方的权利、义务，把用工与经济责任制相结合的一种新的用工制度劳动合同制度。1986 年 7 月，我国决定改革国营企业的劳动用工制度，自 1986 年 10 月 1 日起，国营企业在新招收工人中普遍推行劳动合同制。随着劳动法合同法的施行，劳动合同制度在各类企业当中广泛推行。国有企业改制在 20 世纪 80 年代中期开始，在 90 年代成为国有企业改革的核心内容，企业通过改变企业形态，改变企业股权结构，改变企业的基本制度，转变为符合自身特点的企业资产组织形式。

在推行劳动合同制度前，或是在国有企业进行改制前，用人单位的有些职工已经在本单位工作了很长时间。推行新的制度以后，很多老职工难以适应这种新型的劳动关系，一旦让其进入市场，确实存在着竞争力弱难以适应的问题，年龄的局限又使其没有充足的条件来提高改进，应当说这是由于历史的原因造成的。他们担心的不仅是能否与原单位签订劳动合同的问题，还存在着虽然签了劳动合同但期限很短，在其尚未退休前合同到期却没有用人单位再与其签订劳动合同的问题。在制定法律和政策的同时，应当考虑那些给国家和企业作出过很多贡献的老职工的利益。因此，对于已在该用人单位连续工作满 10 年并且距法定退休年龄不足 10 年的劳动者，在订立劳动合同时，允许劳动者提出签订无固定期限劳动合同。如果一个劳动者已在该用人单位工作满 10 年，但距离法定退休年龄超过 10 年，则不属于本项规定的情形。

3. 连续订立二次固定期限劳动合同且劳动者没有劳动合同法第三十九条规定的情形续订劳动合同的。

根据这一项规定，在劳动者没有劳动合同法第三十九条规定的用人单位可以解除劳动合同的情形下，如果用人单位与劳动者签订了一次固定期限劳动合同，在签订第二次固定期限劳动合同时，就意味着下一次必须签订无固定期限劳动合同。所以在第一次劳动合同期满，用人单位与劳动者准备订立第二次固定期限劳动合同时，应当做出慎重考虑。

在制定劳动合同法时，这一项规定引起了较大的争议。有一些意见认为，连续签订两次固定期限的劳动合同，有可能累计时间很短。这一项规定仅以签订固定期限劳动合同的次数为判断标准，容易导致用人单位对一些低技能、岗位专业性不强的劳动者采取到期不续签的做法，从而规避签订无固定期限劳动合同的法律义务，加重了劳动合同短期化的问题。这一项之所以这样设计，就是为了解决劳动合同短期化的问题。

企业为了不签订无固定期限的劳动合同，但又能同时保持用工的稳定性，防止因频繁更换劳动力而加大用工成本，就会延长每一次固定期限劳动合同的期限，从而解决了合同短期化的问题。有的意见认为，这一项规定限制了用人单位的用工自主权。这种认识是错误的。因为劳动合同是由双方当事人协商一致订立的，劳动合同的期限长短、订立次数都由双方协商一致确定，选择什么样的劳动者的决定权仍掌握在企业手中。只不过在法律规定的情形出现时，用人单位才必须与劳动者签订无固定期限劳动合同。而且这种劳动合同也不是“终身制”的，在法律规定的条件或是双方协商约定的条件出现时，用人单位可以解除劳动合同。

对于如何理解“连续订立两次固定期限合同”续订时签订无固定期限劳动合同，实践中有不同的理解，各地仲裁、法院可能会有所不同，例如上海市高院《关于适用〈中华人民共和国劳动合同法〉若干问题的意见》（沪高法〔2009〕73 号）认为，《劳动合同法》第十四条第二款第（三）项的规定，应当是指劳动者已经与用人单位连续订立二次固定期限劳动合同后，与劳动者第三次续订合同时，劳动者提出签订无固定期限劳动合同的情形。即按照上海市高院的意见，连续订立两次固定期限劳动合同后，用人单位对于是否续签劳动合同尚有选择权，只有用人单位也同意第三次续签的情况下，劳动者提出订立无固定期限合同的，才应当签订无固定期限劳动合同。

而根据浙江省高院《民事审判第一庭、浙江省劳动人事争议仲裁院关于审理劳动争议案件若干问题的解答（二）》（浙高法民一〔2014〕7 号），则认为用人单位与劳动者已连续订立二次固定期限劳动合同，第二次固定期限劳动合同期满后，劳动者根据劳动合同法第十四条第二款第（三）项的规定提出续订劳动合同并要求订立无固定期限劳动合同的，应予支持。即按照浙江省高院的意见，第二次固定期限劳动合同期满后，只要劳动者提出要求续订无固定期限劳动合同的，用人单位就必须与其续订无固定期限劳动合同，无论用人单位是否有意愿与劳动者第三次续签劳动合同。

其他地区对于此问题的处理，有不同的做法，根据笔者目前的了解，除上海地区外，其他大部分地区的做法并没有赋予两次的终止权。

（三）用人单位自用工之日起满 1 年不与劳动者订立书面劳动合同的，视为用人单位与劳动者已订立无固定期限劳动合同。

这种情形是属于法律拟制，凡用人单位自用工之日起满 1 年不与劳动者订立书面劳动合同的，皆视为二者已订立无固定期限劳动合同，无需劳动者再提出。《劳动合同法》第十条规定，建立劳动关系，应当订立书面劳动合同。但是现实中有很多用人单位为了逃避义务，使劳动关系处于一种不明确的状态，在发生劳动争议的时候也无据可查，经常有不订立书面劳动合同的情况发生。对此，制定该条规范，用以督促用人单位遵守劳动合同法对劳动合同形式的规定，让用人单位重视订立书面劳动合同。

案例：3－3　视为无固定期后仍未签订书面劳动合同，能否索要双倍工资?

2011年2月17日刘某进入上海某公司，担任市场部经理一职。双方签订过两次劳动合同，最后一份劳动合同期限为2015年8月1日至2015年12月31日。该劳动合同期满后双方未再续签，刘某继续在公司工作。2017年7月16日刘某提出辞职，最后工作至2017年7月21日。

2017年9月25日，刘某向区劳动仲裁委申请仲裁，要求公司支付其2017年1月1日至2017年7月21日期间未签订无固定期限劳动合同的双倍工资差额。刘某认为公司自2016年起未按规定签订书面劳动合同，违反了法定义务，自2017年1月1日起，双方视为已签订无固定期限劳动合同。根据《劳动合同法实施条例》，视为无固定期限劳动合同后，用人单位应当立即与劳动者补订书面劳动合同。而公司依然未予订立。应当依据《劳动合同法》第八十二条规定："用人单位违反本法规定不与劳动者订立无固定期限劳动合同的，自应当订立无固定期限劳动合同之日起向劳动者每月支付二倍工资"，因此公司应支付二倍工资至双方劳动关系终止之日。

仲裁委经审理后认为，用人单位自用工之日起满1年不与劳动者订立书面劳动合同的，视为双方已订立无固定期限劳动合同。因此，自2017年1月1日起，双方之间即视为已经订立无固定期限劳动合同，刘某主张自2017年1月1日至2017年7月21日期间未签订无固定期限劳动合同的双倍工资差额，无依据，不予支持。

律师点评

《劳动合同法》第十四条区分了"协商订立""应当订立"以及"视为已订立"无固定期限劳动合同的不同情形。其中第二款规定的"应当订立"情形属于用人单位在《劳动合同法》下应当承担的法定缔约责任；而第三款规定的"视为已订立"无固定期限合同的情形，则属于对在一年内未履行缔约义务的用人单位的"惩罚"。其次从《劳动合同法》第八十二条第二款规定来看，所针对的应是前述"应当订立"的情形，而不应包括"协商订立"和"视为已订立"的情形。也就是说，本案中自2017年1月1日起视为双方之间已订立无固定期限劳动合同，不应再适用《劳动合同法》第八十二条第二款进行双重处罚。

而用人单位违反《劳动合同法实施条例》规定的"视为无固定期限劳动合同"后的书面补订义务，应当由劳动行政部门处理，劳动者可以向劳动监察部门投诉、举报，要求用人单位加以改正。

本案中刘某错误理解了法律规定，导致败诉。但另一方面也提醒用人单位应当及时签订书面劳动合同，避免支付双倍工资及"视为订立无固定期限劳动合同"的不利后果。

三、无固定期限合同订立的实务操作

在无固定期限合同订立的要件满足时，劳动者和用人单位常常有种误解，认为签订无固定期限合同就是按照原来合同约定的条件，比如工资、待遇等维持原条件，直接将合同期限签订为无固定期限。这种想法或做法实际上是曲解了法律的规定，同时，也是用人单位担心无固定期限合同的原由。

按照《劳动合同法实施条例》第十一条的规定："除劳动者与用人单位协商一致的情形外，劳动者依照劳动合同法第十四条第二款的规定，提出订立无固定期限劳动合同的，用人单位应当与其订立无固定期限劳动合同。对劳动合同的内容，双方应当按照合法、公平、平等自愿、协商一致、诚实信用的原则协商确定；对协商不一致的内容，依照劳动合同法第十八条的规定执行。"而《劳动合同法》第十八条的规定："劳动合同对劳动报酬和劳动条件等标准约定不明确，引发争议的，用人单位与劳动者可以重新协商；协商不成的，适用集体合同规定；没有集体合同或者集体合同未规定劳动报酬的，实行同工同酬；没有集体合同或者集体合同未规定劳动条件等标准的，适用国家有关规定。"

解读以上的规定，可知，对于签订无固定期限，实务中应注意以下原则：

1. 劳动者在满足订立无固定期限的条件时，应主动向用人单位提出签订无固定期限合同。

2. 除劳动合同期限之外的其他劳动合同内容，双方应当按照合法、公平、平等自愿、协商一致、诚实信用的原则协商确定。

3. 如果双方协商不成时，应当首先按集体合同原则处理，无集体合同时，按照同工同酬原则处理，或按照国家及地方规定的一些原则和标准执行。

四、无固定期限合同的解除

无固定期限的劳动合同也是劳动合同的一种类型，其解除和固定期限劳动合同的解除情形一样。在履行过程中，任何一方由于某种原因希望或已提出解除劳动合同，另一方只要表示同意，双方达成一致意见，就可以依据《劳动合同法》第三十六条的规定解除劳动合同。当法律规定的可以解除劳动合同的条件出现，或当事人在合同中约定的可以解除劳动合同的条件出现，无固定期限的劳动合同就可以依法定条件或约定条件解除。如劳动者有《劳动合同法》第三十九条规定的情形之一出现时，用人单位就可以解除劳动合同。用人单位有《劳动合同法》第三十八条规定的情形之一时，劳动者就可以解除劳动合同。由此可见，无固定期限合同并不是没有终止时间的"铁饭碗"，只要符合法律规定的条件，劳动者与用人单位都可以依法解除劳动合同。

另外，有很多错误观点认为无固定期限劳动合同是不能变更的"死合同"。无固定期限劳动合同和其他类型的合同一样，也适用劳动法与本法的协商变更原则。按照劳动法的规定，用人单位与劳动者协商一致，可以变更劳动合同约定的内容。除了劳动合同期限以外，双方当事人还可以就工作内容、劳动报酬、劳动条件和违反劳动合同的赔偿责任等方面协商进行变更。在变更合同条款时，应当按照自愿、平等原则进行协商，不能采取胁迫、欺诈、隐瞒事实等非法手段，同时还必须注意变更后的内容不违法，否则，这种变更是无效的。

第三节　合同续订

一、续订合同的法律特征

劳动合同的续订，是指当事人双方经协商达成协议，使原签订的期限届满的劳动合同延长期限的法律行为。它的主要特征为以下几方面：

1. 是在合同双方当事人既定的前提下进行的，不需要再确定新的当事人。

合同双方当事人主体地位不变，双方都是在已经对对方有相应的了解的情况下进行的。双方都可以根据自己的情况来做续或不续的选择。

2. 以原合同为基础，当事人享有相同或相似的权利与义务。

续订时，双方是以原来双方协商确定好的文本作为续订的基础，当事人除法律规定的特殊条件下，如工伤人员，满足签订无固定期限合同人员等，双方当事人的地位是平等的，双方就续订应具有对等的权利与义务。在续订时，双方均可根据实际情况提出新的条件。

3. 对劳动者不再实行试用期。

按照法律规定，在同一用人单位工作时，只能设定一次试用期，因此，用人单位不得以续订合同为由，再设定试用期，否则将构成违法，应承担支付双倍工资的赔偿。

4. 现有合同到期前，有些地方规定，用人单位不续订的，需要提前1个月通知劳动者。

虽然《劳动合同法》没有规定用人单位不续订劳动合同需要提前通知劳动者，但由于《劳动合同法》实施前大部分省市都有地方性的立法，这些地方性立法在是否需提前通知劳动者方面规定不一，导致了不同省市用人单位的通知义务不同。

《北京市劳动合同规定》第四十条规定，劳动合同期限届满前，用人单位应当提前30日终止或者续订劳动合同意见以书面形式通知劳动者，经协商办理终止或者续订劳动合同手续。

《上海市劳动合同条例》没有规定需要提前通知，因此，上海市用人单位对终止合同不再续订不需要提前 30 日通知，只需要在劳动合同期限届满前通知劳动者即可。

二、到期不续签的后果

按照法律规定，劳动合同到期后不续签即劳动合同终止，对于劳动者和用人单位而言这是一种法定权利，双方都有权决定不再续订劳动合同。在到期不续签的情况下，满足相应条件的劳动者可按《劳动合同法》的规定领取经济补偿。

但对于用人单位需要注意的是，特殊的员工如三期女职工，劳动者处于医疗期内，工伤员工等，用人单位不能到期终止与其的合同。

如果劳动者继续留在用人单位，而未及时续签合同，则可能出现以下后果：

1. 劳动合同到期以后，未及时续签合同，而劳动者继续留在用人单位的，双方形成事实劳动关系。

2. 劳动合同到期后，劳动者继续在该单位工作形成事实劳动关系后，如果用人单位维持或提高合同条件与劳动者续签劳动合同，劳动者拒签的，用人单位有权终止与该劳动者的事实劳动关系。在这种情况下，如果要求续签的时间为原合同到期后的 1 个月之内，用人单位不需要支付经济补偿金；但若要求续签的时间已超过原合同到期后的 1 个月不满 1 年的，劳动者仍有权要求用人单位支付终止劳动合同经济补偿金。

3. 如果劳动合同到期后劳动者继续在用人单位工作形成事实劳动关系后满 1 年的，用人单位未能与劳动者续订书面劳动合同，无论是主观的故意抑或是客观上的疏忽，在法律上，均应视为双方已签订了无固定期限合同，此时的解除应依法定条件进行。

4. 符合无固定期限劳动合同条件的，即用人单位在劳动者在该单位连续工作满 10 年以上或连续订立 2 次固定期限劳动合同的，此时劳动者提出续签或同意续订劳动合同的，应签订无固定期限的劳动合同。否则，劳动者有权要求用人单位承担支付每月 2 倍工资。

三、续订合同的操作建议

基于上述分析，用人单位在续签合同事务上，建议应当注意把握以下几个方面：

1. 应当建立员工劳动合同期限档案。借助电脑软件，用人单位对在职劳动者的合同期限应当建立相应的档案，以便在劳动合同到期前能够采取相应的措施，防止人为的疏忽，造成本可避免的法律责任。

2. 在劳动合同到期前 1 个月，人事部门应当对续签合同之事进行内部意见沟通。内部人事部门根据员工表现及公司实际需求，对是否继续与员工签订合同形成意见，以便根据当地规定，决定是否需要通知劳动者。

3. 用人单位在劳动合同到期前，应当向劳动者发放续订劳动合同征询意见书。征询意见书主要是要求劳动者对“是否同意续订”劳动合同作出明确的书面答复，答复的结果是用人单位采取相应法律措施的依据，如果用人单位维持或提高待遇标准，劳动者不同意续订，用人单位则不需要向劳动者支付经济补偿金。

4. 用人单位内部财务应当对到期不续订合同支付的经济补偿金建立相应的预算。由于《劳动合同法》新增加了用人单位不与劳动者续订劳动合同时，用人单位应当支付经济补偿金，因此，对于员工人数较多的用人单位，应当在财务制度上建立相应的资金预算。

5. 对于特殊员工应当及时采取相应措施。依据现行劳动法，劳动者具有以下情形时，不得到期终止其劳动合同，劳动合同应当续延至相应的情形消失时终止：(1) 从事接触职业病危害作业的劳动者未进行离岗前职业健康检查，或者疑似职业病病人在诊断或者医学观察期间的；(2) 在本单位患职业病或者因工负伤并被确认丧失或者部分丧失劳动能力的；(3) 患病或者非因工负伤，在规定的医疗期内的；(4) 女职工在孕期、产期、哺乳期的；(5) 在本单位连续工作满 15 年，且距法定退休年龄不足 5 年的；(6) 法律、行政法规规定的其他情形。

虽然对于以上特殊员工不能到期直接终止其合同，但用人单位仍应在到期前或按地方规定 1 个月前，书面向劳动者告知用人单位对相应情形消失后，用人单位是否签订劳动合同的意见。例如职工处于合法的医疗期内，在其合同到期后，用人单位虽因法律规定不能终止其合同，但如果用人单位因单位实际需要决定不再与该职工续订劳动合同，用人单位应当书面明确告知该员工单位不再续订劳动合同的意见，一旦员工医疗期满，用人单位可以依法与其终止合同，并依据法律规定支付相应的经济补偿金。

第四章 劳动合同履行争议

第一节 劳动合同履行原则

一、劳动合同履行的原则

一旦劳动者与用人单位形成劳动关系并签订了书面合同，笔者认为，双方应当按照以下原则履行：

1. 全面履行原则

全面履行，不仅意味着双方应当履行劳动合同中已经约定的义务，劳动行政法规对双方要求的强制性义务也应得到履行，例如，有部分用人单位为节约成本，在合同中约定不缴纳社会保险金或故意遗漏相关的条款，但是作为用人单位缴纳社会保险是用人单位与劳动者建立劳动关系后应尽的义务，用人单位不缴纳社会保险费是违法的。另外对于劳动者，一旦与用人单位建立劳动关系后，即应当履行为用人单位保守相应商业秘密的义务，并不能由于劳动合同中没有约定就违反或漠视该义务。

2. 合理善意履行原则

双方在履行劳动合同过程中，应合理善意地履行劳动合同，而不是曲解法律或寻找法律漏洞刻意侵害另一方的权益。

3. 实际履行原则

事实上，在劳动合同履行过程中，劳动合同原约定的条件或标准由于企业经营状况、劳动者自身能力及外部政策的调整而发生变化，如社会保险金基数的调整、用人单位为员工每年加薪提高待遇。这些实际的待遇变化，虽然双方没有再以书面合同的形式加以固定，但是由于双方已经按照最新的标准和条件进行了实际履行，因此，实际履行的内容应当被认可和得到法律保护。

 **案例：4－1 报酬的计算**

陈某于2017年6月入职某游戏公司任UI设计总监，双方劳动合同中约定月工资按公司薪资标准执行。后双方因工资支付情况、解除决定合法性存有争议并诉至法院。针对工资标准及支付情况，双方各执一词。文化公司则主张陈某月工资2万元，均已足额发放至陈某账户并就此提交转账记录为证。陈某主张，除该部分工资外，另有

5000元工资游戏公司会在同日以另一培训中心名义支付至本人名下建设银行账户内；而该培训公司是游戏公司法定代表人及大股东袁某母亲方女士名下的企业。为此，陈某提交了建设银行明细、游戏公司法定代表人袁某使用139手机号向其索要建设银行账户信息的手机短信、游戏公司与培训中心工商注册信息为证。

本案中，游戏公司主张陈某月工资2万元，并提交银行转账付款记录为证，但陈某所提交的短信证据足以证明游戏公司法人代表袁某曾向陈某索要建设银行账户、陈某所提交工商信息及双方陈述足以认定游戏公司法人与培训中心股东间存在母子关系，陈某所提交银行明细足以说明两公司在款项支付上具有同期性。因此，此时应由游戏公司、文化公司对此作出解释说明并提举证据，否则就需承担不利责任。对此游戏公司、文化公司无法做出合理解释，最终法院采信了陈某的主张，认定陈某月工资标准为2.5万元，并据此核算、判决游戏公司向陈某支付工资差额。

律师点评

在司法实践中，处理此类争议，除了依据劳动者与用人单位之间签订的书面劳动合同还应当按照实际履行原则来考查双方之间的权利义务是否确立。本案中用人单位每月除支付2万元外，还通过另一账户每月同日固定向员工支付5000元，对于劳动者，其获得的收入是持续稳定的，则该部分收入也应视为其正常收入的一部分。

二、劳动合同主体变更时的履行原则

在实务中，引起劳动合同主体变更的情况一般有两类：第一类是企业合并、分立的情况；第二类是用人单位将员工转至关联企业或其他公司的情况。根据劳动合同主体变更的不同情形，劳动合同权利义务也有所差异。

在企业发生合并、分立等情况时，原企业与职工签订的劳动合同不解除，由新企业替代原企业继续履行劳动合同。《劳动合同法》第三十四条规定："用人单位发生合并或者分立等情况，原劳动合同继续有效，劳动合同由承继其权利和义务的用人单位继续履行。"《公司法》第一百七十四条规定："公司合并时，合并各方的债权、债务，应当由合并后存续的公司或者新设的公司承继。"

按照《公司法》的规定，合并是指两个以上的用人单位合并为一个用人单位，包括新设合并和吸收合并。新设合并指两个以上用人单位合并成为一个新的用人单位，原用人单位解散；一个用人单位吸收其他用人单位为吸收合并，被吸收的用人单位解散，其权利义务一并由吸收的用人单位承担。分立是指一个用人单位分成两个或两个以上的用人单位，分立包括新设分立和派生分立两种形式。新设分立指一个用人单位分成两个或两个以上新的用人单位，原用人单位解散；派生分立指用人单位分出一个或一个以上新的用人单位，原用人单位继续存在。可见，用人单位发生合并或分立的直接后果，是一部分劳动者要为新的用人单位提供劳动，用人单位主体发生了实质性的改变。

根据《劳动合同法》的规定，在分立、合并的情况下，用人单位这一劳动合同主体虽然发生了变化，但原劳动合同继续有效，产生权利义务的继承问题。劳动合同所确立的劳动者的权利义务及用人单位的权利义务均不发生变化，只是分立、合并中形成的新主体替代旧主体，成为劳动关系一方当事人，劳动关系双方当事人仍然按照原有劳动合同确定的权利义务履行双方的约定。

至于第二种情况，在企业没有发生合并、分立的情况下将劳动者安排至其他独立的用人单位工作而发生的劳动合同主体变更问题。在这种情况下用人单位应尊重当事人的意愿，经双方协商一致达成协议，可以变更劳动合同的主体。

但是，需要明确，如劳动者非因本人原因从原用人单位被安排到新用人单位工作的，劳动者在原用人单位的工作年限合并计算为新用人单位的工作年限。如果原用人单位已经向劳动者支付经济补偿的，新用人单位在依法解除、终止劳动合同计算支付经济补偿的工作年限时，不需要再计算劳动者在原用人单位的工作年限。

案例：4－2　工龄可否继承？

朱女士于2007年1月进入G集团公司下属的A公司工作，担任工程部技术员。2015年8月，G集团公司人力资源部经理找到朱女士谈话，表示鉴于朱女士工作表现优异，集团公司希望朱女士前往集团公司旗下的B公司担任工程部经理。朱女士经过权衡接受了集团的建议，于是在2015年8月31日与A公司签订解除劳动合同协议；G集团公司于2015年9月1日出具一份工作调任函，内容为：自2015年9月1日起朱女士调任B公司工程部经理。

随后朱女士到B公司报到，并与B公司签订了期限为2015年9月1日至2017年8月31日的劳动合同。2017年8月，B公司要求与朱女士签订一份5年期限的劳动合同，朱女士提出要求签订无固定期限劳动合同，理由是自己属于连续工作满10年的员工。B公司表示，其工作年限应从2015年9月起算，至今未满10年，不符合签订无固定期限劳动合同的条件。2017年10月，朱女士提起仲裁，要求公司与其签订无固定期限劳动合同。

劳动仲裁委经审理后认为，A公司与B公司属关联企业，朱女士与A公司协商解除劳动合同后，凭集团公司出具的工作调任函前往B公司任职，该情形属于非因劳动者本人原因从原用人单位被安排到新用人单位的情形，朱女士的工作年限应合并计算。故朱女士符合连续工作满10年应当签订无固定期限劳动合同的情形。仲裁委最后裁决支持朱女士的仲裁请求。

律师点评

《劳动合同法实施条例》第十条规定，劳动者非因本人原因从原用人单位被安排到新用人单位工作的，劳动者在原用人单位的工作年限合并计算为新用人单位的工作年限。因此，劳动者若能证明非因本人原因被安排的事实，其工作年限应该合并计算。而对于如何认定“劳动者非因本人原因从原用人单位被安排到新用人单位工作”，根据《最高人民法院关于审理劳动争议案件适用法律若干问题的解释（四）》第五条规定，以下情形应当认定属于劳动者非本人原因从原用人单位被安排到新用人单位：（一）劳动者仍在原工作场所、工作岗位工作，劳动合同主体由原用人单位变更为新用人单位；（二）用人单位以组织委派或任命形式对劳动者进行工作调动；（三）因用人单位合并、分立等原因导致劳动者工作调动；（四）用人单位及其关联企业与劳动者轮流订立劳动合同；（五）其他合理情形。

因此，劳动者在遇到上述情形时，应当结合自身实际情况，搜集相关证据，在签订劳动合同的同时将工作年限连续计算等条款通过合同或协议予以确定，保护自身权益不受侵害。

三、履行地与用人单位注册地不一致时的履行原则

劳动合同履行地即劳动者与用人单位实际履行劳动合同权利义务的地域位置，而用人单位注册地则指用人单位进行工商税务登记管辖地。在履行劳动合同过程中，各地区的最低工资标准、劳动保护、劳动条件、职业危害防护和本地区上年度职工月平均工资存在差异，并且将直接影响到劳动者的切身利益。

在实务中导致履行地与用人单位注册地不一致的情形主要有：

1. 劳动者实际在某公司的外地分支机构如分公司工作，但其劳动合同却是与总公司签订的。例如，该总公司的实际工商注册地在北京，但其分公司的登记地在江西南昌，劳动者实际在南昌工作，但书面合同却是与北京的总公司签订的。

2. 在同一个省市内工作地点不同。例如某公司注册地在江苏苏州市，某员工与公司签订了劳动合同，却被派往在江苏淮安市公司办事处工作。

上述情形中，由于劳动合同履行地与用人单位实际注册地的不同，将会产生以下问题：

1. 劳动合同标准确定问题

由于不同地区经济条件的差异，可能会导致最低劳动报酬标准、劳动条件等方面的差距。

对于此种情形，应按以下原则执行：

（1）优先按照劳动合同履行地的规定执行。即在劳动合同履行地与用人单位注册地不一致的情形下，有关劳动者的最低工资标准、劳动保护、劳动条件、职业危害防护和本地区上年度职工月平均工资标准等事项，均应按照劳动合同履行地的有关规定执行。

（2）按照约定的用人单位注册地标准执行。即如果用人单位注册地的有关标准高于劳动合同履行地的有关标准，且用人单位与劳动者约定按照用人单位注册地的有关规定执行的，则应当从其约定。

基于以上原则，笔者建议，如在履行劳动合同过程中出现履行地与用人单位注册地不一致的情形，应当从防止争议发生及自身实际利益出发，未雨绸缪，通过签订书面协议的方式，明确双方权利义务的标准。

2. 劳动争议处理的管辖问题

所谓管辖问题，是指由于履行地与注册地的不一致，在发生劳动争议后应当如何确立争议管辖地，即争议由哪一个地区的劳动争议仲裁委员会处理。

根据《劳动争议调解仲裁法》等相关规定，在发生此类劳动争议时，处理原则为：

（1）两地均有管辖权，即劳动争议由劳动合同履行地或者用人单位所在地的劳动争议仲裁委员会管辖。

（2）劳动合同履行地管辖权优先原则。如果双方当事人分别向劳动合同履行地和用人单位所在地的劳动争议仲裁委员会申请仲裁的，则应由劳动合同履行地的劳动争议仲裁委员会管辖。

第二节 试用期

一、试用期与见习期、实习期

（一）试用期、见习期和实习期的概念

根据《劳动合同法》的规定，试用期是用人单位和劳动者为相互了解、选择而约定的不超过6个月的考查期。在此期间里，用人单位依据劳动者在岗位上的表现，对其是否合格进行考核；劳动者对用人单位是否符合自己的要求进行了解。试用期是劳动法中的特色制度，属于劳动合同的约定条款。试用期包含在劳动合同期限内，劳动合同仅约定试用期的，试用期不成立，该期限为劳动合同期限。《劳动法》和《劳动合同法》均对试用期作了规定。

见习期是针对毕业生分配到用人单位，需要进行业务适应及考核的一种制度，更多地适用于行政、事业单位在人事制度的框架下对应届毕业生在转为干部编制前进行业务适应及考核的一种制度，见习期满向当地人事部门办理转正定级手续，核定定级工资，转正定级表归入个人档案。一般情况下，企业招聘录用高校毕业生没有见习期。由于历史原因，见习制度曾是国家对大学毕业生分配派遣到用人单位的一种实习、考

核制度，由原国家教委和原劳动人事部制定的关于高校毕业生见习期的制度，明确针对的都是毕业后由国家或者政府分配工作的毕业生，是建立在国家分配的基础上的。但随着时间的推移，就业形势和政策发生了巨大变化，由原来的国家分配变为“供需见面及双向选择”。在我国现阶段，已经不实行高校毕业生分配工作的制度，因此原来的见习期制度已基本不适用。在适用见习期的有关单位中，见习期的时间是6个月到1年，不得超过1年。根据《关于贯彻执行〈中华人民共和国劳动法〉若干问题的意见》:“劳动者与用人单位形成或建立劳动关系后，试用、熟练、见习期间，在法定工作时间内提供了正常劳动，其所在的用人单位应当支付其不低于最低工资标准的工资。”所以，毕业生在见习期内是应当有工资收入的，并且期限也是有限制的。而对于实习期则没有期限和工资方面的规定。

实习期是指学生在校期间，到单位的具体岗位上参与实践工作的过程，其目的是达到理论联系实际和更好地学习理解科学文化知识。只涉及在校学生。所以实习期内与实习人员单位没有形成劳动关系，不受劳动法制度的约束。

（二）试用期与见习期、实习期的区别

由上述概念可知，法律上明确规定的，仅有试用期。见习期是个历史概念，现多存在于公务员或事业单位中，企业较少涉及。实习期相对而言是一个比较随意的概念，条件和限制较少。

试用期、见习期和实习期的区别具体见图表：4－1

图表：4－1　试用期、见习期和实习期的区别

	试用期	见习期	实习期
是否属于劳动法调整	是	是	否
是否有劳动关系	有	有	没有
期限	6个月以下	6个月—1年	无
禁止情形	以完成一定工作任务为期限 劳动合同期限不满3个月	无	无
工资	不得低于本单位相同岗位最低工资80% 不得低于用人所在地最低工资标准	不低于最低工资标准	无规定

二、试用期限

1. 试用期设定的次数

由于劳动者职业流动的自由，实务中可能出现同一劳动者离开用人单位一段时期后，又重新进入该同一用人单位，此时是否可以设定试用期？根据《劳动合同法实施条例》等规定，无论是何原因，劳动者在同一用人单位工作时，用人单位与该劳动者只能约定一次试用期。

2. 试用期的设定期限

试用期最早规定在1995年实施的《劳动法》中，由于实施过程中，各地对试用期的最长设定期限不一，且实施中，常常出现用人单位利用试用期来侵犯劳动者权益的情形，因此，《劳动合同法》统一了试用期设定的标准 ，根据不同的劳动合同期限，规定了试用期时间，但最长不得超过6个月。

图表：4－2　试用期期限设置

劳动合同期限	试用期
3个月至1年（不包括1年）	不超过1个月
1年至3年（不包括3年）	不超过2个月
3年及以上	不超过6个月
无固定期限	不超过6个月

3. 禁止约定试用期的情形

虽然用人单位首次与劳动者签订劳动合同有权设定试用期，但是对于特殊类型的劳动合同，在试用期的设定上明确禁止。

（1）以完成一定工作任务为期限的劳动合同，不得设定试用期。以完成一定任务为期限的劳动合同是指双方没有约定劳动合同结束的期限，以一定的工作任务完成作为双方终止劳动合同的条件。此种类型的劳动合同不得为劳动者设定试用期。

（2）劳动合同期限不满3个月。由于劳动合同的期限太短，因此法律明确禁止不满3个月的劳动合同不得设定试用期，以防止侵害劳动者的权益。

三、试用期工资

首先要明确的是，试用期的期间是包含在劳动合同期限内的，所以试用期期间是有工资的。试用期是用人单位与劳动者相互考查适应的过程，劳动者对工作还处于逐渐熟悉的阶段，不能独立完成工作，所以工资水平可以低于正式职工，由双方协商确定，但用人单位不得违反法定最低标准。

《劳动合同法》第二十条规定："劳动者在试用期的工资不得低于本单位相同岗位最低档工资或者劳动合同约定工资的百分之八十，并不得低于用人单位所在地的最低工资标准。"

> **Tips** 小贴士：4－1 **底薪＋提成的限制**
>
> **律师指引**
>
> 如果遇到公司在试用期内的薪资结构是“底薪＋提成”，则薪资中的底薪薪资不得低于当地最低工资标准。

四、试用期考核与转正

试用期的考核是劳动者正式成为用人单位的一员的必经步骤，只有通过考核的劳动者才能转正拥有正式的工作身份，而未通过考核的劳动者则会面临解除劳动合同的风险；同时，在试用期内，用人单位可以以劳动者不符合录用条件为由随时解除合同并无需支付经济补偿。因此，无论是对劳动者还是用人单位来说，试用期的考核都相当重要。

虽然在试用期用人单位有单方解除权，但并不意味着用人单位可以随意行使这一权利。用人单位要想在试用期内单方解除与劳动者的劳动合同，必须证明劳动者不符合录用条件，如果没有证据证明劳动者不符合录用条件，用人单位就不能解除劳动合同，否则就要承担因违法解除劳动合同所带来的一切法律后果。

因此，用人单位若想好好利用这一单方解除权，需要注意以下几点：

1. 应当明确各岗位的录用条件。用人单位若想用以不符合录用条件为由解除与劳动者的劳动关系，就要明确该岗位的录用条件，不能用模糊的语言随意描述。录用条件规定得越具体，用人单位的举证证明越容易。

2. 录用条件必须客观、合理。光有了明确的录用条件还不行，录用条件还必须客观、合理，与该岗位的要求相契合。用人单位不能以和岗位工作无关的要求作为录用条件，或者以带有很大主观性的要求作为录用条件。录用条件尽量以内部文件的形式确定下来，并要具有可操作性。

3. 用人单位对劳动者在试用期的表现要做好记录，以有案可查。在用人单位对劳动者考核的过程中，应该对劳动者的工作能力，思想品质、身体状况等进行考查并记录在案，这样，在发生争议的时候就可有案可查，可以减轻用人单位的举证负担。

4. 用人单位行使单方解除权的时间。在前述工作做到位，有充分证据证明劳动者不符合录用条件后，用人单位还需注意，试用期的单方解除权需在试用期间行使。根据原劳动部办公厅发布的《对〈关于如何确定试用期内不符合录用条件可以解除劳动合同的请示〉的复函》，对试用期内不符合录用条件的劳动者，企业可以解除劳动合同；若超过试用期，则企业不能以试用期内不符合录用条件为由解除劳动合同。因此用人单位解除劳动合同的决定应当在试用期内作出并通知劳动者，超过试用期再以该理由提出解除劳动合同将不能得到支持。即便试用期满未为劳动者办理转正手续，也不能认为还处于试用期，用人单位也不能以试用期不符合录用条件为由解除劳动合同。

案例：4－3　如何解雇试用期内不符合录用条件的员工?

张某于2018年4月1日正式到某技术公司工作，双方没有签订劳动合同，但双方口头约定试用期为3个月，试用期为2018年4月1日至6月30日，该技术公司以张某在试用期内试用结果为55分，考核意见为停止试用的理由，根据《员工转正考核审批表》规定，认定张某试用期内的表现为不合格，故于2018年7月17日终止了与张某的劳动关系。张某提起仲裁，仲裁委员会认定该技术公司违法解除了与张某的劳动关系，技术公司不服裁决，起诉至法院。

法院经审理认为，技术公司没有提供证据证明曾经在招录张某时与其明示过具体录用条件及考核要求。因此，技术公司出具的解除劳动合同通知书上载明张某试用期表现不合格的内容缺乏考核依据。并且，张某试用期为2018年4月1日至6月30日，但技术公司却于2018年7月17日才解除与张某的劳动关系，故技术公司违法解除了与张某的劳动关系，应向张某支付违法解除劳动关系赔偿金。

律师点评

该案例需注意的关键点在于，试用期员工不符合录用条件不是单位随便说了就算，单位必须拿出足够的证据。

虽然与在正式的劳动关系中的解除合同相比，试用期内的解除条件要稍低，但也并非是随随便便就可以让员工走人的，用人单位必须提出合法有效的证据，否则就会因无法举证而陷入被动。为防止违法解除方利用试用期侵害劳动者权益，用人单位在处理试用期员工的问题上，应当处理好以下几个方面：

首先，员工入职前，企业就应当确定明确的录用条件和岗位职责，并且进行公示。设定有效的录用条件才能避免在发生争议时，既缺乏理由，又缺乏证据。同时，明确录用条件为员工指明了努力的方向，一旦员工真的达不到要求，也有明确的证据和理由认定员工不符合录用条件而进行合理合法的解聘。录用条件最好有书面文件，可以是招聘广告、岗位说明书，并最好在劳动合同或本人签字确认的员工手册中进行细化。录用条件通常可以分为几类：（1）能力因素，如学历、经历；（2）身体因素；（3）态度因素，如团队合作能力；（4）法律因素，如原单位的关系解除证明。

其次，要建立一套试用期的绩效评估制度，明确考核标准、考核方式及考核方法。用人单位制定的考核内容、评分原则及决定劳动者是否最终被证明符合录用条件的客观依据应当事先告知劳动者，并让其签字认同，考核结果也要行使告知义务，绝不能暗箱操作。考核应当客观，建议在试用期内应合理安排每次的考核周期，以保证考核的公正。

还有一点值得注意的就是，用人单位以不符合录用条件为由解除劳动合同的必须是在试用期内，一旦超过试用期限，哪怕只是超过一天，用人单位也不能再以此为由解除其与劳动者之间的劳动合同。

第三节　劳动合同的变更

一、概述

劳动合同的变更是指在劳动合同依法成立后，尚未履行或尚未履行完毕之前，因订立劳动合同的主客观条件发生了变化，双方当事人依照法律规定的条件与程序，对原合同中的某些条款达成修改或补充协议的法律行为。

《劳动合同法》第三条第二款规定："依法订立的劳动合同具有约束力，用人单位与劳动者应当履行劳动合同约定的义务。"因此，一旦劳动合同签署了，双方的权利义务亦同时明确确立下来，任何一方都不能擅自变更合同约定的内容（如果因法律调整而引起双方权利义务的变动除外）。

但是在实际的生活中，一方面，当事人事先约定的合同不可能做到对所有可能发生的事情都做到了事先的约定；另一方面，合同订立后双方当事人因社会生活或生产经营变化，所依据的客观情况发生了变化，双方订立的劳动合同所约定的权利义务很难得以履行，因此，设立劳动合同变更制度对劳动合同双方均具有重要的意义。

需要明确的是，劳动合同变更是在原合同基础上对部分内容的变更，并不是新签订劳动合同，对于未变更的部分仍然有效。

二、导致劳动合同变更的情形

促使劳动合同的变更的原因可能来自用人单位，也可能来自劳动者个人，在某些情况下，还可能是出于劳动合同双方以外的客观原因。无论是哪种情形的发生，都可能导致劳动合同的内容进行相应的变更。

（一）用人单位变更劳动合同的情形

1. 企业自身调整导致劳动合同的变更。企业出于适应市场的需要或自身内部发展的原因，出现单位分立、合并、设立分支机构等；用人单位变更名称、法定代表人、主要负责人、投资人（股东）等事项；有时会出现内部重要生产转型导致的部门整合或调整等。

2. 企业因自身成本、自身生产特点等原因导致企业地址发生重要变动而导致的变更，如一些企业因自身工艺原因进行迁移，一些公司搬迁工作地点，一些企业进行跨地区转移等。

3. 企业进行正常人事管理而导致合同的变更，企业为了合理配置人力资源，对劳动者的岗位、职责、工作时间、薪资福利等事项进行合理合法的调整，以提高人力资源效率或改善企业生产经营状态。

（二）劳动者变更劳动合同的情形

劳动者在履行劳动合同的过程中也会出现进行劳动合同变更的情况，通常有：

1. 劳动者自身情况发生变化时的变更。劳动者长期在同一用人单位工作过程中，劳动者个人所具有的知识技能、经验等不断提升，用人单位给劳动者提供的工作条件如报酬、岗位等已经无法满足劳动者的自身发展要求，此时，劳动者通常会采取与用人单位进行协商的方式变更劳动合同。

2. 劳动者自身条件或生理状况发生变化时进行的劳动合同变更的情况，常见的情况如劳动者因病等原因造成的身体健康等致使无法胜任原劳动合同约定的工作，此时，劳动者会主动向用人单位提出变更劳动合同的请求。

（三）客观原因

《劳动合同法》第四十条第（三）项之规定："有下列情形之一的，用人单位提前三十日以书面形式通知劳动者本人或者额外支付劳动者一个月工资后，可以解除劳动合同：……（三）劳动合同订立时所依据的客观情况发生重大变化，致使劳动合同无法履行，经用人单位与劳动者协商，未能就变更劳动合同内容达成协议的。"即劳动合同履行过程中，由于一些客观情况，致使双方之间的劳动合同无法履行的，此时，双方可以就劳动合同相关内容进行变更。

近年来，经济增速放缓，市场需求减弱、产能过剩、环保压力陡增，众多企业面临产业优化升级、结构调整、技术创新等挑战，而转型升级的同时也给企业带来调整的阵痛，部分企业不得不停产、半停产，甚至破产、解散。越来越多的企业以客观情况发生重大变化为由，或者以股东变化、业绩不佳等套用"客观情况"条款，与劳动者协商变更劳动合同，乃至解除劳动合同。但在司法实务中，"客观情况发生重大变化"又是如何认定的？

1. "客观情况"的界定

对于"客观情况"，原劳动部《关于〈劳动法〉若干条文的说明》第二十六条界定为：本条中的"客观情况"指：发生不可抗力或出现致使劳动合同全部或部分条款无法履行的其他情况，如企业迁移、被兼并、企业资产转移等，并且排除本法第二十六条所列的客观情况。

本条规定所释"客观情况"情形虽非穷尽实践中可能会出现的所有"客观情况"，但不难看出，立法本意对"客观情况"的界定应当是以"非主观因素"为准，也即非企业能够控制的原因而导致原劳动合同或合同部分条款无法继续履行的情形。

2. “重大变化”的标准

劳动合同订立时所依据的客观情况发生变化并不一定能成为企业适用“客观情况”条款的理由，因为发生的变化必须达到“重大”这一程度标准。“重大”应理解为导致劳动合同无法继续履行的程度。实际上，对用人单位来说，存在客观情况发生变化的情形有很多，但只有在客观情况发生重大变化并“致使劳动合同无法履行”的情况下，用人单位才能与劳动者协商变更劳动合同。

如用人单位变更名称或法定代表人（负责人）、企业内部承包、企业分立或被兼并等情况，这些情况对于企业来说也属于重大变化，但并不必然导致劳动合同的履行发生变化。在《劳动合同法》第三十三条和第三十四条中也对此有明确的规定：“用人单位变更名称、法定代表人、主要负责人或者投资人等事项，不影响劳动合同的履行”；“用人单位发生合并或者分立等情况，原劳动合同继续有效，劳动合同由承继其权利和义务的用人单位继续履行。”

若用人单位需要因此而适用《劳动合同法》第四十条第（三）项规定的，还需要证明这些情况导致原合同无法继续履行的客观情况，如企业整体搬迁、企业改制、组织架构调整、经营战略调整等。同时这种“客观情况”不应包括企业因经济性裁员而撤销岗位或部门的情形。

3. 实践中常见的“客观情况发生重大变化”

近年来，因“客观情况发生重大变化”引发劳动争议案件愈发增多，常见企业以搬迁、组织架构、经济战略调整为由适用“客观情况”条款与劳动者解除劳动合同。

（1）企业搬迁是否构成“客观情况发生重大变化”？

笔者认为应当从搬迁的结果来分析，企业搬迁导致劳动合同履行地点的变化当然属于客观情况的变化，但这种变化是否足够重大？是否必然影响劳动合同的履行？不应一概而论，如企业办公地址由A区迁移至邻近的B区自然不应认定为重大变化。如从郊区迁移至市中心区域，交通更为便利，通常也不会认定为影响了劳动合同的履行。如果企业从市中心区域搬迁至郊区，因交通成本、时间成本及照顾家庭等原因势必会给劳动者履行劳动合同带来困难，但这种情况也不宜直接认定为“客观情况发生了重大变化”；如果企业为给员工造成的不便采取了补偿措施，例如配备班车、提供宿舍、发放交通补贴、推迟上班时间等，并未给劳动者履行劳动合同增加实质性成本，因此这种情况一般也不会被认定为“客观情况发生重大变化”。相反，如果企业无法提供相应的补偿或补救措施，则认为属于“客观情况发生重大变化”。如企业搬迁至外省市，显然会造成原来的劳动合同无法继续履行，一般会直接认定为客观情况发生了重大变化。

（2）组织架构、经营战略调整是否属于“客观情况发生重大变化”？

企业组织架构调整、经营战略调整，由此引发部门撤并、岗位撤销等情形，企业似乎可以堂而皇之地引用“客观情况”条款与劳动者解除劳动关系。但笔者认为应当首先从主客观因素加以区分辨别，如果组织架构或经营战略的调整仅仅只是管理层的一个主观决定或是领导的单方调整，则不宜认定为“客观情况发生重大变化”。此外，这里所说的“客观情况发生重大变化”必须客观存在，即实际已经发生，并且已经影响到劳动合同的继续履行。如果“客观情况”并未发生重大变化，或是所谓的“客观情况”并没有导致劳动合同无法履行，则都不符合法定的情形。虽然目前经济下行的大环境对许多企业的生产经营造成了不同程度的影响，但并不意味着每个企业都受到直接影响。企业运筹帷幄固然没错，但如以经营受到潜在影响为由，便决定提前进行调整，因为此时尚未发生法律规定的“客观情况发生重大变化”，充其量只是未来有可能发生，这种情况不应认定为“客观情况发生重大变化”。

但需要注意的是，由于近年来整体经济下行的情况下，确有许多企业因市场不景气不得不调整组织架构、调整经营战略以维持正常的生产经营，如因政策原因或为减少亏损而取消某项业务，或者为了优化管理结构，降低成本，将某项业务外包给第三方公司。从表面上看，这是公司的主观决定，但这种情形通常都受到较重大的外在因素影响，全盘否定未免过于严苛。因此，在有充分证据证明的情况下，部分地区的司法实践对这种“客观情况发生重大变化”的认定也存在趋于宽泛的倾向，这是法官发挥司法审判主观能动性的一种表现，但是总体上应当根据个案充分考量，并不能过于宽松，否则会导致对解除条件法定的架空。

因此，企业在劳动合同履行过程中客观情况发生重大变化的情况下，可以与劳动者协商变更劳动合同，但应提供充分证据证明确实发生了客观情况重大变化的情形并且导致原劳动合同无法继续履行，否则将可能导致因协商变更不成而违法解除劳动合同的风险。

案例：4－4　部门取消是否属于客观情况发生重大变化？

2015 年 10 月 15 日，张某进入上海某公司工作。双方签订期限至 2018 年 10 月 14 日的劳动合同，约定张某在技术研发中心担任高级研究经理；月工资 16000 元。

2017 年 4 月，公司因整体经营策略向无线化事业趋势发展，决定撤销技术研发中心创新研究院及相关岗位。此后，公司通知张某因工作岗位不再存在，要求其至其他部门进行沟通面试但未被录用。2017 年 4 月 24 日，公司向张某发出《单方解除劳动合同通知书》，载明“张某：由于业务调整，您所供职的技术研发中心创新研究院已被撤销，双方劳动合同无法继续履行。我公司经研究决定，根据《劳动合同法》第四十条第（三）项所规定的情形，自 2017 年 4 月 24 日起与您解除现有的劳动合同关系……”

2017 年 12 月 17 日，张某向区劳动人事争议仲裁委员会申请仲裁，要求裁决被告：自 2017 年 4 月 25 日起恢复劳动关系，继续履行劳动合同，以及其他相关请求。该仲裁委作出裁决，未支持张某恢复劳动关系的请求。张某不服裁决，诉至一审法院。

庭审中，公司提供股东会决议、顾问协议、人员调动单、劳动合同变更协议等以证明公司经营策略的调整。据此，法院认为公司“根据市场需求和自身经营发展需要，行使自主经营管理权限并无不当”。但“公司仅向张某提供其他部门的面试机会，并未按照法律规定向张某提供其他工作岗位，公司并未就变更劳动合同内容履行诚实磋商义务……于法相悖，应承担违法解除劳动合同的法律责任”。

律师点评

本案的争议焦点：公司所发生的状况是否属于法律所规定的“客观情况发生重大变化”？公司是否履行了与劳动者协商变更劳动合同的义务？

从“客观情况”条款的规定来看，用人单位以此为依据与劳动者解除劳动关系，须满足两个层面的要求：一、劳动合同订立时所依据的客观情况发生了重大变化，导致原劳动合同无法履行；二、在前述两个前提下，用人单位与劳动者就变更劳动合同进行了协商，但未达成一致。满足了上述条件，用人单位方可依据《劳动合同法》第四十条的规定与劳动者解除劳动合同。仲裁庭和法院都认为公司经营战略调整应当属于《劳动合同法》第四十条第（三）项所规定的“客观情况发生重大变化”，故用人单位可以据此与劳动者协商变更劳动合同。

但协商变更劳动合同一项，仲裁庭做了非常宽泛的处理，认为公司要求员工竞聘的方式符合法律规定的协商变更程序，而法院则相对谨慎，认为公司未提供其他工作岗位，未就变更劳动合同履行诚实磋商义务，构成违法解雇。

三、劳动合同变更的形式及步骤

对于劳动合同变更的形式，我国法律明确规定应当采取书面形式，即原则上对口头变更的形式不予认可和保护。

我国1995年起实施的《劳动法》第十七条规定：“订立和变更劳动合同，应当遵循平等自愿、协商一致的原则，不得违反法律、行政法规的规定。劳动合同依法订立即具有法律约束力，当事人必须履行劳动合同规定的义务。”

2008年起实施的《劳动合同法》第三十五条规定：“用人单位与劳动者协商一致，可以变更劳动合同约定的内容。变更劳动合同，应当采用书面形式。变更后的劳动合同文本由用人单位和劳动者各执一份。”

劳动合同变更通常遵循以下几个步骤：（1）提出变更劳动合同要求，当劳动合同的用人单位或劳动者出现劳动合同变更的情形时，应当及时向相对方提出劳动合同变更的要求，同时应当向对方说明劳动合同变更的事由、拟变更的内容等；（2）对变更要求的答复，劳动合同一方收到对方提出变更劳动合同的要求后，应当遵循诚实信用原则等及时在一定的期限内向对方作出答复，不应当采取回避等方式处理对方的合理要求；（3）对变更内容达成书面协议，一旦双方就劳动合同变更的内容作出一致意见时，双方应按照法律规定对变更后的内容进行书面文本的确定，采取书面形式既是法律规定的要求，也是保护双方当事协商成果的必要手段，防止双方就变更劳动合同内容因约定不清产生劳动争议。

变更的步骤：

提出变更劳动合同要求 ⟶ 对劳动合同变更作出答复 ⟶ “书面”确定变更内容

四、劳动合同变更“书面形式”的例外

在劳动合同履行的大量实践中，常常会出现用人单位或劳动者就某些事项进行口头变更或以事实状态存续的形式变更劳动合同，比如报酬的增减、岗位的调整等常规性劳动合同履行领域，当事人因某些原因并没有采取书面的形式，但双方当事人通过其行为却实际上履行了口头变更的内容，如果采取一刀切地不予认可，事实上会损害善意方的利益，特别是劳动者的利益，例如用人单位单方面为劳动者提高工资报酬，劳动者也事实上接受了提高后的报酬，发生争议时，如果用人单位方以书面形式为变更劳动合同为要件而不认定，势必损害劳动者的利益，也不符合劳动法保护劳动者权益的本意。因此，在一定条件下承认并保护口头合同、默示合同既是实务理性的需要，也是保护劳动者权益的需要。

《最高人民法院关于审理劳动争议案件适用法律若干问题的解释（四)》（以下简称为司法解释（四)）第十一条规定：“变更劳动合同未采用书面形式，但已经实际履行了口头变更的劳动合同超过一个月，且变更后的劳动合同内容不违反法律、行政法规、国家政策以及公序良俗，当事人以未采用书面形式为由主张劳动合同变更无效的，人民法院不予支持。”

案例：4－5　劳动合同变更未采取书面形式，实际履行是否受保护？

小王2014年1月进入一家机械公司担任机修工，签订了五年的劳动合同，月薪5000元。开始的第一年小王工作尚可，但是自2016年起单位新进了一批新式机床，在机床出现问题时小王没怎么想就按以前的方法去修，结果导致机床运行出现问题，两次导致产品损坏。公司方本着以人为本的原则，没有辞退他，和他商量了一下，调小王到数控机床岗位去担任操作员，月薪3800元，小王当时想想自己也确实屡次犯错，不好意思再说什么，便去数控机床车间上班去了。工作到第三个月，小王与数控机床车间同事关系比较紧张，于是要求公司仍将他安排回机修工岗位，并表示自己本来就是机修工，公司不应该将他安排到数控车床岗位。交涉未果后，小王申请劳动仲裁，要求恢复履行原劳动合同。

仲裁委员会经审理查明，小王与公司虽然原来劳动合同上注明岗位为机修工，但是当小王工作出现差错，公司与小王协商调动小王至数控机床岗位工作时，双方已经

达成一致，且已经履行到第三个月，属于双方已对劳动合同变更达成一致，因此，对小王的请求不予支持。

律师点评

这是一起因双方当事人未书面变更劳动合同的情况下，继续履行一段时间后又产生分歧的劳动争议案件，根据相关规定，变更劳动合同未采用书面形式，但已经实际履行了口头变更的劳动合同超过1个月，且变更后的劳动合同内容不违反法律、行政法规、国家政策以及公序良俗，当事人以未采用书面形式为由，主张劳动合同变更无效的，人民法院不予支持。

因此，小王与公司口头达成劳动合同的变更，虽未采取书面形式，但变更内容并不违反相应法律、法规，且已实际履行了三个月，劳动合同的变更应当认定为有效。在这种情况下，小王要求继续履行原来的劳动合同，于法无据，其诉求无法得到支持。

在实践中适用上述原则，必须把握以下要点：（1）劳动合同双方未采取书面形式约定变更内容，但必须实际履行变更后的内容超过1个月，如果口头变更内容在1个月内任何一方不同意提出异议，均不能认为劳动合同变更成立；（2）劳动合同变更的内容并不能违反有关法律、行政法规、国家政策以及公序良俗，如果变更的内容违反上述原则，也不能认定劳动合同变更的有效性。

虽然对于口头合同、默示合同，司法解释（四）采取了尊重现实理性的态度，对符合一定条件的非书面变更采取认同并保护的原则，但并不意味着书面形式的变更不重要，无论是劳动者还是用人单位，采取书面形式进行劳动合同变更，无论如何都是最好的做法。

第四节　调岗调薪

一、调岗事由

用人单位基于生产经营和企业管理的需要，可能会对员工的岗位进行调整，调整岗位时，薪水也可能会同时进行调整。该调整是用人单位内部的一种正常管理机制，本质上属于用人单位的管理行为和自主权利。

另外，根据《劳动合同法》第十七条的规定，工作内容和劳动报酬是劳动合同的必备条款，对其变动视为对劳动合同内容的变更。

因此，调岗调薪一方面是用人单位的企业管理行为，另一方面也是企业和劳动者对劳动合同的变更。因此，在处理时，既要平衡企业利益，也要保护好劳动者的合法权益。

根据《劳动合同法》及相关法律法规的规定，调岗的事由主要有以下几种情形：

（一）协商一致调岗

根据《劳动合同法》第三十五条规定，用人单位与劳动者协商一致，可以变更劳动合同约定的内容。如前所述，工作内容和劳动报酬是劳动合同的必备条款，在双方协商一致的情况下，可以对此进行变更。但需注意的是，对调整岗位、薪酬等对劳动合同内容的变更，应当采取书面形式，予以确认双方的权利义务，避免发生争议。

（二）法律规定的调岗事由

根据《劳动合同法》第四十条及其实施条例之规定，法律赋予用人单位相应的调整岗位权利，目前调岗的事由主要有以下几种：

1. 劳动者患病或非因工负伤，在规定的医疗期满后不能从事原工作，也不能从事由用人单位另行安排的工作，用人单位可以与劳动者协商调岗；

2. 劳动者不能胜任工作，经过培训或者调整工作岗位，仍不能胜任工作的，用人单位可以与劳动者协商调岗；

3. 劳动合同订立时所依据的客观情况发生重大变化，致使劳动合同无法履行，经用人单位与劳动者协商未能就变更劳动合同内容达成协议，用人单位可以与劳动者协商调岗。

根据上述规定，用人单位欲对劳动者进行合法的调岗：一是应与劳动者协商；二是应具备充分的法律条件，同时应兼具合理性，否则将面临调岗无效的风险。

调岗如果是合法正当的，则相应行为产生的薪酬调整亦同时具有合法性和正当性。在实务操作中，也存在调岗和薪酬不变动的情况。

（三）劳动合同约定的调岗事由

实践中，许多企业都会在劳动合同中约定“公司有权根据经营状况或者员工的工作表现进行岗位调整”等类似条款，但在司法实务中，这种过于笼统的约定几乎没有可操作性。一些地方解释及司法判例对此也是有条件地支持用人单位单方调岗调薪，例如上海市高级人民法院民一庭《关于审理劳动争议案件若干问题的解答》第十五条：“用人单位和劳动者因劳动合同中约定，用人单位有权根据生产经营需要随时调整劳动者工作内容或岗位，双方为此发生争议的，应由用人单位举证证明其调职具有充分的合理性。用人单位不能举证证明其调职具有充分合理性的，双方仍应按原劳动合同履行。”

因此用人单位如果真的要依据这一条款对员工进行调岗，在员工有异议的情况下，必须充分证明调岗的必要性、合理性。如果用人单位不能充分举证，则其行为就构成了单方面变更劳动合同，用人单位的这种单方面变更自然是不合法的。

二、调薪与扣薪

1. 调薪及合理性操作

调薪的情形除了上述用人单位对员工进行调岗而产生的外，用人单位与劳动者协商一致对薪酬的增加或减少及用人单位单方面对劳动者增加薪水等，均是调薪，只不过用人单位单方面提高薪水，劳动者通常都是乐意接受的。但是，劳动者工资虽为当事人双方约定，但是一旦订立劳动合同，就不能随意变更。工资作为劳动合同内容的核心部分，用人单位单方面调整工资，必须符合法律法规的规定。符合法律规定的通常需要：

（1）调整薪水应当通过书面的形式固定，若是协商调薪则双方应当通过补充协议的方式进行，若是用人单位增加薪水则应当以调薪单形式由劳动者确认。而调岗产生的调薪应当由调岗的事由所确立。

（2）调薪的幅度应具有合理性，调薪的事由一旦产生，则薪酬变动的幅度应当具有合理性，所谓合理性，即以正常的理性人标准来考量其可接受性，通常单次减少薪水调整的幅度范围不能超过原标准的20%－30%，否则较易产生争议，当然增加薪水的标准由于较易接受，在合理性的判断上，可能会对减少薪水的标准大大放宽。

2. 扣薪及合法情形

扣薪即单位无合法依据，不按照劳动合同的约定支付劳动者报酬的行为。用人单位无故扣薪是违法的，但在一定条件下，用人单位是可以扣薪的：

（1）由于劳动者本人怠工，不能完成约定的工作任务时，用人单位可以扣薪，但扣薪的幅度应和未完成的工作任务比例相符，且所剩余的工资不能低于当地的最低工资；

（2）由于劳动者违反劳动纪律、故意或者重大过失给用人单位造成重大损失的，用人单位可以扣薪，但每月所扣的薪水不得超过月工资的20%，可以逐月扣除，但最后累加的量不能超过企业的损失；

（3）劳动者旷工、请事假的可以扣除未提供正常劳动的工作时间的工资；

（4）劳动者请病假，按照病假工资发放，可以扣减其绩效或生产性奖励等。

此外还有用人单位依法应当为劳动者代缴社会保险、个人所得税、法院裁定代扣抚养费和赡养费等。

扣薪本质上是对劳动合同中工资条款的变更，用人单位应当谨慎使用，如果举措不当的话，会给单位带来不小的法律风险。结合实务经验给用人单位提出以下几点建议：

一是变负面惩罚为正面奖励。用人单位在进行员工管理时，可多采用激励方法，将以往的罚款转变为奖励，这也符合人性化管理的要求。比如将每月4000元的工资，每次迟到罚款20元，调整为每月3600元工资，还有每月400元考勤奖，每周全勤发100元，每月全勤发400元。用人单位的工资总额不变，但效果肯定是后者好得多。

二是保留相关的记录凭证。用人单位在处理涉及劳动者切身利益事情时应谨慎操作，须留下相关的记录凭证。比如：劳动者没有完成工作任务时，应有业绩确认书；对员工进行损失追偿，必须要有相关损失的证据及员工过失关联性证明；扣除劳动者事假工资，就要有请假记录和相关考勤记录等。

三是追偿损失合理原则。对劳动者进行损失追偿处理时，应综合考虑劳动者的过失程度、损失必然性以及员工负担能力等方面的因素。应平衡处理企业损失和员工赔偿之间的关系，劳动者处于用人单位的监督管理下，一般过失不应对损失负全部责任。做到既能惩戒有过错的劳动者，同时也不要给劳动者造成过重的负担。

案例：4－6　用人单位能否以亏损为由调岗降薪？

王女士于2017年3月进入A公司工作，担任销售经理。双方劳动合同约定王女士的基本工资为6500元，同时约定“用人单位可以根据生产经营的状况和需要，调整劳动者的岗位和薪资”。2017年3月至9月，王女士每月收入基本工资为6500元。2017年10月，公司以亏损严重及王女士表现不佳为由，将王女士的工作岗位调整为销售，基本工资随之变更为每月4500元。对这样的调岗降薪，王女士表示不满，与公司多次协商无果。2017年11月，王女士向劳动仲裁委提起仲裁，要求公司支付2017年10月的工资差额2000元。

庭审中王女士提供了劳动合同、工资单、2012年3月至10月的绩效考核表等证据材料。其中绩效考核表显示，王女士每月绩效成绩均达到95分，且有公司领导的签字。公司则表示调岗降薪是由于公司一直亏损严重且王女士工作表现不佳，且劳动合同有约定，调岗调薪是有依据的。

仲裁委经审理后认为，公司并未提供充分有效的材料证明王女士工作表现不佳，亦未提供证据证明企业经营状况处于持续亏损状态且已影响劳动合同的履行，故公司对王女士进行调岗降薪的依据不足，应当补足王女士基本工资差额。

律师点评

岗位和薪资作为劳动合同的必要条款，是劳动者与用人单位订立劳动合同的核心内容，因此岗位和薪资变更属于劳动合同实质性的变更，司法部门对此进行审查一般都从严把握。而当企业发生亏损时，能否以此为由对劳动者调岗降薪？

如本章节所述，对岗位、薪酬的调整分为法定情形和约定情形。就法定情形而言，根据《劳动合同法》第四十条第三款“客观情况发生重大变化”条款，如果企业因经济环境发生重大变化，导致用人单位的经营状况持续亏损，劳动者所在部门根据公司决议进行了调整、撤并。在这种情况下，一般可以认定用人单位与劳动者签订劳动合同所依据的客观情况发生重大变化，同时从因果关系、重大程度等方面进行考查，确认客观情况发生重大变化已影响劳动合同的履行，那么在以上条件均成立的情况下，用人单位对劳动者的调岗降薪一般视为有其法律依据。

而约定情形，则应符合《劳动合同法》规定，协商一致并以书面形式确认；或者符合《最高人民法院关于审理劳动争议案件适用法律若干问题的解释（四）》有关“实际履行超过一个月视为变更劳动合同”的规定。但在本案中，用人单位仅依据劳动合同约定“用人单位可以根据生产经营的状况和需要，调整劳动者的岗位和薪资”对劳动者调岗降薪，该约定过于宽泛，对双方权利义务的设置明显偏向用人单位。因此，一般不能仅依据上述约定就以亏损为由调整劳动者的工作岗位、降低劳动者的薪资，除非用人单位能够充分证明其调岗降薪的合理性和必要性。

本案中公司并未能提供证据证明公司持续亏损及王女士工作表现不佳，无法证明其调岗降薪的合理性即必要性，因此应当向王女士承担补足工资差额的法律责任。

用人单位和劳动者因调岗调薪发生争议的，依法应当由用人单位举证证明其调岗具有充分的合理性。一般来说，一方面，调岗的原则应当是将员工调任到有关联性的岗位，而不能将员工调整到明显不合理、不公正的岗位上，除非员工本人同意；另一方面，虽然法律赋予企业对不胜任工作的员工可以调岗并合理根据岗位调整薪水的权利，但实践中一旦企业对之降薪，会导致员工与企业直接发生冲突，因此，是否调岗后同时降薪，企业须在衡量多种因素后谨慎做出。

根据法律规定，如果用人单位不能举证证明其调职具有充分合理性，将承担仍应与劳动者继续履行原劳动合同约定的岗位的义务，恢复其工作岗位。

第五节　兼职行为

一、兼职的概念及法律基础

兼职劳动是指劳动者在某一时期内，同时受雇于两个以上用人单位而从事双重或者多重的有报酬的职业劳动。我国推行市场经济以来，兼职劳动成为一种常见的劳动关系。特别是近年来，传统的全日制用工模式已经被突破，兼职劳动适应用人单位灵活用工和劳动者自主择业的需要，已经成为就业的重要途径。对劳动者而言，兼职劳动是为了增加经济收入、发挥专业特长或者提高素质而实施的劳动行为。雇佣单位欢迎兼职劳动则因其具有劳动成本低、管理灵活等特点。

兼职是劳动者的自由选择权，基于兼职劳动在实践中的大量存在，我国《劳动合同法》第三十九条、第九十一条等条文涉及兼职现象，具体规定如下：

首先，《劳动合同法》第三十九条第二款第（四）项规定："劳动者同时与其他用人单位建立劳动关系，对完成本单位的工作任务造成影响，或经用人单位指出，拒不改正的"，用人单位可以解除劳动合同。这条规定可以理解为：用人单位虽然招用与其他用人单位尚未解除或者终止劳动合同的劳动者，但并没有给其他用人单位造成损失的，法律是不加以干涉的，劳动者与其他用人单位建立的劳动关系就可以合法存在。因此，是否允许兼职的存在，《劳动合同法》把决定权留给了用人单位，即用人单位可以按照本单位需要对员工进行纠正或处罚，解除劳动者的劳动合同，当然也可以不予追究。

其次，《劳动合同法》第九十一规定，“用人单位招用与其他用人单位尚未解除或者终止劳动合同的劳动者，给其他用人单位造成损失的，应当承担连带赔偿责任”，因此，用人单位在和新劳动者订立劳动合同时，对于有工作经历的劳动者，一定要注意其是否已与原用人单位解除了劳动合同，否则就有承担责任的风险。

最后，根据《劳动合同法》第五章关于非全日制用工的有关规定，在后订立的劳动合同不影响先订立的劳动合同的履行情况下，非全日制劳动者可以与多个用人单位建立多个非全日制的劳动关系。

二、兼职的限制

我国《劳动合同法》第三十九条第二款第（四）项规定：“劳动者同时与其他用人单位建立劳动关系，对完成本单位的工作任务造成影响，或经用人单位指出，拒不改正的”，用人单位可以解除劳动合同。可见，兼职劳动的存在必须以不侵犯原用人单位的利益为前提，劳动者从事兼职劳动必须受到以下几个方面的限制：

1. 劳动义务和忠实义务的限制。这是劳动者最基本的两项义务，是劳动法律关系建立目的的必然要求。因此，劳动者必须根据劳动合同以及相关法律的规定，对用人单位承担提供劳动的义务，并衷心维护用人单位的合法权益，否则为违法兼职。在劳动者违反了其劳动义务或忠实义务时，用人单位可以要求其停止兼职活动、承担损害赔偿责任直至解除劳动合同等。

2. 限制某些类型的兼职。目前，我国《公务员法》《公司法》中规定了禁止劳动者兼职的一些情形，如，禁止国家公务员进行兼职；禁止担任公司、企业的董事、经理等高级经理人员兼任同类企业的职务；用人单位与劳动者在双方自愿的基础上，可对竞业禁止加以约定，违反该约定就应承担违约责任。我们应严格执行这些限制性制度条款，依法对兼职劳动加以约束和规范，以保证公平竞争。

Tips 小贴士：4－2　**用人单位限制兼职措施**

律师指引

为了防范劳动者兼职给用人单位带来的风险，用人单位可以采取以下措施：

1. 在招聘员工时除新参加工作的劳动者外，一定要查验其与原单位解除、终止劳动合同的证明，以及其他能够证明该劳动者与其他单位不存在劳动关系的证据，以避免承担不必要的赔偿责任。

2. 企业可以把员工“兼职”列为员工“严重违法企业的规章制度”的条款，若发现员工兼职，可直接与其解除劳动关系。

第五章　劳动合同解除争议

第一节　劳动合同解除概述

一、概述

由于劳动合同解除而引发的劳动争议占整个劳动争议的比重最大，因此，无论是法律实务工作者或者用人单位HR，均应对此部分重点关注，妥善处理好劳动合同解除事宜。

劳动合同解除，是指劳动合同订立后，尚未全部履行以前，由于某种原因导致劳动合同一方或者双方当事人提前消灭劳动关系的法律行为。

劳动合同解除具有以下法律特征：

1. 劳动合同解除适用于合法有效的劳动合同。劳动合同只有在生效后，才能涉及解除问题，无效的劳动合同不会发生劳动合同解除。

2. 劳动合同解除必须具备法律规定的条件。劳动合同生效后即具有法律约束力，任何一方不得任意解除劳动合同。目前，劳动合同解除的条件主要有法定解除和协商解除两种。

3. 劳动合同解除后劳动关系即行消灭。劳动合同一经解除，相关权利义务将一并消灭。

Tips 小贴士：5－1　**劳动合同解除与劳动合同终止的区别**

律师指引

劳动合同终止是指劳动合同期满或法定的劳动合同终止条件出现时，劳动合同的即行终止。劳动合同终止则劳动合同法律效力自然消失，它是由劳动合同本身的内在属性使劳动关系自然消灭，通常不依赖当事人的积极行为。而劳动合同解除则是由劳动合同双方当事人积极的行为而使劳动关系提前消灭。由于用人单位与劳动者解除劳动合同，使劳动关系提前消失，给劳动者一方在生活上或收入及就业方面产生影响，因此，除非因劳动者自身过失造成了劳动合同解除，否则用人单位通常应当就提前解除劳动合同支付经济补偿金。而劳动合同终止是合同效力的自然消失，即使对劳动者产生影响，除法律规定的情形外，用人单位不需要对此承担过多的义务。

二、劳动合同解除的类型

关于劳动合同解除，1995 年实施的《劳动法》中首次明确了解除劳动合同的相关条款，2008 年实施的《劳动合同法》在涉及解除劳动合同条款的时候，仍沿袭了《劳动法》的框架。《劳动法》里所有的解除合同条款，在《劳动合同法》里都有体现，只不过条款的内容有所扩充。根据解除时双方是否提前协商一致，可将劳动合同的解除类型分为以下几种，如图表：5 – 1 所示：

图表：5 – 1　劳动合同的解除类型

<table>
<tr><th colspan="3">劳动合同的解除类型</th></tr>
<tr><td colspan="3">（1）协商解除【见《劳动合同法》第三十六条，下同】</td></tr>
<tr><td rowspan="5">（2）单方解除</td><td rowspan="2">员工单方解除权</td><td>预告解除【第三十七条】</td></tr>
<tr><td>即时解除【第三十八条】</td></tr>
<tr><td rowspan="3">用人单位单方解除权</td><td>过错性解除【第三十九条】</td></tr>
<tr><td>非过错解除【第四十条】</td></tr>
<tr><td>裁员【第四十一条】</td></tr>
</table>

图表：5 – 1 有助于我们理解《劳动合同法》对解除劳动合同条款法律制度进行的设计。《劳动合同法》第三十六条至第四十三条都是合同解除条款，依据解除双方是否提前协商一致，可以将劳动合同的解除分为两种情况：

1. 协商解除合同，即解除合同是双方当事人的共同意愿导致的结果，体现了双方当事人的意思自治。这种解除方式因为是双方共同决定的，解除劳动合同以后很少会再发生劳动争议纠纷。

2. 单方解除合同，是指劳动合同中的一方根本不考虑另一方是否愿意或者同意解除合同，而直接依法单方面做出结束劳动关系的行为。实践中，此方面很容易产生劳动纠纷。关于单方解除劳动合同行为，《劳动合同法》中分别规定了劳动者和用人单位单方解除合同的权限，双方当事人只有在具备了单方解除合同的条件，才可以解除合同：

（1）劳动者的单方解除权

《劳动合同法》给劳动者设定的单方解除合同权有两种：第一种是预告解除，即提前 30 天通知用人单位，30 天以后，解除劳动合同。第二种是当用人单位侵犯员工重大权益的时候，法律规定员工在这种情况下，可以不经预告，即时解除合同。

（2）用人单位的单方解除权规定

《劳动合同法》给用人单位设定了三种可以单方解除合同的情形：

第一种，过错性解除劳动合同。这是基于劳动者有严重的违法乱纪行为，准许用人单位单方和劳动者解除合同。

第二种，非过错性解除劳动合同。其特点是，劳动者本人主观上没有任何过错，但是由于一些客观原因，导致用人单位和劳动者如果继续维系劳动关系，劳动合同的目的根本无法实现，因此这种合同没有继续维系的必要。在这种情况下，《劳动合同法》允许用人单位单方和劳动者解除合同，但是用人单位要支付给劳动者补偿金，并且要提前通知劳动者。

第三种，用人单位由于经营不善，或者生产经营遇到了比较严重的困难，或者用人单位需要转产，或者有重大技术革新，在这种情况下，《劳动合同法》准许用人单位对部分劳动者实施裁员，这就是所谓的裁员条款。

除了按照上述标准划分解除类型外，还可以依据其他原则划分劳动合同解除的类型，例如：

按照解除劳动合同是否合法划分为：合法解除和违法解除，违法解除时，提起解除的一方应当承担不利的法律后果。

按照解除劳动合同的时间是否在试用期内可划分为：试用期内的解除和试用期满后的解除。对于试用期内的解除，法律作了特别的规定，双方均应严格遵守。

第二节 劳动合同的协商解除

一、协商解除

协商解除的依据源于《劳动法》第二十四条规定："经劳动合同当事人协商一致，劳动合同可以解除。"及《劳动合同法》第三十六条规定："用人单位与劳动者协商一致，可以解除劳动合同。"

虽然《劳动法》与《劳动合同法》在文字描述上略有差异，但表达的概念完全是一样的，即双方当事人就解除劳动合同经协商达成一致后劳动合同可以解除。需要双方当事人注意的是，劳动合同解除应遵循平等自愿协调一致的原则，且不得违反法律、行政法规的规定。

二、协商解除的经济补偿金

对于双方协商解除合同需不需要支付经济补偿金的问题，《劳动合同法》第四十六条第（二）项规定了支付的原则，即"用人单位依照本法第三十六条规定向劳动者提出解除劳动合同并与劳动者协商一致解除劳动合同的"，用人单位应当向劳动者支付经济补偿金。具体而言，即如果是用人单位首先提出，员工同意以后达成的解除合同协议，那用人单位就要支付经济补偿金。反过来，如果员工首先提出解除劳动合同，用人单位同意以后解除的，用人单位就没有义务向劳动者支付经济补偿金，用人单位自愿支付的除外。

案例：5－1 协商解除协议中“不存在任何纠纷”的约定是否有效?

小吴于2014年1月25日进入某印染服装进口公司，从事操作工一职，与公司签订的劳动合同期限为2014年1月25日至2017年1月24日。

因印染行业的污染问题，2016年初，相关部门下达通知，要求公司于2016年内完成搬迁工作。2016年1月11日，公司向包括小吴在内的所有员工公布员工遣散方案。同年1月13日，公司与小吴协商一致后签订协商解除劳动合同协议书，约定：“经甲（公司）乙（小吴）双方协商一致，达成协议如下：一、于2016年1月13日解除双方劳动关系；二、甲方于本协议签订次日一次性支付乙方解除劳动合同的工资以及其他乙方在甲方工作期间所产生的一切经济利益（包括但不限于所有福利、奖金、加班工资、经济补偿等）合计30000元；三、乙方承诺并声明乙方与甲方不再存在任何劳动合同纠纷或经济纠纷；乙方领取上述款项后，甲乙双方在该劳动合同中所有的权利、义务即行终结。”

小吴领取协议约定款项后，认为公司未足额支付加班工资及经济补偿金，向劳动仲裁委提起仲裁，要求公司予以补足。劳动仲裁委经审理后驳回了小吴的仲裁请求。

律师点评

根据《劳动合同法》相关规定，用人单位与劳动者协商一致的，可以解除劳动合同。小吴与公司签订的协商解除劳动合同协议书内容并未违反法律强制性规定，应属合法有效。小吴作为完全民事行为能力人，应当对本人签字的法律文书承担相应的责任。因此，小吴是在了解协议书的内容后签署了该文件，应当认定是其真实意思表示，公司依约支付了协议约定的款项，小吴也作出承诺双方不再存在任何劳动合同纠纷或经济纠纷，并在领取款项后，双方在该劳动合同中的所有权利、义务即行终结。因此，仲裁委对小吴的请求不予支持。

由此可见，在协商解除劳动合同时，双方均应遵循诚信原则，在签订书面协议时明确各自的权利义务。作为劳动者，若同意用人单位的解除及补偿方案，应本着诚信态度，签字领取补偿，不再另行起诉。作为用人单位，则应在签署协议时给予充分说明，不要蓄意欺骗，避免不必要的争议。

第三节 试用期内解除劳动合同

试用期内的劳动合同解除和试用期满后的解除方式是不同的。对于试用期满后的解除，其处理原则按照劳动者行使单方解除权和用人单位行使单方解除权的原则进行，本节仅讨论试用期内解除的特殊规定及注意事项。

一、试用期解除的规定

关于试用期内解除合同的规定，《劳动合同法》较《劳动法》的规定有所不同，按照新法优于旧法的原则，关于试用期内的解除应当按照《劳动合同法》的规定执行。具体规定，如图表：5－2所示：

图表：5－2《劳动合同法》对试用期内解除合同的规定

●劳动者的单方解除权

劳动者在试用期内提前三日通知用人单位，可以解除劳动合同。

●用人单位的单方解除权

在试用期间劳动者被证明不符合录用条件的，用人单位可以解除劳动合同。

在试用期里，劳动者具有《劳动合同法》第三十九条和第四十条第（一）项、第（二）项规定的情形时，用人单位可以解除劳动合同。

根据上述规定可知，在试用期满后的时间内，劳动者提前30日以书面形式通知用人单位，可以解除劳动合同。而劳动者在试用期内需提前3日通知用人单位，可以解除劳动合同。

二、劳动者试用期内解除劳动合同

在《劳动法》中规定，员工在试用期期间，可以不依据任何理由，也不需要履行任何程序，随时通知企业解除合同。但是，《劳动合同法》实施后，即2008年1月1日后，员工要想解除劳动合同，必须提前3日通知企业。

新法之所以如此规定，主要是为了防止员工当天通知企业，使企业措手不及，从而在一定程度上保证了企业生产经营的连续性。让员工提前3天通知企业，企业就有一个准备时间。虽然3天时间不足以让企业再重新招一个继任者，但是如果提前的时间过长，那么与员工工作到试用期满就没什么区别了，试用期也就失去了意义。

无论是《劳动法》还是《劳动合同法》，都保证了在试用期内员工在解除合同上有很大的灵活性，只不过新法实施后，劳动者的试用期辞职必须履行提前3天通知的手续，但不需要任何理由。如果员工没有提前3天通知企业，则应当承担相应的法律责任。

从员工的角度而言，《劳动合同法》最大限度地保证员工离职自由的权益得到实现，同时员工也应履行法律规定的义务，即提前3天通知单位，并办理有关交接手续。

三、用人单位试用期内解除劳动合同

1. 以不符合录用条件解除

对于企业在试用期间单方解除合同权，《劳动法》与《劳动合同法》的规定是一致的，即在试用期间劳动者被证明不符合录用条件的，用人单位才可以解除合同，但是要注意，这里有一个前提条件即要证明劳动者不符合录用条件。如果用人单位无法证明在试用期的员工不符合录用条件，那么就不能解除其劳动合同。因此，证明员工不符合录用条件，成为解除是否合法的关键。

通常来讲，用人单位要想合法行使这一权利，需要满足以下几个条件：（1）用人单位规定的试用期符合法律规定。《劳动合同法》规定，劳动合同期限 3 个月以上不满 1 年的，试用期不得超过 1 个月；劳动合同期限 1 年以上 3 年以下的，试用期不得超过 2 个月；3 年以上固定期限和无固定期限的劳动合同，试用期不得超过 6 个月。用人单位约定的试用期限必须符合法律规定。（2）必须在试用期内。如果用人单位在试用期满后不给劳动者办理转正手续，则不能认为还在试用期内。（3）录用条件的设定。是否符合录用条件，认定前提是设定有明确的录用条件，以便于在主张员工不符录用条件时有据可查。一般情况下，应当以法律、法规规定的基本录用条件和用人单位招聘时规定的知识文化、技术水平、身体状况、思想品质等条件为准。（4）提供不符合录用条件的证据。用人单位主张劳动者不符合录用条件必须提供出有效的证明，否则不能解除。

因此，在实践中，企业要想在试用期内合法解除劳动合同，必须做好两件事：一是录用条件的设定，即用人单位对劳动者任职某岗位的工作及要求必须做出明确的描述。例如，企业对招聘的岗位设定详细的职位说明书，而且尽量使职位说明书里规定的内容条件是客观的，即使录用条件的考核标准客观化。同时，在面试员工或招录上岗时，也应当明确告知员工，或让员工签字确认固化有关手续。二是用人单位对员工在试用期的表现必须有客观的记录和评价。设定录用条件只是一个前提，用人单位还需提供相应的证明，而这些证明应当是用人单位在日常对劳动者工作表现、工作能力、思想品行等方面的客观记录及评价。

2. 以违纪等事由解除

在试用期里，劳动者具有《劳动合同法》第三十九条和第四十条第（一）项、第（二）项规定的情形时，即用人单位在员工具有严重过错或员工无过错但符合法定解除的情形，用人单位亦同样可以解除与员工的劳动合同。

因此，无论是法律要求还是人事管理实践，作为用人单位，若在试用期解除劳动合同都应当向劳动者说明理由，即用人单位应当承担相应的举证责任，而不能模糊不清，更不能无凭无据任意违法解除。

第四节　用人单位单方解除劳动合同

用人单位单方解除劳动合同引发的争议在解除劳动合同争议中占据着较大比例，因此，掌握和了解用人单位单方解除劳动合同法律规定及日常操作中的注意事项等是减少此类纠纷发生的必需要求。本节将主要阐述用人单位单方解除合同的情形、法律程序等内容。

一、过错性解除

过错性解除是指由于劳动者存在过错行为，用人单位依法单方面解除劳动合同的情形，即通常意义上所讲的“开除”。导致此种解除的发生主要是劳动者本身的原因造成的，因此法律赋予用人单位单方解除权，并且不需要向劳动者支付经济补偿金。

依据现行法律，“过错性解除的情形”主要有：

（1）严重违反劳动纪律或者用人单位规章制度。

规章制度是用人单位根据法律规定的劳动标准，结合自身实际经营需要制定的更为具体全面的劳动规范，是贯彻执行劳动法律法规的手段，被视作劳动合同的附件。劳动者违反规章制度的行为，在法律性质上亦是一种违约行为。因此，劳动者严重违约行为发生时，用人单位可以解除劳动合同。

在实践中，适用此规定，必须把握好三个条件：一是规章制度的内容是符合法律法规的规定，符合情理，同时，规章制度应当是通过民主程序制定并明确告知员工。二是劳动者客观存在“严重”违反规章制度的行为。至于何为“严重”，一般应根据劳动法规所规定的限度和用人单位内部规章制度依法确定的具体界限为准。例如，劳动者违反操作规程，损坏生产经营设备造成经济损失，不服从用人单位正常合理的工作安排，不服从正常合理的劳动人事管理，无理取闹、打架斗殴、散布诋毁、损害企业商业声誉的谣言等。三是用人单位对劳动者的处理是按照规章制度规定和程序办理，并符合法律法规的规定。

案例：5－2　规章制度未规定的严重违纪行为如何认定？

李女士于2016年3月进入A公司，担任行政一职。公司有考勤制度和员工奖惩制度，李女士入职时均在阅览后签字确认并愿意遵守。其中考勤制度规定“员工不得迟到、早退或擅自离岗”，奖惩制度规定“不服从公司的规章制度属于严重违纪”，并规定“凡严重违纪者公司可立即解雇”。

2016年12月，公司向李女士发出一张处罚决定书，称李女士工作积极性不强，纪律意识淡薄，吃午餐花费2小时，经常迟到早退，属于严重违纪，故对其做出记大过并扣除全勤奖金500元的处罚。李女士对此不服，当日即找公司领导评理，一周后又在上班时间与其母亲一起到公司找领导评理，要求不给个说法就赖在公司不走，后其母亲与公司员工发生肢体冲突，双方分别报警，110出警后李女士与母亲才离开。次日，公司向李女士发出解除劳动合同通知书，称李女士违反劳动纪律，带着母亲到公司与领导争吵，严重扰乱公司秩序，故对其做出解除劳动合同的决定。

李女士对此不服，认为公司解除劳动合同没有依据，故向劳动仲裁委申请仲裁，要求公司支付违法解除劳动合同的赔偿金。

劳动仲裁委经审理后认为，李女士带母亲到公司讨要说法的事实双方均无争议，且有110的接警记录为证，李女士的行为带有明显的主观故意，对公司的正常管理经营及声誉造成不良影响。尽管公司的规章制度对李女士的行为没有明文规定，但是该行为违背了最基本的劳动纪律和职业道德，属于违反了基本的合同义务，对公司造成了不良后果。故公司对其做出解除劳动合同的决定于法不悖，对李女士要求公司支付违法解除劳动合同赔偿金的请求，不予支持。

律师点评

自《劳动法》《劳动合同法》实施多年来，用人单位规章制度在日常管理特别是劳动争议处理中的作用日益凸显，但实践中很多用人单位的规章制度都存在不完善之处。如本案中，对于员工的违纪情形在规章制度中并未规定，但从内容上来说，要求企业的规章制度穷尽所有违纪行为也不现实。所以，对于劳动者出现规章制度并未列举，但严重性又达到一定程度的违纪行为如何处理？

实践中，对于严重违纪行为的认定，除了用人单位规章制度中所规定的违纪行为外，还有社会一般大众所认知的普遍违纪行为。只要劳动者的行为从性质上、影响上达到社会大众所认知的严重违纪程度，即使规章制度未对此做出明确规定，但该行为为社会公共道德规范标注所禁止，用人单位仍可以解除劳动合同。并且《劳动法》第三条关于“劳动者应当遵循劳动纪律和职业道德”的规定也是将劳动者的道德义务上升为法律义务，劳动者不能认为只要没做规章制度不允许的行为就不算违纪。

而用人单位在制定规章制度时也应当注意科学合理，对违纪行为应当细化且明确，并设置兜底条款，避免发生劳动争议后因规章制度的不完善而处于不利地位。

（2）严重失职、营私舞弊，对用人单位利益造成重大损害。

主要是指劳动者在履行劳动合同时，没有按照岗位职责履行应尽的义务，违反其忠于职守、维护和增进用人单位利益的义务，有未尽职责的严重行为或者利用职务之便牟取私利的故意行为，使用人单位有形财产、无形资产遭重大损害，尚不够刑事处罚的。

在实践中，比较难以界定的是何种情况构成“重大损害”。根据《劳动部关于贯彻执行〈中华人民共和国劳动法〉若干问题的意见》（劳部发〔1995〕309 号）的规定，“重大损害”应由企业内部规章来规定，不便于在全国对其做统一解释。因此，若用人单位以此为由解除劳动合同，与劳动者发生劳动争议的，劳动者可以向劳动争议仲裁委员会申请仲裁，由劳动争议仲裁委员会根据企业类型、规模和损害程度等情况，对企业规章中规定的“重大损害”进行认定。因此，用人单位可以在规章制度中设定的“重大损害”为标准，在仲裁发生时，由仲裁委员会依照公平合理的原则进行认定。

（3）劳动者同时与其他用人单位建立劳动关系，对完成本单位的工作任务造成严重影响，或者经用人单位提出，拒不改正的。

这主要针对的是劳动者兼职的行为。虽然现有法律法规对兼职行为没有禁止，但是劳动者完成本职工作是其应尽的义务。如果劳动者的兼职行为对与其建立正常劳动关系的用人单位产生了严重影响，用人单位有权解除其劳动合同。

此解除权可在以下情形下行使：一是劳动者与其他用人单位建立劳动关系，对完成本单位的工作任务造成严重影响，需要注意此处应为“严重影响”，如果对用人单位现有的工作不产生严重影响，如劳动者完全利用业务时间从事兼职，则不能适用此规定。二是劳动者同时与其他用人单位建立劳动关系，经用人单位提出，拒不改正的。

（4）以欺诈、胁迫的手段或者乘人之危，使对方在违背其真实意思的情况下订立或变更劳动合同的情形。

按照现有法律的规定，此种情形下劳动合同无效。“欺诈”是指一方当事人故意告知对方当事人虚假的情况或者故意隐瞒真实的情况，诱使对方当事人做出错误的意思表示，并基于这种错误的认识而签订了劳动合同。“胁迫”是指以给公民及其亲友的生命健康、荣誉、名誉、财产等造成损害为要挟，迫使对方做出违背其真实意思表示的行为，并签订劳动合同。“乘人之危”是指行为人利用他人的危难处境或紧迫需要，为牟取不正当利益，迫使对方违背自己的真实意愿而订立合同。

上述行为均系使对方在违背真实意思的情况下订立或变更劳动合同，违反了意思自治的基本原则，法律禁止此类行为，因此，利益受损者有权解除双方之间的劳动合同。

（5）被依法追究刑事责任。

劳动者被追究刑事责任，人身自由受到限制，无法履行劳动合同，同时，其行为已经受到法律的制裁，亦违背了基本的社会道德，因此，用人单位可以单方面解除劳动合同。

图表：5-3　《劳动法》与《劳动合同法》对过错性解除劳动合同的规定

用人单位单方解除权——过错性解除	
《劳动合同法》第三十九条	《劳动法》第二十五条
在试用期间被证明不符合录用条件的	在试用期间被证明不符合录用条件的
严重违反用人单位的规章制度的	严重违反劳动纪律或者用人单位规章制度的
严重失职，营私舞弊，给用人单位的利益造成重大损害的	严重失职，营私舞弊，给用人单位的利益造成重大损害的
被依法追究刑事责任的	被依法追究刑事责任的
劳动者同时与其他用人单位建立劳动关系，对完成本单位的工作任务造成严重影响，或者经用人单位提出，拒不改正的	
以欺诈、胁迫的手段或者乘人之危，使对方在违背真实意思的情况下订立劳动合同的	

由于导致劳动者被解除劳动合同是由劳动者自身的原因造成的，因此用人单位在上述情形中单方面解除劳动合同不需要支付任何经济补偿金。

二、非过错性解除

非过错性解除是指劳动者本身不存在过错行为，但是基于法律规定的事实，用人单位依法单方面解除劳动合同的行为。由于解除劳动合同的原因并非基于劳动者自身的过错，用人单位应当提前30天以书面形式通知劳动者本人，以便劳动者有所准备，寻找合适的岗位，用人单位应当给予经济补偿金。

关于“非过错性解除”，《劳动法》和《劳动合同法》的规定是一致的，主要情形有：

（1）劳动者患病或者非因工负伤，在规定的医疗期满后不能从事原工作，也不能从事由用人单位另行安排的工作。

医疗期是指劳动者因患病或非因工负伤停止工作治病休息的期间。需要强调的是，医疗期是劳动者根据其工龄等条件，依法享有的停工医疗并享有病假工资待遇的期间，并不是劳动者病伤治愈实际需要的治疗期。用人单位根据劳动者实际参加工作的年限和在本单位工作的年限，给予劳动者3个月到24个月的医疗期。

实践中需强调，医疗期期间劳动者享有法定的休息权，不用履行劳动义务，但是医疗期满后，劳动者就有义务进行劳动。用人单位对于医疗期满后的劳动者安排劳动，如果劳动者因健康原因不能胜任现有工作，用人单位有义务对其调动岗位，选择他力所能及的岗位工作。如果劳动者对用人单位重新安排的工作仍无法完成，说明劳动者无法继续履行劳动合同，则用人单位可以提前30日以书面形式通知其本人或额外支付劳动者1个月工资，并支付经济补偿金后，解除劳动合同。

（2）劳动者不能胜任工作，经过培训或者调整工作岗位，仍不能胜任工作的。

“劳动者不能胜任工作”是指劳动者不能按要求完成劳动合同中约定的任务或者同工种、同岗位人员的工作量。在确认劳动者不能胜任工作后，用人单位有义务对劳动者进行职业培训，提高其职业技能，或者把其调整到能够胜任的工作岗位上。在用人单位履行了协助劳动者适应工作岗位的该两项义务的其中之一后，劳动者仍然不能胜任工作的，用人单位可提前30日以书面形式通知其本人或额外支付劳动者1个月工资并支付经济补偿金后，解除劳动合同。

（3）劳动合同订立时所依据的客观情况发生重大变化，致使原劳动合同无法履行，经用人单位与劳动者协商，未能就变更劳动合同内容达成协议的。

这是针对情势变更时的处理规定。“客观情况发生重大变化”，依据《劳动部关于〈中华人民共和国劳动法〉若干条文的说明》第二十六条，是指：“发生不可抗力或出现致使劳动合同全部或部分条款无法履行的其他情况，如企业迁移、被兼并、企业资产转移等，并且排除本法第二十七条所列的客观情况。”《劳动法》第二十七条是关于企业裁员的规定。

发生上述情况后，劳动合同订立时所依据的情况发生了变化，为使合同能够得到继续履行，双方应当本着诚意的原则重新协商劳动合同内容，直到双方能够就继续履行的内容达成一致的意见，如果经双方协商后，确实无法达成统一意见，则用人单位可提前30日以书面形式通知劳动者本人或额外支付劳动者1个月工资并支付经济补偿金后，解除劳动合同。

由于劳动合同解除的原因并非劳动者主观的过错所致，所以法律要求用人单位需对劳动者支付经济补偿金。

Tips 小贴士：5－2《劳动合同法》第四十条所规定的“额外支付劳动者一个月工资”，该“一个月工资”标准是多少？

律师指引

根据《劳动合同法实施条例》第二十条规定，用人单位依照劳动合同法第四十条的规定，选择额外支付劳动者一个月工资解除劳动合同的，其额外支付的工资按照该劳动者上一个月的工资标准确定。而经济补偿金的标准则是以劳动者在劳动合同解除或终止前十二个月的平均工资为标准。

三、解除的程序

法律赋予用人单位单方面解除劳动合同的权利，同时也要求用人单位行使解除权时亦应遵守相应的程序，否则可能导致劳动纠纷：

（1）通知工会

《劳动合同法》第四十三条规定，用人单位单方解除劳动合同，应当事先将理由通知工会。用人单位违反法律、行政法规规定或者劳动合同约定的，工会有权要求用人单位改正。用人单位应当研究工会的意见，并将处理结果书面通知工会。

根据工会法，工会是维护劳动者合法权益的群众性组织。为了发挥工会的维权作用，同时也为了减少劳资纠纷的发生，工会对用人单位单方面解除劳动合同的行为有知情权，以便于其发挥监督纠正权。

理解该条需把握几点：一是应在事先将理由告知工会，而不是解除后通知；二是用人单位只是履行通知义务并不是要求工会批准；三是对于工会要求用人单位纠正等意见，用人单位应当以书面形式将研究处理的结果再通知给工会，如果用人单位对工会认为其解除劳动合同的行为不妥而要求纠正的意见不接受，用人单位仍可以解除劳动合同，但如果解除经仲裁或诉讼等程序被确认非法，应当自行承担不利的法律后果。

案例：5－3　用人单位单方解除劳动合同，应当依法通知工会

李先生于2015年3月12日进入公司担任技术员职务，月工资4000元。2017年11月7日，公司向李先生发出书面解除劳动合同通知，称李先生以上级领导处事不公为由闯入其办公室，对领导谩骂动粗。该行为严重违反公司《员工手册》中的纪律规定，因此，公司决定解除与李先生的劳动关系。

李先生认为自己未构成严重违纪，且公司这一决定未依法通知工会，无论在实体上还是在程序上，均构成违法解除劳动关系。因此，李先生向劳动仲裁委申请仲裁要求公司支付违法解除劳动合同的赔偿金。劳动仲裁委经审理后认为李先生的行为确实严重违反了公司规章制度，但是公司未依法事先通知工会，不符合《劳动合同法》相关规定，构成违法解除劳动合同，遂支持了李先生的仲裁请求。

公司对裁决不服，诉至人民法院，并在起诉前将公司与李先生解除劳动合同的通知书送达工会。工会经了解实际情况后，书面签字同意。随后公司将诉状及工会同意的相关证据递交法院。

法院经过审理，判决支持公司的主张，无需向李先生支付违法解除劳动合同的赔偿金。

律师点评

本案中，公司因未将解除劳动合同的理由事先通知工会而在仲裁阶段败诉，但在一审阶段，又因为补正了告知工会的程序而获得法院的支持。这看上去似乎与《劳动合同法》第四十三条“用人单位单方解除劳动合同，应当事先将理由通知工会”这一规定不符，为何最终会得到法院的支持？其实根据2013年最高人民法院颁布并实施的《最高人民法院关于审理劳动争议案件适用法律若干问题的解释（四）》第十二条规定：“建立了工会组织的用人单位解除劳动合同符合劳动合同法第三十九条、第四十条规定，但未按照劳动合同法第四十三条规定事先通知工会，劳动者以用人单位违法解除劳动合同为由请求用人单位支付赔偿金的，人民法院应予支持，但起诉前用人单位已经补正有关程序的除外。”

这一规定赋予了用人单位补正程序瑕疵的权利。作此规定主要是考虑如果劳动者本身存在过错，用人单位解除劳动合同也符合相关规定，仅仅是因为用人单位没有通知工会而要向劳动者支付赔偿金或恢复劳动关系，对用人单位也确实不公平。

但即便在法律上有了补正的机会，企业在实际操作中，也应当严格按照法律规定执行，不仅要在实体上满足法律条件，在程序上也应当符合法律规定。否则企业在解除劳动合同时不规范操作，而构成违法解除劳动合同，将面临恢复劳动关系或向劳动者支付双倍赔偿的惩罚后果，并且也会在公司内部产生非常不好的影响。

（2）非过错性解除劳动合同的提前通知或支付代通知金

过错性解除合同与非过错性解除合同性质是不一样的。前者基于劳动者的过错，是劳动者的主观行为所导致的。后者则是由于劳动者生病、能力不足、用人单位客观情况发生重大变化等非当事人主观原因而导致的。因此我国劳动法在设计用人单位的该类单方解除权时，要求用人单位须履行通知义务，即要提前30天书面通知劳动者。考虑到企业或劳动者可能会因一些原因，劳动者愿意提前离开用人单位，因此《劳动合同法》允许用人单位可以向劳动者额外支付1个月工资来代替提前30天的通知义务。

（3）非过错解除劳动合同应支付经济补偿金、医疗补助费等

由于劳动者主观上无过错，而解除劳动合同后，劳动者将面临失业和重新寻找工作的处境，为缓解劳动者失业的焦虑和生活可能会产生的困难，法律要求用人单位必须向劳动者支付经济补偿金。

此外，按照原《劳动部关于实行劳动合同制度若干问题的通知》（劳部发〔1996〕354号）第二十二条规定：“劳动者患病或者非因工负伤，合同期满终止劳动合同的，用人单位应当支付不低于六个月工资的医疗补助费；对患重病或绝症的，还应适当增加医疗补助费。”此后，在《劳动部办公厅关于对劳部发〔1996〕354号文件有关问题解释的通知》（劳办发〔1997〕18号）中细化了此规定：“《通知》第22条‘劳动者患病或者非因工负伤，合同期满终止劳动合同的，用人单位应当支付不低于六个月工

资的医疗补助费’是指合同期满的劳动者终止劳动合同时，医疗期满或者医疗终结被劳动鉴定委员会鉴定为5—10级的，用人单位应当支付不低于六个月工资的医疗补助费。鉴定为1—4级的，应当办理退休、退职手续，享受退休、退职待遇。”

在地方性的立法中，如《上海市劳动合同条例》第四十四条亦规定，用人单位根据本条例劳动者患病或者非因工负伤，医疗期满后，不能从事原工作也不能从事由用人单位另行安排的工作的可以解除劳动合同的、规定解除劳动合同的，除按规定给予经济补偿外，还应当给予不低于劳动者本人6个月工资收入的医疗补助费。

第五节　劳动合同的特殊解除——裁员

裁员，主要是指用人单位濒临破产进行法定整顿期间或生产经营状况发生严重困难等情形下，依法进行裁减人员的行为。

多年来“裁员”常被视为社会经济衰退、企业效益下滑的信号，2008年席卷全球的金融危机促使更多的企业采用裁员的方式来减轻危机所带来的影响。但另一方面，也有不少业绩好、经济实力强的企业把裁员作为其减员增效、提高竞争力的一种手段，因此，笔者认为在现代经济社会中，裁员已经摆脱其最初的意义，也成为现代企业优化结构，提高竞争力的一种常用手段。但裁员给劳动者带来暂时的生活无保障和可能面临的失业压力却是痛苦的，各国均通过相关法律对企业裁员行为进行规范，以保障处于弱势地位的劳动者。笔者以我国现有劳动法律规定为基础，从裁员条件、裁员程序、裁员的限制、对职工的保护等方面，从企业角度来解析裁员这种特殊的劳动合同解除行为。

一、裁员的前提条件

《劳动合同法》实施前，我国的劳动法制度中，“裁员”主要指“经济性裁员”，它是指用人单位濒临破产进行法定整顿期间或者生产经营状况发生严重困难而裁减人员。

《劳动合同法》实施后，对裁员概念进行了扩充，把企业为寻求生存或更大发展进行转产、重大技术革新、经营方式调整的行为，纳入了可裁员的情形，认可了企业的结构性裁员和优化性裁员。同时，《劳动合同法》对裁员的人数进行了严格的限定，法律规定，需要裁减人员二十人以上或者裁减不足二十人但占企业职工总数10%以上的，即为裁员。

《劳动合同法》第四十一条详细列举了企业可以进行裁员的四种情形：

（1）依照企业破产法规定进行重整的。

依据《企业破产法》第二条规定，企业法人不能清偿到期债务，并且资产不足以清偿全部债务或者明显缺乏清偿能力的，依照本法规定清理债务。企业法人有前款规定情形，或者有明显丧失清偿能力可能的，可以依照本法规定进行重整。重整的目的就是使用人单位根据企业重整的经营方案、债权的调整和清偿方案以及其他有利于企业重整的方案等，避免企业进入破产清算程序，使经营失败的企业有可能通过重整而得以复苏振兴。在重整的过程中，用人单位可以根据实际情况，进行裁员。

（2）生产经营发生严重困难的。

企业生产经营发生困难是企业经营的风险之一，劳动法规定企业裁员的条件必须是企业生产经营发生“严重困难”，在如何认定企业裁员符合法律要求上，现行的司法实践通常根据企业提供的相关财务报表来认定，如果报表上反映一个较长期限内，企业财务状况较为恶化，则基本可认定企业裁员具有法定原因的。

（3）企业转产、重大技术革新或者经营方式调整，经变更劳动合同后，仍需裁减人员的。

企业生产经营过程中，为寻求生存或更大发展，不可避免结构调整和整体功能优化，包括企业转产、重大技术革新或者经营方式调整等。这些活动，并不必然导致裁员，如企业转产时，从事原岗位的劳动者可以转到转产后的工作岗位工作，因此，为保护劳动者权益，法律要求，企业转产、重大技术革新或者经营方式调整，只有在变更劳动合同后，仍需裁减人员的，才可以进行裁员。

（4）其他因劳动合同订立时所依据的客观经济情况发生重大变化，致使劳动合同无法履行的。

实践中，除了上述三种情形外，还有一些客观情况发生变化需要裁员的，如有些企业为了防治污染进行搬迁需要进行裁员的。这一条款作为兜底条款，在实践运用中，对其的解释较为严格，用人单位应当注意谨慎操作。

二、裁员需履行的程序

依据《劳动合同法》第四十一条、《企业经济性裁减人员规定》第四条及《劳动部关于贯彻执行〈中华人民共和国劳动法〉若干问题的意见》第二十五条规定，用人单位确需裁减人员，应按下列程序进行：

（1）提前三十日向工会或者全体职工说明情况，并提供有关生产经营状况的资料。

由于裁员涉及较多劳动者权益，为便于工会和劳动者了解裁减人员方案及裁减理由，获得工会和劳动者对裁员行为的理解和认同，需要企业提前三十天向工会或全体职工说明情况。已经建立工会的企业可以选择向工会或者全体职工说明情况，没有建立工会的用人单位，应当向全体职工说明情况，听取职工的意见。听取职工的意见可以有多种形式，如座谈会、设置意见箱、部门负责人收集意见等。

（2）提出裁减人员方案，内容包括：被裁减人员名单，裁减时间及实施步骤，符合法律、法规规定和集体合同约定的被裁减人员经济补偿办法。

企业裁员提出的方案应当包括被裁人员名单，实施时间、步骤以及对被裁减人员的经济补偿办法等，经济补偿的办法必须符合法律法规要求，在实际操作过程中，企业可能会根据实际情况制订比法律规定更高的经济补偿办法，以便更顺利地与员工进行沟通。

（3）将裁减人员方案征求工会或者全体职工的意见，并对方案进行修改和完善。在征询工会或全体职工意见后，企业需根据反馈来的意见，修改完善裁员方案。

（4）向当地劳动行政部门报告裁减人员方案以及工会或者全体职工的意见，并听取劳动行政部门的意见。裁员方案需向劳动行政部门报告，以使劳动行政部门了解裁减情况，必要时采取相应措施，防止出现意外情况，监督裁员的合法进行。此处的“报告”性质上属于事后告知，不是事前许可或审批。在裁员过程中，企业出于各种考虑，自愿提前与劳动行政部门报告协商，法律并不禁止。

（5）由用人单位正式公布裁减人员方案，与被裁减人员办理解除劳动合同手续，按照有关规定向被裁减人员本人支付经济补偿金，出具裁减人员解除劳动合同证明书。

企业裁员和劳动者之间解除了劳动合同，应当按照法律要求，支付经济补偿金、办理离职手续，出具解除劳动合同证明书等。

三、裁员中对劳动者的保护

因裁员可能会给被裁员工生活、家庭、经济收入等带来影响，劳动法相关法规对企业保护被裁员工的利益做了详细规定。

1. 特殊员工不能被裁员

《劳动合同法》第四十二条、《劳动法》第二十九条及《企业经济性裁减人员规定》第五条规定，用人单位不得裁减下列人员：

（1）从事接触职业病危害作业的劳动者未进行离岗前职业健康检查，或者疑似职业病病人在诊断或者医学观察期间的；

（2）在本单位患职业病或者因工负伤并被确认丧失或者部分丧失劳动能力的；

（3）患病或者非因工负伤，在规定的医疗期内的；

（4）女职工在孕期、产期、哺乳期的；

（5）在本单位连续工作满 15 年，且距法定退休年龄不足 5 年的；

（6）法律、行政法规规定的其他情形。

其中法律、行政法规规定的其他情形主要有在任期内的职工代表，在任期内的工会主席、副主席及委员等。

2. 裁员必须给予职工经济补偿

依据《劳动合同法》第四十六条规定，用人单位应按被裁减人员在本单位工作的年限支付经济补偿金。在本单位工作的时间每满 1 年，发给相当于 1 个月工资的经济补偿金。

其中须注意，经济补偿金应按职工在“本单位工作年限”发放而不是按一般的“工龄（社会工龄）”发放。月工资应按照被裁员工的劳动合同解除前 12 个月的平均工资确定。实务中，对于高薪员工即月工资高于用人单位所在直辖市、设区的市级人民政府公布的本地区上年度职工平均工资三倍的员工，用人单位向其支付经济补偿金的月工资基数应按照本地区上年度职工月平均工资三倍的标准进行计算支付，但需要注意的是，对于 2008 年 1 月 1 日之前的老员工，裁员时对其支付的经济补偿金应分段进行计算。

3. 特殊员工的优先留用权及被裁员工的优先录用权

企业裁员应遵循社会福利原则，即裁员时需考虑社会因素、优先保护对用人单位贡献较大、再就业能力较差的劳动者。《劳动合同法》第四十一条规定，企业裁员时，应当优先留用下列人员：（1）与本单位订立较长期限的固定期限劳动合同的；（2）与本单位订立无固定期限劳动合同的；（3）家庭无其他就业人员，有需要扶养的老人或者未成年人的。

企业裁员后，可能在一定期限内重新招用人员，此种情况下，被裁减人员具有优先就业权。《劳动合同法》第四十一条第三款、《劳动法》第二十七条第二款均规定，用人单位依据本条规定裁减人员，在 6 个月内录用人员的，应当优先录用被裁减的人员。《企业经济性裁减人员规定》第七条规定，用人单位从裁减人员之日起，6 个月内需要新招人员的，必须优先从本单位裁减的人员中录用，并向当地劳动行政部门报告录用人员的数量、时间、条件以及优先录用人员的情况。

这里需要注意的是，《劳动合同法》对被裁减人员的优先就业权做了限制，即强调同等条件下的优先权，如果被裁减人员各方面条件与其他劳动者的条件没有明显差距，用人单位应当优先招用被裁减人员。此规定较好地平衡被裁减人员、未就业者及用人单位的合法权益。

Tips 小贴士：5-3 裁员后仍须办理后续手续

律师指引

1. 企业代扣经济补偿金的个人所得税税款

依据《国家税务总局关于个人因解除劳动合同取得经济补偿金征收个人所得税问题的通知》和《财政部、国家税务总局关于个人与用人单位解除劳动关系取得的一次性补偿收入征免个人所得税问题的通知》，企业裁员时支付员工的经济补偿必须履行纳税义务。按上述规定，个人一次性经济补偿收入应纳的个人所得税税款，由支付单位在支付时一次性代扣。

2. 企业应及时办理退工手续

《劳动合同法》第五十条、《劳动合同法实施条例》第二十四条、《劳动部关于实行劳动合同制度若干问题的通知》中均有规定，要求用人单位出具劳动合同解除或终止证明。规定要求，在劳动者履行了有关义务终止、解除劳动合同时，用人单位应当出具终止、解除劳动合同证明书，作为该劳动者按规定享受失业保险待遇和失业登记、求职登记的凭证。证明书应写明在本单位工作年限、终止或解除的日期、工作岗位、所担任的工作等。如果劳动者要求，用人单位可在证明中客观地说明解除劳动合同的原因。

3. 企业应告知被裁减人员领取失业保险待遇的权利

裁员后企业应告知被裁减人员领取失业保险的权利，并把名单报有关机构。我国《失业保险条例》第十六条规定："城镇企业事业单位应当及时为失业人员出具终止或者解除劳动关系的证明，告知其按照规定享受失业保险待遇的权利，并将失业人员的名单自终止或者解除劳动关系之日起7日内报社会保险经办机构备案……"

4. 对有保密协议或竞业禁止员工的妥善安排

在企业被裁减部分员工中，如果存在与企业签订保密协议或竞业禁止的情况时，企业应当按有关规定给予相应的补偿金或做出相应的安排。关于竞业补偿问题，《劳动合同法》第二十三条第二款规定："对负有保密义务的劳动者，用人单位可以在劳动合同或者保密协议中与劳动者约定竞业限制条款，并约定在解除或者终止劳动合同后，在竞业限制期限内按月给予劳动者经济补偿……"

因此，企业裁员时，必须考虑支付负有保守商业秘密或竞业禁止义务员工相应的费用，妥善安置好该部分员工。

第六节　劳动者单方解除劳动合同

劳动者作为相对弱势的一方，为了保障劳动者就业的自由择业权、自由流动权，同时也为了保障其在特殊情况下的合法权益不受损害，法律规定了劳动者单方面向用人单位提出解除劳动合同的权利。按照现行法律，劳动者单方面解除劳动合同的类型主要可分为两类，即预告解除和即时解除。试用期内劳动者提前三天通知用人单位解除劳动合同的情形，在上述章节中已经阐述，在此节中不再讨论。

一、预告解除（辞职）

预告解除亦即通常所说的“辞职”，是指劳动者提前30天书面通知用人单位后，即可解除劳动合同。

关于劳动者的预告解除，《劳动法》与《劳动合同法》均有相关条款内容的表述。

《劳动法》第三十一条规定：“劳动者解除劳动合同，应当提前三十日以书面形式通知用人单位。”

《劳动合同法》第三十七条规定：“劳动者提前三十日以书面形式通知用人单位，可以解除劳动合同。劳动者在试用期内提前三日通知用人单位，可以解除劳动合同。”

对于预告解除的理解需要注意以下几个方面：

（1）解除的通知时间应当为提前30天，此外的30天为自然日而非工作日。此处的30日为解除预告期，劳动者在书面通知用人单位后仍应继续工作30日，以便于用人单位及时安排人员接替，确保工作的连续。如果劳动者没能遵守30日的规定，将会构成违法解除劳动合同，并可能承担赔偿责任。

（2）解除通知应当为书面形式，通常所讲的离职申请，即以书面形式进行通知。当然书面形式也包括传真、电子邮件（E-mail）等。

（3）解除的提出不需要任何理由，即履行了相应的程序，劳动者辞职的权利是法定的，任何单位不得妨碍劳动者提出解除劳动合同的权利。

（4）此种情形的解除，劳动者应当不在服务期内。服务期是法律规定的，在用人单位提供了专业技术培训后，和劳动者签订的在一定期限内，劳动者应为企业提供服务的约定。如果劳动者与用人单位签订了合法有效的服务期协议，则用人单位有权利不允许劳动者辞职，否则劳动者应当承担违约责任。

实务中常常遇到的情形是，劳动者不履行通知义务而直接离职，或者虽然履行了通知义务，但是在用人单位的继续工作时间不满30天就提早擅自离开。在这种情况下，依据《劳动合同法》第八十九条的规定，如果给用人单位造成损失的，应当承担赔偿责任。此处劳动者承担的是“赔偿责任”而非“违约责任（违约金）”。

案例：5－4　劳动者提出辞职后是否可以再撤销？

2016年4月王某进入公司，双方签订期限自2016年4月1日至2019年3月31日的劳动合同。2017年5月1日，王某向公司提出辞职，并提交书面辞职报告，称其将于2017年5月31日离职。公司对此表示同意并着手安排相关人员接任王某工作。2017年5月20日王某又反悔向公司提出要求继续履行劳动合同，公司表示不同意并于2017年5月31日为王某办理了退工手续。王某不服，向劳动仲裁委申请仲裁，要求与公司恢复劳动关系。

庭审中，王某认为根据劳动合同法规定，劳动者辞职须提前30日以书面形式提出，故自己的辞职应该在2012年5月31日才生效。而自己是在5月20日辞职生效前反悔向公司提出继续履行劳动合同，公司仍然为其办理退工手续属于违法解雇。所以公司应当与其恢复劳动关系。

劳动仲裁委经审理依法作出裁决，对王某恢复劳动关系的仲裁请求不予支持。

律师点评

辞职是指劳动者享有的法律规定的单方解除与用人单位劳动关系的权利。《劳动法》《劳动合同法》均规定了劳动者享有的单方解除权。这种解除权在法律上属于形成权，是指依权利人单方意思表示就能够导致法律关系的发生、变更或取消的权利，并且具有以下特征：一、是其法律赋予合同当事人所享有的权利；二、是其合同当事人单方意思表示行为，即只要具备法律规定的情形，当事人就可依法律规定行使；三、无需征得另一方当事人的同意。根据民法相关理论，形成权的意思表示达到相对人时即对相对人产生法律效力，不能撤销。因此，王某将辞职报告交给公司时，其单方解除行为即发生法律效力，不可撤销。

关于提前30日的问题，劳动者预告解除后，提前的期限属于单位的权利。如果用人单位需要，可以要求劳动者在单位继续履行30日的劳动义务；如果用人单位不需要，劳动者当天递交辞呈，用人单位当天就可以要求员工办理离职手续。

二、即时解除

即时解除是指在用人单位存在法定过错的前提下，劳动者可以单方面立即解除劳动合同的情形。需要注意，劳动者行使即时解除权的情形是法定的，不可以任意扩大或缩小范围。

按照《劳动合同法》第三十八条的规定，劳动者行使即时解除劳动合同权的情形主要可以分为两类：一是告知解除，即解除时需事先向用人单位告知，二是无告知解除，即解除时无需事先向用人单位告知。

（一）告知解除

1. 用人单位未按照劳动合同约定提供劳动保护或者劳动条件的。

劳动保护和劳动条件是指在劳动合同中约定的用人单位对劳动者从事劳动所必须提供的生产、工作条件和劳动安全保护措施，即用人单位保障劳动者完成劳动任务和劳动过程中安全健康保护的基本要求，包括劳动场所和设备、劳动安全卫生设施、劳动保护用品等。用人单位需要保护劳动者生命健康安全是其法定义务，如果用人单位不能提供安全的劳动保护条件，其生命和身体健康安全将遭受威胁，法律规定此情形下，劳动者有权解除劳动合同。

2. 用人单位未及时足额支付劳动报酬的。

劳动者依法履行了提供劳动的义务，有权获得约定的报酬，若用人单位未能按照劳动合同约定，在规定的日期足额提供劳动者工资，构成了对劳动合同基本义务的违反，直接侵害了劳动者的合法权益，劳动者有权即时解除劳动合同。

在实务中需要注意，如果非因用人单位的过错而是客观情况，如因统计出勤情况而对工资数额计算有误，或会计人员支付时操作的过错，而未及时足额支付劳动报酬的，经劳动者提出后，用人单位及时改正的，则不能构成劳动者解除的理由。

3. 用人单位未依法为劳动者缴纳社会保险费。

社会保险是指在劳动者患病、伤残、失业、工伤、年老以及其他生活困难情况下，国家给予物质帮助的制度。实现社会保险的前提是用人单位和劳动者依法缴纳社会保险费。如果用人单位没有按照法律法规规定的义务及时足额缴纳上述各项社会保险费，则劳动者有权即时解除劳动合同。

4. 用人单位的规章制度违反法律、法规的规定，损害劳动者权益。

规章制度是用人单位为保障生产经营有序运营、保证劳动者履行劳动义务享有劳动权利的规则。在制订规章制度时，应当确保不违反法律法规的规定，主要包括两方面：一是规章制度的内容要合法，即不得违反现行的法律法规对相关事项的强制性要求，也不得与劳动合同、集体合同的内容相冲突。二是规章制度制订和公布的程序要合法，并经过公示。此外，劳动者行使此解除权的另一个要件是，用人单位违反法律的规章制度损害了劳动者的权益。

5. 用人单位以欺诈、胁迫的手段或乘人之危使劳动者在违背真实意思情况下订立或变更劳动合同致使劳动合同无效。

劳动合同无效是法定的无效，无效合同从订立的时候就没有法律约束力，劳动者可以不履行，如果劳动者已经履行，如果用人单位给劳动者造成了损害，还应承担赔偿责任。

（二）无告知解除

1. 用人单位以暴力、威胁或者非法限制人身自由的手段强迫劳动者劳动的。

强迫劳动者劳动是对劳动者人身权利的严重侵犯。用人单位采取非法方式强迫劳动者劳动是非法的，劳动者有权立即解除劳动合同。

其中，“暴力”是指对劳动者实施捆绑、拉拽、殴打、伤害等行为。“威胁”是指对劳动者施以暴力或者其他强迫手段。“非法限制人身自由”是指采用拘留、禁闭或其他强制方法强迫他人按照自己意志支配身体活动自由的行为。人身自由是公民的宪法性权利，任何法治社会中，公民的人身自由都不得被非法限制。

2. 用人单位违章指挥、强令冒险作业危及劳动者人身安全的。

用人单位不顾劳动者人身安全，对从事危险作业的人员，在没有安全防护的情况下，强令劳动者进行作业，将对劳动者的人身安全构成极大的威胁，因此，劳动者有权当场拒绝，并可以行使劳动合同解除权。

（三）法律后果

由于造成劳动者解除劳动合同的原因在于企业存在过错，因此，此种情况下，劳动者解除劳动合同时，用人单位应当向劳动者支付经济补偿金，如果给劳动者造成其他损害的，还应当给劳动者相应的赔偿。

第七节　解除劳动合同的限制

在法律规定的情形下，用人单位有权直接单方面解除劳动合同，此处所讲的解除劳动合同，是指用人单位根据《劳动合同法》第四十条、第四十一条规定单方面解除劳动合同的情况，主要是指无过错解除和裁员两种情形。但是解除劳动合同对劳动者来讲，会给劳动者带来负面影响，特别是会直接导致劳动者暂时丧失生活收入来源，造成生活的困难。因此，为平衡用人单位与劳动者利益，保护劳动者在特殊情形下的利益，法律同时规定了不得解除劳动者劳动合同的情形，并对用人单位的违法责任进行了明确。

一、涉及职业病及工伤的限制

1. 从事接触职业病危害作业的劳动者未进行离岗前职业健康检查，或者疑似职业病病人在诊断或者医学观察期间。

这是《劳动合同法》中新增加的规定。之所以增加此规定，主要是与自2002年5月1日起实施，并于2011年12月31日修订的《职业病防治法》规定相统一。《职业病防治法》第三十六条规定，对从事接触职业病危害作业的劳动者，用人单位应当按照国务院安全生产监督管理部门、卫生行政部门的规定组织上岗前、在岗期间和离岗时的职业健康检查，并将检查结果书面告知劳动者。职业健康检查费用由用人单位承担。对未进行离岗前职业健康检查的劳动者不得解除或者终止与其订立的劳动合同。第五十六条规定，用人单位应当及时安排对疑似职业病病人进行诊断；在疑似职业病病人诊断或者医学观察期间，不得解除或者终止与其订立的劳动合同。

2. 本单位患职业病或者因工负伤并被确认丧失或者部分丧失劳动能力的。

职业病的产生是由于劳动者在生产劳动及职业活动中，接触职业性有害物质所引起的疾病。因工负伤，即工伤，指因工作所受到的事故伤害。从更广的层面来讲，职业病亦是一种特殊的工伤。由于职业病或工伤的产生原因都与劳动者为用人单位提供劳动有关，因此，从保护劳动者利益角度出发，对劳动者的劳动合同权益进行特殊保护。

二、医疗期内的限制

1. 患病或者非因工负伤，在规定的医疗期内。

原劳动部1994年颁布了《企业职工患病或非因工负伤医疗期规定》（劳部发〔1994〕479号）中具体规定了医疗期的期限。但由于该规定属于部门规章，且发布时间较早，各地在此后根据本地的实际情况进行了调整，如上海市人民政府于2002年发布了《关于本市劳动者在履行劳动合同期间患病或非因工负伤的医疗期标准的规定》，其医疗期期限与原劳动部的规定存在差异。

图表：5－4 劳动部的医疗期规定

<table>
<tr><td rowspan="8">《企业职工患病或非因工负伤医疗期规定》</td><td>累计工作年限</td><td>本单位工作年限</td><td>停工医疗期</td></tr>
<tr><td rowspan="2">未满10年</td><td>未满5年</td><td>3个月</td></tr>
<tr><td>满5年</td><td>6个月</td></tr>
<tr><td rowspan="3">满10年未满20年</td><td>未满5年</td><td>6个月</td></tr>
<tr><td>满5年未满10年</td><td>9个月</td></tr>
<tr><td>满10年未满15年</td><td>12个月</td></tr>
<tr><td>满20年及以上</td><td>满15年未满20年</td><td>18个月</td></tr>
<tr><td></td><td></td><td>24个月</td></tr>
</table>

图表：5－5　上海市关于医疗期的规定

<table>
<tr><td rowspan="7">《关于本市劳动者在履行劳动合同期间患病或者非因工负伤的医疗期标准的规定》</td><td>本单位工作年限</td><td>停工医疗期</td></tr>
<tr><td>1年</td><td>3个月</td></tr>
<tr><td>2年</td><td>4个月</td></tr>
<tr><td>3年</td><td>5个月</td></tr>
<tr><td>N年</td><td>N+2≤24</td></tr>
<tr><td colspan="2">劳动者经劳动能力鉴定委员会鉴定为完全丧失劳动能力但不符合退休、退职条件的，应当延长医疗期。延长的医疗期由用人单位与劳动者具体约定，但约定延长的医疗期与前条规定的医疗期合计不得低于24个月。</td></tr>
<tr><td colspan="2">下列情形中关于医疗期的约定长于上述规定的，从其约定：
集体合同对医疗期有特别约定的；
劳动合同对医疗期有特别约定的；
用人单位内部规章制度对医疗期有特别规定的。</td></tr>
</table>

三、女职工 、老职工的限制

1. 女职工在孕期、产期、哺乳期的。

对女职工“三期”的保护是现代国家普遍的做法。我国《妇女权益保障法》第二十七条规定，任何单位不得因结婚、怀孕、产假、哺乳等情形，降低女职工的工资，辞退女职工，单方解除劳动（聘用）合同或者服务协议。但是，女职工要求终止劳动（聘用）合同或者服务协议的除外。

其中孕期是指妇女怀孕期间。产期是指妇女生育后必要的产后恢复期间，通常所讲的产假，一般为98天。哺乳期，则指自婴儿出生至1周岁期间。在上述期间，用人单位不得依据劳动合同法第四十条及第四十一条规定解除劳动合同。

Tips 小贴士：5－4　女职工“三期内”严重违纪，劳动合同可否解除？

律师指引

《劳动合同法》中规定了用人单位不得在妇女三期内解除劳动合同，同时亦规定了劳动者严重违反劳动纪律时，用人单位可以解除劳动合同，二者规定似乎存在冲突，以致一些女性劳动者认为，无论什么情况下用人单位都不能解除其劳动合同。

实际上这种理解是错误的，依据《劳动合同法》的规定，用人单位不得在“三期”内与女职工解除劳动合同，只限于不得以非过失辞退、裁员的条件解除劳动合同，但是如果劳动者存在《劳动合同法》第三十九条规定情形时，用人单位仍然有权利单方面解除与女职工的劳动合同。

2. 劳动者在本单位连续工作满 15 年，且距法定退休年龄不足 5 年的。

目前，我国法定退休年龄通常为男 60 岁，女 50 岁（女干部 55 岁），对于年龄较大的劳动者，如果其已经在现有单位工作时间较长，一旦失业，再就业的竞争力相对较低。为体现对年长劳动者的特殊保护，目前法律明确规定，在行使无过错解除权和裁员时，劳动者若在本单位工作连续满 15 年，且距法定退休年龄不足 5 年的，不得解除。

实务中需注意，一是工作连续满 15 年和距法定退休年龄不足 5 年必须同时满足，二是工作连续满 15 年指的连续工龄满 15 年，包括在同一单位工作满 15 年和法律规定应当计算连续工龄满 15 年的情况。

四、其他情形的限制

法律、行政法规规定的其他情形。鉴于经济社会的不断发展，目前的立法可能会有考虑不充分的地方，为便于与以后新制订的法律相衔接，作了一个兜底条款，以充分实现对劳动者的保护。如 2003 年暴发“非典”期间，对被隔离劳动者的劳动关系处理等。

第八节　违法解除的法律责任

劳动法的立法宗旨是为了同时保障劳动者和企业双方的合法利益，因此现行的法律对劳动合同解除的条件进行了明确规定，任何一方违法解除劳动合同都应承担相应的法律责任。

一、用人单位的法律责任

劳动合同履行过程中，劳动者无疑处于弱势地位，因此法律更应保障劳动者的权益，防止用人单位非法解除劳动合同，侵害劳动者的合法利益。法律对用人单位解除劳动合同的规定是强制性规定，用人单位不得违反，如果违反，将承担的法律后果有：

（1）继续履行劳动合同。

《劳动合同法》第四十条明确规定了用人单位违反规定解除劳动合同的，劳动者有权要求继续履行劳动合同，使劳动关系“恢复原状”，从而阻止用人单位从违法行为中获益。另外，法律上明确劳动者的“恢复原状”的权利，有利于打击某些情况下，部分用人单位恣意枉法，不尊重劳动者人格和劳动权利等，任意解除劳动合同。

实务中需明确，要求用人单位承担继续履行劳动合同的法律责任的权利是由劳动者单方面决定的，即劳动者有权利选择是否要求用人单位继续履行劳动合同。

（2）支付赔偿金。

在用人单位违法解除劳动合同的情形下，劳动者若不要求用人单位承担继续履行劳动合同的，用人单位应当向劳动者依法支付违法解除劳动合同的赔偿金。赔偿金的标准，按照劳动合同法的规定，为经济补偿金标准的二倍。

另外，在有的情况下，劳动合同在客观上确实无法继续履行，如用人单位的工作地点确实已经搬迁到外地，原来的工作部门已经彻底被撤销等情况，法律规定用人单位应当向劳动者支付经济赔偿金，而双方的劳动合同解除。但是在司法实践中，为了防止用人单位恶意制造“客观无法履行”的情况，阻碍劳动关系的恢复，仲裁及司法部门对“劳动合同已经不能继续履行”常常做严格的限制性解释。因此，用人单位千万不要将赔偿金当作“花钱买解除”的法律依据，而任意实施违法解除劳动合同的行为。

（3）其他责任。

用人单位违法解除劳动合同，除了应承担上述《劳动合同法》第四十八条规定的法律责任外，如果给劳动者造成其他损害的，还可能承担其他不利法律后果，主要有：

①赔偿责任。如果用人单位解除劳动合同的同时，给劳动者造成其他损害，如造成人身或财产伤害，则应承担损害赔偿责任。按照《违反〈劳动法〉有关劳动合同规定的赔偿办法》（1995 年 5 月 10 日劳部发〔1995〕223 号）规定，造成劳动者损害，应赔偿相应的损失，损失按下列规定执行：

a. 造成劳动者工资收入损失的，按劳动者本人应得工资收入支付给劳动者，并加付应得工资收入 25% 的赔偿费用；

b. 造成劳动者劳动保护待遇损失的，应按国家规定补足劳动者的劳动保护津贴和用品；

c. 造成劳动者工伤、医疗待遇损失的，除按国家规定为劳动者提供工伤、医疗待遇外，还应支付劳动者相当于医疗费用 25% 的赔偿费用；

d. 造成女职工和未成年工身体健康损害的，除按国家规定提供治疗期间的医疗待遇外，还应支付相当于其医疗费用 25% 的赔偿费用；

e. 劳动合同约定的其他赔偿费用。

②不得要求劳动者承担服务期违约责任。服务期是基于用人单位为劳动者提供专业技术培训而产生的要求劳动者在约定期限内不得解除劳动合同的期间，如果劳动者违反服务期约定，则应当承担违约责任。由于用人单位违法解除劳动合同而造成劳动者无法履行服务期的，用人单位不得要求劳动者向用人单位支付违约金。

二、劳动者的法律责任

由于用人单位是基于与劳动者签订劳动合同来安排本单位的工作进度、工作规划等，劳动者若任意违法解除劳动合同，势必给用人单位工作造成一定程度的损失，因此法律对劳动者解除劳动合同的条件亦做了严格限制，即劳动者提出解除劳动合同的情形、时间、方式，法律都明确规定，劳动者应当遵照法定的条件或程序解除劳动合同，使用人单位有合理的时间，招聘新人，调整工作规划等。按照《劳动合同法》第九十条的规定，劳动者违法解除劳动合同，给用人单位造成损失的，应当承担赔偿责任。关于赔偿责任的具体内容，按照《违反〈劳动法〉有关劳动合同规定的赔偿办法》规定，主要包括：

（1）用人单位招收录用其所支付的费用；

（2）用人单位为其支付的培训费用，双方另有约定的按约定办理；

（3）对生产、经营和工作造成的直接经济损失；

（4）劳动合同约定的其他赔偿费用。

第六章　劳动合同的中止、终止争议

第一节　劳动合同的中止

一、中止的理由

劳动合同中止是指在劳动合同履行的过程中，出现法定或者约定的状况，致使没有劳动过程，但是劳动合同关系仍继续保持的状态。劳动合同中止履行的，劳动合同约定的权利和义务暂停履行（但是法律、法规、规章另有规定的除外），待到法定或约定的原因消除后，劳动合同仍继续履行。中止履行劳动合同期间用人单位一般办理社会保险账户暂停结算（封存）手续。

劳动合同中止的条件是指劳动者主观上无过错，因客观原因导致暂时无法履行劳动合同的义务，但仍有继续履行劳动合同的条件和可能的情形。

以我国《劳动法》《劳动合同法》《劳动合同法实施条例》为代表的相关法律、行政法规，都未引入劳动合同中止制度，但根据“法无禁止即为允许”的法理理解，劳动合同中止制度在实践中还是可行的。

另外，《关于贯彻执行〈中华人民共和国劳动法〉若干问题的意见》第二十八条规定：“劳动者涉嫌违法犯罪被有关机关收容审查、拘留或逮捕的，用人单位在劳动者被限制人身自由期间，可与其暂时停止劳动合同的履行。”原劳动部办公厅《对〈关于取保候审的原固定工不签订劳动合同的请示〉的复函》规定：“对原固定工在取保候审期间，用人单位可以暂缓与其签订劳动合同，但不能以此为由予以辞退。在审理结束后，可视具体的情况，依据有关法律法规进行处理。”

由此可见，劳动合同可以中止履行有以下两种情形：

（一）用人单位和劳动者协商一致中止履行劳动合同。

在签订劳动合同时，用人单位和劳动者可以就中止履行劳动合同的情形进行协商并在劳动合同中予以约定，一旦约定的情形出现，劳动合同就中止履行，如劳动者因疾病或怀孕较长时间休病假；劳动者因特殊情况需要休较长时间的其他假期；劳动者因特殊原因无法提供正常劳动等。如果事先未约定或约定不明确的，用人单位应在相应事由出现后跟劳动者协商，尽快签订相应的补充协议。

（二）符合法定情形时劳动合同可由用人单位单方中止。

1. 劳动者涉嫌违法犯罪被有关机关收容审查、拘留或逮捕而被限制人身自由的，在被限制人身自由期间，用人单位可以中止劳动合同。劳动者被限制人身自由，自然不能继续履行劳动合同，用人单位可以先暂停与其的劳动关系。

2. 劳动者在取保候审期间，用人单位可以中止与其的劳动合同。如果职工系被错捕，无罪释放，企业应恢复与该职工的劳动关系；如果职工经审理确有问题，被司法机关定罪量刑，则原劳动合同因无法履行而可解除。

3. 地方立法也有劳动合同中止的规定，如《上海市劳动合同条例》第二十六条规定："劳动合同期限内，有下列情形之一的，劳动合同中止履行：（一）劳动者应征入伍或者履行国家规定的其他法定义务的；（二）劳动者暂时无法履行劳动合同的义务，但仍有继续履行条件和可能的；（三）法律、法规规定的或者劳动合同约定的其他情形。劳动合同中止情形消失的，劳动合同继续履行，但法律、法规另有规定的除外。"

二、中止的法律后果

劳动合同中止后，劳动关系依然存在，只是处于暂停阶段，待中止的事项消失后，劳动合同仍继续履行。

劳动合同中止有以下法律后果：

1. 暂停劳动合同中相关的权利和义务。即员工无须提供劳动与接受劳动管理，用人单位也不用承担劳动用工的相关义务：如工资发放、缴纳社会保险等。

2. 中止期间的工作时间暂停计算。中止期间不计入试用期，也不计入合同期，因此也不计算为计发经济补偿金的年限。

3. 中止的情形消除后，劳动合同期按原先协议恢复履行。但中止履行的情形消失后，劳动合同已不具备继续履行的条件的，劳动合同终止。

第二节　劳动合同的终止

劳动合同终止，是指劳动合同依法生效后其法律效力因一定的法律事实出现而归于消灭，劳动者与用人单位之间原有的权利义务不复存在。劳动合同的终止有广义和狭义之分，广义的劳动合同终止包括劳动合同解除，狭义的劳动合同终止则不包括劳动合同解除。我国劳动法中所指的劳动合同终止是狭义的劳动合同终止，不包括劳动合同解除。

一、法定终止情形

劳动合同订立后，双方当事人不得随意终止劳动合同，只有在劳动法律、法规允许的情况下，当事人才可以终止劳动合同。按照我国劳动法规的规定，劳动合同依法终止的条件有：

（一）劳动合同期限届满，双方当事人的权利和义务已经履行完毕，劳动合同自行终止；这主要适用于固定期限劳动合同和以完成一定工作任务为期限的劳动合同两种情形。劳动合同期满，除依法续订劳动合同的和依法应延期的以外，劳动合同自然终止，双方权利义务结束。以完成一定工作任务为期限的劳动合同，其合同期限为约定的工作任务完成。根据劳动和社会保障部的规定，劳动合同的终止时间，应当以劳动合同期限最后1日的24时为准。

（二）劳动合同还可以基于一定的法律事实而终止，能够引起劳动合同终止的法律事实主要有：

（1）作为劳动合同一方当事人的劳动者死亡，或者被人民法院宣告失踪或者死亡，致使无法继续履行劳动合同规定的义务，劳动合同终止。

《民法通则》第九条规定："公民从出生时起到死亡时止，具有民事权利能力，依法享有民事权利，承担民事义务。"

（2）因意外事故下落不明，从事故发生之日起满2年的。

案例：6－1　员工被宣告失踪，怎么终止劳动合同？

李某为某远洋捕捞公司的员工，其与公司签订了为期3年的劳动合同，劳动合同期限至2010年12月31日终止。李某每年都要跟随公司的捕鱼船出海捕鱼，2008年5月，李某随船捕鱼过程中遇到台风，公司的渔船遭险沉没，包括李某在内共有5人下落不明。公司怎么终止与李某的劳动合同呢？

律师点评

该案涉及《劳动合同法》规定的"劳动者宣告失踪或者宣告死亡的情形下，劳动合同终止"。但是，在实践操作中可能面临很多问题：

①劳动者失踪之后被法院宣告死亡或者失踪之前，劳动合同的效力如何？因为根据《民法总则》的规定，宣告失踪或宣告死亡都需要被宣告人下落不明满一定期限，并且还有法院的公告期。我们认为，此期间劳动合同应该中止。如果劳动者最终被宣告失踪或者被宣告死亡，则劳动合同终止。而如果劳动者重新出现或者明确其下落的，则应继续履行劳动合同或者解除。

②用人单位可否申请宣告劳动者失踪或者死亡？根据《民法总则》的规定，宣告失踪或宣告死亡的申请人为与被宣告人有利害关系的人，应该可以由用人单位来申请

宣告失踪或者宣告死亡。但是，根据《最高人民法院关于贯彻执行〈中华人民共和国民法通则〉若干问题的意见》第二十五条规定："申请宣告死亡的利害关系人的顺序是：（一）配偶；（二）父母、子女；（三）兄弟姐妹、祖父母、外祖父母、孙子女、外孙子女；（四）其他有民事权利义务关系的人。"因此，用人单位可能只能申请宣告劳动者失踪。

③被宣告失踪或者宣告死亡的劳动者重新出现该如何处理？在《劳动合同法实施条例（征求意见稿）》中曾明确规定了劳动合同的中止制度，但是，最后的通过稿却取消了相关的规定。因此，根据《劳动合同法》及《劳动合同法实施条例》的规定，如果被宣告失踪或者宣告死亡的劳动者重新出现，由于原劳动合同已经终止，则应该由当事人双方重新协商是否订立以及如何订立劳动合同。

（2）劳动合同在履行过程中，用人单位主体资格消灭。所谓主体资格消灭，是指用人单位法人资格或经营资格消灭。用人单位主体资格消灭主要有以下几种情形：

第一，用人单位被吊销营业执照、责令关闭、被撤销或决定提前解散。

《公司法》第一百八十条规定，公司因下列原因解散：①公司章程规定的营业期限届满或者公司章程规定的其他解散事由出现；②股东会或者股东大会决议解散；③因公司合并或者分立需要解散；④依法被吊销营业执照、责令关闭或者被撤销；⑤人民法院依照该法第一百八十二条的规定予以解散。公司解散是指已经成立的公司，因公司章程或者法定事由出现而停止公司的经营活动，并开始公司的清算，使公司法人资格消灭的法律行为。由于公司解散将会导致公司法人归于消灭，因此公司解散的情况下，劳动合同由于缺乏一方主体，而归于终止。

所谓吊销营业执照，是指剥夺被处罚用人单位已经取得的营业执照，使其丧失继续从事生产或者经营的资格。所谓责令关闭，是指行为人违反了法律、行政法规的规定，被行政机关做出停止生产或者经营的处罚决定，从而停止生产或者经营。所谓被撤销，是指由行政机关撤销有瑕疵的公司登记。用人单位被依法吊销营业执照、责令关闭或者被撤销，已经不能进行生产或者经营，应当解散，以该用人单位为一方的劳动合同终止。所谓用人单位决定提前解散，是指在股东会或者股东大会决议解散，或者公司合并或分立需要解散，或者持有公司全部股东表决权 10% 以上的股东，请求人民法院解散公司的情形下，用人单位提前于公司章程规定的公司终止时间而解散公司的。

第二，用人单位依法宣告破产。根据《企业破产法》的规定，用人单位一旦被依法宣告破产，就进入破产清算程序，用人单位的主体资格即将归于消灭，此时用人单位已无法按照劳动合同履行其权利和义务，只能终止劳动合同。

（三）劳动者达到法定退休年龄的。劳动者达到法定退休年龄是依法享受基本养老保险待遇的前提，但是由于退休情况比较复杂，包括正常退休、提前退休、内退等，所以《劳动合同法》没有将退休作为劳动合同终止的条件仅以劳动者享受基本养老保险为条件。但是由于享受基本养老保险待遇，需要劳动者申请，如果劳动者达到法定退休年龄不申请，则劳动合同关系处于不确定状态，《劳动合同法实施条例》对此予以修改，以是否达到法定退休年龄作为合同终止条件。

二、法定终止的补偿

（一）法定终止补偿的情形

劳动合同终止后，在一定情况下，用人单位要给予劳动者经济补偿，但并不是所有的劳动合同终止用人单位都要支付经济补偿金，只有在法律强制性规定下才是必须要支付的，对于劳动合同终止的情况，法定应给予经济补偿的情形有：

1. 劳动合同期满，除用人单位维持或提高劳动合同约定条件续订劳动合同，劳动者不同意续订的情形外，用人单位都应当支付经济补偿。

案例：6－2 劳动合同期满后终止，用人单位是否要给经济补偿？

李某为某公司销售部门的负责人，与公司订立了为期3年的劳动合同期限，劳动合同履行过程中，李某业绩突出，因此，劳动合同期满后，公司决定与李某续订劳动合同，但是，基于公司的薪酬制度改革，公司要求将李某的固定工资变为基础工资加提成奖金的薪酬计发方式。原来李某每月的固定工资约为1万元，但是改为现在的计酬方式后，基础工资仅有3000元，而业绩提成奖金则不确定。因此，李某不同意，双方没有续订劳动合同。李某要求公司给付经济补偿金。公司认为是李某不愿意续订，所以未支付其经济补偿金。

律师点评

该案涉及劳动合同期限届满的情形下，经济补偿金的支付问题。根据《劳动合同法》的规定，劳动合同期限届满终止的，原则上用人单位都应支付经济补偿金，除非用人单位维持或者提高劳动合同约定条件续订劳动合同，劳动者不同意续订。但是，如果劳动者不愿意续订的原因是由于用人单位降低了劳动合同约定的条件，则也应给付经济补偿金。

2. 因为用人单位被依法宣告破产的，劳动合同终止，用人单位应当支付经济补偿金。

3. 用人单位被吊销营业执照、责令关闭、撤销或者用人单位决定提前解散的，用人单位应当支付经济补偿金。

4. 以完成一定工作任务为期限的劳动合同因任务完成而终止的，用人单位应当依照《劳动合同法》第四十七条的规定向劳动者支付经济补偿。

5. 用人单位自用工之日起超过1个月不满1年未与劳动者订立书面劳动合同，用人单位应当补签，如果劳动者不与用人单位补签书面劳动合同的，用人单位应当书面通知劳动者终止劳动关系，并应支付经济补偿。

（二）补偿金计算标准

1. 补偿标准

《劳动合同法》第四十七条规定：经济补偿按劳动者在本单位工作的年限，每满1年支付1个月工资的标准向劳动者支付。6个月以上不满1年的，按1年计算；不满6个月的，向劳动者支付半个月工资的经济补偿。本条所称月工资是指劳动者在劳动合同解除或者终止前12个月的平均工资。

（1）工资的确定

这里需理解"工资"的含义，"工资"到底包括哪些费用。《劳动合同法》第四十七条规定的经济补偿的月工资是指劳动者在劳动合同解除或者终止前12个月的平均工资。实践中往往有"基本工资""最低工资""实发工资""应发工资"几种不同的概念，用人单位也在工资计算方式上做文章，损害劳动者的利益。《劳动合同法实施条例》第二十七条规定，"劳动合同法第四十七条规定的经济补偿的月工资按照劳动者应得工资计算，包括计时工资或者计件工资以及奖金、津贴和补贴等货币性收入。劳动者在劳动合同解除或者终止前12个月的平均工资低于当地最低工资标准的，按照当地最低工资标准计算。劳动者工作不满12个月的，按照实际工作的月数计算平均工资"。本条明确了月工资按照劳动者应得工资计算，包括计时工资或者计件工资以及奖金、津贴和补贴等货币性收入。劳动者在劳动合同解除或者终止前12个月的平均工资低于当地最低工资标准的，按照当地最低工资标准计算。劳动者工作不满12个月的，按照实际工作的月数计算平均工资。

Tips 小贴士：6-1 **计算前12个月平均工资时是否包含加班工资？**

律师指引

根据《关于贯彻执行〈中华人民共和国劳动法〉若干问题的意见》（劳部发〔1995〕309号）第五十三条规定，劳动法中的"工资"是指用人单位依据国家有关规定或劳动合同的约定，以货币形式直接支付给本单位劳动者的劳动报酬，一般包括计时工资、计件工资、奖金、津贴和补贴、延长工作时间的工资报酬以及特殊情况下支付的工资等。根据这一规定，经济补偿金的计算基数应当包括加班工资。

但在司法实践中，部分地区根据自身的实际情况对加班工资是否作为经济补偿金计算基数这一问题作出了不同的解释或规定：

上海地区，上海市高院在2013年第1期《民事法律适用问答》中明确，经济补偿金应以劳动者的正常工作时间工资为计算基数，加班工资系劳动者提供额外劳动所获得的报酬，不属于正常工作时间内的劳动报酬，因此在计算经济补偿金基数时不应将加班工资包括在内。

北京地区，北京市高级人民法院、北京市劳动人事争议仲裁委员会《关于审理劳动争议案件法律适用问题的解答》（2017）中指出：在计算劳动者解除劳动合同前十二个月平均工资时，应当包括计时工资或者计件工资以及奖金、津贴和补贴等货币性收入。其中包括正常工作时间的工资，还包括劳动者延长工作时间的加班费。

江苏地区，江苏法院则认为经济补偿金的工资计算标准是指企业正常生产情况下劳动者解除劳动合同前十二个月的月平均工资，因此经济补偿金的工资计算标准应当不包含加班工资。

（2）工作年限的确定

劳动者在本单位工作的年限，应当从劳动者向该用人单位提供劳动之日起计算，即在劳动者入职之日开始计算。劳动者与用人单位未订立劳动合同的，不影响工作年限的计算。因用人单位的合并、兼并、合资、单位改变性质、法人改变名称等原因而改变工作单位的，其改变前的工作时间可以计算为“在本单位的工作时间”。另外，对于军人军龄问题，依据《兵役法》和中共中央、国务院、中央军委《军队转业干部安置暂行办法》（中发〔2001〕3号）第三十七条以及国务院、中央军委《关于退伍义务兵安置工作随用人单位改革实行劳动合同制度的意见》（国发〔1993〕54号）第五条规定，军队退伍、复员、转业军人的军龄，计算为接收安置单位的连续工龄。原劳动部《违反和解除劳动合同的经济补偿办法》（劳部发〔1994〕481号）规定，经济补偿金按职工在本单位的工作年限计发，因此，企业与职工解除劳动关系计发法定的经济补偿金时，退伍、转业军人的军龄应当计算为“本单位工作年限”。虽然该办法已经废止，但仍具有指导意义。

在实务中，经常出现用人单位因经营需要对劳动者进行调动并改变用人单位的情形，在一些大型国有企业、跨国公司或具有关联企业的用人单位之间经常出现。

对于此，《最高人民法院关于审理劳动争议案件适用法律若干问题的解释（四）》规定：“劳动者非因本人原因从原用人单位被安排到新用人单位工作，原用人单位未支付经济补偿，劳动者依照劳动合同法第三十八条规定与新用人单位解除劳动合同，或者新用人单位向劳动者提出解除、终止劳动合同，在计算支付经济补偿或赔偿金的工作年限时，劳动者请求把在原用人单位的工作年限合并计算为新用人单位工作年限的，人民法院应予支持。用人单位符合下列情形之一的，应当认定属于‘劳动者非因本人原因从原用人单位被安排到新用人单位工作’：（一）劳动者仍在原工作场所、工作岗位工作，劳动合同主体由原用人单位变更为新用人单位；（二）用人单位以组织委派或任命形式对劳动者进行工作调动；（三）因用人单位合并、分立等原因导致劳动者工作调动；（四）用人单位及其关联企业与劳动者轮流订立劳动合同；（五）其他合理情形。”

（3）“六个月以上不满一年的，按一年计算；不满六个月的，向劳动者支付半个月工资的经济补偿”的理解与适用

《劳动合同法》第四十七条规定中的“六个月以上不满一年的”“不满六个月的”，是指四种情形：

第一种情形是指劳动者在本单位的工作时间为6个月以上不满1年的，如8个月；

第二种情形是指劳动者在本单位的工作时间在6个月以下，如劳动者工作3个月；

第三种情形是指劳动者在本单位的工作时间超过1年但余下的工作时间在6个月以上不满1年的，如3年9个月；

第四种情形是指劳动者在本单位的工作时间超过1年但余下的工作时间在6个月以下的，如2年4个月。

在向劳动者支付经济补偿时，对上述6个月以上不满1年的，按工作1年的标准计算，6个月以下的，经济补偿按半个月工资标准计算。如工作时间3年9个月，支付经济补偿为4个月工资，工作时间2年4个月的，支付经济补偿为两个半月工资。

如果劳动者工作时间正好是6个月，经济补偿该按半个月还是1个月计算？我国法律规定“以上”“以下”“以内”“届满”，一般包括本数；所称的“不满”“以外”，一般不包括本数。所以工作时间正好6个月的，经济补偿按照1个月工资计算。

图表：6－1　经济补偿金基本计算公式

计算公式

经济补偿金＝工作年限×月工资

工作年限指工作时间满1年

按1年补偿：6个月≤工作年限＜1年

按半年补偿：工作年限＜6个月

2. 补偿限额

《劳动合同法》从工作年限和月工资两个方面，对高收入劳动者（即月工资超过本地区上年度职工平均工资3倍的劳动者）的经济补偿进行了一定限制：第一，劳动者月工资高于用人单位所在直辖市、设区的市级政府公布的本地区上年度职工月平均工资3倍的，向其支付经济补偿的标准按照职工月平均工资3倍的数额支付。第二，支付经济补偿的年限不得超过12年。

三、终止的特殊保护

劳动合同法的重要宗旨之一是保护劳动者的合法权益，对于一些处于特殊困难阶段或者做出特殊贡献的劳动者，劳动合同法给予了相应的特殊保护。合同期满是合同终止的一个常见理由，但在下列情况下，即使合同期满，用人单位也不得与劳动者终止劳动合同，而是应该延续劳动合同，这属于对涉及特殊情形劳动者的特殊保护，具体的情形有：

1. 女职工在孕期、产期、哺乳期的，劳动合同不能终止。只有在孕期、产期、哺乳期满后，劳动合同才可以终止。

2. 患病或者非因工负伤，在规定的医疗期内的，劳动合同不能终止。劳动合同期满的，必须等到医疗期满后才能终止劳动合同。

3. 在本单位连续工作满 15 年，且距法定退休年龄不足 5 年的。由于这种工作年限的情况不可能消失，因此就不能终止劳动合同。

4. 从事接触职业病危害作业的劳动者未进行离岗前职业健康检查，或者疑似职业病病人在诊断或者医学观察期间的；其中从事接触职业病危害作业的劳动者未进行离岗前职业健康检查，劳动合同期满的，必须等到进行了职业健康检查后，劳动合同才能终止。疑似职业病病人在诊断或者医学观察期间，劳动合同期满的，必须等到排除了职业病、确认了职业病或者医学观察期结束，劳动合同才能终止。在本单位患职业病，劳动合同期满的，必须等到职业病治愈，劳动合同才能终止，如果职业病不能治愈，劳动合同就不能终止。

5. 在本单位患职业病或者因工负伤并被确认丧失或者部分丧失劳动能力，劳动合同何时终止，不以相应情形消失为准，而是按照国家有关工伤保险的规定执行。按照《工伤保险条例》，对于劳动者被鉴定为丧失、大部分丧失、部分丧失劳动能力，劳动合同终止的标准各有不同，具体有如下规定：

第一，劳动者因工致残被鉴定为一级至四级伤残的，即丧失劳动能力的，保留劳动关系，退出工作岗位。换言之，劳动者被鉴定为丧失劳动能力的，无论其劳动能力是否恢复，用人单位都不得终止劳动合同，直至劳动者达到退休年龄并办理退休手续，享受基本养老保险待遇。

第二，劳动者因工致残被鉴定为五级、六级伤残的，即大部分丧失劳动能力的，经工伤职工本人提出，该职工可以与用人单位解除或者终止劳动关系。换言之，劳动者被鉴定为大部分丧失劳动能力的，只要工伤职工本人提出，劳动合同就可以终止，但如果工伤职工本人没有提出，不管其劳动能力是否恢复，劳动合同就不得终止。

第三，职工因工致残被鉴定为七级至十级伤残的，即部分丧失劳动能力的，劳动合同期满终止。换言之，劳动者被鉴定为部分丧失劳动能力的，不管其劳动能力是否恢复，劳动合同期满即可终止。

6. 基层工会专职主席、副主席或者委员自任职之日起，其劳动合同期限自动延长，延长期限相当于其任职期间；非专职主席、副主席或者委员自任职之日起，其尚未履行的劳动合同期限短于任职期限的，劳动合同期限自动延长至任期期满。

7. 法律、行政法规规定的其他情形。

Tips 小贴士：6－2 劳动合同法对特定劳动群体终止劳动合同的规定

律师指引

《劳动合同法》这一规定是为了保护一些特定群体劳动者的合法权益，不过理解时需要注意以下两个方面：

1. 上述情形禁止的是用人单位单方终止劳动合同，并不禁止劳动者与用人单位协商一致终止劳动合同；

2. 上述情形的前提是用人单位不得根据《劳动合同法》第四十条无过失辞退、第四十一条裁员解除劳动合同。即使劳动者具备了本条规定的六种情形之一，用人单位仍可以根据《劳动合同法》第三十九条劳动者过错辞退的规定解除劳动合同。

3. 符合上述规定的劳动者，即使劳动合同期满，用人单位也应当根据《劳动合同法》第四十五条的规定，将劳动合同顺延至相应的情形消失时终止。

案例：6－3 处于孕期、产期以及哺乳期的员工违法或者违约的，企业是否可以解除劳动合同?

李某为某科技公司的行政人员，其与公司订立了为期2年的劳动合同。而合同履行了不到1年，李某在工作过程中严重不负责任，导致所处理的文件经常出现错误，多次被客户退回，而且有一次导致公司失去了一次价值超过千万的商业机会。根据公司的规章制度，李某的行为被认定为“严重违反规章制度”，公司的人力资源部门以李某“严重违反规章制度”为由书面通知李某解除劳动合同。而李某收到通知后，告知用人单位在上个月的体检中，查出已经怀孕，李某提供了相应的体检报告。而公司认为李某尽管怀孕，但是由于其存在“严重违法规章制度”的行为，公司解除劳动合同存在正当理由。

律师点评

该案件涉及《劳动合同法》第四十二条对于用人单位解除权的限制范围的问题，第四十二条规定的情形仅限制用人单位的法定解除权和经济性裁员解除权的行使，而不能够限制用人单位的推定辞职解除权的行使。所以，即使劳动者有《劳动合同法》第四十二条中规定的情形，用人单位不能随便与劳动者解除合同，但满足第三十九条规定的，用人单位就可以解除与其的劳动关系。

第七章 劳动合同无效争议

第一节 无效的类型

无效劳动合同，是指当事人所订立的劳动合同不符合法定条件，不能发生当事人预期的法律后果的劳动合同。

签订劳动合同是一种法律行为，它是劳动法律关系产生的重要法律事实。劳动合同必须是具有签约资格的当事人按照平等自愿、协商一致的原则依法订立的，不得违背法律、行政法规的规定。否则将导致劳动合同无效。无效劳动合同的具体含义包括：

1. 无效劳动合同欠缺劳动合同的有效要件。一个劳动合同的有效，必须具备法律所规定的有效要件，即主体合格、意思表示真实、内容合法、形式符合法定要求。其中任何一个要件满足不了，劳动合同就不能有效成立。

2. 无效劳动合同不能发生当事人预期的法律拘束力。无效劳动合同因其缺少有效要件而不能对双方当事人产生约束力，当事人不能依照所签劳动合同享受权利和承担义务。同时，导致劳动合同无效的当事人基于过错要承担一定的责任。

《劳动合同法》较《劳动法》具体并细化了劳动合同无效的规定，如下：

图表：7-1 《劳动法》和《劳动合同法》规定的劳动合同无效的情形

《劳动法》	《劳动合同法》
采用欺诈、威胁等手段订立的劳动合同	以欺诈、胁迫的手段或者乘人之危，使对方在违背真实意思的情况下订立或者变更劳动合同的
违反法律、行政法规的劳动合同	违反法律、行政法规强制性规定的

无效劳动合同根据导致劳动合同无效的原因不同，可以分为两种类型：

一、法定的无效

法定无效的劳动合同指劳动合同因欠缺法律规定的有效要件而无效的劳动合同。具体有以下几种：

（一）劳动合同因主体不合格而无效

主体合格，是指用人单位和劳动者具备符合法律规定的主体资格。劳动合同双方当事人，只要有一方不具备合格的主体资格，即可导致劳动合同无效的后果。

劳动者订立劳动合同的主体条件主要有以下几点：

1. 符合法定劳动年龄。根据法律规定，劳动者需年满 16 周岁。除非经国家批准，诸如从事影视、体育、杂技等行业的公民年龄可适当降低外，任何未满 16 周岁的未成年人与用人单位签订的劳动合同均为无效合同。

2. 有劳动行为能力，是指身体健康，能正常参加劳动；有部分劳动行为能力，是指身体存在部分缺陷，不能完全参加劳动。

3. 人身自由，能正常享受劳动权利和履行劳动义务。即指劳动者没有因被人民法院判处刑罚或被公安机关收容审查、拘留、逮捕或送劳动教养而失去行动自由。

4. 尚未与其他用人单位订立劳动合同。每一个劳动者一次只能与一个用人单位订立劳动合同，而不能同时与两个或多个用人单位签订建立劳动关系的劳动合同。

而用人单位则需依法取得营业资格，有合法的用工权。如果是未经依法成立的用人单位擅自招用劳动者，双方签订的劳动合同当然无效。

（二）劳动合同因形式不合格而无效

劳动合同应当采用书面形式，虽然可以形成事实劳动关系，但口头的劳动合同是无效的。用人单位和劳动者应当在劳动合同上签字、盖章。未签字或者非本人签字、没有本单位公章的劳动合同也不能生效。

劳动合同欠缺必备条款的，也是无效劳动合同。

（三）劳动合同因意思表示不真实而无效

第一，受欺诈而订立的劳动合同无效。

欺诈是指一方当事人故意捏造虚伪情况，或者歪曲、掩盖真实情况，使对方陷入错误认识而与之签订劳动合同。在以下情形下构成受欺诈而订立的劳动合同：（1）欺诈一方必须是故意。即明知可能引起对方陷入错误而希望这种结果发生以达到与之签约的目的。如招工方在招工广告中对自身情况作不真实或夸大宣传，明知会引起应招人员对其产生错误认识，仍这样去做，即构成故意。（2）欺诈一方有欺诈行为。如歪曲真实情况作不实陈述，对基本劳动条件等隐而不谈等。又如某些岗位需要执业资格，而劳动者提供了虚假的资格证书等。（3）受欺诈一方陷入错误而与之订立劳动合同。所谓错误，是指一方对对方当事人及有关重要情况的认识存在缺陷。

第二，受威胁而订立的劳动合同无效。

威胁，是指以某种现实或将来的危害使他人陷入恐惧而签订劳动合同的行为，如以给对方造成生命、身体、财产、名誉、自由、健康等方面的损害为要挟，强迫对方与之签订劳动合同。这种威胁表现为某种身体或精神强制，具有如下特征：（1）威胁人实施某种威胁行为。即威胁人实施威胁行为必须是对受威胁人可能造成现实或将来的人身或精神危害，如以强力相威胁，或以揭露某人隐私为要挟等。（2）威胁人是故意。即明知会使他人产生恐惧而积极追求这种后果发生以达到签订劳动合同的目的。

如以杀害某企业负责人子女相威胁而迫使该负责人同意录用等行为。(3) 受威胁人陷入恐惧系因他人威胁行为所致。即他人签订劳动合同与受威胁之间存在因果关系。如有的单位以不同意为他人子女办理入学手续等相要挟，强迫劳动者与其订立长期劳动合同。

第三，乘人之危而订立的劳动合同无效。

乘人之危是指一方当事人故意利用他人的危难处境或紧迫需要，接受某种不公平的条件而订立的合同。一方故意利用他方处于危难境地或紧迫需要而与之订立劳动合同时，相对人的意思表示处于一种不自由或不真实状态，即对方接受苛刻条件签订劳动合同并非出于自愿而是情非得已。如某外地劳动者到上海来打工，但刚到上海就被小偷偷走了钱财，某饭店老板正招服务员，就同该劳动者签订了劳动合同，合同约定：前 3 个月除包食宿外，不发工资。此合同就是乘人之危签订的劳动合同。

(四) 劳动合同因以合法形式掩盖非法目的而无效

我国《劳动法》及其相关劳动行政法规对此没有规定。但我国的《民法总则》(及正在制订的《民法典》) 中相关条款规定：违反法律、行政法规的强制性规定的民事法律行为无效，但是该强制性规定不导致该民事法律行为无效的除外。违背公序良俗的民事法律行为无效。

同样，劳动合同的签订行为一旦违反法律、法规的强制性规定，则面临无效的风险，但需要注意的有些情况下，如果仅是劳动合同部分条款内容违反法律法规内容，则未必会导致整个劳动合同无效而只产生部分条款无效的法律后果。

用人单位与劳动者签订劳动合同行为同其他民事行为一样，若违背公序良俗则应认定为无效。例如用人单位招用女青年，名义上签订的劳动合同是从事服务、公关、文秘等工作，实际是从事色情或与色情相关的一些国家明文禁止性的服务。对这类劳动合同均应认定为无效劳动合同。

(五) 劳动合同因恶意串通，损害国家、集体或者第三人利益而无效

我国《劳动法》及其相关劳动行政法规对此没有规定。但我国的《民法总则》(及正在制订的《民法典》) 中相关条款规定：行为人与相对人恶意串通，损害他人合法权益的民事法律行为无效。如有些用人单位以获取他人技术秘密或商业秘密为目的，通过高薪诱惑，挖取其他单位业务骨干，这样签订的劳动合同，纯属恶意串通损害他人利益的行为，应当认定为无效。如此前公布的有关案例，北京某酒楼（合资企业）以高薪和赠送住房为条件与北京某饭店做谭家菜的五名厨师（属饭店正式职工）签订了劳动合同，使该五名厨师不再安心在北京某饭店工作，并提出辞职报告。这是一起典型的恶意串通行为，法院最后判定某酒楼分别与该五名厨师签订的劳动合同为无效劳动合同。

二、约定的无效

从实践中看，内容不合法是导致劳动合同无效或部分无效最普遍的原因，主要有两种情况：

一是违反强制性的劳动法律规范。如劳动法规定试用期最长不得超过6个月，如果劳动合同中约定的试用期超过了6个月，则该条款因违反禁止性规范而无效。又如用人单位在与劳动者签订的劳动合同中，约定工资以实物形式支付或者约定工资每两个月支付一次，则该约定因违反劳动法设定的有关义务性规范而无效。如根据国家有关规定，用人单位招用人员不得收取押金。这一规定，主要是从劳动关系主体双方法律地位平等的角度做出的。有的用人单位在签订劳动合同时，将“收取押金”列为合同条款，企图通过劳动合同使收取押金的行为合法化。事实上，即使劳动合同对“收取押金”作了约定，该约定仍因违反国家有关规定，违反权利义务对等原则而无效。一般说来，劳动合同由于内容不合法不会导致劳动合同整体无效，而只造成劳动合同部分无效。

案例：7-1 “无工资上岗”是否合法？

李某即将大学毕业，由于就业压力大，在找工作过程中屡屡碰壁。最后，李某看到网络上有人求职时自荐“无工资上岗”，即不要工资先工作，工作一段时间后如果表现合格，再议定工资待遇。在一个招聘会上，李某也采取“无工资上岗”的方式求职，某销售公司觉得可以考虑，因此，与李某签订了劳动合同，并且明确约定3个月时间为无工资期。

律师点评

“无工资上岗”违反了《劳动法》第四十八条的规定：“国家实行最低工资保障制度。最低工资的具体标准由省、自治区、直辖市人民政府规定，报国务院备案。用人单位支付劳动者的工资不得低于当地最低工资标准。”

因此，李某和某销售公司的劳动合同虽双方协商一致，但违反了国家关于工资制度的强行性规定，因此这种“无工资上岗”的模式是不合法的。

对于“违反法律，行政法规强制性规定”需要注意以下几点：

(1) 违反的必须是法律和行政法规规定。即违反的是由全国人大及其常务委员会制定的法律和国务院制定的行政法规，不包括各部委所制定的部门规章，也不包括地方性法规或地方政府规章。

(2) 违反的必须是法律、行政法规中的强行性规定。强行性规定是指法律、法规规定的内容具有强制性，人们只能无条件地遵守，不能随意更改的法律规范。

二是权利义务不对等，主要是用人单位免除自己的法定责任、排除劳动者的合法权利。该项是针对格式合同所进行的规定。在实践中，多数情形下，劳动合同的文本由用人单位事先拟定，劳动者只有签与不签的权利。因此，为了防止用人单位滥用单方确定合同内容的地位，对于用人单位提供的劳动合同的内容设定了上述限制。也就是说，用人单位应该公平合理地确定双方当事人的权利义务，而不得免除自己的法定责任、排除劳动者的权利。

在实践中，常见的合同条款无效的情形有以下几种：

1. 劳动合同中“工伤概不负责”的条款无效

当事人在其订立劳动合同的活动中，有的用人单位如一些私营企业、三资企业无视劳动者的平等就业权及基本人权，违反法律和行政法规中关于劳动保护、工作时间、对妇女儿童的特殊保护等规定，在劳动合同中约定“工伤概不负责”“伤残医疗费用自理”等免责条款，这些条款均违反了劳动保护的有关规定，属无效条款。但应注意的是，这类条款无效，如不影响劳动合同其他部分的效力的，其他部分仍然有效。

2. 劳动合同中约定“不准结婚”“不准怀孕”的条款无效

劳动合同中关于“劳动者在合同期内不得结婚”“不得怀孕”的约定，明显违反了国家法律的强制性规定。因为婚姻自由和生育权利是我国宪法和法律赋予公民的一项基本人身权利。我国《宪法》第四十九条第四款规定：“禁止破坏婚姻自由……”《婚姻法》第三条第一款规定：“禁止包办、买卖婚姻和其他干涉婚姻自由的行为。”《人口与计划生育法》第十七条规定：“公民有生育的权利，也有依法实行计划生育的义务，夫妻双方在实行计划生育中负有共同的责任。”由此可见，公民只要达到法定结婚生育条件，就可以自主决定同何人在何时结婚或生育，任何单位和个人都不得限制。用人单位在劳动合同中约定的“劳动者在合同期内不得结婚”“不得怀孕”的内容违反法律的强制性规定，依照《劳动法》第十八条第一款的规定，该条款属无效。值得注意的是，该条款的无效并不影响劳动合同其他条款的效力，其他部分仍然有效。劳动者有权要求用人单位继续履行劳动合同，如果用人单位拒绝履行的，劳动者有权要求用人单位承担违约责任。

3. 劳动合同中“抵押条款”无效

部分用人单位为防止劳动者“跳槽”，在订立劳动合同时，要求劳动者将其身份证、档案、现金作抵押物，甚至扣留劳动者应得的福利或工资，一旦劳动者“跳槽”，用人单位便将抵押物扣留。这种做法不但违反了国家有关政策规定，而且严重损害了劳动者权益，属无效条款。

案例：7－2　签了合同就得自认倒霉？

小李是进城务工者，经人介绍在一家餐饮公司找到一份工作。那里的工作虽然非常苦，工作时间也长，但小李想，好不容易找到了一份工作，累点没关系，况且工资待遇还不错，遂与公司签订了为期 3 年的劳动合同。

很快 1 年过去了，一天，小李找到经理请假说去医院，经理问她原因，小李告诉经理自己要去做生育检查，这下经理发火了，立即通知财务部结清了小李的工资，以不适合在餐厅工作为由解除了与小李的劳动合同，小李也很生气，与经理理论。

经理拿出了与小李签订的劳动合同，在劳动合同的特别约定中说明：由于甲方行业的特殊性，乙方（小李）在甲方工作期间不得生育，如果乙方违反此约定怀孕的，甲方可立即解除劳动合同。

律师点评

并非所有“白纸黑字”的劳动合同都有效。李某与用人单位签订的劳动合同虽然已经成立，但却没有法律效力。因为该劳动合同关于员工不得生育条款的约定违反了法律、法规的规定。这样就导致了这份劳动合同的该条款不能生效，即对李某是没有约束力的。该单位经理依据劳动合同的所谓约定，解除与李某的劳动关系，是不能成立的，李某完全可以根据法律的规定享受生育待遇。所以，并非所有约定在劳动合同中的内容都是有约束力的，首先，这些约定要合法，即不违反法律的强行性规定；其次，用人单位要履行好自己的告知义务，让劳动者明确知道劳动合同的内容。

第二节　无效的认定

《劳动法》第十八条第三款规定，劳动合同的无效，由劳动争议仲裁委员会或者人民法院确认。《劳动合同法》第二十六条第二款也有类似规定，对劳动合同的无效或者部分无效有争议的，由劳动争议仲裁机构或者人民法院确认。

对劳动合同是否有效的认定，不能由劳动者或用人单位一方说了算，在发生争议的时候，任何一方都不能随便终止或解除劳动合同，而是应该立即提请劳动争议仲裁委员会或者人民法院，要求确认劳动合同的效力，等裁决书下来之后，劳动者或用人单位才能决定是否终止劳动合同。

我国《劳动法》第十八条规定，无效的劳动合同，从订立的时候起，就没有法律约束力。确认劳动合同部分无效的，如果不影响其余部分的效力，其余部分仍然有效。

一、全部无效

所谓劳动合同全部无效，是指劳动合同的基础性条款或主要部分不符合法定有效条件，劳动合同全部条款均不能发生法律约束力的情形。这里所说的“基础性条款”是指劳动合同应具备有效的最基本条件条款。如主体条款，如果劳动合同主体一方或双方不具有劳动合同主体资格，则劳动合同全部无效。这里所说的“主要部分”是指劳动合同的某些对其他部分有实质性影响的条款，如劳动合同的内容违反法律保护妇女规定，安排妇女从事禁忌劳动的，劳动合同也全部无效；如果法律限制某些岗位、工种招用某种劳动者，而劳动合同违反这些规定，所订劳动合同亦全部无效。一般属于法定无效的劳动合同，因欠缺劳动合同生效的全部要件，均属全部无效劳动合同。

二、部分无效

所谓劳动合同部分无效，是指劳动合同的非基础性或非主要部分条款不符合法律规定，但不影响劳动合同其他条款效力的情形。这些条款虽然构成劳动合同的一部分内容，但其无效不会导致其他条款随之无效。如关于试用期的规定，如果劳动合同规定了较长的试用期，超过了法律规定的6个月的最高限制，只能认定该条款无效而将其缩短至6个月，而不能因此而认定劳动合同全部无效。再如劳动保护条款、工作时间条款、福利待遇条款等均属此种情况。

第三节 无效的后果

按照《劳动合同法》的规定，无效的劳动合同将导致下列法律后果：

一、解除劳动合同

这种处理办法适用于被确认全部无效的劳动合同。如前面所述，全部无效的劳动合同，是因其基础性条款和条款中的主要部分不符合法定有效要件而导致合同条款全部无效的，它从订立的时候起就不发生法律效力，应当通过解除该劳动合同来消灭劳动关系。

1. 劳动者单方解除劳动合同

根据《劳动合同法》规定，因用人单位原因使劳动合同无效的，劳动者可以随时解除劳动合同，无需事先告知用人单位，但是用人单位仍须依法向劳动者支付经济补偿金。

2. 用人单位单方解除劳动合同

根据《劳动合同法》规定，因劳动者原因使劳动合同无效的，用人单位可以解除劳动合同，无需事先告知劳动者，用人单位无须向劳动者支付经济补偿金。

但对于已经履行的部分，劳动者已经付出了劳动的，应得到相应的报酬和有关的待遇。

案例：7－3　劳动合同无效是否必然导致劳动关系无效？

李某利用假文凭求职，被某公司录用为职员。某公司与其签订了为期3年的劳动合同，劳动合同履行1年后，公司发现李某的工作表现与其学历不符，是伪造的。因此，拒绝给李某支付最近两个月的工资。李某要求公司给付拖欠的工资，双方发生争议，李某向劳动争议仲裁委员会提出申请，要求给付拖欠工资。而公司则请求仲裁委员会确认劳动合同无效。

律师点评

这个案例属于“假文凭求职”案。案中劳动者利用假文凭等虚假信息欺骗用人单位与其订立劳动合同，该劳动合同当然是无效的。但是，劳动合同无效后，李某和某公司的劳动关系是否就不存在了呢？答案当然是否定的。在履行劳动合同期间，李某付出了劳动，故即使李某和公司的劳动合同无效，该公司仍应向李某支付劳动报酬。

劳动合同无效后，需要注意以下几点：

（1）劳动合同无效，必须由劳动争议仲裁机构或者人民法院确认。尽管存在《劳动合同法》第二十六条规定的情形，但是在当事人未依法申请确认劳动合同无效，并在劳动争议仲裁机构或人民法院依法确认其无效之前，劳动合同原则上是合法有效的。只有劳动争议仲裁机构或人民法院有权确认劳动合同无效。

（2）劳动合同无效的，但已经履行的部分仍应给付劳动报酬。劳动合同被确认无效，劳动者已付出劳动的，用人单位应当向劳动者支付劳动报酬。劳动报酬的数额，参照本单位相同或者相近岗位劳动者的劳动报酬确定，不能以劳动合同无效而拒绝支付。

（3）劳动合同无效并不必然导致劳动关系无效。根据《劳动合同法》第十条的规定，劳动合同并不等于劳动关系。劳动合同仅仅是劳动关系权利义务确立的重要依据，并非全部。脱离劳动合同，劳动关系依然存在。但是，如果是由于劳动关系本身存在违反公共利益，违反法律、行政法规的强行性规定的，则不仅仅劳动合同无效，劳动关系也无效。

二、改正履行

这种处理方式适用于被确定部分无效的劳动合同及程序不合法的劳动合同。劳动合同中某些条款被确认无效，该项条款不得执行，应依法予以修改，并按照修改后的条款履行。修改后的合法条款具有溯及力，溯及到该劳动合同生效之时。对于程序不合法的劳动合同，应从程序上给予修改和完善，以确认该劳动关系的合法性。

三、赔偿

劳动合同被确认无效后，如果过错方给对方造成了经济损失，则必须由该当事人向对方承担赔偿责任。如《劳动法》第九十七条规定："由于用人单位的原因订立的无效合同，对劳动者造成损害的，应当承担赔偿责任。"《最高人民法院关于审理劳动争议案件适用法律若干问题的解释》（法释〔2001〕14号）第十四条规定："劳动合同被确认为无效后，用人单位对劳动者付出的劳动，一般可参照本单位同期、同工种、同岗位的工资标准支付劳动报酬。根据《劳动法》第九十七条之规定，由于用人单位的原因订立的无效合同，给劳动者造成损害的，应当比照违反和解除劳动合同经济补偿金的支付标准，赔偿劳动者因合同无效所造成的经济损失。"而《劳动合同法》第八十六条规定："劳动合同依照本法第二十六条规定被确认无效，给对方造成损害的，有过错的一方应当承担赔偿责任。"

劳动合同被确认无效后所产生的损害赔偿责任主要包括：(1) 赔偿因劳动合同无效而使对方因此所遭受的经济损失。经济损失的赔偿应当以实际损失为限，包括直接损失和间接损失两种，而可得利益的损失不应当予以赔偿。(2) 赔偿劳动者因从事禁忌劳动而遭受身体伤害所产生的损害。凡造成劳动者生命或健康损害者，用人单位应赔偿医疗费、营养补助费等相关费用。(3) 对第三人造成损害的赔偿责任。《劳动法》第九十九条规定："用人单位招用尚未解除劳动合同的劳动者，对原用人单位造成经济损失的，该用人单位应当依法承担连带赔偿责任。"

由于用人单位的原因订立的无效合同，对劳动者造成损害的，应当承担赔偿责任。具体包括：

（1）造成劳动者工资收入损失的，按劳动者本人应得工资收入支付给劳动者，并加付应得工资收入25%的赔偿费用；

（2）造成劳动者劳动保护待遇损失的，应按国家规定补足劳动者的劳动保护津贴和用品；

（3）造成劳动者工伤、医疗待遇损失的，除按国家规定为劳动者提供工伤、医疗待遇外，还应支付劳动者相当于医疗费用25%的赔偿费用；

（4）造成女职工和未成年工身体健康损害的，除按国家规定提供治疗期间的医疗待遇外，还应支付相当于其医疗费用25%的赔偿费用；

（5）劳动合同约定的其他赔偿费用。

第八章　经济补偿金与赔偿金争议

第一节　经济补偿金

一、经济补偿金的特征

"经济补偿金、赔偿金、违约金"对于广大HR来讲是必须明确弄清和掌握的基本概念，因为大部分劳动争议案件的处理都会涉及上述"三金"，但据我们实际调查了解，高达八成的HR人员会将经济补偿金、赔偿金和违约金三个概念混淆，同时在与员工签订合同时也常常错将"三金"概念误用，并写入合同条款中。其实，经济补偿金、赔偿金和违约金不是一回事，若对它们张冠李戴，劳动者、单位都可能遭受损失。

经济补偿金、赔偿金、违约金的区别：

1. 性质方面。经济补偿金是指在劳动合同解除或终止后，用人单位依法一次性支付给劳动者的经济上的补助。从其性质上来讲，通常经济补偿金具有劳动贡献补偿和社会保障的双重功能，其产生是基于国家法律的规定，是国家干预的结果。我国《劳动法》第二十八条首先在法律层面上规定了经济补偿金，《劳动合同法》延续了此规定。赔偿金则是指用人单位或劳动者因违反合同约定或因自己的故意或过失，给对方造成实际损失时，承担给付对方一定数量的金钱的一种责任形式，一般又称作损害赔偿或损害赔偿金。我国《劳动法》第九十一条、第九十九条及第一百零二条及《劳动合同法》第七章法律责任中的第八十条至第九十四条对何种情况下承担赔偿金做了具体规定。违约金是当事人通过约定而预先确定的、在违约后生效的独立于履行行为之外的给付，是由双方约定的在违约后一方向另一方支付的一笔金钱，是一种违约责任形式。违约金产生的基础是双方协议或合同的约定，因此没有约定就不会有违约金的产生，在性质上是对合法契约的保护。我国《劳动法》对违约金没有明确的规定，一些地方性的立法规定了违约金的具体适用。但2008年1月1日实施的《劳动合同法》对违约金则做了严格的规定，即只有在用人单位与劳动者之间存在培训服务期约定及竞业限制约定的情形下，双方才可以对违约金进行约定。

2. 构成要件方面的对比。由于经济补偿金是法定的，因此经济补偿金的产生主要是由于法律规定情形的出现。赔偿金的构成要件主要有三个：一是当事人违反了劳动法的规定；二是给对方造成了实际损失；三是责任方存在过错，包括故意和过失。违约金的构成要件主要有两个：一是双方之间在劳动合同中对违约金有约定；二是对违约金的约定不违反法律规定。

3. 责任主体方面。由于经济补偿金是国家法律强制规定的结果，其目的在于保护处于弱势的劳动者，所以经济补偿金的责任主体为用人单位，具有单一性，仅是用人单位对劳动者承担的一种责任。而违约金和赔偿金的责任主体是双方，用人单位和劳动者都可能成为责任主体。

4. 金额计算方面。经济补偿金是由法律直接规定的，计算经济补偿金的依据主要是《劳动合同法》第四十六条、第四十七条的规定，其中月平均工资和工龄是计算经济补偿金的两个主要参数。赔偿金的计算主要依据《劳动合同法》第七章中有关规定进行。违约金的计算依据和方式则主要由劳动者与用人单位进行约定。

图表：8－1　经济补偿金、赔偿金、违约金对比

对比 项目	性质	构成要件	责任主体	责任计算
经济补偿金	法定补偿	法定情形出现	仅用人单位一方	月平均工资×连续工龄（高收入者除外）
赔偿金	赔失补偿	违反劳动法规定；存在损失；有过错	任何一方	实际损失（违法解除或终止劳动合同的为二倍经济补偿金）
违约金	约定赔偿	劳动合同有约定；约定不违法	任何一方	合同约定

二、经济补偿金的类型

经济补偿金的规定主要在《劳动法》第二十八条、《劳动合同法》第四十六条中，其分类依据不同，分类结果也不同，笔者根据引起劳动合同解除或终止的原因，把经济补偿金的类型划分为十类。

第一类：单位解约型经济补偿金。单位解约型经济补偿金，是指用人单位依据《劳动法》第二十六条、《劳动合同法》第四十条规定解除劳动者劳动合同时应当支付的经济补偿金。

第二类：劳动者解约型经济补偿金。劳动者解约型经济补偿金是指劳动者在《劳动合同法》第三十八条规定情形下被迫与单位解约，用人单位应当支付劳动者相应的经济补偿金。

第三类：裁员型经济补偿金。裁员型经济补偿金是指用人单位依据《劳动法》第二十七条、《劳动合同法》第四十一条规定进行裁员时，支付的经济补偿金。

第四类：竞业限制型经济补偿金。竞业限制型经济补偿金是指双方当事人可以在劳动合同或保密协议中对负有保守用人单位商业秘密义务的劳动者的竞业限制义务进行约定，同时也需约定在终止或解除劳动合同时，用人单位给予劳动者的经济补偿。

第五类：惩罚补偿型经济补偿金。惩罚补偿型经济补偿金是指用人单位没有按照规定支付经济补偿金、克扣或拖欠劳动者工资、支付劳动者工资低于当地最低工资标准、安排加班不支付加班费时，除了支付经济补偿金及工资，依据《劳动合同法》第八十五条规定，除了支付经济补偿金及工资，还应按应付金额50%以上100%以下的标准向劳动者加付赔偿金。但对此类赔偿金的适用应当以劳动者就拖欠劳动报酬事先向劳动行政部门提出救济，劳动行政部门责令限期支付而用人单位逾期未予支付为前提，而且目前实务操作中，对此类赔偿金多“从严适用”。

第六类：协商解约型经济补偿金。协商解约型经济补偿金是指当用人单位提出解除劳动合同时，经与劳动者协商一致解除劳动合同时，应当支付的经济补偿金。

第七类：医疗补助型经济补偿金。医疗补助型经济补偿金是指劳动者患病或非因工负伤时劳动合同期满终止或劳动者患病或者非因工负伤，不能从事原工作，也不能从事用人单位另行安排的工作而被解除劳动合同时，用人单位应当支付相应的医疗补助金。

第八类：劳动合同终止型经济补偿金。劳动合同终止型经济补偿金是指签订固定期限劳动合同的劳动者，劳动合同期限届满时，除用人单位维持或者提高劳动合同约定条件续订劳动合同，劳动者不同意续订的情形外，劳动合同因到期而终止时，用人单位应当支付相应的经济补偿金。

第九类：单位消亡型经济补偿金。单位消亡型经济补偿金是指用人单位解散、被吊销营业执照或责令关闭或被依法宣告破产时，用人单位应当支付的经济补偿金。

第十类：其他类型的经济补偿金。除了支付经济补偿金的情况外，其他法律、法规、地方性法规对劳动合同解除或终止后用人单位应当支付经济补偿金的情形作出规定的。

三、经济补偿金的支付范围

（一）应当支付的情形

由于经济补偿金的支付是法律的强制性规定，上述十类经济补偿金的支付，必须满足法定情形，在不符合法定支付情形时，用人单位无须支付经济补偿金。对用人单位支付经济补偿金法定情形详细阐述如下：

第一类：支付单位解约型经济补偿金的情形。

此类经济补偿金的产生是用人单位依据劳动法的规定单方面解除劳动者劳动合同时产生的，用人单位支付此类经济补偿金的情形主要有三种：

（1）依据《劳动法》第二十六条第（一）项、《劳动合同法》第四十条第（一）

项的规定，劳动者患病医疗期满后，不能从事原工作的，由原用人单位另行安排其他工作之后，仍不能从事安排的工作，此时，用人单位可以解除劳动者的劳动合同，但是应当支付相应的经济补偿金。

（2）依据《劳动法》第二十六条第（二）项、《劳动合同法》第四十条第（二）项的规定，劳动者不能胜任工作，经过培训或者调整工作岗位，仍不能胜任工作的，用人单位可以解除劳动合同，并支付经济补偿金。需要注意的是，此处的“不能胜任工作”是指不能按要求完成劳动合同中约定的任务或者同工种，同岗位人员的工作量。用人单位不得故意提高定额标准，使劳动者无法完成。

（3）依据《劳动法》第二十六条第（三）项、《劳动合同法》第四十条第（三）项的规定，劳动合同订立时所依据的客观情况发生重大变化，致使原劳动合同无法履行，经当事人协商不能就变更劳动合同达成协议的，用人单位可以解除劳动合同，并支付经济补偿金。此处的“客观情况”指：发生不可抗力或出现致使劳动合同全部或部分条款无法履行的其他情况，如企业迁移、被兼并、企业资产转移等情形。

第二类：支付劳动者解约型经济补偿金的情形。

此类经济补偿金的支付，主要是在用人单位违反劳动法的有关规定，迫使劳动者解除劳动合同的情形下发生的，依据《劳动法》《最高人民法院关于审理劳动争议案件适用法律若干问题的解释》，劳动者因下列情形辞职，用人单位应当支付经济补偿金：

（1）以暴力、威胁或者非法限制人身自由的手段强迫劳动的；

（2）未按照劳动合同约定提供劳动保护和劳动条件的；

（3）用人单位未及时足额支付劳动报酬（包括克扣或者无故拖欠劳动者工资、拒不支付加班报酬）的；

（4）低于当地最低工资标准支付劳动者工资的；

（5）用人单位未依法为劳动者缴纳社会保险费的；

（6）用人单位的规章制度违反法律、法规的规定，损害劳动者权益的；

（7）用人单位以欺诈、胁迫的手段或者乘人之危，使劳动者在违背其真实意思的情况下订立或者变更劳动合同的；

（8）法律、行政法规规定的其他情形。

第三类：支付裁员型经济补偿金的情形。

此类经济补偿金的发生主要是用人单位据劳动法进行裁员而解除劳动合同时应当支付的经济补偿金。依据《劳动法》第二十七条、《劳动合同法》第四十一条，用人单位濒临破产进行法定整顿期间或者生产经营状况发生严重困难，确需裁减人员的，应当提前30日向工会或者全体职工说明情况，听取工会或者职工的意见，经向劳动行政部门报告后，可以裁减人员，对被裁减人员，应当支付经济补偿金。

第四类：支付竞业限制型经济补偿金的情形。

在用人单位与劳动者之间约定竞业禁止的情形下，双方解除或终止劳动合同时，用人单位应当对劳动者支付经济补偿金。依据《劳动合同法》第二十四条规定，用人单位可以规定掌握商业秘密的职工在终止或解除劳动合同后的一定期限（两年内），不得到生产同类产品或经营同类业务且有竞争关系的其他用人单位任职，也不得自己生产与原单位有竞争关系的同类产品或经营同类业务，但用人单位应当按月给予该职工一定数额的经济补偿。在部分地方性法规中也有类似的规定，例如《上海市劳动合同条例》第十六条规定，对负有保守用人单位商业秘密义务的劳动者，用人单位可以与其在劳动合同或者保密协议中约定竞业限制条款，并约定在终止或者解除劳动合同后，给予劳动者经济补偿。

第五类：支付惩罚补偿型经济补偿金/赔偿金的情形。

此类经济补偿金/赔偿金主要是对用人单位违反法律规定，没有按照规定支付经济补偿金、克扣或拖欠劳动者工资、支付劳动者工资低于当地最低工资标准、安排加班不支付加班费时，除了及时支付相应的工资报酬和经济补偿金外，还应当按照应付金额的50%以上100%以下的标准向劳动者加付赔偿金，体现法律对用人单位的惩罚及对劳动者进行补偿的立法意图。依据《劳动合同法》第八十五条规定，用人单位需要支付此类赔偿金的情形有：

（1）未按照劳动合同的约定或者国家规定及时足额支付劳动者劳动报酬的；

（2）低于当地最低工资标准支付劳动者工资的；

（3）安排加班不支付加班费的；

（4）解除或者终止劳动合同，未依照本法规定向劳动者支付经济补偿的。

但需注意的是，此类赔偿金的适用应当以劳动者就拖欠劳动报酬事先向劳动行政部门提出救济，劳动行政部门责令限期支付而用人单位逾期未予支付为前提。

第六类：支付协商解约型经济补偿金的情形。

此类经济补偿金是在劳资双方协商解除劳动关系情形下发生的，但仅在用人单位首先提出解除劳动合同的情形下，用人单位才承担支付补偿金的责任。依据《劳动合同法》第四十六条第四款的规定及《违反和解除劳动合同的经济补偿办法》（劳部发〔1994〕481号）及劳动部办公厅在《对河北省劳动厅〈关于终止或解除劳动合同计发经济补偿金有关问题的请示〉的复函》的规定，用人单位向职工提出并经双方协商一致解除劳动合同的，用人单位应当向劳动者支付经济补偿金。

第七类：支付医疗补助型经济补偿金的情形。

此类经济补偿金的发生主要是出于对患病劳动者的关怀，体现了法律对弱者的保护。用人单位需要支付的情形主要包括两种：

（1）依据劳动部《关于实行劳动合同制度若干问题的通知》（劳部发〔1996〕

354 号）的规定，劳动者患病或者非因工负伤，合同期满终止劳动合同的，用人单位应当支付不低于 6 个月工资的医疗补助费；对患重病或绝症的，还应适当增加医疗补助费。因此，对于患病或非因工负伤的劳动者，当劳动合同到期终止时，用人单位应当支付经济补偿金。

（2）依据《关于贯彻执行〈中华人民共和国劳动法〉若干问题的意见》（劳部发〔1995〕309 号）的规定，请长病假的职工在医疗期满后，能从事原工作的，可以继续履行劳动合同；医疗期满后仍不能从事原工作也不能从事由单位另行安排的工作的，由劳动鉴定委员会参照工伤与职业病致残程度鉴定标准进行劳动能力鉴定。被鉴定为一至四级的，应当退出劳动岗位，解除劳动关系，办理因病或非因工负伤退休退职手续，享受相应的退休退职待遇；被鉴定为五至十级的，用人单位可以解除劳动合同，并按规定支付经济补偿金和医疗补助费。某些地方性法规也有相类似的规定，如《上海市劳动合同条例》《江苏省劳动合同条例》中亦作此规定。

第八类：支付劳动合同期满终止型经济补偿金的情形。

此类经济补偿金是《劳动合同法》规定的新类型，依据《劳动合同法》第四十六条第五款规定，除用人单位维持或提高劳动合同约定条件续订劳动合同，劳动者不同意续订的情况外，劳动合同期满终止的，用人单位应当支付劳动者相应的经济补偿金。

第九类：支付单位消亡型经济补偿金的情形。

此类经济补偿金亦是《劳动合同法》明确新规定的类型，依据《劳动合同法》规定，在被依法宣告破产、解散、吊销营业执照或责令关闭的情况下，用人单位应依法支付劳动者相应的经济补偿金。在《劳动合同法》公布前，一些地方性法规对单位消亡时应当支付劳动者经济补偿金做了规定，例如《上海市劳动合同条例》第四十二条规定，用人单位破产、解散或者被撤销的情况下的劳动合同终止，用人单位应当给予劳动者经济补偿。第四十三条规定，劳动合同约定的终止条件和本条例规定的解除条件相同的，用人单位应当依照本条例相应的解除合同的补偿标准，给予劳动者经济补偿。

第十类：支付其他类型的经济补偿金的情形。

此处为兜底性情形，主要针对有关法律法规，包括地方性法规可能对经济补偿金支付情形做出新的或补充规定。

（二）不需支付的情形

不需要支付经济补偿金的情形主要包括：

1. 协商解除，依据《劳动合同法》第四十六条规定，用人单位向劳动者提出解除劳动合同并与劳动者协商一致解除劳动合同的，应当向劳动者支付经济补偿金。但是由劳动者本人提出解除劳动合同的，用人单位可以不支付经济补偿金。

2. 劳动者因自身的过错，致使劳动合同被解除的，用人单位不需要支付经济补偿金。依据《劳动法》第二十五条、《劳动合同法》第三十九条规定，劳动者有下列情形之一的，用人单位可以解除劳动合同：（1）在试用期间被证明不符合录用条件的；（2）严重违反用人单位规章制度的；（3）严重失职，营私舞弊，对用人单位利益造成重大损害的；（4）被依法追究刑事责任的；（5）同时与其他用人单位建立劳动关系，对完成本单位的工作任务造成严重影响，或者经用人单位提出，拒不改正的；（6）以欺诈、胁迫的手段或者乘人之危，使用人单位在违背真实意思的情形下订立或变更劳动合同的。在这些情形发生时，用人单位解除劳动者劳动合同，不需要支付经济补偿金。

3. 试用期内劳动者主动辞职时，用人单位不需要支付经济补偿金。《劳动部关于贯彻执行〈中华人民共和国劳动法〉若干问题的意见》第四十条规定："劳动者依据劳动法第三十二条第（一）项解除劳动合同，用人单位可以不支付经济补偿金，但应按照劳动者的实际工作天数支付工资。"

4. 在劳动合同期满终止时，《劳动合同法》规定，用人单位维持或提高劳动合同约定条件续订合同的，劳动者不愿意继续签订劳动合同的，用人单位不需要支付劳动者经济补偿金。

5. 企业法人分立、合并时，经与劳动者协商一致重新签订劳动合同时，不需要支付经济补偿金。《劳动部关于贯彻执行〈中华人民共和国劳动法〉若干问题的意见》第三十七条规定，根据《民法通则》第四十四条第二款"企业法人分立、合并，它的权利和义务由变更后的法人享有和承担"的规定，用人单位发生分立或合并后，分立或合并后的用人单位可依据其实际情况与原用人单位的劳动者遵循平等自愿、协商一致的原则变更、解除或重新签订劳动合同。在此种情况下的重新签订劳动合同视为原劳动合同的变更，用人单位变更劳动合同，劳动者不能依据劳动法第二十八条要求经济补偿。

作为HR在熟悉和掌握了上述经济补偿金支付与不支付的各种情形时，平日进行企业日常人事管理，遇到处理有关解除与员工劳动关系的情况时，就可以做到心中有数了。

图表：8－2　不需要支付经济补偿金的情形

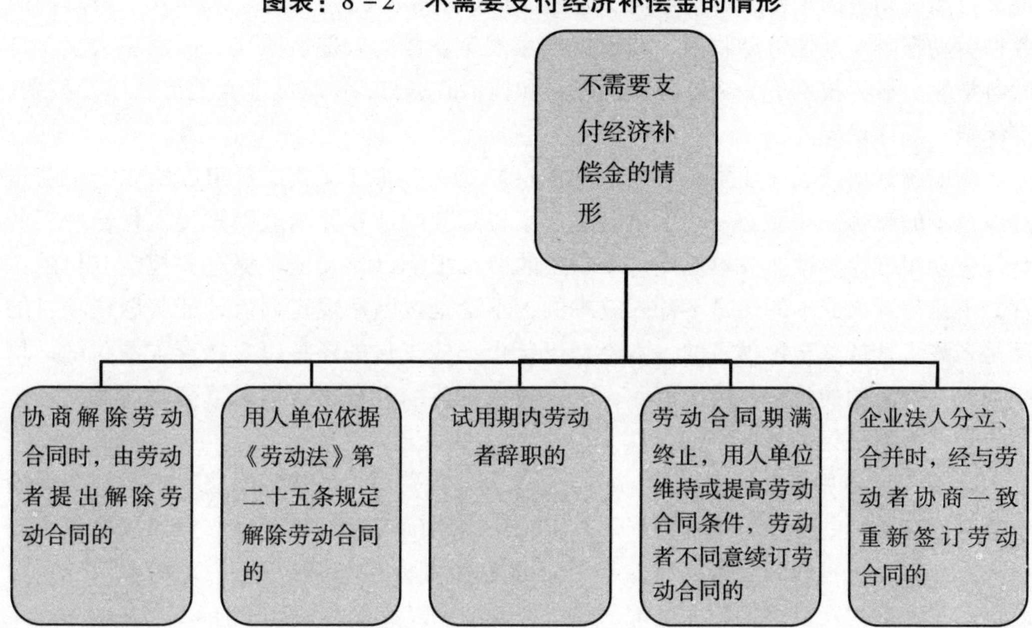

四、经济补偿金的支付标准

（一）计算公式

我国劳动法及其配套法规，对经济补偿金计算的基本方法为：经济补偿金总额＝工作年限×月工资基数。其中劳动者月工资基数和劳动者在本单位工作的年限，是经济补偿金数额计算的主要参数。

（二）月平均工资的确定

根据《劳动合同法》第四十七条规定，作为经济补偿金支付标准的劳动者月工资分两种情况确定：（1）一般情况下，以劳动者在劳动合同解除或者终止前12个月的平均工资为标准；（2）劳动者月工资高于用人单位所在直辖市、设区的市级人民政府公布的本地区上年度职工月平均工资三倍的，向其支付经济补偿的标准按职工月平均工资三倍的数额支付，向其支付经济补偿的年限最高不超过12年。

对于工资需要注意以下几个问题：

1. 关于劳动者的工资组成问题。根据《劳动合同法实施条例》第二十七条规定，经济补偿的月工资按照劳动者应得工资计算，包括计时工资、计件工资、奖金、津贴和补贴等货币性收入。“工资”是劳动者劳动收入的主要组成部分。劳动者的以下劳动收入不属于工资范围：（1）单位支付给劳动者个人的社会保险福利费用，如丧葬抚恤救济费、生活困难补助费、计划生育补贴等；（2）劳动保护方面的费用，如用人单位支付给劳动者的工作服、解毒剂、清凉饮料费用等；（3）按规定未列入工资总额的各种劳动报酬及其他劳动收入，如根据国家规定发放的创造发明奖、国家星火奖、自然科学奖、科学技术进步奖、合理化建议和技术改进奖、中华技能大奖等，以及稿费、讲课费、翻译费等。

国家统计局《关于工资总额组成的规定》及《〈关于工资总额组成的规定〉若干具体范围的解释》中更进一步明确规定，工资总额的计算原则应以直接支付给职工的全部劳动报酬为根据。各单位支付给职工的劳动报酬以及其他根据有关规定支付的工资，不论是计入成本的还是不计入成本的，不论是按国家规定列入计征奖金税项目的还是未列入计征奖金税项目的，不论是以货币形式支付的还是以实物形式支付的，均应列入工资总额的计算范围。由此，工资应该是劳动者在正常情况下劳动所得的经常性收入，而不仅仅是基本工资。

2. 关于工资中依法应当缴纳的社会保险金、税费等，虽然国家法律中对社会保险金等个人应缴纳的各类税费是否列入月工资中未明确规定，但在地方上如《上海市高级人民法院关于审理劳动争议案件若干问题的意见》（沪高法民一〔2007〕7 号）对此进行了明确规定：根据相关规定，经济补偿金应以劳动关系解除前 12 个月的平均工资性收入为计算标准。劳动者每月应得工资与实得工资的主要差别在于各类扣款和费用，包括个人应当承担的社会保险金、税费或工会会费等。由于用人单位代扣的社会保险金、税费等均为个人劳动所得的组成部分，用人单位只是承担代缴义务。因此，该部分款项应当计入工资性收入，在计算经济补偿金时应当一并予以考虑。

3. 关于工资的另外一个问题是非正常期间的工资问题如何计算，各地也存在争议。浙江省高级人民法院民一庭、浙江省劳动人事争议仲裁院《关于审理劳动争议案件若干问题的解答（二）》（浙高法民一〔2014〕7 号）中则提供了一个解决思路："十一、劳动者解除或者终止劳动合同前十二个月包含医疗期等非正常工作期间，且在该期间内用人单位未支付正常工作工资的，经济补偿基数应如何确定？答：《劳动合同法》第四十七条第三款规定的'本条所称月工资是指劳动者在劳动合同解除或者终止前十二个月的平均工资'，应理解为劳动合同解除或者终止前劳动者正常工作状态下十二个月的平均工资，不包括医疗期等非正常工作期间。"

Tips 小贴士：8－1　**支付经济补偿金时仅依据劳动者工资项目中的基本工资是否合法？**

律师指引

答案：这种做法是不对的！在实践中多数用人单位在自己的财务中，将劳动者工资区分为基本工资、补助、津贴等不同项目，并出示给劳动者对应的工资条，在支付经济补偿金时仅依据劳动者工资项目中的基本工资计算并支付劳动者经济补偿金。这种做法并不合法。因为支付给劳动者经济补偿金的工资包括基本工资和辅助工资，其中基本工资亦即是指按规定的工资标准计算的工资（包括实行结构工资制的基础工资、职务工资和工龄津贴），辅助工资为基本工资以外的工资。

Tips 小贴士：8－2　**经济补偿金是否应缴税？**

律师指引

答案：应当缴纳个人所得税。依据《财政部、国家税务总局关于个人与用人单位解除劳动关系取得的一次性补偿收入征免个人所得税问题的通知》（财税〔2001〕157号），对个人因劳动合同解除时取得的一次性补偿收入的缴税问题作了规定：(1) 个人因与用人单位解除劳动关系而取得的一次性补偿收入，其收入在上年职工平均工资3倍数额以内的部分，免征个人所得税，超过部分按《国家税务总局关于个人因解除劳动合同取得经济补偿金征收个人所得税问题的通知》（国税发〔1999〕178号）的规定，计算征收个人所得税。(2) 个人领取一次性补偿收入时按照国家和地方政府规定的比例实际缴纳的住房公积金、医疗保险费、基本养老保险费、失业保险费，可以在计征其一次性补偿收入的个人所得税时予以扣除。

（三）连续工龄的计算

连续工龄是指劳动者在同一用人单位连续工作的时间，它是计算经济补偿金的另一重要参数。关于连续工龄应注意两个问题：

1. 连续工龄和一般工龄

工龄是对劳动者作为个体从事劳动工作的认可，工龄一方面反映了劳动者参加工作时间的长短，另一方面也反映了劳动者对社会和企业的贡献大小和知识、经验、技术熟练程度的高低。工龄可以分为连续工龄和一般工龄。但实践中很多劳动者，甚至部分HR也常常把连续工龄和一般工龄两个概念混同。

我们通常所提到的工龄即一般工龄，它是指劳动者终身从事生产、工作的总的工作时间。

但劳动者常常并不一定终生在一个用人单位工作，因此连续工龄则反映劳动者在不同用人单位工作的长短，它是指劳动者与同一用人单位保持工作的时间。一般工龄包括连续工龄，能计算为连续工龄的，同时就能计算为一般工龄；但一般工龄不一定就是连续工龄。

2. 连续工龄的计算

（1）直接计算法，即依据劳动者在同一用人单位不间断的工作时间直接进行计算。例如职工甲自1996年8月至2006年8月期间一直在用人单位A处工作，则甲在A的连续工龄为10年。

（2）法定计算法，即依据劳动法的有关规定，对劳动者工作经历中的不同阶段合并视为同一用人单位的连续工龄。主要情形有：

①退伍、复员、转业军人的军龄应当计算为本单位连续工龄。依据劳动和社会保障部办公厅《关于复转军人军龄及有关人员工龄是否作为计算职工经济补偿金年限的答复意见》，军队退伍、复员、转业军人的军龄，计算为接收安置单位的连续工龄。

②劳动者患病或非因工负伤享有的医疗期应计算在连续工龄内。医疗期是法律对劳动者的保护，用人单位计算连续工龄时，不得扣除劳动者依法应当享有的医疗期。

③劳动合同制度实行前原固定工在本单位工作时间应当算为连续工龄。由于体制原因，我国实行劳动合同制度时间较晚，出于对劳动合同制实行前劳动者的保护，应当把劳动合同制度实行以前的原固定工在本单位的工作年限作为计发经济补偿金的年限。

④合资、合作的中方单位安排到合资、合作企业工作的中方职工，其连续工龄按在原单位工作时间和在合资、合作企业工作时间合并计算。

⑤因用人单位的合并、兼并、合资、单位改变性质、法人改变名称等原因而改变工作单位的，其改变前的工作时间可以计算为在本单位的工作时间。

⑥因建制调动、组织调动等原因而改变工作单位的，是否计算为本单位的工作时间，在行业直属企业间成建制调动或组织调动等，由行业主管部门作出规定，其他调动，由各省、自治区、直辖市作出规定。

⑦国有大中型企业主辅改制分流进入改制为国有法人控股企业的富余人员，原主体企业和改制企业可按国家规定变更劳动合同，用工主体由原主体企业变更为改制企业，企业改制前后职工的工作年限合并计算。

⑧劳动者脱产学习的，若学习后仍回到原单位工作，通常学习期间不算工龄。

⑨其他情形，如事业单位转制为企业的，应当把转制前的工龄视作转制后企业同一用人单位的连续工作时间。

3. 连续工龄的折算

对于从事特殊工种和在特殊工作环境工作的工人，连续工龄可进行折算。如井下矿工或固定在华氏 32 度以下的低温工作场所或在华氏 100 度以上的高温工作场所工作的职工，计算其连续工龄时，每在此种场所工作 1 年，可作 1 年 3 个月计算。在提炼或制造铅、汞、砒、磷、酸的工业中以及化学、兵工等工业中，直接从事有害身体健康工作的职工，在计算其连续工龄时，每从事此种工作 1 年，作 1 年 6 个月计算。

（四）经济补偿金的支付限制

解除劳动合同的经济补偿金支付一直是用人单位和劳动者关注的一大焦点，尤其是 2008 年 1 月 1 日《劳动合同法》实施之后，解除劳动合同经济补偿金的分段计算十分复杂，原因就在于 2008 年 1 月 1 日前后规定的不同。根据《劳动合同法》第九十七条第三款规定："本法施行之日存续的劳动合同在本法施行后解除或者终止，依照本法第四十六条规定应当支付经济补偿的，经济补偿年限自本法施行之日起计算；本法施行前按照当时有关规定，用人单位应当向劳动者支付经济补偿的，按照当时有关规定执行。"由此，使得经济补偿金因为存在劳动关系跨越 2008 年 1 月 1 日的实际情况而变得比较复杂，在实务处理中，经济补偿金计算主要涉及基数的计算和时间的计算。

1. 经济补偿金基数的分段

《劳动合同法》首次规定对经济补偿金基数进行封顶，"劳动者月工资高于用人单位所在直辖市、设区的市级人民政府公布的本地区上年度职工月平均工资三倍的，向其支付经济补偿的标准按职工月平均工资三倍的数额支付，向其支付经济补偿的年限最高不超过十二年"。即如果劳动者在劳动合同解除或终止前 12 个月的平均工资高于本地区上年度职工月平均工资 3 倍的，向其支付经济补偿金的基数按上年度职工平均工资 3 倍的数额确定，且向其支付经济补偿金的年限最高不超过 12 年，也就是通常所说的"3 倍 +12 月"双重封顶。

根据这一规定，补偿金的基数确定会出现两种情况：

（1）劳动者解除劳动合同前 12 个月平均工资≤上年度本地区职工平均工资的 3 倍，则计算基数为劳动者解除劳动合同前 12 个月平均工资，不分段。

（2）劳动者解除劳动合同前 12 个月平均工资 > 上年度本市职工平均工资的 3 倍，则需分段：

即 2008 年 1 月 1 日之前的年限以劳动者解除劳动合同前 12 个月的平均工资为计算基数（需要注意的是，平均工资是指当前解除合同前 12 个月的平均工资而不是 2008 年 1 月 1 日前 12 个月的平均工资）；

2008 年 1 月 1 日之后的年限以 3 倍封顶数额为计算基数。

2. 经济补偿金年限的分段

经济补偿金的支付在《劳动合同法》实施之前即有规定，但此前的规定对特定解除劳动合同类型实施 12 个月工资的年限封顶，即最高不能超过 12 个月工资的经济补偿金支付。2008 年 1 月 1 日之前对"12 月封顶"规定主要有以下四种情形：

a. 协商一致解除劳动合同；

b. 以暴力胁迫或者非法限制人身自由的手段强迫劳动的致使劳动者解除劳动合同；

c. 未按约定支付劳动报酬或者提供劳动条件致使劳动者解除劳动合同；

d. 不能胜任工作解除劳动合同。

2008 年 1 月 1 日之后（即《劳动合同法》修订后）对“12 月封顶”的仅作了一项规定即：劳动者解除劳动合同前 12 个月平均工资超过上年度本市职工平均工资的三倍。

鉴于《劳动合同法》第九十七条第三款的规定，“本法施行之日存续的劳动合同在本法施行后解除或者终止，依照本法第四十六条规定应当支付经济补偿的，经济补偿年限自本法施行之日起计算；本法施行前按照当时有关规定，用人单位应当向劳动者支付经济补偿的，按照当时有关规定执行”。因此，对经济补偿金年限的分段就出现以下几种典型情况：

（1）不分段计算

《劳动合同法》规定应当支付经济补偿金的情形，但是不属于 2008 年 1 月 1 日之前规定的四种封顶情形（见上文），也不属于 2008 年 1 月 1 日之后规定的封顶情形，则经济补偿年限自用工之日起计算。

（2）分段计算

①《劳动合同法》规定应当支付经济补偿金的情形，但属于 2008 年 1 月 1 日之前的“12 月封顶”的情形，劳动者在 2008 年 1 月 1 日之前的经济补偿年限按照以前的规定计算，2008 年 1 月 1 日的工作年限在计算经济补偿年限时并入计算。

②符合《劳动合同法》规定“3 倍 +12 月”封顶情形，则实施封顶计算经济补偿的年限自 2008 年 1 月 1 日计算，2008 年 1 月 1 日之前的工作年限仍按以前的规定计算。

3. 经济补偿金的计算公式

综合经济补偿金的基数和年限分段情况，我们可以得出如下结论：只要存在封顶情形的，都应以 2008 年 1 月 1 日《劳动合同法》实施之日为分界点进行分段计算。为了便于正确计算，下文总结归纳了经济补偿金的四种计算公式：

（1）2008 年 1 月 1 日前后均无封顶情形

劳动者的经济补偿金 = 本单位工作年限 × 劳动者解除劳动合同前 12 个月的平均工资

具体而言，即劳动者解除劳动合同前 12 个月平均工资不超过上年度本地区职工月平均工资 3 倍，而且解除的原因不属于 2008 年 1 月 1 日之前对“12 月封顶”规定的四种情形。

（2）2008年1月1日前后都有封顶情形

劳动者的经济补偿金=2008年1月1日前的工作年限（不超过12个月）×劳动者解除劳动合同前12个月的平均工资+2008年1月1日后的工作年限（不超过12个月）×上年度本市职工月平均工资3倍

具体而言，即劳动者解除劳动合同前12个月平均工资超过上年度本地区职工月平均工资3倍，而且解除的原因属于2008年1月1日之前对“12月封顶”规定的四种情形：

a. 协商一致解除劳动合同；

b. 以暴力胁迫或者非法限制人身自由的手段强迫劳动的致使劳动者解除劳动合同；

c. 未按约定支付劳动报酬或者提供劳动条件致使劳动者解除劳动合同；

d. 不能胜任工作解除劳动合同。

（3）2008年1月1日之前有封顶情形，2008年1月1日之后无封顶情形

劳动者的经济补偿金=［2008年1月1日前的工作年限（不超过12个月）+2008年1月1日后的工作年限］×劳动者解除劳动合同前12个月的平均工资

具体而言，即劳动者解除劳动合同前12个月平均工资不超过上年度本地区职工月平均工资3倍，而且解除的原因属于2008年1月1日之前对“12月封顶”规定的四种情形。

（4）2008年1月1日之前无封顶情形，2008年1月1日之后有封顶情形

劳动者的经济补偿金=2008年1月1日前的工作年限×劳动者解除劳动合同前12个月的平均工资+2008年1月1日后的工作年限（不超过12个月）×上年度本市职工月平均工资3倍

具体而言，即劳动者解除劳动合同前12个月平均工资超过上年度本地区职工月平均工资3倍，而且解除的原因不属于2008年1月1日之前对“12月封顶”规定的四种情形。

五、经济补偿金的支付时间

依据《劳动合同法》第五十条规定，劳动合同解除或终止，用人单位依法应当向劳动者支付经济补偿的，应在办理工作交接时支付。如用人单位未按规定支付的，除全额发放经济补偿金之外，还应按照经济补偿金数额的50%以上100%以下支付赔偿金。

法条链接

《劳动合同法》第五十条　用人单位应当在解除或者终止劳动合同时出具解除或者终止劳动合同的证明，并在十五日内为劳动者办理档案和社会保险关系转移手续。

劳动者应当按照双方约定，办理工作交接。用人单位依照本法有关规定应当向劳

动者支付经济补偿的，在办结工作交接时支付。

用人单位对已经解除或者终止的劳动合同的文本，至少保存二年备查。

第二节　赔　偿　金

一、单位支付的赔偿金

《劳动合同法》实施前，《劳动法》规定对单位支付赔偿金的情形主要有以下几种：（1）用人单位故意拖延不订立劳动合同，即招用后故意不按规定订立劳动合同以及劳动合同到期后故意不及时续订劳动合同的；（2）由于用人单位的原因订立无效劳动合同，或订立部分无效劳动合同的；（3）用人单位违反规定或劳动合同的约定侵害女职工或未成年工合法权益的；（4）用人单位违反规定或劳动合同的约定解除劳动合同的；（5）用人单位招用未解除劳动合同的劳动者，对原用人单位造成经济损失的，该用人单位应当依法承担连带责任。

对于上述情形下（1）至（4）的单位侵权，依据《劳动部违反〈劳动法〉有关劳动合同规定的赔偿办法》，用人单位承担的具体赔偿责任如下：（1）造成劳动者工资收入损失的，按劳动者本人应得工资收入支付给劳动者，并加付应得工资收入25%的赔偿费用；（2）造成劳动者劳动保护待遇损失的，应按国家规定补足劳动者的劳动保护津贴和用品；（3）造成劳动者工伤、医疗待遇损失的，除按国家规定为劳动者提供工伤、医疗待遇外，还应支付劳动者相当于医疗费用25%的赔偿费用；（4）造成女职工和未成年工身体健康损害的，除按国家规定提供治疗期间的医疗待遇外，还应支付相当于其医疗费用25%的赔偿费用；（5）劳动合同约定的其他赔偿费用。

对于第（5）种，用人单位招用尚未解除劳动合同的劳动者，对原用人单位造成经济损失的，除该劳动者承担直接赔偿责任外，该用人单位应当承担连带赔偿责任。其连带赔偿的份额应不低于对原用人单位造成经济损失总额的70%。向原用人单位赔偿包括：（1）对生产、经营和工作造成的直接经济损失；（2）因获取商业秘密给原用人单位造成的经济损失，赔偿第（2）项的损失，按《反不正当竞争法》第二十条的规定执行。

《劳动合同法》实施后，对于单位需要赔偿的情况主要集中规定在《劳动合同法》第七章的相关条款中，具体为：

（1）用人单位直接涉及劳动者切身利益的规章制度违反法律、法规规定的，给劳动者造成损害的，应当承担赔偿责任。

（2）用人单位提供的劳动合同文本未载明劳动合同法规定的劳动合同必备条款或

者用人单位未将劳动合同文本交付劳动者，给劳动者造成损害的，应当承担赔偿责任。

（3）用人单位自用工之日起超过1个月不满1年未与劳动者订立书面劳动合同的，应当向劳动者每月支付二倍的工资。用人单位违反本法规定不与劳动者订立无固定期限劳动合同的，自应当订立无固定期限劳动合同之日起向劳动者每月支付二倍的工资。

（4）用人单位违反劳动合同法规定与劳动者约定试用期的，违法约定的试用期已经履行的，由用人单位以劳动者试用期满月工资为标准，按已经履行的超过法定试用期的期间向劳动者支付赔偿金。

（5）用人单位违反劳动合同法规定，以担保或者其他名义向劳动者收取财物的，给劳动者造成损害的，应当承担赔偿责任。

（6）用人单位违法支付劳动报酬、加班费或者经济补偿或劳动报酬低于当地最低工资标准的，应当支付其差额部分；逾期不支付的，责令用人单位按应付金额50%以上100%以下的标准向劳动者加付赔偿金。

（7）劳动合同依照劳动合同法第二十六条规定被确认无效，给对方造成损害，单位有过错的应当承担赔偿责任。

（8）用人单位违反劳动合同法规定解除或者终止劳动合同的，应当依照本法第四十七条规定的经济补偿标准的二倍向劳动者支付赔偿金。

（9）用人单位违反劳动合同法规定未向劳动者出具解除或者终止劳动合同的书面证明，由劳动行政部门责令改正；给劳动者造成损害的，应当承担赔偿责任。

（10）用人单位招用与其他用人单位尚未解除或者终止劳动合同的劳动者，给其他用人单位造成损失的，应当承担连带赔偿责任。

（11）劳务派遣单位违反劳动合同法规定的，给被派遣劳动者造成损害的，劳务派遣单位与用工单位承担连带赔偿责任。

（12）对不具备合法经营资格的用人单位的违法犯罪行为，给劳动者造成损害的，应当承担赔偿责任。

（13）个人承包经营违反劳动合同法规定招用劳动者，给劳动者造成损害的，发包的组织与个人承包经营者承担连带赔偿责任。

二、劳动者支付的赔偿金

劳动者承担违反劳动合同的赔偿责任，通常应满足三个条件：（1）具有违反劳动合同的行为。主要是指劳动合同有效成立后，劳动者没有履行其合同义务。违反合同的形态主要有两种：一是非法解除劳动合同，既没有约定根据又未与用人单位协商一致解除劳动合同，或是解除劳动合同不符合《劳动法》第三十一条或第三十二条规定的法定条件。二是违反劳动合同约定的保密事项。通常这些事项是具有实用价值的技术信息和经营信息，能给用人单位带来经济利益，一旦泄露，就会给用人单位的生产经营带来损害。(2) 对用人单位造成实际经济损失。这是劳动者承担赔偿责任的必备条件，无损失则不构成损害赔偿。(3) 劳动者具有主观上的过错。过错是指劳动者实施违反劳动合同行为时的心理状态，分为故意和过失两种。只有劳动者违反劳动合同的行为存在过错时，才承担相应的赔偿责任，如果违反劳动合同的行为并非出自劳动者的故意或过失，而是由于不可抗力或者意外事故等原因，劳动者可以不承担任何赔偿责任。

依据《劳动部违反〈劳动法〉有关劳动合同规定的赔偿办法》，劳动者承担赔偿责任的范围主要包括：(1) 用人单位招收录用其所支付的费用；(2) 用人单位为其支付的培训费用，双方另有约定的按约定办理；(3) 对生产、经营和工作造成的直接经济损失；(4) 劳动合同约定的其他赔偿费用。

除此之外，对于劳动者违反合同中约定的保密事项，给用人单位造成损失时，也应按《反不正当竞争法》第二十条规定支付用人单位赔偿金。

《劳动合同法》实施后，劳动者可能承担的赔偿责任情形主要有：(1) 劳动合同依照本法第二十六条规定被确认无效，给对方造成损害的，劳动者有过错的应当承担赔偿责任。(2) 劳动者违反本法规定解除劳动合同，或者违反劳动合同中约定的保密义务或者竞业限制，给用人单位造成损失的，应当承担赔偿责任。

案例：8－1　财务人员遭受电信诈骗给单位造成损失应根据过错承担赔偿责任

张某系重庆某公司会计，黄某系该公司出纳兼办公室行政职务，两人与公司签订的劳动合同中均约定，工作期间因劳动者违反法律、法规、公司劳动纪律及规章制度、工作岗位责任要求，给公司或第三方造成经济损失，劳动者应当承担赔偿责任。

2017年6月2日上午，张某的QQ号码疑似被盗无法正常登录，后经申诉找回。当日15时01分，昵称为该公司肖晓玲董事长的QQ号码将张某加入一新建讨论组，并让张某将黄某拉进该讨论组。在讨论组中，“肖晓玲董事长”安排黄某和张某向深圳某公司转账48万元。黄某用公司以其私人账户开户的银行卡内的资金，通过网上银行完成转账。之后，黄某又按照“肖晓玲董事长”的指示向“王某”的账户转入19万元。转账完毕后，黄某感觉异常，打电话向公司法定代表人肖晓玲确认，知受骗，遂向公安机关报案。公司起诉认为张某、黄某履行职务中存在重大过失，应共同赔偿公司经济损失67万元。

重庆市渝北区人民法院经审理认为，根据《工资支付暂行规定》第十六条的规定和劳动合同的约定，张某和黄某轻信冒充公司董事长的QQ号码的指示，未尽到财务人员的谨慎和合理注意、核实的义务，未履行基本的审批手续，擅自将公司款项67万元转至他人账户，造成公司钱款暂时无法追回，具有重大过失，构成严重失职，应当承担一定赔偿责任。而公司将公司款项存放于黄某的私人账户，违反了基本的财务管理制度，财务管理较为混乱，应当自行承担一定责任。综上，酌情确定由张某、黄某承担20%的赔偿责任，共同赔偿公司经济损失13.4万元。

律师点评

劳动关系中，劳动者承担赔偿责任应当以劳动者具有主观过错为前提，而劳动者的过错也应限于故意或重大过失，如果仅是轻微过失或疏忽，可考虑免除劳动者的赔偿责任。本案中，张某和黄某作为公司的会计和出纳，对公司的财务支出应当负有谨慎义务，但二人在款项的支付过程中没有遵守财务工作要求，属于合同约定的违反工作岗位责任要求的情况，可以认定二人具有重大过失。

从法理角度考虑，规定劳动者的损害赔偿责任，其目的除了惩戒劳动者过失，补偿单位损失；还包括促进单位完善管理制度，规范日常经营。因此，如果将损失完全转由劳动者承担，则可能导致单位松懈自己的管理职责，不利于单位健全管理制度，对劳动者而言也有失公平。本案中，公司财务管理方面存在疏漏，未建立规范的书面财务规章制度，且未遵守财务管理制度基本要求，将公司款项存放在员工私人账户中。因此，法院根据单位与劳动者各自的过错，并综合考虑劳动者的主观过错大小、收入情况等因素，确定劳动者承担20%赔偿比例较为恰当。

第九章　其他类型劳动合同争议

第一节　以完成一定任务为期限的合同

以完成一定工作任务为期限的劳动合同，是指用人单位与劳动者约定以某项工作的完成为合同期限的劳动合同。用人单位与劳动者协商一致，可以订立以完成一定工作任务为期限的劳动合同，它重在要求劳动者按质按量、符合要求地完成某项工作。该类劳动合同在《劳动合同法》里是一类很特殊的劳动合同，与固定期限劳动合同和无固定期限劳动合同有着很大的区别，用人单位可以根据本单位的需要采用该种劳动合同。该种劳动合同以某一项工作开始之日作为其期限起算之日，以劳动者完成该项工作之日作为其期限终止之日，因此，存在变更、解除、中止（双方协议暂停履行）或终止，但不存在续签问题。

实践中，以完成一定工作任务为期限的劳动合同多出现在房屋拆迁、城市建设领域，承办拆迁、建设工作的单位为了完成一定区域内的房屋拆迁、垃圾清运等事项，以及一些季节性、临时性的事情，例如，用人单位要将若干堆垃圾进行清理，并运到指定地点，就垃圾清运这一事项用人单位可以与劳动者签订劳动合同；劳动者应当按照要求将这些垃圾清理并运至垃圾处置地点，工作完成时劳动合同到期。再如，在城市拆迁建设领域，承办拆迁工作的单位为了完成一定区域内的房屋拆迁工作，则可以与劳动者就房屋拆迁等事项签订劳动合同；劳动者应当按照要求将房屋拆迁，并将石块等垃圾清运至指定地点，工作完成时劳动合同到期。一般有下列情形之一的，用人单位与劳动者协商一致，可以签订以完成一定工作任务为期限的劳动合同：

（1）以完成单项工作任务为期限的劳动合同；

（2）以项目承包方式完成承包任务的劳动合同；

（3）因季节原因临时用工的劳动合同；

（4）其他双方约定的以完成一定工作任务为期限的劳动合同。

由此可知，该种劳动合同的使用有很大的局限性，不可以任意使用。

一、以完成一定工作任务为期限的劳动合同与固定期限劳动合同之间的不同之处

1. 以完成一定工作任务为期限的劳动合同不属于固定期限劳动合同，所以即使连

续签订两次之后再签的，也无需签订无固定期限劳动合同。

2. 没有试用期。以完成一定工作任务为限的劳动合同不得约定试用期。

3. 工作任务的完成为此类劳动合同的终止期限，而固定期限劳动合同以约定的时间为劳动合同终止期限。

二、以完成一定工作任务为期限的劳动合同的经济补偿

《劳动合同法实施条例》第二十二条规定，以完成一定工作任务为期限的劳动合同因任务完成而终止的，用人单位应当依照劳动合同法第四十七条的规定向劳动者支付经济补偿。按照该条款之规定，用人单位需要在合同因任务完成而终止的情况下向劳动者支付经济补偿。

值得一提的是，由于以完成一定工作任务为期限的劳动合同期满任务就完成了，不会有续签的情形，因此以完成一定工作任务为期限的劳动合同期满终止，就应当依照《劳动合同法》第四十七条规定的标准支付经济补偿。如果用人单位还愿意在另外一个工作任务中招用该劳动者，就应当另外签订一份劳动合同，且不能因又签了一份劳动合同而不支付已经履行完毕的劳动合同的经济补偿。

三、对以完成一定任务为期限用工的限制

1. 必须明确约定某项工作任务

约定的任务必须明确、具体，有任务完成的验收标准，不能笼统地做岗位描述。比如，对于技术任务，可以以某个软件开发任务完成作为期限，但如果只是约定软件开发，并没有明确约定某个任务，就不属于此种用工形式。

2. 不得约定试用期

《劳动合同法》第十九条第三款：“以完成一定工作任务为期限的劳动合同或者劳动合同期限不满三个月的，不得约定试用期。”即公司不能以试用期内不符合录用资格为由解除劳动合同。

3. 同样需要缴纳社会保险金和税金

社会保险条款是劳动合同的必备条款，只要双方存在劳动关系，用人单位就应当为劳动者缴纳社会保险金。即使是签订以完成一定工作任务为期限的劳动合同，用人单位也应当为劳动者办理社会保险。

第二节　非全日制劳动合同

非全日制劳动是灵活就业的一种重要形式。近年来，我国非全日制劳动用工形式

呈现迅速发展的趋势，特别是在餐饮、超市、社区服务等领域，用人单位使用的非全日制用工形式越来越多。在我国促进非全日制劳动具有重要意义，因为非全日制劳动适应了企业降低人工成本、推进灵活用工的客观需要。在市场经济条件下，企业用工需求取决于生产经营的客观需要，同时，企业为追求利润的最大化，也要尽可能降低人工成本。非全日制用工的人工成本明显低于全日制用工。因此，越来越多的企业根据生产经营的需要，采用包括非全日制用工在内的一些灵活用工形式。

非全日制劳动合同是劳动者与用人单位约定的以小时作为工作时间单位确立劳动关系的协议，是相对于全日制工而言的。《劳动合同法》第六十八条规定，非全日制用工，是指以小时计酬为主，劳动者在同一用人单位一般平均每日工作时间不超过四小时，每周工作时间累计不超过24小时的用工形式。非全日制用工是随着市场经济的就业形式多样化而发展起来的用工形式。与全日制用工相比，非全日制用工更为便捷、灵活，既有利于用人单位灵活用工，也有利于创造更多的就业机会，促进劳动者就业。

用人单位采用非全日制用工形式，也必须与劳动者签订劳动合同。当然，劳动合同在形式、内容等方面可以与全日制用工的劳动合同有所不同。对于企业与非全日制劳动者签订劳动合同，主要有以下一些具体规定：

1. 由于从事非全日制工作的劳动者，可以与一个或一个以上用人单位建立劳动关系，因此，企业只要是使用了非全日制工作的劳动者，尽管其与其他单位订立了劳动合同，也仍然要与该劳动者签订劳动合同，但是，后订立的劳动合同不得影响或损害先订立的劳动合同。

2. 非全日制用工的劳动合同可以书面形式订立，也可以经过协商一致订立口头形式的劳动合同，这种用工方式适用于那些短期性、及时结清性和权利义务简单的劳动关系。

3. 如果企业使用的非全日制劳动者是由依法成立的劳务派遣机构派遣的，劳动者应当与劳务派遣组织签订劳动合同，企业只需要与劳务派遣机构签订劳务派遣合同就可以了。

4. 非全日制用工劳动合同的内容，由用人单位和劳动者双方协商确定，但应当包括工作时间和期限、工作内容、劳动报酬、劳动保护和劳动条件五项必备条款，同时也可以约定保密条款，但不得约定试用期。

5. 关于非全日制劳动合同的终止条件，双方可以在劳动合同中自由约定，一旦约定，劳动合同的终止按照合同约定办理，而不受一般劳动合同的相关法律法规的约束。如果双方当事人未在合同中约定终止劳动合同提前通知期的，合同履行中任何一方均可以随时通知对方终止劳动合同。通知可以采用书面形式，也可以采用口头通知的形式。任何一方提出终止用工都不用向对方支付经济补偿。

6. 非全日制工的工资支付。

（1）非全日制工的工资支付可以按小时、日、周单位结算。对此，用人单位和劳动者可以在合同中进行约定。

（2）非全日制用工劳动报酬结算支付周期最长不得超过 15 日。

（3）非全日制用工小时计酬标准不得低于用人单位所在地人民政府规定的最低小时工资标准。

7. 非全日制劳动合同的工作时间是劳动者在同一用人单位一般平均每日工作时间不超过 4 小时，每周工作时间累计不超过 24 小时。

8. 非全日制用工的社会保险。

依据《劳动和社会保障部关于非全日制用工若干问题的意见》（劳社部发〔2003〕12 号）的规定，从事非全日制工作劳动者的基本养老保险，原则上参照个体工商户的参保办法执行，基本医疗保险以个人身份参加。用人单位应当按照国家有关规定为建立劳动关系的非全日制劳动者缴纳工伤保险费。因此，用人单位只需为非全日制劳动者缴纳工伤保险。

部分地区也有对此作出不同规定，如上海，根据《上海市劳动和社会保障局、上海市医疗保险局关于本市非全日制就业的若干问题的通知》（沪劳保就发〔2003〕29 号）规定，非全日制劳动者的社会保险由其自行缴纳。

第十章　劳动报酬争议

第一节　工资的构成与税务处理

一、工资的构成

劳动收入是劳动者从事某种劳动而获得的一定数量的货币或实物形态的报酬。

劳动法中的工资是指用人单位依据国家有关规定或劳动合同的约定，以货币形式直接支付给本单位劳动者的劳动报酬，工资总额是指企业在一定时期（一般以年计算）内直接支付给本企业全部职工的全部劳动报酬的总额。

工资总额的计算，应以直接支付给全体职工的全部劳动报酬为根据。根据《关于工资总额组成的规定》第四条规定，工资总额由计时工资、计件工资、奖金、津贴和补贴、加班加点工资及特殊情况下支付的工资六部分组成。

计时工资是按计时工资标准（包括地区生活费补贴）和工作时间支付给个人的劳动报酬，包括：(1) 对已做工作按计时工资标准支付的工资；(2) 实行结构工资制的单位支付给职工的基础工资和职务（岗位）工资；(3) 新参加工作职工的见习工资（学徒的生活费）；(4) 运动员体育津贴。

计件工资是指对已做工作按计件单价支付的劳动报酬，包括：(1) 实行超额累进计件、直接无限计件、限额计件、超定额计件等工资制，按劳动部门或主管部门批准的定额和计件单价支付给个人的工资；(2) 按工作任务包干方式支付给个人的工资；(3) 按营业额提成或利润提成办法支付给个人的工资。

奖金是指支付给职工的超额劳动报酬和增收节支的劳动报酬，包括：(1) 生产奖；(2) 节约奖；(3) 劳动竞赛奖；(4) 机关、事业单位的奖励工资；(5) 其他奖金。

津贴和补贴是指为了补偿职工特殊或额外的劳动消耗和因其他特殊原因支付给职工的津贴，以及为了保证职工工资水平不受物价影响支付给职工的物价补贴。

加班加点工资是指按规定支付的加班工资和加点工资。

特殊情况下支付的工资则包括：(1) 根据国家法律、法规和政策的规定，因病、工伤、产假、计划生育假、婚丧假、事假、探亲假、定期休假、停止学习、执行国家或社会义务等原因按计时工资标准或计时工资标准的一定比例支付的工资；(2) 附加工资、保留工资。

实务中，在处理劳动者有关权益时，如计算经济补偿金，作为工资总额的构成部分，应当按照上述规定全部计入收入。

> **Tips** 小贴士：10－1　**津贴和补贴的简易区别**
>
> **津贴和补贴的简易区别**
>
> 津贴：补偿劳动者生产、工作条件
>
> 补贴：弥补劳动者生活开支

二、不纳入工资构成

工资是劳动者劳动收入的主要组成部分，但劳动者所有的收入并不都是属于工资的范畴，根据规定以下收入不属于工资范围：

（1）根据国务院发布的有关规定颁发的创造发明奖、自然科学奖、科学技术进步奖和支付的合理化建议和技术改进奖以及支付给运动员、教练员的奖金；

（2）有关劳动保险和职工福利方面的各项费用；

（3）有关离休、退休、退职人员待遇的各项支出；

（4）劳动保护的各项支出；

（5）稿费、讲课费及其他专门工作报酬；

（6）出差伙食补助费、误餐补助、调动工作的旅费和安家费；

（7）对自带工具、牲畜来企业工作职工所支付的工具、牲畜等的补偿费用；

（8）实行租赁经营单位的承租人的风险性补偿收入；

（9）对购买本企业股票和债券的职工所支付的股息（包括股金分红）和利息；

（10）劳动合同制职工解除合同时由企业支付的医疗补助费、生活补助费等；

（11）因录用临时工而在工资以外向提供劳动力单位支付的手续费或管理费；

（12）支付给家庭工作的加工费和按加工订货办法支付给承包单位的发包费用；

（13）支付给参加企业劳动的在校学生的补贴；

（14）计划生育独生子女补贴。

三、工资与个人所得税

根据《个人所得税法》规定，工资薪金所得应当缴纳个人所得税，即个人因任职或受雇而取得的工资、薪金、奖金、年终加薪、劳动分红、津贴、补贴以及其他与任职、受雇有关的所得都应按规定缴纳个人所得税，工资、薪金所得，适用超额累进税率。自2011年9月1日起实施新修订后的个人所得税税率为3%至45%。个人为个人所得税的纳税义务人，但一般是由支付工资的单位为扣缴义务人。

图表：10－1 个人所得税税率对比表

修改后			
级数	含税级距	税率（%）	速算扣除数
1	0—3000	3	0
2	3000—12000	10	210
3	12000—25000	20	1410
4	25000—35000	25	2660
5	35000—55000	30	4410
6	55000—80000	35	7160
7	80000 以上	45	15160
修改前			
级数	含税级距	税率（%）	速算扣除数
1	0—1500	3	0
2	1500—4500	10	105
3	4500—9000	20	555
4	9000—35000	25	1005
5	35000—55000	30	2755
6	55000—80000	35	5055
7	80000 以上	45	13505

另外，在企业处理员工个人所得税的实务中，按照有关规定，特别应当注意以下员工个人所得税的处理：

（一）企业向职工发放交通补贴的个人所得税问题。根据《国家税务总局关于个人所得税有关政策问题的通知》（国税发〔1999〕58号）第二条规定，企业采用报销私家车燃油等方式向职工发放交通补贴的行为，扣除一定标准的公务费用后，按照“工资、薪金”所得项目计征个人所得税。按月发放的，并入当月“工资、薪金”所得计征个人所得税。公务费用的扣除标准，由省级地方税务局根据纳税人公务交通的实际发生情况调查测算，报经省级人民政府批准后确定，并报国家税务总局备案。

（二）企业向职工发放的通讯补贴的个人所得税问题。根据《国家税务总局关于个人所得税有关政策问题的通知》（国税发〔1999〕58号）第二条规定，企业向职工发放的通讯补贴，扣除一定标准的公务费用后，按照“工资、薪金”所得项目计征个人所得税。按月发放的，并入当月“工资、薪金”所得计征个人所得税。公务费用的扣除标准，由省级地方税务局根据纳税人通讯费用的实际发生情况调查测算，报经省级人民政府批准后确定，并报国家税务总局备案。

（三）企业为职工购买的人身意外险的个人所得税问题。根据《国家税务总局关于单位为员工支付有关保险缴纳个人所得税问题的批复》（国税函〔2005〕318号）规定，企业为员工支付各项免税之外的保险金，应在企业向保险公司缴付时并入员工当期的工资收入，按“工资、薪金”所得项目计征个人所得税。

（四）企业年金的个人所得税问题。根据《财政部国家税务总局关于个人所得税有关问题的批复》（财税〔2005〕94号）规定，应按企业统一计提年金时所用的具体标准乘以每人每月工资总额计算个人每月应得年金，扣缴个人所得税。

（五）公司向解除劳动关系的人员支付一次性补偿费。根据《国家税务总局关于行政机关应扣未扣个人所得税问题的批复》（国税函〔2004〕1199号）规定，应责成扣缴义务人向纳税人追缴税款。

（六）企业为职工缴付的补充医疗保险的个人所得税问题。根据《财政部、国家税务总局关于基本养老保险费、基本医疗保险费、失业保险费、住房公积金有关个人所得税政策的通知》（财税〔2006〕10号）规定，应当扣缴个人所得税。如果企业委托保险公司单独建账，集中管理，未建立个人账户，应按企业统一计提时所用的具体标准乘以每人每月工资总额计算个人每月应得补充医疗保险，全额并入当月工资扣缴个人所得税。

（七）金融保险企业开展的以业务销售附带赠送个人实物的，应按规定扣缴个人所得税。没有明细赠送记录，无法按人扣缴个人所得税的，按合理比例统一扣缴个人所得税。

（八）“五险一金”的个人所得税问题。

根据《个人所得税法实施条例》第二十五条，按照国家规定，单位为个人缴付和个人缴付的基本养老保险费、基本医疗保险费、失业保险费、住房公积金，从纳税义务人的应纳税所得额中扣除。

根据《财政部、国家税务总局关于基本养老保险费、基本医疗保险费、失业保险费、住房公积金有关个人所得税政策的通知》（财税〔2006〕10号）第一条，企事业单位按照国家或省（自治区、直辖市）人民政府规定的缴费比例或办法实际缴付的基本养老保险费、基本医疗保险费和失业保险费，免征个人所得税；个人按照国家或省（自治区、直辖市）人民政府规定的缴费比例或办法实际缴付的基本养老保险费、基本医疗保险费和失业保险费，允许在个人应纳税所得额中扣除。

企事业单位和个人超过规定的比例和标准缴付的基本养老保险费、基本医疗保险费和失业保险费，应将超过部分并入个人当期的工资、薪金收入，计征个人所得税。

第二条规定，根据《住房公积金管理条例》《建设部、财政部、中国人民银行关于住房公积金管理若干具体问题的指导意见》（建金管〔2005〕5 号）等规定精神，单位和个人分别在不超过职工本人上一年度月平均工资 12% 的幅度内，其实际缴存的住房公积金，允许在个人应纳税所得额中扣除。单位和职工个人缴存住房公积金的月平均工资不得超过职工工作地所在设区城市上一年度职工月平均工资的 3 倍，具体标准按照各地有关规定执行。单位和个人超过上述规定比例和标准缴付的住房公积金，应将超过部分并入个人当期的工资、薪金收入，计征个人所得税。

根据上述规定，个人按照规定标准缴纳的基本养老保险费、基本医疗保险费和失业保险费、住房公积金，允许在个人应纳税所得额中扣除。

单位和个人超过规定比例和标准缴纳的基本养老保险费、基本医疗保险费和失业保险费、住房公积金，超过部分应并入个人当期的工资、薪金收入，缴纳个人所得税。根据《工伤保险条例》和生育保险相关规定，工伤保险和生育保险由单位缴纳，个人不缴。对单位按规定缴纳法人工伤保险和生育保险，不涉及个人所得税。

四、年终奖与经济补偿金的个人所得税处理

随着我国劳动用工和工资制度的不断完善，越来越多的企业采取了更加灵活的薪酬激励手段，发放年终奖金成为企业最常采用的方式之一。同时，在劳动合同解除时，也常涉及经济补偿金的发放问题。在企业实务中，如何代扣劳动者这两种收入的税额成为企业经常遇到的棘手问题。

（一）年终奖金的计税方法及例解

1. 年终奖金的纳税性质和范围

年终奖金的性质根据《国家统计局关于工资总额组成的规定》应属于工资、薪金所得。在《国家税务总局关于调整个人取得全年一次性奖金等计算征收个人所得税方法问题的通知》（国税发〔2005〕9 号）（以下简称《通知》）中则对之具体解释为：全年一次性奖金是指行政机关、企事业单位等扣缴义务人根据其全年经济效益和对雇员全年工作业绩的综合考核情况，向雇员发放的一次性奖金。上述一次性奖金也包括年终加薪、实行年薪制和绩效工资办法的单位根据考核情况兑现的年薪和绩效工资。

2. 年终奖金计税方法

依据《个人所得税法》及《财政部、国家税务总局关于个人所得税法修改后有关优惠政策衔接问题的通知》（财税〔2018〕164 号）的规定，年终奖金的计税方法为：

（1）居民个人取得全年一次性奖金，符合《通知》规定的，在 2021 年 12 月 31 日前，不并入当年综合所得，以全年一次性奖金收入除以 12 个月得到的数额，确定适用税率和速算扣除数，单独计算纳税。计算公式为：应纳税额 = 全年一次性奖金收入 × 适用税率 - 速算扣除数。

（2）居民个人取得全年一次性奖金，也可以选择并入当年综合所得计算纳税。

(3) 自2022年1月1日起，居民个人取得全年一次性奖金，应并入当年综合所得计算缴纳个人所得税。

(4) 在一个纳税年度内，该计算方式只允许采用一次，其他任何名目的奖金，如半年奖、季度奖、加班奖、先进奖、考勤奖等，一律与当月工资、薪金收入合并，按税法规定缴纳个人所得税。

(5) 实行年薪制和绩效工资的单位，个人取得年终兑现的年薪和绩效工资按上述方法进行。

案例：10-1 年终奖纳税实例讲解

以下实例中，为简便，月工资均假定为扣除社会保险金后的工资，因【专项附加扣除】和【依法确定的其他扣除】因人不同，以下事例计算不考虑此两项。

例一：员工李某于2019年2月15日领取的月薪为6248元，同时领取全年一次性奖金收入45000元，则：

(1) 当月工资、薪金所得应纳个人所得税：(6248-5000)×3%=37.44(元)，税率为3%，速算扣除数为0；

(2) 全年一次性奖金应纳个人所得税。员工李某当月月薪6248元，高于5000元，应将一次性奖金45000元除以12，应纳税额=45000×10%-210=4290(元)，按其商数3750，确定适用税率为10%，速算扣除数为210。

例二：员工李某于2019年2月15日领取的月薪为4500元，同时领取全年一次性奖金收入20000元，因员工李某当月工资薪金所得4500元，低于5000元，因此应将年终奖与当月工资合并，减去5000元的余额，除以12，商数为1925，确定适用应纳税额=(20000+4500-5000)×3%-0=585(元)，税率为3%，速算扣除数为0。

(二) 经济补偿金的计税方法及例解

1. 经济补偿金的产生情形及性质

劳动法中的经济补偿金主要是依据《劳动法》第二十八条规定而产生的，它是用人单位依照法律规定对因劳动关系的解除或终止而给予劳动者的经济补偿。一般来讲，经济补偿金的产生情形主要有：单位提出解约，双方依据《劳动法》第二十四条协商解除劳动合同；单位依据《劳动法》第二十六条与劳动者解除劳动合同；单位依据《劳动法》第二十七条裁员而解除劳动合同；单位因破产、解散、被撤销而终止劳动合同关系；单位因暴力、威胁或非法限制人身自由的手段强迫劳动者劳动，劳动者提出解除劳动合同；单位因克扣或拖欠劳动报酬，劳动者提出解除劳动合同；用人单位未按规定给予经济补偿金时，额外支付的经济补偿金等。对于经济补偿金的纳税性质，《国家税务总局关于个人因解除劳动合同取得经济补偿金征收个人所得税问题的通知》(国税发〔1999〕178号)(以下简称《1999年通知》)规定为：对于个人因解除劳动合同而取得一次性经济补偿收入，应按“工资、薪金所得”项目计征个人所得税。

2. 经济补偿金的计税方法

依据《财政部、国家税务总局关于个人所得税法修改后有关优惠政策衔接问题的通知》（财税〔2018〕164号）的规定，经济补偿金的计税方法为：

（1）个人与用人单位解除劳动关系取得一次性补偿收入（包括用人单位发放的经济补偿金、生活补助费和其他补助费），在当地上年职工平均工资3倍数额以内的部分，免征个人所得税；超过部分计算征收个人所得税。

（2）超过当地上年职工平均工资3倍数额的部分，不并入当年综合所得，单独适用综合所得税率表，计算纳税。

案例：10－2　经济补偿金纳税实例讲解

员工赵某月工资为8000元，因企业依据《劳动法》第二十六条第（三）项解除劳动合同获得补偿金350000元，个人缴纳社会保险1760元，专项附加扣除和依法确定的其他扣除暂不考虑，在单位连续工龄为15年，上年度职工年平均工资假定为102000元。则：

（1）需要缴纳的一次性补偿金总额＝补偿金总额－当地上年度职工年平均工资3倍，即350000－102000×3＝44000（元）

（2）当月应纳税额＝需纳税的一次性补偿金总额＋当月工薪收入－费用扣除标准－社会保险等法定扣除事项，即44000＋8000－5000－1760＝45240（元）

（3）确定适用税率＝需缴纳的一次性补偿金总额÷连续工作年限（最高不超过12年）＋当月工资收入－费用扣除标准－社会保险等法定扣除额（结果通过税率表选择税率），即44000÷12＋8000－5000－1760＝4906．67（元），适用税率为10%，速算扣除数为210元。

（4）当月应纳税额＝应纳税所得额×适用税率－速算扣除数，即45240×10%－210＝4314（元）。

（5）扣除税后的实得经济补偿金＝补偿金总数－经济补偿金纳税额，即350000－4314＝345686（元）

律师点评

对经济补偿金征收所得税是国家法律的强制性规定，但是经济补偿金常常是基于员工被解雇而产生的，相关员工可能会对相关法律缺少了解，在实际操作时，通常会有抵触或不满情绪。因此，企业在发放补偿金前，应向员工明确告知相关法律规定及计算方法，以避免不必要的麻烦产生。

第二节　最低工资

一、最低工资的作用

最低工资是国家规定的，当职工在法定工作时间内提供了正常劳动的前提下，用人单位在最低限度内应当支付的足以维持职工及其平均供养人口基本生活需要的工资，即工资的法定最低限额。实行最低工资保障制度，是世界通行的做法。我国实行最低工资保障制度，符合适应社会主义市场经济发展的需要，有利于保障劳动者个人及其家庭成员的基本生活，促进劳动者素质的提高和企业公平竞争。

案例：10－3　计件工资是否存在最低工资问题？

郭某与某企业签订的劳动合同中，约定实行计件工资。在生产淡季，郭某的工资报酬核算下来仅有400元，而当地劳动和社会保障局公布的最低工资标准是750元。郭某认为，生产淡季不是自己的主观原因造成的，遂向企业提出至少按最低工资标准支付报酬。但企业方面认为，既然实行计件工资，就是多劳多得，少劳少得，不存在最低工资问题。郭某将该劳动争议提交到劳动争议仲裁委员会进行仲裁。最后，劳动争议仲裁委员会支持了郭某的请求。

律师点评

最低工资制度的适用范围不限于通常的月薪制员工，同样也适用按计件工资的劳动者，也适用于非全日制用工的劳动者（小时工）等，最低工资设立的目的在于只要在法定工作时间或者合同约定的工作时间内提供了正常劳动，用人单位都应支付劳动者不低于最低工资标准的工资。

二、不纳入最低工资的费用

对于法定最低工资的范围，我国法律、法规有明确的规定，根据《最低工资规定》及《关于贯彻执行〈中华人民共和国劳动法〉若干问题的意见》的规定，最低工资不包括延长工作时间的工资；中班、夜班、高温、低温、井下、有毒、有害等特殊工作环境、条件下的津贴；法律、法规、国家规定的劳动者福利待遇等。实行计件工资或提成工资等工资形式的用人单位，在科学合理的劳动定额基础上，其支付劳动者的工资不得低于相应的最低工资标准。

各地在实施中也会发布当年最低工资的有关通知，在通知中亦明确规定了不得包括在最低工资中的项目。如北京市规定：下列项目不作为最低工资标准的组成部分，用人单位应按规定另行支付：（1）劳动者在中班、夜班、高温、低温、井下、有毒有害等特殊工作环境、条件下的津贴；（2）劳动者应得的加班、加点工资；（3）劳动者个人应缴纳的各项社会保险费和住房公积金；（4）根据国家和本市规定不计入最低工资标准的其他收入。

上海市则规定，下列项目不作为月最低工资的组成部分，单位应按规定另行支付：（1）个人依法缴纳的社会保险费和住房公积金；（2）延长法定工作时间的工资；（3）中班、夜班、高温、低温、井下、有毒有害等特殊工作环境、条件下的津贴；（4）伙食补贴（饭补）、上下班交通费补贴、住房补贴。

三、月最低工资与小时最低工资

根据《最低工资规定》的规定，我国最低工资标准一般采取月最低工资标准和小时最低工资标准的形式。月最低工资标准适用于全日制就业劳动者，小时最低工资标准适用于非全日制就业劳动者。

确定和调整月最低工资标准，应参考当地就业者及赡养人口的最低生活费用、城镇居民消费价格指数、职工个人缴纳的社会保险费和住房公积金、职工平均工资、经济发展水平、就业状况等因素。确定和调整小时最低工资标准，应在颁布的月最低工资标准的基础上，考虑单位应缴纳的基本养老保险费和基本医疗保险费因素，同时还应适当考虑非全日制劳动者在工作稳定性、劳动条件和劳动强度、福利等方面与全日制就业人员之间的差异。省、自治区、直辖市范围内的不同行政区域可以有不同的最低工资标准。

Tips 小贴士：10－2　工资可否按最低工资支付？

律师指引

有些企业以最低工资规定为借口，支付给劳动者的工资就是最低工资标准的数额，这也是错误的。这是对最低工资规定的恶意曲解。依据规定，给劳动者发放最低工资，必须是那些经营较困难的单位。经营正常尤其是盈利较好的企业，应参照企业的盈利状况、所在地政府发布的工资指导线、劳动力市场工资指导价位、地区平均工资水平、职工创造的价值等各种因素，合理地确定职工的平均工资。

四、违反最低工资的责任

为了保证用人单位支付劳动者的工资不低于当地最低工资标准，国家规定了具体的保障措施，要求用人单位应在最低工资标准发布后10日内将该标准向本单位全体劳动者公示。用人单位没有将最低工资的规定公示的，由劳动保障行政部门责令其改正。

此外，县级以上地方人民政府劳动保障行政部门负责对本行政区域内用人单位执行本规定情况进行监督检查。各级工会组织依法对最低工资规定执行情况进行监督，发现用人单位支付劳动者工资违反该规定的，有权要求当地劳动保障行政部门处理。

相关部门和用人单位确定和执行最低工资标准时，必须严格依照国家法律。违反法律规定的，要承担相应的法律责任。用人单位支付给劳动者的工资低于最低工资标准的，依照《最低工资规定》的规定，由劳动保障行政部门责令其限期补发所欠劳动者工资，并可责令其按所欠工资的1倍至5倍支付劳动者赔偿金。

第三节 工资支付

一、工资支付形式

根据《劳动法》第五十条的规定，工资应当以货币的形式按月支付给劳动者本人。《工资支付暂行规定》第五条规定，工资应当以法定货币支付。不得以实物及有价证券代替货币支付。规定工资以货币形式支付，排除了实物及有价证券等支付形式，是为了更好地保护劳动者获得劳动报酬的权利。

二、工资支付时间

劳动法规定，劳动报酬为劳动合同的必备条款，同时也规定工资应当以货币形式按月支付给劳动者本人。《工资支付暂行规定》也明确规定，工资至少每月支付一次，实行周、日、小时工资制的可按周、日、小时支付工资。对于完成一次性临时劳动或某一项具体工作的劳动者，应按有关规定或劳动合同约定，在其完成任务后即支付工资。工资必须在用人单位与劳动者约定的日期支付，如支付的日期恰遇节假日或休息日，根据《工资支付暂行规定》的规定，则应提前在最近的工作日支付。

三、假期工资的支付

劳动者依法享受年休假、探亲假、婚假、丧假、法定节假日等假期，用人单位应按劳动合同规定的标准支付劳动者工资。因此，带薪假主要有年休假、探亲假、婚丧假以及法定节假日，在此期间劳动者享有领取劳动合同规定的工资的权利。而如果单位因工作需要不能安排职工休年休假的，经职工本人同意，可以不安排职工休年休假。对职工应休未休的年休假天数，单位应当按照该职工日工资收入的300%支付年休假工资报酬，但其中包含用人单位支付职工正常工作期间的工资收入，即再支付200%。计算未休年休假工资报酬的日工资收入按照职工本人的月工资除以月计薪天数（21.75天）进行折算。

四、特殊情况下的工资支付

特殊情况下的工资支付主要包括以下几类：一是医疗期及工伤治疗期工资支付；二是女职工“三期”期间工资支付；三是员工参加特殊活动时的工资支付。

1. 医疗期工资支付

根据《关于贯彻执行〈劳动法〉若干问题的意见》第五十九条的规定，职工患病或非因工负伤治疗期间，在规定的医疗期间内由企业按有关规定支付其病假工资或疾病救济费，病假工资或疾病救济费可以低于当地最低工资标准支付，但不能低于最低工资标准的80%。在各地执行医疗期工资待遇时，可能会发生地方性规定与劳动部门规定不一致的情况，当地执行医疗工资发放时应当按照当地的规定执行。

劳动者患职业病或工伤的病假待遇需根据《工伤保险条例》规定执行，具体为“职工因工作遭受事故或患职业病需要暂停工作接受工伤医疗的，在停工留薪期内，原工资福利待遇不变，由所在单位按月支付。停工留薪期一般不超过12个月。伤情严重或者情况特殊，经设区的市级劳动能力鉴定委员会确认，可以适当延长，但延长不得超过12个月。工伤职工评定伤残等级后，停发原待遇，按本章的有关规定享受伤残待遇”。由此可见，对于患职业病或工伤的，在停薪留职期内的，劳动者可以享受原来的工资待遇。

2. “三期”女职工待遇支付

按照《女职工劳动保护特别规定》等规定，用人单位不得因女职工怀孕、生育、哺乳降低其工资、予以辞退、与其解除劳动或聘用合同。同时，女职工在休哺乳假期间影响工资晋级的，在产假、哺乳假期满后，经单位考核并试工合格的，应当予以晋级，补足晋级工资；经单位考核或试工不合格的，由单位安排适当的工作，保留原工资等级。

对于女职工在孕期的正常生育检查，用人单位不得视其为旷工而扣其工资。

在实务中，可能会遇到的难题是，若女职工违反国家计划生育政策的，是否有权利享受相关的保护性待遇？国家或地方目前没有专门的处理规定，但在《上海市女职工劳动保护办法》中有规定：“对违反国家和本市有关计划生育规定的女职工，其产前假、产假、哺乳假等待遇按有关规定处理。”《上海市人口与计划生育条例》规定：“对违反本条例规定生育子女的公民，除征收社会抚养费外，分娩的住院费和医药费自理，不享受生育保险待遇和产假期间的工资待遇。”由此可见，违反国家和该市有关计划生育规定的女职工，不能享受国家规定的产前假、产假、哺乳假等相关待遇，即不能享受到工资支付的特殊性保护。

3. 职工参加特殊活动时的工资支付

职工作为劳动者，在用人单位从事劳动，但同时也是社会人，因此，在参加一些特殊活动时，法律规定应当保障其权益，不得扣发其工资，这些情形通常包括：

（1）行使选举权或者被选举权；

（2）人大代表、政协委员依法履行职责；

（3）当选代表，出席政府、党派以及工会、青年团、妇联等召开的会议；

（4）出任人民法院陪审员；

（5）出席劳动模范、先进工作者大会；

（6）基层工会非专职工作人员履行职责；

（7）担任集体协商代表期间，参加集体协商、签订集体合同；

（8）参加兵役登记等应征事宜和预备役人员参加军事训练；

（9）法律、法规、规章规定的其他社会活动。

五、加班工资支付及管理建议

（1）加班费基本原则

通常说的“加班”，是指劳动者的工作时数超过法定标准的时间，包括双休日和节假日加班及“加点”加班。双休日和节假日加班是指劳动者根据用人单位的要求，在法定节假日或公休假日从事生产或工作；“加点”是指职工根据用人单位的要求，在标准工作日以外继续从事生产或工作。企业安排劳动者加班应当支付加班费。根据《劳动法》及相关规定加班工资发放的比例应按以下标准执行：

①用人单位依法安排劳动者在法定标准工作时间以外延长工作时间的，按照不低于劳动者本人小时工资标准的150%支付。

②用人单位依法安排劳动者在休息日工作，而又不能安排补休的，按照不低于劳动者本人日或小时工资标准的200%支付加班工资。

③用人单位依法安排劳动者在法定节假日工作的，按照不低于劳动者本人日或者小时工资标准的300%支付劳动者工资。

根据《工资支付暂行规定》第十三条第四款的规定“实行不定时工时制度的劳动者，不执行上述规定”，即实行不定时工时制度的劳动者原则上不实行加班加点制度的规定。但有些地方作出了不同的规定，如《上海市企业工资支付办法》规定：“经人力资源社会保障行政部门批准实行不定时工时制的劳动者，在法定休假节日由企业安排工作的，按本条例第（三）项（即安排劳动者在法定休假节日工作的，按照不低于劳动者本人日或小时工资标准的300%支付工资）的规定支付加班工资。”

（2）加班费计算基数

关于加班费的基数，立法本意以员工工资额为基数，在加班后按法定的标准进行补偿，但是随着经济的发展，员工薪酬的构成越来越多样、越来越复杂，“工资”这个词本身的含义已经越来越不具体，因此，如何计算加班费基数，成为计算加班费的难点，各地在实务操作上有一定的差异。

如《上海市企业工资支付办法》规定：

“（一）劳动合同对劳动者月工资有明确约定的，按劳动合同约定的劳动者所在岗位相对应的月工资确定；实际履行与劳动合同约定不一致的，按实际履行的劳动者所在岗位相对应的月工资确定。

（二）劳动合同对劳动者月工资未明确约定，集体合同（工资专项集体合同）对岗位相对应的月工资有约定的，按集体合同（工资专项集体合同）约定的与劳动者岗位相对应的月工资确定。

（三）劳动合同、集体合同（工资专项集体合同）对劳动者月工资均无约定的，按劳动者正常出勤月依照本办法第二条规定的工资（不包括加班工资）的70%确定。

加班工资和假期工资的计算基数不得低于本市规定的最低工资标准。法律、法规另有规定的，从其规定。”

而江苏省南京市法院的指导意见认为：

“用人单位与劳动者约定加班工资的计算基数的，从其约定，但该约定的基数不得低于当地最低工资标准。如果劳动合同未约定加班工资的计算基数，仅约定了劳动者的工资不低于用人单位所在地最低工资标准，而且集体劳动合同也没有约定或者没有集体劳动合同，则应当按照劳动者前十二个月平均工资计算，其中劳动者实际工作时间不满十二个月的按照实际月平均工资计算，但不能低于用人单位所在地最低工资标准。

劳动者加班工资计算基数为正常工作时间工资。用人单位与劳动者约定奖金、津贴、补贴等项目不属于正常工作时间工资的，从其约定，但约定的正常工作时间工资低于当地最低工资标准的除外。

如双方对加班工资基数无约定，则非按月发放的一次性奖金、津贴等收入不宜列入计算加班工资的工资基数。”

笔者认为，在计算加班费基数时，应当坚持以下原则：①首先应按双方劳动合同或相关书面文件中约定的明确工资报酬作为计算基数；②若约定不明确的，应当按照劳动者实际每月可领取的相对固定数额的工资数计算，不应包括非固定性收入，如奖金、津贴或各种补助等。如各地区有明确规定可按一定比例处理的，则按当地规定执行，但不得低于最低工资。

（3）关于加班费管理

根据以上分析可知，用人单位在处理加班费争议时，笔者建议应做好以下工作：

①注重职工加班证据的保留，如计时卡、考勤记录等；②应建立相应的加班管理制度，如加班审批制度等；③在劳动合同或其他书面文件中应当明确约定好加班费计算基数，防止产生争议。

案例：10－4　用人单位安排加班，员工同意的，是否还存在法律风险？

某日劳动保障监察机构接到某公司员工举报，反映某公司存在超时加班的行为。劳动保障监察机构迅速介入了解，经实地调查，该公司由于近期接到一笔大订单，临时增加了工作任务，要求全体员工每天工作时间由原来的8小时延长至10小时，取消了周六、周日的正常休息，并要求员工在加班协议上签字，这种情况已经持续了两个月，虽然支付了加班工资，但是很多员工身体已无法承受这样的劳动强度。劳动保障监察机构遂向企业下达了整改指令书，要求单位及时改正现有的工时制度，支付劳动者加班工资，并对该公司行为处以了6000元罚款。

律师点评

实务中，有部分人可能认为，加班只要经员工同意，而且企业支付加班费，如何安排加班都应当是合法的，实际上这是对法律规定的一种误解。

用人单位由于生产经营需要确实需要加班生产的，应当按照法律规定，经与工会和劳动者协商后可以延长工作时间，一般每日不得超过1小时；因特殊原因需要延长工作时间的，在保障劳动者身体健康的条件下延长工作时间每日不得超过3小时，但是每月不得超过36小时。

超过法律规定的时间上限要求，无论员工是否同意，都已经构成了对劳动法强制规定的违反。

六、克扣与减发工资

用人单位无正当理由不得扣减劳动者工资报酬（即在劳动者已正常提供劳动的前提下，用人单位应当按劳动合同约定的标准全额支付劳动者工资报酬）。违反即是克扣行为。但不包括用人单位在法律规定、合同约定的情况下扣除员工工资，如代扣代缴个人所得税；在劳动者违反用人单位依法制定的规章制度而扣除员工工资的行为；法院判决、裁定中要求代扣的抚养费、赡养费；法律、法规规定可以从员工工资中扣除的其他费用等。

 小贴士：10－3　**用人单位拖欠工资，劳动者可以申请支付令吗？**

律师指引

根据《劳动合同法》第三十条规定，用人单位应当按照国家规定和劳动合同的约定及时足额发放劳动报酬。用人单位拖欠或者未足额发放劳动报酬的，劳动者可以依法向当地人民法院申请支付令，人民法院应当依法发出支付令。

案例：10－5　工龄工资能否变更为绩效奖金？

2009年6月5日，陈先生进入上海某公司工作，根据当时公司的规章制度规定的薪酬体系，陈先生的工资构成包括基本工资、工龄工资等部分。2017年4月，公司进行了薪酬制度改革，将原来工资结构中的工龄工资调整为年度绩效奖金。为此，公司制定了年中绩效奖金发放管理规定，并召开了职工代表大会进行讨论、表决。获得职工代表大会通过后，公司向全体员工公告该规定，并决定于2017年6月1日起正式实行，同时公司还将具体考核方式予以公示。陈先生认为原本每个月的固定工资变成了绩效奖金，具有不确定性，属于变相降薪，故拒绝签收公司的规定和公告。为此，公司单独与陈先生进行了沟通，并告知其职工代表大会通过的相关规定。2017年6月，公司按照新规定发放工资，陈先生对此不予认可，要求公司补发扣发的工资，公司再次向其进行解释并告知新的规定。次月，陈先生发现公司仍继续扣除他的工龄工资，便以此为由解除劳动合同并要求公司返还扣发的工资、支付经济补偿金。随即向区劳动人事争议仲裁委员会申请仲裁。

仲裁委员会经审理后认为，公司进行的薪酬体系改革符合法律规定，裁定对陈先生的请求不予支持。陈先生不服，又起诉到一审法院，一审法院认定公司薪酬体系改革合法有效。

律师点评

根据《劳动合同法》第四条规定，用人单位在制定、修改或者决定有关劳动报酬、工作时间、休息休假、劳动安全卫生、保险福利、职工培训、劳动纪律以及劳动定额管理等直接涉及劳动者切身利益的规章制度或者重大事项时，应当经职工代表大会或者全体职工讨论，提出方案和意见，与工会或者职工代表平等协商确定。同时，用人单位应当将直接涉及劳动者切身利益的规章制度和重大事项决定公示，或者告知劳动者。

本案中，公司进行薪酬体系改革，事先经过了职工代表大会讨论，通过后也进行了公示以及告知全体员工，因此公司已经履行了法定的民主程序，其对薪酬体系的改革完全符合《劳动合同法》第四条的规定，是合法有效的，对陈先生具有约束力。因此，陈先生要求公司补发工资、支付经济补偿金的诉求没有事实依据和法律依据。

在此需要提醒用人单位的是，企业享有当然的经营自主权，但是权利的行使必须依法进行，这就要求用人单位自身增强法律意识、健全规章制度、规范用工行为。

第四节　五省市工资支付制度比较

工资支付是企业 HR 最关心的基本问题之一，工资支付也是引起企业与员工之间争议的主要原因。目前除了原劳动部统一下发的《工资支付暂行规定》（劳部发〔1994〕489 号）外，尚无法律或行政法规对相关制度进行统一规范，各省市根据地区特点制订了地方性法规，以下从实务角度比较北京、上海、江苏、浙江、深圳五地的工资支付之异同，以供广大 HR 及法律实务工作者参考。

一、工资组成

北京	用人单位以货币形式支付给劳动者的劳动报酬，包括计时工资、计件工资、奖金、津贴和补贴、加班工资以及特殊情况下支付的工资等。
上海	列入工资总额统计的货币收入。
江苏	用人单位根据国家规定或者劳动合同的约定，依法以货币形式支付给劳动者的劳动报酬，包括计时工资、计件工资、奖金、津贴和补贴、加班加点工资以及特殊情况下支付的工资等，不包括用人单位承担的社会保险费、住房公积金、劳动保护、职工福利和职工教育费用。
浙江	计时工资、计件工资、奖金、津贴、加班加点工资及特殊情况下支付的工资。
深圳	未界定，但下列费用不属于工资：（一）社会保险费；（二）劳动保护费；（三）福利费；（四）用人单位与员工解除劳动关系时支付的一次性补偿费；（五）计划生育费；（六）其他不属于工资的费用。

解读：

工资是员工的劳动报酬的最主要体现，对于如何统计与计算工资总额，《国家统计局〈关于工资总额组成的规定〉若干具体范围的解释》中明确：工资总额的计算原则应以直接支付给职工的全部劳动报酬为根据。各单位支付给职工的劳动报酬以及其他根据有关规定支付的工资，不论是计入成本的还是不计入成本的，不论是按国家规定列入计征奖金税项目的还是未列入计征奖金税项目的，不论是以货币形式支付的还是以实物形式支付的，均应列入工资总额的计算范围。

各地规定中深圳地区明确了不算入工资的部分，对于各地 HR 操作均具有参考与指导意义。

二、支付形式和记录保存要求

北京	用人单位应当以货币形式支付工资，不得以实物、有价证券等代替货币支付； 用人单位应当将工资直接支付给劳动者本人； 用人单位应当按照工资支付周期编制工资支付表，并至少保存 2 年备查； 应提供工资清单。
上海	用人单位应当以法定货币形式支付； 用人单位通过银行发放工资的，应当按时将工资划入劳动者本人账户； 用人单位直接发放工资的，应当将工资支付给劳动者本人，并办理签收手续，劳动者本人因故不能领取工资时，可由其委托亲属或他人代领； 用人单位应当书面记载支付劳动者工资的数额、项目、时间、本人姓名等，并按有关规定保存备查。单位不管以何种形式发放工资，都应当向劳动者提供一份本人的工资清单。
江苏	用人单位应当以货币形式支付劳动者工资，不得以实物、有价证券等形式替代，不得规定劳动者在指定地点、场合消费，也不得规定劳动者的消费方式； 用人单位应当建立劳动考勤制度，书面记录劳动者的出勤情况，每月与劳动者核对并由劳动者签字，用人单位保存劳动考勤记录不得少于 2 年； 用人单位应当将工资支付给劳动者本人，并同时提供本人的工资清单； 劳动者有权查询和核对本人的工资。
浙江	工资应当以货币形式支付，不得以实物或者有价证券支付。 企业应当将工资支付给劳动者本人。劳动者本人因故不能领取工资的，可以由其亲属或者委托他人代领。企业可以委托银行或者第三方支付平台向劳动者发放工资。 企业支付工资应当编制工资支付表，并向劳动者提供工资清单。工资支付表应当载明发放对象的姓名、工作天数、加班加点时间、应发和减发的项目与金额以及发放单位、发放时间等事项。 企业保存工资支付表时间不得少于 2 年。
深圳	工资应当以货币形式支付，不得以实物等非货币形式支付； 用人单位支付工资应当制作工资支付表； 工资支付表至少应当保存两年； 用人单位支付员工工资时应当向员工提供一份本人的工资清单，并由员工签收； 用人单位应当将工资支付给员工本人； 用人单位支付工资委托银行发放的，应当将工资存入员工本人账户； 用人单位以现金形式支付员工工资的，应当由员工本人领取，并在工资支付表上签收，员工因故不能亲自领取工资的，可以委托他人代领，但应当提供书面的授权委托，员工死亡的，工资由其继承人或者受遗赠人领取。

解读：

从以上比较可以看出，各地的工资支付均要求以货币支付，禁止以实物或其他类似形式向劳动者发放工资，同时，各地都要求用人单位保管工资记录，通常保管的期限为两年。此外，江苏省还特别要求反映工资计算的考勤记录也需由用人单位保管两年。

三、支付周期

北京	用人单位可以按照小时、日、周、月为周期支付工资，以完成一定工作任务计发工资的，应当在工作任务完成后即时支付劳动者工资； 但用人单位应当至少每月向劳动者支付一次工资； 用人单位支付劳动者工资应当按照规定的日期足额支付，不得克扣或者无故拖欠； 工资支付日期遇法定休假日或者休息日的，应当提前在最近的工作日支付。
上海	用人单位应当每月至少支付一次工资； 支付工资的具体日期，由用人单位与劳动者约定，如遇法定休假节日或休息日，通过银行发放工资的，不得推迟支付工资；直接发放工资的，应提前支付工资； 对实行年薪制或按考核周期兑现工资的劳动者，用人单位应当每月按不低于最低工资的标准预付工资，年终或考核周期期满时结算。
江苏	用人单位应当自劳动者实际履行劳动义务之日起计算劳动者工资； 工资支付周期最长不得超过1个月，确定工资支付周期应当遵守下列规定： （一）实行月、周、日、小时工资制的，工资支付周期可以按月、周、日、小时确定； （二）实行年薪制或者按考核周期支付工资的，应当每月预付部分工资，年终或者考核周期期满后结算并付清； （三）实行计件工资制或者其他相类似工资支付形式的，工资支付周期可以按计件完成情况约定； （四）以完成一定工作任务计发工资的，在工作任务完成后结算并付清，结算周期超过1个月的，用人单位应当每月预付工资； （五）建筑施工企业经与劳动者协商后实行分批支付工资的，应当每月预付部分工资，每半年至少结算一次并付清，第二年1月份上旬前结算并付清上年度全年工资余额； 用人单位应当在与劳动者约定的日期支付工资；没有约定工资支付日期的，按照用人单位规定的日期支付工资； 工资支付日期如遇法定节假日或者休息日，应当在此之前的工作日提前支付。
浙江	工资应当至少每月支付一次，但非全日制用工工资支付周期最长不得超过15日，工资发放日如遇节假日或者休息日的，应当提前支付。

续 表

深圳	用人单位应当至少每月向员工支付一次工资； 实行年薪制或者按照考核周期支付工资的，应当每月按照不低于最低工资的标准预付部分工资； 加班工资支付周期不得超过1个月； 工资支付周期不超过1个月的，约定的工资支付日不得超过支付周期期满后第7日；工资支付周期超过1个月不满1年的，约定的工资支付日不得超过支付周期期满后的1个月；工资支付周期在1年或者1年以上的，约定的工资支付日不得超过支付周期期满后的6个月； 工资支付日遇法定休假节日或者休息日的，应当在之前的工作日支付。

四、特殊情况下的支付

指劳动合同解除或终止、企业发生经营困难、员工被相关机关限制人身自由等情形。

北京	用人单位与劳动者双方依法终止、解除劳动合同的，用人单位应当一次性付清劳动者工资； 劳动者被人民法院判处管制或者拘役适用缓刑、有期徒刑适用缓刑或者被假释、监外执行、取保候审期间，用人单位未与其解除劳动合同，劳动者继续在原单位正常劳动的，用人单位应当按照劳动合同的约定以及本单位规章制度的规定支付其工资； 用人单位因生产经营困难暂时无法按时支付工资的，应当向劳动者说明情况，并经与工会或者职工代表协商一致后，可以延期支付工资，但最长不得超过30日； 非因劳动者本人原因造成用人单位停工、停业的，在一个工资支付周期内，用人单位应当按照提供正常劳动支付劳动者工资；超过一个工资支付周期的，可以根据劳动者提供的劳动，按照双方新约定的标准支付工资，但不得低于本市最低工资标准；用人单位没有安排劳动者工作的，应当按照不低于本市最低工资标准的70%支付劳动者基本生活费；国家或者本市另有规定的从其规定。

续 表

上海	用人单位与劳动者终止或依法解除劳动合同的，用人单位应当在与劳动者办妥手续时，一次性付清劳动者的工资。对特殊情况双方有约定且不违反法律、法规规定的，从其约定。 用人单位确因生产经营困难，资金周转受到影响，暂时无法按时支付工资的，经与工会或职工代表协商一致，可以延期在一个月内支付劳动者工资，延期支付工资的时间应告知全体劳动者。 劳动者在试用期间提供了正常劳动，用人单位支付的工资不得低于本单位相同岗位最低档工资的 80% 或者不得低于劳动合同约定工资的 80%，并不得低于本市规定的最低工资标准。 被人民法院判处管制、缓刑的劳动者，继续在原用人单位工作的，用人单位应当支付劳动者工资。 劳动者违反劳动纪律或规章制度，用人单位降低其工资的，降低后的工资不得低于本市规定的最低工资标准。 劳动者因涉嫌违法犯罪被拘押或者其他客观原因，使劳动合同无法履行的，用人单位不支付劳动者工资，但法律、法规另有规定或者双方另有约定的除外。 用人单位停工、停产在一个工资支付周期内的，应当按约定支付劳动者工资。超过一个工资支付周期的，用人单位可根据劳动者提供的劳动，按双方新的约定支付工资，但不得低于本市规定的最低工资标准。
江苏	用人单位与劳动者依法解除或者终止劳动关系的，应当在劳动关系解除或者终止之日起两个工作日内一次性付清劳动者工资，双方另有约定的除外； 劳动者死亡的，用人单位应当按照满一个工资支付周期支付其工资； 用人单位非因劳动者原因停工、停产、歇业，在劳动者一个工资支付周期内的，应当视同劳动者提供正常劳动支付其工资。超过一个工资支付周期的，可以根据劳动者提供的劳动，按照双方新约定的标准支付工资；用人单位没有安排劳动者工作的，应当按照不低于当地最低工资标准的 80% 支付劳动者生活费。国家另有规定的，从其规定。

续　表

浙江	企业与劳动者依法解除、终止劳动合同的，应当自办理解除或者终止劳动合同手续之日起5日内一次性结清工资。 企业停工、停产、歇业，时间在1个工资支付周期内的，企业应当按照劳动合同的约定和国家、省相关规定支付工资。企业停工、停产、歇业时间超过1个工资支付周期，劳动者付出了正常劳动的，企业应当按照不低于当地人民政府确定的最低工资标准支付工资；劳动者未付出正常劳动的，企业应当按照不低于当地人民政府确定的最低工资标准的80%支付工资。 劳动者被依法判处管制或者拘役适用缓刑、有期徒刑适用缓刑期间，企业未与其解除劳动合同，且劳动者付出了正常劳动的，企业应当按照劳动合同的约定和国家、省相关规定支付工资。 因自然灾害等不可抗力导致企业无法按时足额支付劳动者工资的，在不可抗力原因消除后应当立即支付。企业确因生产经营困难，经依法集体协商或者经劳动者本人同意，可以延期支付全部或者部分工资，但最长不得超过30日。
深圳	用人单位与员工的劳动关系依法解除或者终止的，支付周期不超过1个月的工资，用人单位应当自劳动关系解除或者终止之日起3个工作日内1次付清；支付周期超过一个月的工资，可以在约定的支付日期支付； 因员工本人过错造成停工的，用人单位可以不支付该员工停工期间的工资，但经认定属于工伤的除外； 员工被判处管制或者被判处拘役、有期徒刑适用缓刑或者被假释、监外执行、取保候审，劳动关系未解除的，用人单位应当按照其提供的劳动支付工资； 员工涉嫌违法犯罪被依法采取限制人身自由的强制措施或者受到限制人身自由的行政处罚的，用人单位可以不支付其被限制人身自由期间的工资。

解读：

对于企业来讲，特殊情况下的支付，主要关注两个方面：

一是解除或终止劳动合同时，工资支付是不是一定要同时结算清，从上述各地区立法来看，虽然部分地区规定，解除或终止劳动合同时，工资应当及时结算清，但笔者认为，通过约定或告知的方式，在公司工资统一发放日结算并发放工资更为合法合理。

二是企业发生困难时，公司工资的支付如何进行。目前各地的规定较统一，第一个工资支付周期内应全额发放工资，第一个周期后，大多规定发放工资应不低于当地最低工资标准，但是用人单位需要注意在实际操作中，劳动者是否继续提供劳动，其发放工资的标准是不同的。

五、加班工资

由于标准工时制的加班工资规定各地比较统一，本文主要比较各地特殊工时制下的加班工资规定。

北京	实行计件工资制的，劳动者在完成计件定额任务后，用人单位安排其在标准工作时间以外工作的，应当根据本规定第十四条的原则，分别按照不低于计件单价的150%、200%、300%支付加班工资； 用人单位经批准实行综合计算工时工作制的，在综合计算工时周期内，用人单位应当按照劳动者实际工作时间计算其工资；劳动者总实际工作时间超过总标准工作时间的部分，视为延长工作时间，应当支付日或小时工资基数150%的加班工资；安排劳动者在法定休假日工作的，应当支付日或小时工资基数300%的加班工资； 用人单位经批准实行不定时工作制度的，不适用相关加班工资的规定； 从事非全日制工作的劳动者，实行小时工资制，小时工资由用人单位与劳动者协商确定，但不得低于本市规定的非全日制从业人员小时最低工资标准； 用人单位招用非全日制工作的劳动者，可以不执行相关加班工资的规定，但用人单位安排其在法定休假日工作的，其小时工资不得低于本市规定的非全日制从业人员法定休假日小时最低工资标准。
上海	用人单位依法安排实行计件工资制的劳动者完成计件定额任务后，在法定标准工作时间以外工作的，应当根据以上原则相应调整计件单价。计件定额应通过一定的民主管理程序合理制定。 经人力资源社会保障行政部门批准实行综合计算工时工作制的企业，劳动者综合计算工作时间超过法定标准工作时间的，应当视为延长工作时间，并按小时工资150%的标准支付劳动者延长工作时间的加班工资；用人单位在法定休假节日安排劳动者工作的，按小时工资300%的标准支付加班工资。 经人力资源社会保障行政部门批准实行不定时工时制的劳动者，在法定休假节日由用人单位安排工作的，按小时工资300%的标准支付加班工资。
江苏	实行计件工资制的，劳动者在完成计件定额任务后，用人单位安排其在法定工作时间以外加班加点的，应当根据本条例第二十条的规定，分别按照不低于其本人法定工作时间计件单价的150%、200%、300%支付加班加点工资； 经劳动保障行政部门批准实行综合计算工时工作制的，劳动者在综合计算周期内总的工作时间超过总法定工作时间的部分，视为延长工作时间，用人单位应当依照150%标准支付劳动者加点工资，劳动者在法定休假日劳动的，用人单位应当依照300%标准支付劳动者加班工资； 实行轮班工作制的，劳动者在法定休假日遇轮班的，用人单位应当执行300%标准支付加班工资； 妇女节、青年节等国家规定部分公民节日放假期间，用人单位安排劳动者休息、参加节日活动的，应当视同其正常劳动支付工资，节日与休息日为同一天，用人单位安排劳动者加班的，应当按200%标准的支付加班工资。
浙江	未详细规定

续 表

深圳	实行综合计算工时工作制的员工，在综合计算工时周期内，员工实际工作时间达到正常工作时间后，用人单位安排员工工作的，视为延长工作时间，按照不低于员工本人标准工资或者计件工资的150%支付员工加班工资； 用人单位安排实行综合计算工时工作制的员工在法定休假节日工作的，按照不低于员工本人标准工资或者计件工资的300%支付员工加班工资； 用人单位安排实行不定时工作制的员工在法定休假节日工作的，按照不低于员工本人标准工资或者计件工资的300%支付员工加班工资。

解读：

劳动法规定的三种加班费计算标准150%、200%、300%，主要适用于标准工时制的工作形式。企业实务中常碰到的问题是综合计时制、不定时制工时制加班费如何计算的问题。从上述的对比分析来看，各地区对于综合计时制的规定基本上是统一的，即超出的工时部分应按150%计算，若遇到法定节假日则应按照300%的标准计算。对于不定时工作制，现在仅有上海做出了明确规定，即在法定节假日工作时，也应按照300%标准支付加班费。

六、假期工资支付及工资基数

北京	劳动者患病或者非因工负伤的，在病休期间，用人单位应当根据劳动合同或集体合同的约定支付病假工资，用人单位支付病假工资不得低于本市最低工资标准的80%； 劳动者在事假期间，用人单位可以不支付其工资； 劳动者生育或者施行计划生育手术依法享受休假期间，用人单位应当支付其工资； 劳动者因产前检查和哺乳依法休假的，用人单位应当视同其正常劳动支付工资； 劳动者的日工资按照国家工时制度的规定，每月以平均工作天数计算，小时工资除以8小时计算。

续 表

上海	劳动者在依法享受婚假、丧假、探亲假、病假等假期期间，企业应当按规定支付假期工资。 假期工资的计算基数按以下原则确定： （一）劳动合同对劳动者月工资有明确约定的，按劳动合同约定的劳动者所在岗位相对应的月工资确定；实际履行与劳动合同约定不一致的，按实际履行的劳动者所在岗位相对应的月工资确定。 （二）劳动合同对劳动者月工资未明确约定，集体合同（工资专项集体合同）对岗位相对应的月工资有约定的，按集体合同（工资专项集体合同）约定的与劳动者岗位相对应的月工资确定。 （三）劳动合同、集体合同（工资专项集体合同）对劳动者月工资均无约定的，按劳动者正常出勤月依照本办法第二条规定的工资（不包括加班工资）的70%确定。 假期工资的计算基数不得低于本市规定的最低工资标准。法律、法规另有规定的，从其规定。 日工资按月工资除以每月平均计薪天数21.75天计算；小时工资按日工资除以8小时计算。
江苏	劳动者有下列情形之一的，用人单位可以不予支付其期间的工资： （一）在事假期间的； （二）无正当理由未提供劳动的； （三）由于劳动者本人的原因中止劳动合同的。 劳动者患病或者非因工负伤停止劳动，且在国家规定医疗期内的，用人单位应当按照工资分配制度的规定以及劳动合同、集体合同的约定或者国家有关规定，向劳动者支付病假工资或者疾病救济费。 病假工资、疾病救济费不得低于当地最低工资标准的80%。国家另有规定的，从其规定。 对依法被列为甲类传染病或者采取甲类传染病控制措施的疑似病人或者其密切接触者，经隔离观察排除是病人或者疑似病人的，其隔离观察期间，用人单位应当视同劳动者提供正常劳动并支付其工资。 劳动者依法享有的法定节假日以及年休假、探亲假、婚丧假、晚婚晚育假、节育手术假、女职工孕期产前检查、产假、哺乳期内的哺乳时间、男方护理假、工伤职工停工留薪期等期间，用人单位应当视同劳动者提供正常劳动并支付其工资。 用于计算劳动者加班加点工资的标准，用于计算劳动者提供正常劳动支付月工资的标准，用于计算不予支付月工资的标准应当按照下列原则确定： （一）用人单位与劳动者双方有约定的，从其约定； （二）双方没有约定的，或者双方的约定标准低于集体合同或者本单位工资支付制度标准的，按照集体合同或者本单位工资支付制度执行； （三）前两项无法确定工资标准的，按照劳动者前12个月平均工资计算，其中劳动者实际工作时间不满12个月的按照实际月平均工资计算。 劳动者的工资需要折算为日工资和小时工资的，应当按照国家规定计算。 国家有关部门或者行业确定、推荐的日工资标准或者劳动定额、计件报酬标准低于以当地最低工资标准折算后的日工资标准的，以当地最低工资标准折算后的日工资标准为准。

续 表

浙江	劳动者因患病或者非因工负伤，未付出劳动的，企业应当支付国家规定的医疗期内的病伤假工资。病伤假工资不得低于当地人民政府确定的最低工资标准的80%。
深圳	用人单位以周、日、小时支付员工工资的，其工资折算按照每日工作8小时、每周工作40小时、每月平均工作21.75日计算。 员工在法定休假节日期间休假的，用人单位应当支付工资。 实行小时、日工资制和计件工资制的员工在法定休假节日期间休假的，用人单位应当按照不低于员工本人标准工资的标准，支付其法定休假节日期间的工资。 员工依法享受年休假、探亲假、婚假、丧假、产假、看护假、节育手术假等假期的，用人单位应当视为提供正常劳动并支付工资。 员工患病或者非因工负伤停止工作进行医疗，在国家规定的医疗期内的，用人单位应当按照不低于本人标准工资的60%支付员工病伤假期工资，但不得低于最低工资的80%。 员工请事假的，用人单位可以不支付其事假期间的工资。 实行综合计算工时制度的员工，在综合计算工时周期内，实际工作时间达到正常工作时间后的休息期间，用人单位应当视为提供正常劳动并支付工资。

解读:

各地关于各类假期工资计算的标准中，工资计算基数是其中的核心问题。笔者认为，虽然对比各地的规定来看，上海市规定得较为详细，但是在实务中也引起了很大的争议。笔者认为，即使双方对工资计算基数无约定，也应当按照劳动者正常出勤情况下实际可取得的工资（固定部分）来作为计算标准，才能充分保护劳动者权益和体现社会法的公平性。

七、工资扣减的规定

北京	用人单位不得随意扣除劳动者工资。 除法律、法规、规章规定的事项外，用人单位扣除劳动者工资应当符合集体合同、劳动合同的约定或者本单位规章制度的规定。 因劳动者本人原因给用人单位造成经济损失，用人单位按照前款规定扣除劳动者工资的，扣除后的余额不得低于本市最低工资标准。
上海	用人单位不得克扣劳动者工资。有下列情况之一的，用人单位可以代扣工资： （一）代缴应由劳动者个人缴纳的个人所得税； （二）代缴应由劳动者个人承担的社会保险费和住房公积金； （三）按法院判决、裁定代扣的抚养费、赡养费； （四）法律、法规规定可以从劳动者工资中扣除的其他费用。 劳动者因本人原因给用人单位造成经济损失，用人单位依法要其赔偿，并需从工资中扣除赔偿费的，扣除的部分不得超过劳动者当月工资的20%，且扣除后的剩余工资不得低于本市规定的最低工资标准。

续 表

江苏	除下列款项外，用人单位不得从劳动者的工资中代扣： （一）劳动者应当缴纳的个人所得税； （二）劳动者个人应当缴纳的社会保险费和住房公积金； （三）人民法院发生法律效力的法律文书中载明应当由劳动者承担的扶养费、抚养费、赡养费等； （四）法律、法规规定代扣的其他款项。
浙江	企业可以从劳动者工资中依法代扣下列款项： （一）劳动者的个人所得税； （二）劳动者个人应当缴纳的社会保险费和住房公积金； （三）法院判决或者裁定由企业代扣的有关诉讼案件中当事人的抚养费、赡养费、扶养费； （四）依法由企业代扣的其他款项。
深圳	用人单位依法从员工工资中代扣或者代缴下列费用： （一）员工本人工资的个人所得税； （二）员工个人负担的社会保险费； （三）协助执行法院判决、裁定由员工负担的抚养费、扶养费、赡养费； （四）法律、法规规定应当由用人单位从员工工资中代扣或者代缴的其他费用。 用人单位可以从员工工资中扣减下列费用： （一）员工赔偿因本人原因造成用人单位经济损失的费用； （二）用人单位按照依法制定的规章制度对员工进行的违纪经济处罚； （三）经员工本人同意的其他费用。 用人单位每月扣减前款第（一）、（二）项费用后的员工工资余额不得低于最低工资。

解读：

扣减员工工资的原因主要有两类：一是员工给用人单位造成损失而应承担的赔偿，此类扣减应把握不超过当月工资收入的20%及不低于当地最低工资标准两个原则。二是因其他法律法规规定的原因如各类社保费用、法院代执行费用及员工本人同意扣减的费用。

第十一章　培训服务期争议

用人单位为劳动者出资培训后，劳动者的技能得到提升，成为诱发劳动者跳槽的一个因素，如何避免培训成为劳动者跳槽的“嫁衣”，妥善解决因培训费而引发的劳动争议，是用人单位需要重点关注和解决的问题。

第一节　培训服务期

一、培训概念的界定

提供专项培训是《劳动合同法》规定的两大合法设立违约金的条件之一，但《劳动合同法》对于专业技术培训的概念未作规定。《劳动合同法》第二十二条对用人单位的培训行为以及服务期约定进行了规定，对“培训”设立了“提供专项培训费用”和“专业技术培训”两个要件。用人单位有对劳动者进行职业培训的义务，可以“按照国家规定提取和使用职业培训经费”（《劳动法》第六十八条）。所以，“专项培训费用”相对较好界定，是指用人单位按照国家规定提取的职业培训经费以外的“专项”费用。但法律名“专业技术培训”中的“专业”却无规定。由于种种原因，《劳动合同法实施条例》也没有对此进行界定。因此在法律尚无明确规定之前，可以参照当地劳动仲裁委员会或者法院对相关案件的操作实务及处理结果。

一般而言，可以通过以下两点把握：

第一，由用人单位承担培训费用；

第二，不属于用人单位基于履行法定义务而对劳动者进行的培训。

并非用人单位对劳动者进行了培训就可以约定服务期。用人单位对劳动者进行培训，一般可以分成福利性培训和义务性培训两种。福利性培训是用人单位基于自愿向劳动者提供的一项特殊福利，用人单位出资对劳动者进行福利性培训的（笔者注：在实务中，有些地区对福利性培训是否可作为专业技术培训持反对观点），不论是在岗培训还是脱岗培训，都可以约定服务期。福利性培训一般包括：（1）学历教育；（2）委托全日制大中专院校、科研院校、培训中心、职业学校代培；（3）旨在提升劳动者能力的培训，如外语培训、专业技术职称培训、劳动技能培训等；（4）出国或异地培训、进修、研修、做访问学者等。实务中，为了提升劳动者的专业技能，用人单位往往会安排劳动者在单位内部各基层岗位实习，指定相关领域有经验的人员对其进行指导，或者安排劳动者去国外关联公司通过参与工作的方式进行培训。在这种情况下，只要用人单位因此提供了费用，便可以与劳动者签订服务协议，约定服务期。

义务性培训即法律规定用人单位应当对劳动者进行的培训，用人单位对劳动者进行义务性培训的，不可以约定服务期。义务培训一般包括上岗培训、转岗培训、安全卫生培训等。

值得注意的是，在《劳动合同法》施行以前，很多地方立法规定了用人单位为劳动者提供特殊福利等可以约定服务期。如，《上海市劳动合同条例》规定，用人单位出资招用、培训劳动者或者为劳动者提供其他特殊福利待遇的，可以与劳动者约定服务期。但根据《劳动合同法》的规定，对于用人单位向劳动者提供住房、解决户口或提供其他特殊福利的情形，用人单位不得约定服务期。因此，各地规定与《劳动合同法》不一致的，应当以《劳动合同法》为准。

Tips 小贴士：11－1　服务期内留住劳动者的其他途径

用人单位与劳动者约定服务期基于两大条件：一是当事人协商一致；二是属于法定可以约定服务期的情形。用人单位尤其应该注意第二个条件：用人单位只有在为劳动者提供专项培训费用，进行专业技术培训时，才可以约定服务期。为了留住和激励人才，笔者建议用人单位可以通过设置债权消灭的条件来确保劳动者的服务期。如，在目前房价飞涨的环境下，用人单位为了留住核心员工，向员工提供购房补助的，可以与员工签订一份借款协议，约定员工为企业服务多长时间作为债权消灭的条件，一旦员工为企业服务满约定的年限，企业就放弃债权。

案例：11－1　针对职业培训约定的服务期和违约责任是否有效？

王某系空调维修中心空调维修工，双方签订了期限自2013年12月21日至2016年12月31日的《劳动合同书》。2014年1月，维修中心与王某签订《培训协议》，协议约定王某需在维修中心工作满3年，否则需按服务期尚未履行部分所分摊的培训费用支付违约金。王某在职期间，维修中心曾安排其参加7次（合计29天）由空调厂家提供的技术培训，培训内容为空调设备的技术维修及安装调试。维修中心为王某报销差旅费9774.7元及培训费4400元。王某在维修中心正常工作至2015年11月30日，后自行离职。公司要求李某返还2015年12月—2016年12月期间的培训费用，王某不予理睬。公司无奈，向当地劳动争议仲裁委员会申请仲裁，要求王某按照培训协议和劳动合同的约定，履行向公司支付违约金的义务。

律师点评

接受职业技能培训是劳动者的一项基本劳动权利，有计划地对劳动者进行职业培训亦为用人单位的法定义务。而专项培训主要针对特殊岗位和专门岗位的员工，培训内容仅指专业技能及专业知识。维修中心安排王某参加的技能培训由空调厂家提供，培训内容为空调设备的技术维修及安装调试，性质上属于空调维修工种的基础职业培训，并非《劳动合同法》规定的专项培训。故《培训协议》中就职业培训所约定的服务期和违约责任条款应属无效。

二、服务期期限

服务期是指根据用人单位和劳动者在劳动合同或者专项合同中的约定，劳动者向用人单位提供劳动的期限。服务期源于劳动关系，但是又相对独立于劳动合同。它的产生，本身就是源自对于特定身份劳动者就业自由施以合理限制的需求。所以服务期往往成为用人单位用以保护自身正当利益的手段。

《劳动合同法》第二十二条第一款规定："用人单位为劳动者提供专项培训费用，对其进行专业技术培训的，可以与该劳动者订立协议，约定服务期。"如果"劳动者违反服务期约定的，应当按照约定向用人单位支付违约金"。有关服务期期限的长短，法律并没有规定，一般由用人单位和劳动者协商确定。但这并不意味着双方可以随意约定服务期，而应当按照平等、公平、自愿的原则，根据用人单位为劳动者培训的时间长短、费用的多少来合理约定服务期，如约定显失公平，也不会得到法律的支持。在实务中，约定3年或5年服务期比较常见。

图表：11－1　服务期和劳动合同期限的关系

★ 服务期是当事人以劳动合同或者专门协议的形式特别约定的，带有任意性的特征；而劳动合同期限条款是劳动合同必备条款之一，带有一定程度上的法定性。

★ 劳动者提前解除服务期约定要承担相应的责任；而劳动合同期限虽是双向约定的劳动关系存续期限，在此期限内劳动者按照法定条件和程序提前解除劳动合同不需要承担任何责任。

★ 服务期短于劳动合同期限的，应当视为被劳动合同期限吸收。

★ 服务期长于劳动合同期限的，服务期可视为双方对合同期限的变更，劳动合同应顺延至服务期满。劳动合同期满用人单位要求劳动者继续履行服务期的，双方当事人应当续订劳动合同。如双方续订劳动合同的条件不能协商一致的，双方应按原劳动合同确定的条件继续履行。

★ 服务期限没有特别约定的，劳动合同解除或终止时，劳动者已付出的劳动应予折抵，其支付的培训费应为扣除该折抵后的费用。

服务期的期限不受劳动合同期限的限制，可以长于劳动合同期限，也可以等同于劳动合同期限，还可以短于劳动合同期限。在实务操作中，用人单位与劳动者约定的服务期一般是长于劳动合同期限的。有些 HR 认为，服务期是劳动者单方承诺的服务期限，因此对于用人单位而言，可以不受其约束，用人单位可以单方放弃要求劳动者服务至服务期结束的权利。这种观点是不正确的，根据《劳动合同法实施条例》的规定，服务期长于劳动合同期限的，视为对劳动合同期限的变更，这种变更对用人单位和劳动者都有约束力。当劳动合同期限届满，服务期尚未届满时，劳动者与用人单位任何一方都不得终止劳动合同，否则劳动者要根据约定承担违约责任，而用人单位则要承担违法终止劳动合同的赔偿责任。

案例：11－2　服务期与劳动合同期限不一致，违约责任如何处理？

2013 年 7 月，林某大学毕业后与北京某公司签订了为期 5 年的劳动合同。由于林某工作努力，1 年后，公司选送他到上海某专业培训机构进行培训。培训前，公司与林某签订了培训协议，双方约定：公司出资对林某进行为期 1 年的专业培训，林某在培训结束后为公司服务 5 年，如果提前解除合同，林某应当承担违约金 5 万元。在上海培训后林某即回到北京公司工作。2018 年 7 月，双方的劳动合同期限届满，林某提出不再续签。公司认为，虽然劳动合同期限届满，但是双方培训协议还没有到期，林某应当续签劳动合同至服务期满，否则应当向公司支付违约金。而林某认为，续签劳动合同应当本着平等自愿、协商一致的原则，公司无权强迫；另外，培训协议是从属于劳动合同的，现在劳动合同到期，双方劳动关系终止，培训协议也应随之终止。因此，自己没有违约，不需要向公司支付违约金。双方为此产生了争执。

律师点评

培训协议中约定的服务期限与劳动合同期限不一致时会产生怎样的法律后果呢？对此，应当视情况而定。在服务期短于劳动合同期限的情形下，服务期满后劳动合同的履行不受服务期的影响，解除劳动合同的，劳动者不需要承担违约责任。在服务期长于劳动合同期限的情形下，又可以分作两种情况：第一，劳动合同期限届满，用人单位不再续签劳动合同的，劳动合同和培训协议同时终止，劳动者不必承担违约金；第二，劳动合同期限届满，用人单位要求劳动者继续履行至服务期满的，双方应当续订劳动合同或者将原合同期限变更为与服务期限一致。服务期内，劳动者要求解除劳动合同的，应当承担违约责任。所以，在上述案例中，林某的劳动合同先于培训协议到期，公司要求林某按照服务期限续签劳动合同或者按照培训期协议承担违约责任并无不当。林某应当继续履行劳动合同至服务期满，或者承担服务期尚未履行部分应当分摊的培训费用。

用人单位和劳动者约定服务期时，不仅要约定服务期的长短，还要约定服务期的起算时间，以便清晰确定服务期。有关服务期的起算点，法律没有做出强行性规定，由用人单位与劳动者协商确定。一般来说，可以培训开始之日、培训结束之日、劳动合同期限届满之日作为服务期的起算点。在实务中多以培训结束之日作为起算点。

第二节 违反服务期的责任

一、培训费用的确定

《劳动合同法》第二十二条规定，用人单位为劳动者提供专项培训费用，对其进行专业技术培训的，可以与该劳动者订立协议，约定服务期。劳动者违反服务期约定的，应当按照约定向用人单位支付违约金。违约金的数额不得超过用人单位提供的培训费用。用人单位要求劳动者支付的违约金不得超过服务期尚未履行部分所应分摊的培训费用。

《劳动合同法》没有规定培训费的具体构成。而《劳动合同法实施条例》第十六条规定，《劳动合同法》第二十二条第二款规定的培训费用，包括用人单位为了对劳动者进行专业技术培训而支付的有凭证的培训费用、培训期间的差旅费用以及因培训产生的用于该劳动者的其他直接费用。该条明确了培训费用包括有支付凭证的培训费用、培训期间的差旅费以及因培训产生的用于该劳动者的其他直接费用。至于劳动者在培训期间用人单位支付的工资和各项社会保险费用，是基于劳动者与用人单位之间的劳动关系，不是基于培训产生的，也不属于因培训产生的用于该劳动者的直接费用，所以不应计入培训费用中。而培训补贴，是用人单位向劳动者提供的培训期间的特殊补贴，属于因培训产生的用于该劳动者的直接费用，所以可以计入培训费用。

由此可见，培训费用对违约金数额的确定有着非常重要的作用，用人单位应当注意以下两点：（1）在培训协议中应当明确约定培训费用的构成项目以及数额，对于签约协议时不能确定数额的项目，如差旅费、住宿费等，可以要求劳动者垫付，培训结束后凭有效票据报销；（2）应当妥善保管各项培训费用的支出凭证，为可能产生的争议保留证据。

案例：11－3 违反服务期员工是否应向用人单位赔偿培训期间工资？

黄某于2014年3月1日入职某科技公司，从事工程师工作，双方订立了为期5年的劳动合同。2015年6月1日，科技公司与黄某订立服务期协议，约定将黄某送到国外进行专业技术培训3个月，培训费用为15万元（含黄某培训期间的3个月工资6万元），黄某回国后须为科技公司服务满5年，否则应承担违约责任。黄某培训回国后工作满2年即提出辞职。双方因违约金发生争议，科技公司提出仲裁申请，要求黄某支付违约金9万元。

律师点评

《劳动合同法》第二十二条第二款规定：劳动者违反服务期约定的，应当按照约定向用人单位支付违约金。违约金的数额不得超过用人单位提供的培训费用。用人单位要求劳动者支付的违约金不得超过服务期尚未履行部分所应分摊的培训费用。《劳动合同法实施条例》第十六条规定：劳动合同法第二十二条第二款规定的培训费用，包括用人单位为了对劳动者进行专业技术培训而支付的有凭证的培训费用、培训期间的差旅费用以及因培训产生的用于该劳动者的其他直接费用。从上述规定来看，法律并未将培训期间的工资列入培训费用。再者，用人单位安排劳动者培训，虽然有提高劳动者个人技能的一面，但更多的是为了让劳动者为用人单位创造更大的经营效益，故即使用人单位安排劳动者脱产培训，上述培训期间仍应当视为劳动者在为用人单位提供劳动。因此，用人单位应当依法、依约足额支付劳动报酬，而不应因劳动者提前离职而扣减。科技公司将黄某在培训期间获得的工资列入培训费用没有法律依据，故只支持扣除6万元后服务期尚未履行部分所应分摊的培训费用。

二、违约金的计算

法条链接

《劳动合同法》第二十二条　用人单位为劳动者提供专项培训费用，对其进行专业技术培训的，可以与该劳动者订立协议，约定服务期。

劳动者违反服务期约定的，应当按照约定向用人单位支付违约金。违约金的数额不得超过用人单位提供的培训费用。用人单位要求劳动者支付的违约金不得超过服务期尚未履行部分所应分摊的培训费用。

用人单位与劳动者约定服务期的，不影响按照正常的工资调整机制提高劳动者在服务期期间的劳动报酬。

用人单位与劳动者要依法约定违约金。主要包含两层意思：

第一，违约金是劳动合同双方当事人约定的结果。体现了权利义务对等原则，享受权利的同时，也要求承担义务，权利义务应当是相互对应的。劳动者违反服务期约定的，应当按照约定向用人单位支付违约金。

第二，用人单位与劳动者约定违约金不得超过法定标准。一是数额不得超过用人单位提供的培训费用。二是约定的范围，仅限于专业技术培训，原来用人单位与劳动者约定的其他特殊待遇，如提供住房、解决户籍、借款、股权安排等重大市场价值的特殊待遇，不得约定服务期。

根据劳动合同法的规定，劳动者应当支付违约金的情形包括：

1. 服务期尚未届满，经劳动者提出双方协商一致解除劳动合同的；

2. 服务期尚未届满，劳动者因个人原因单方解除劳动合同的；

3. 服务期尚未届满，用人单位因劳动者有下列情形之一而解除劳动合同的：（1）严重违反用人单位的规章制度的；（2）严重失职，营私舞弊，给用人单位造成重大损害的；（3）同时与其他用人单位建立劳动关系，对完成本单位的工作任务造成严重影响，或经用人单位提出，拒不改正的；（4）以欺诈、胁迫的手段或者乘人之危，使用人单位在违背真实意思的情况下订立或者变更劳动合同的；（5）被追究刑事责任的。

根据《劳动合同法实施条例》的规定，用人单位不得要求劳动者支付违约金的情形包括：

（1）未按照劳动合同约定提供劳动保护或劳动条件的；（2）未及时足额支付劳动报酬的；（3）未依法为劳动者缴纳社会保险费的；（4）规章制度违反法律、法规的规定，损害劳动者权益的；（5）以欺诈、胁迫的手段或者乘人之危，使劳动者在违背真实意思的情况下订立或变更劳动合同致使劳动合同无效的；（6）法律、法规规定劳动者可以解除劳动合同的其他情形。

Tips 小贴士：11－2 **单位降低工资致使服务期未能履行，劳动者是否承担违约金？**

服务期长于劳动合同期限，劳动合同届满续订劳动合同时，用人单位降低劳动者工资，劳动者因此不同意续订劳动合同，这种情形下，劳动者是否需要支付违约金？

不需要。服务期长于劳动合同期限，劳动合同届满时，用人单位与劳动者应当按照公平、平等、诚实信用原则续订劳动合同，用人单位单方降低劳动者工资的行为违反了上述原则，劳动者因此不同意续订劳动合同的，不属于违反服务期约定，无需支付违约金。

根据《劳动合同法》第二十二条规定，服务期协议中的违约金以用人单位提供的培训费数额为上限，并根据服务期的年限按比例逐年递减。即违约金＝（培训费总额÷约定的服务期限）×未履行的服务年限。如用人单位为劳动者提供了5万元的培训费，并约定了5年的服务期。劳动者在履行3年后辞职。在这种情况下，服务期协议中只能约定5万元的违约金，同时在该劳动者辞职时，用人单位只能要求劳动者支付2万元的违约金。

值得注意的是，《劳动合同法》的规定，与现行的《上海市劳动合同条例》的规定有所不同。《上海市劳动合同条例》允许在“约定违约金”或者“按照实际损失赔偿”两种方式中选择一种。《关于实施〈上海市劳动合同条例〉若干问题的通知》规定，“双方当事人约定的违约金数额高于因劳动者违约给用人单位造成实际损失的，劳动者应当按双方约定承担违约金；约定的违约金数额低于实际损失，用人单位请求赔偿的，劳动者按实际损失赔偿”。而《劳动合同法》中规定，服务期只能约定违约金，且违约金的数额仅限于服务期尚未履行部分所应分摊的培训费用。

Tips 小贴士：11－3 培训费的追偿原则

用人单位出资对劳动者进行培训，即使双方没有签订培训协议，没有约定服务期，劳动者提出解除劳动关系的，用人单位可以要求劳动者赔偿培训费用。原劳动部《违反〈劳动法〉有关劳动合同规定的赔偿办法》规定，劳动者违反规定或劳动合同的约定解除劳动合同，对用人单位造成损失的，劳动者应赔偿用人单位下列损失：

（一）用人单位招收录用其所支付的费用；

（二）用人单位为其支付的培训费用，双方另有约定的按约定办理；

（三）对生产、经营和工作造成的直接经济损失；

（四）劳动合同约定的其他赔偿费用。

第十二章　保密及竞业禁止争议

第一节　商业保密

商业秘密对一个企业的重要性是毋庸置疑的，商业秘密关乎企业的竞争力，对企业的发展至关重要，有的甚至直接影响到企业的生存。商业秘密保护在竞争日益激烈的社会也变得十分重要。有统计表明，90% 以上的商业秘密案件都与人才流动有关。如何管理掌握商业秘密的员工，如何避免员工泄密，成了企业不得不面对的问题。本章从劳动法的角度，寻求保护企业商业秘密的措施和技巧。

一、商业秘密认定

根据《反不正当竞争法》第十条第三款规定，商业秘密，是指不为公众所知悉、具有商业价值并经权利人采取相应保密措施的技术信息、经营信息等商业信息。具体包括以下几种：（1）经营信息，如企业的营销战略和计划，供应商、采购资料、进货渠道，客户资料及价格体系，合同信息和档案，招投标信息等；（2）管理信息，如企业的组织机构、规章制度、薪酬体系、内部人事资料、相关函电、重要的会议纪要等；（3）技术信息，如研究项目、设计图纸、试验结果和试验记录、工艺、配方、样品、数据、计算机程序等；（4）财务信息，如财务报表、账册、银行账务信息、预算资料、管理报告等。

哪些信息可以被认定为商业秘密，需要根据商业秘密的构成要件来判断。根据我国法律，商业秘密的构成要件包括以下三个：

（一）秘密性。根据《最高人民法院关于审理不正当竞争民事案件应用法律若干问题的解释》第九条规定，有关信息不为其所属领域的相关人员普遍知悉和容易获得，应当认定为《反不正当竞争法》规定的“不为公众所知悉”。另外，该解释第九条还规定，具有下列情形之一的，可以认定有关信息不构成不为公众所知悉：（1）该信息为其所属技术或者经济领域的人的一般常识或者行业惯例；（2）该信息仅涉及产品的尺寸、结构、材料、部件的简单组合等内容，进入市场后相关公众通过观察产品即可直接获得；（3）该信息已经在公开出版物或者其他媒体上公开披露；（4）该信息已通过公开的报告会、展览等方式公开；（5）该信息从其他公开渠道可以获得；（6）该信息无需付出一定的代价而容易获得。

（二）实用性。《最高人民法院关于审理不正当竞争民事案件应用法律若干问题的解释》第十条规定，有关信息具有现实的或者潜在的商业价值，能为权利人带来竞争优势的，应当认定为《反不正当竞争法》第十条第三款的“能为权利人带来经济利益、具有实用性”。

（三）保密性。《最高人民法院关于审理不正当竞争民事案件应用法律若干问题的解释》第十一条规定，权利人为防止信息泄露所采取的与其商业价值等具体情况相适应的合理保护措施，应当认定为《反不正当竞争法》第十条第三款的“保密措施”。具有下列情形之一，在正常情况下足以防止涉密信息泄露的，应当认定权利人采取了保密措施：（1）限定涉密信息的知悉范围，只对必须知悉的相关人员告知其内容；（2）对于涉密信息载体采取加锁等防范措施；（3）在涉密信息的载体上标有保密标志；（4）对于涉密信息采用密码或者代码等；（5）签订保密协议；（6）对于涉密的机器、厂房、车间等场所限制来访者或者提出保密要求；（7）确保信息秘密的其他合理措施。

一项信息被认定为商业秘密，以上三要件缺一不可。有些企业认为只要在培训协议或规章制度中规定某项信息属于商业秘密，那么该项信息就一定是商业秘密。这种观点是有失偏颇的。无论在规章制度中，还是在保密协议中，界定商业秘密的范围都应当受这“三性”的限制，不可随意约定。如果缺失其中任何一项特性，即使保密协议或者企业制度中明确规定其为商业秘密，也得不到法律的支持。

商业秘密属于企业的无形资产，不像固定资产那样清晰明确，因此通过保密协议对商业秘密进行界定，使其明晰化显得尤为重要。在保密协议中确定商业秘密的范畴，可以采取两种方式：一是概括式，即通过概括商业秘密的一般特征达到界定的目的。二是列举式，即详细列举商业秘密的各种表现形式。也可以在对商业秘密作出概念性界定的同时，详细列举一些典型、重要的商业秘密。此外，根据商业秘密时刻变化的特征，还应当设定兜底条款并注意及时更新。

图表：12－1　商业秘密劳动争议的特点

★ 举证困难。实践中与商业秘密有关的劳动争议往往发生在技术人员跳槽之后，用人单位发现该技术人员跳槽的单位生产与其相同的产品，主张其商业秘密被侵犯提起诉讼时往往只能提出自己单位原来掌握技术秘密的员工跳槽到该单位，该单位生产的产品与其产品一致，但无法证明该职工和其所在的单位实施了《反不正当竞争法》第九条规定所列举的侵权行为。对于员工在职期间私自将其所掌握的公司技术披露给其他公司使用并获取好处费的，更是难以调查取证。

★ 被告一方多为劳动者且多为掌握用人单位技术的骨干。该类纠纷中，劳动者往往处于被告的地位，但不排除特定情况下用人单位处于被告的地位，如因竞业限制引起的劳动纠纷，被告很可能是用人单位。

★ 违反保密条款和协议的行为往往发生在职工跳槽之后。目前该类纠纷大多发生在职工跳槽之后，这可能与许多技术人员尤其是技术骨干被竞争对手挖过去的原因有关，也和商业秘密与专有技能往往重合的特点有关。专业技术人员要谋求新职位，往往需利用其掌握的技术，而这些技术很可能涉及其原来用人单位的商业秘密。

★ 该类争议呈现多元化、复杂化趋势；争议数量呈增长之势。该类争议可能发生在劳动合同履行过程中，也可能发生在劳动合同终止后；侵权人既可能是掌握技术的职工，也可能是其他有机会接触技术秘密或经营秘密的职工；侵权的手段也多种多样。

Tips 小贴士：12－1 商业秘密保护常见措施

商业秘密被保护的前提是企业已经采取了保密措施，按照《国家工商总局关于商业秘密构成要件问题的答复》规定：“权利人采取保密措施，包括口头或书面的保密协议、对商业秘密权利人的职工或与商业秘密权利人有业务关系的他人提出保密要求等合理措施。只要权利人提出了保密要求，商业秘密权利人的职工或与商业秘密权利人有业务关系的他人知道或应该知道存在商业秘密，即为权利人采取了合理的保密措施，职工或他人就对权利人承担保密义务。”目前被实务所认可的保密措施主要有：

★ 限定涉密信息的知悉范围，只对必须知悉的相关人员告知其内容；

★ 对于涉密信息载体采取加锁等防范措施；

★ 在涉密信息的载体上标有保密标志；

★ 对于涉密信息采用密码或者代码等；

★ 签订保密协议；

★ 对于涉密的机器、厂房、车间等场所限制来访者或者提出保密要求；

★ 确保信息秘密的其他合理措施。

二、保密对象

劳动关系具有特定的人身属性，由劳动者对用人单位忠诚义务演化出劳动合同的保密义务。法律允许劳动关系当事人之间通过合同约定有关保守商业秘密的权利和义务。《劳动法》第二十二条规定：“劳动合同当事人可以在劳动合同中约定保守用人单位商业秘密的有关事项。”《劳动合同法》第二十三条规定，对负有保守用人单位商业秘密义务的劳动者，用人单位可以在劳动合同或者保密协议中与劳动者约定竞业限制条款。在劳动合同解除后，不得使用或者披露信息的义务包含生产的秘密环节，以及足以构成商业秘密的其他信息。《上海市劳动合同条例》第十五条也规定："劳动合同当事人可以在劳动合同中约定保密条款或者单独签订保密协议。"因此，员工与用人单位之间的保密约定，既可以以保密条款的形式写入劳动合同，也可以单独订立一份保密协议。

单位可以与部分员工签订保密协议，也可以与所有员工签订含有保密条款的劳动合同或保密协议。但是，由于保密协议的目的是保护企业的商业秘密，是否签订保密协议，企业应当结合岗位的特征和员工的特性来确认。与所有员工签订保密协议，虽然具有前瞻性，但也会增大 HR 的工作量，同时也加大管理成本。《国家科委关于加强科技人员流动中技术秘密管理的若干意见》第六条规定，企事业单位可以按照有关法律规定，与本单位的科技人员、行政管理人员以及因业务上可能知悉技术秘密的人员或业务相关人员签订保密协议。一般来说，与企业签订保密协议的员工包括：

1. 高级研究开发人员、技术人员、经营管理人员。他们或者掌握着企业的核心技术，或者担任企业的主要管理工作，掌握着企业的重要经营信息，他们是签订保密协议的主要对象。

2. 一般技术支持人员和关键岗位的技术工人。他们虽然不是最主要的人员，但是也有可能接触到企业的核心技术，也有必要与他们签订保密协议。

3. 市场计划、销售人员。他们是经营决策的实施者，了解企业的营销计划、客户名单，因此企业也会与他们签订保密协议。

4. 财会人员、秘书人员、保安人员等。他们都有可能由于岗位的原因了解到企业的商业秘密，如果不与他们签订保密协议，他们很可能有意或无意地泄露企业的商业秘密。

图表：12－2　保密义务：《公司法》VS《劳动合同法》

《公司法》第一百四十八条：董事、高级管理人员不得有下列行为：

……

（七）擅自披露公司秘密；

……

律师指引　公司法上的保密义务针对的是董事、高管的行为。

《劳动合同法》第二十三条：用人单位与劳动者可以在劳动合同中约定保守用人单位的商业秘密和与知识产权相关的保密事项。对负有保密义务的劳动者，用人单位可以在劳动合同或者保密协议中与劳动者约定竞业限制条款，并约定在解除或者终止劳动合同后，在竞业限制期限内按月给予劳动者经济补偿。劳动者违反竞业限制约定的，应当按照约定向用人单位支付违约金。

律师指引　劳动法规定的保密义务既可针对高级管理人员，也可针对掌握商业秘密的劳动者。

此外，需要说明的是，根据《劳动法》《劳动合同法》《反不正当竞争法》等现行法律法规的规定，保守企业的商业秘密是劳动者的一项法定义务，即便用人单位与员工签订了保密协议，用人单位也不需要以支付保密费、保密津贴等作为对价换取劳动者的保密义务。

在实务中，很多 HR 往往混淆竞业限制补偿金和保密费，误以为保密费也是法定的，于是在保密协议中约定了保密费。用人单位可以将支付保密费作为一项福利，而不是一项义务，但是在保密协议中一旦约定了用人单位向劳动者支付保密费，用人单位就必须执行，否则构成违约。

三、违反保密义务的责任

根据《劳动合同法》的规定，除了劳动者违反服务期的约定或违反竞业限制义务两种情形外，用人单位不得与劳动者约定由劳动者承担违约金。因此，保密协议中不得约定劳动者泄露企业商业秘密时应当支付违约金。劳动者泄露商业秘密，企业只能要求劳动者赔偿因此给企业造成的损失。在实务中，企业追究劳动者的赔偿责任，必须要有充分证据证明以下事实：劳动者泄露企业商业秘密具有过错；企业遭受损失以及损失的大小；劳动者泄密行为与企业遭受损失具有因果关系。

劳动者违反保密义务的法律责任主要包括：

赔偿金。《劳动法》第一百零二条规定，劳动者违反本法规定的条件解除劳动合同或者违反劳动合同中约定的保密事项，对用人单位造成经济损失的，应当依法承担赔偿责任。《劳动合同法》第九十条规定，劳动者违反本法规定解除劳动合同，或者违反劳动合同中约定的保密义务或者竞业限制，给用人单位造成损失的，应当承担赔偿责任。如果劳动者是与其他单位串通侵犯原用人单位的商业秘密的，对造成的损失两者应该承担连带赔偿责任。为了更容易地向劳动者追偿，企业在保密协议中要事先明确约定由于泄密造成损失的计算标准和方法。同时，注意收集和保留相关证据，包括劳动者实施泄密行为的证据，计算损失所依据的凭证等。

刑事责任。《刑法》第二百一十九条的规定，有下列侵犯商业秘密行为之一，给商业秘密的权利人造成重大损失的，处 3 年以下有期徒刑或者拘役，并处或者单处罚金；造成特别严重后果的，处 3 年以上 7 年以下有期徒刑，并处罚金：（一）以盗窃、利诱、胁迫或者其他不正当手段获取权利人的商业秘密的；（二）披露、使用或者允许他人使用以前项手段获取的权利人的商业秘密的；（三）违反约定或者违反权利人有关保守商业秘密的要求，披露、使用或者允许他人使用其所掌握的商业秘密的。明知或者应知前款所列行为，获取、使用或者披露他人的商业秘密的，以侵犯商业秘密论。

案例：12－1　保密费等同于竞业限制补偿金吗?

李某于2007年9月进入某外资公司从事研发工作，并担任研发经理。双方签的劳动合同约定，合同期限自2007年9月1日开始至2008年12月31日止。此外，李某还与公司签订了一份竞业限制协议，协议中约定，李某无论何种原因从公司离职后，两年内不得从事相关行业。

在李某与公司签订的劳动合同中关于劳动报酬双方作如下约定：劳动薪酬包括：基本工资3000元、绩效工资2000元、保密费500元以及各项津贴和补贴。公司于每月25日以银行转账形式将工资划至李某个人账户。2008年2月3日，李某向公司提出了辞职，并于1个月后办理完离职手续后离开了公司。

后李某提起仲裁，要求原公司支付相当于2个月工资的竞业限制期间的经济补偿金8000元。而公司则认为公司已于每月工资中以“保密费”的名义作为竞业限制协议的补偿，李某要求再支付竞业限制经济补偿的理由不能成立，而且李某应当承担解除合同后两年的竞业限制义务。

那么，李某能否要求公司支付经济补偿？公司能否要求李某履行竞业限制义务？公司能否以放弃对李某竞业限制义务的要求而不支付经济补偿？

律师点评

用人单位可以支付劳动者保密费，也可以不支付。而竞业禁止约定是对劳动者自由择业权的限制，法律明确规定用人单位应当就此给予劳动者相应的经济补偿。此外，保密费是劳动者在职期间发放的，而竞业禁止的经济补偿则是在劳动者离职后发放的。因此，在本案中，李某在职期间，公司向其支付的保密费并非竞业禁止的经济补偿，公司如果要李某履行竞业限制义务，需要向其另行支付经济补偿。

竞业禁止对于劳动者来说是一种义务，对于用人单位来说则是一种权利，权利可以放弃，因此，用人单位可以放弃对劳动者竞业限制的要求，同时可以不向劳动者支付经济补偿。根据上海市的相关规定，竞业限制协议生效前或者履行期间，用人单位放弃对劳动者竞业限制的要求，应当提前1个月通知劳动者。具体到本案，公司可以放弃对李某竞业限制的要求，同时不向李某支付竞业限制补偿，但需要提前1个月通知李某。

第二节　竞业禁止

竞业禁止是指掌握和了解本企业商业秘密并负有保密责任的劳动者，在劳动关系存续期间或者劳动关系终止后，按照与企业的约定受到一定时间的择业限制，在该期间内，企业要对劳动者进行一定的经济补偿。竞业禁止制度的实质，是法律基于保护雇主商业秘密权的目的而对雇员的劳动权及择业自由权加以合理限制。用人单位可以与知悉其商业秘密的劳动者在劳动合同中约定，在劳动合同终止或者解除后的一定期限内，劳动者不得到生产与本单位同类产品或者经营同类业务的有竞争关系的其他用人单位任职，也不得自己开业生产或者经营与用人单位有竞争关系的同类产品或者业务。

一、竞业禁止的对象

竞业禁止的实施客观上限制了劳动者的就业权，进而影响了劳动者的生存权，故其存在仅能以协议的方式确立。比如，竞业限制的范围、地域、期限由用人单位与劳动者约定。尽管用人单位因此支付一定的代价，但一般而言，该代价不能完全弥补劳动者因就业限制而遭受的损失。因此，为了保护劳动者的合法权益，法律也对竞业限制进行了必要的限制，如我国《劳动合同法》第二十四条明确规定，竞业限制的人员限于用人单位的高级管理人员、高级技术人员和其他负有保密义务的人员。

签订竞业禁止协议的对象不应是企业的全体员工，特别是不包括临时工、普通工人。原因之一是这些普通人员一般不接触企业的重要商业秘密或保密信息；原因之二是这些人员离职后在就业市场上的地位较弱，若对其限制易被认为不公平而导致合同无效。企业应当从经济的角度综合考虑以下因素确定：劳动者所任岗位的涉密程度高低；该劳动者离职后若开展竞争业务对企业业务影响的大小。具体而言，可以与企业签订竞业禁止协议的对象主要包括：高级管理人员，如董事、经理、监事、厂长等；负责管理、技术研发、营销、生产等职务的管理岗位人员；掌握特定信息的人员，如信息员甚至打字员等。

为了更好地发挥竞业禁止协议的作用，通常竞业禁止协议应当包含以下内容：(1) 竞业禁止期限；(2) 竞业禁止义务；(3) 竞业禁止的行业范围；(4) 竞业禁止的地域范围；(5) 竞业禁止补偿金的计算标准、支付时间和支付方式；(6) 违约责任，包括违约金的支付条件及计算标准等；(7) 协议解除的条件。

二、竞业禁止的期限

竞业禁止协议所限制就业的时间应当合理，如果限制的时间太长，既会导致人才资源的不合理浪费，又会给企业带来不必要的负担（因为企业必须支付高额补偿金）。双方可以根据商业秘密的价值、竞争优势的持续时间、劳动者知悉秘密的程度来协商，但最长不能超过两年。

我国《劳动合同法》第二十四条第二款规定：“在解除或者终止劳动合同后，前款规定的人员到与本单位生产或者经营同类产品、从事同类业务的有竞争关系的其他用人单位，或者自己开业生产或者经营同类产品、从事同类业务的竞业限制期限，不得超过二年。”这属于法律的强制性规定，如果用人单位和劳动者约定的竞业禁止期限超过了法定的限制，那么超过部分将无法律效力。

实务中，存在这样的情形，即用人单位事先与劳动者约定了竞业禁止义务，但是根据实际情况，用人单位没有必要对劳动者进行限制，或者限制的期限想要缩短，此时用人单位能否放弃对劳动者竞业禁止的要求？笔者认为，相对于劳动者的竞业禁止义务，用人单位享有的是一种权利，根据民法的原理，权利既可以行使也可以放弃，但这种放弃不得损害劳动者的权益。首先，用人单位如果放弃对剩余期限竞业禁止的要求，应当按照双方约定的标准向劳动者支付已履行部分的经济补偿金；其次，企业放弃竞业禁止的要求，应该提前一定时间通知劳动者。提前通知的时间，有约定的按照约定，没约定的应在合理时间内通知劳动者，一般而言为提前 1 个月。基于此笔者建议在制订相关协议时用人单位能提前考虑可能发生的情况并落实在协议中。

三、竞业禁止的补偿

竞业禁止无疑限制了员工的择业自由权，这对员工尤其是诚实的雇员而言是不恰当的。因此，为均衡利益，企业应当给予员工合理补偿。企业应当支付员工多少补偿才算合理，我国法律并没有相关规定，《劳动合同法》确定了竞业限制协议应当约定补偿金的原则，但是并没有明确补偿金的标准。

实践中，确定竞业限制补偿数额应当以劳动者因竞业限制所减少的收入为原则，竞业限制的范围、劳动者对受限行业的依赖程度、寻找工作机会的难度、原工资收入情况以及劳动者居住地的生活水平、物价水平、最低生活保障水平、最低工资水平、教育、医疗、住房成本均可以作为考虑因素。各地区指导性标准不尽相同。例如，上海对此有指导性规定：根据《上海市劳动和社会保障局关于实施〈上海市劳动合同条例〉若干问题的通知（二）》以及《上海市高级人民法院关于适用〈劳动合同法〉若干问题的意见》的规定，上海市竞业限制补偿的标准和支付形式由当事人约定，没有约定的用人单位可以与劳动者就补偿金进行协商，协商不成的，用人单位应当按照劳动者此前正常工资的 20%—50% 支付。

2013 年新公布实施的《最高人民法院关于审理劳动争议案件适用法律若干问题的解释（四）》对竞业限制的经济补偿金作出了统一规定：当事人在劳动合同或者保密协议中约定了竞业限制，但未约定解除或者终止劳动合同后给予劳动者经济补偿，劳动者履行了竞业限制义务，要求用人单位按照劳动者在劳动合同解除或者终止前 12 个月平均工资的 30% 按月支付经济补偿的，人民法院应予支持。前款规定的月平均工资的 30% 低于劳动合同履行地最低工资标准的，按照劳动合同履行地最低工资标准支付。

司法解释对未约定经济补偿金的离职竞业限制条款并没有规定为无效条款，而是承认其效力；同时针对司法实践中如何确定此类竞业限制条款下的经济补偿金存在裁判不统一的现象，参考其他国家的立法例和我国的审判实践，明确规定即按照劳动者在劳动合同解除或者终止前 12 个月平均工资的 30% 确定，且不得低于劳动合同履行地的最低工资标准。需要注意的是有些地方性立法，对经济补偿金的标准高于司法解释，如江苏的规定为终止前 12 个月平均工资三分之一。

对于未约定经济补偿金的处理，根据不同情况，分析如下：

（1）未约定经济补偿金，但用人单位实际上按照解除或终止前 12 个月平均工资的 30% 或以上按月支付了经济补偿金，用人单位要求劳动者履行竞业限制义务或要求劳动者承担违反竞业限制义务的责任，则应获得仲裁或法院的支持。

（2）未约定经济补偿金，用人单位也未实际支付，劳动者依约履行了竞业限制义务，则有权请求用人单位支付经济补偿金。

（3）未约定经济补偿金，用人单位也未实际支付，劳动者未解除竞业限制条款且违反了竞业限制义务，用人单位请求劳动者承担违约责任的，应获得仲裁或法院的支持。此种情况下，劳动者亦有权要求用人单位支付经济补偿金，解除竞业限制。

（4）未约定经济补偿金，用人单位也没有实际支付，劳动者请求用人单位支付经济补偿金，用人单位明确拒绝支付的，劳动者有权要求解除合同。

（5）未约定经济补偿金，用人单位也未支付，且未支付的时间达到 3 个月或以上，劳动者解除竞业限制条款的，应获得仲裁或法院支持。但需要注意，解除前双方均应享有或承担相应的权利义务。

关于补偿金支付的方式，我国《劳动合同法》第二十三条规定："对负有保密义务的劳动者，用人单位可以在劳动合同或者保密协议中与劳动者约定竞业限制条款，并约定在解除或者终止劳动合同后，在竞业限制期限内按月给予劳动者经济补偿。"可见，劳动者在竞业限制期间，用人单位应当按月支付经济补偿金。用人单位应当按时足额支付竞业限制补偿金，若用人单位因自身原因没有按照约定支付补偿金的，劳动和可以向用人单位主张权利；如果用人单位还是不支付的话，劳动者可以单方解除竞业限制协议，不再履行竞业限制义务。

图表：12－3　保密协议与竞业限制协议的比较

比较	保密协议	竞业限制协议
立法目的	保护商业秘密，维护正当的市场竞争秩序	与保密协议目的相同，但强调竞争性企业之间的商业秘密的保护
保护方式	不允许泄密	任期内不得兼任或离职后不得从业于竞争企业
生效条件	是商业秘密、有保密约定	除在职高管法定义务外，离职后的竞业限制义务需有书面约定
保护期限	无期限限制，视商业秘密情况而定	不超过两年
补偿	可以补偿也可以不补偿	必须有补偿，但未做金额限制

四、违反竞业禁止的责任

用人单位和劳动者一旦构成竞业限制违约，都需承担不利后果，但承担的方式是有区别的。用人单位违约不支付竞业限制经济补偿金的，劳动者可以不受竞业限制的约束。《最高人民法院关于审理劳动争议案件适用法律若干问题的解释（四）》（以下简称司法解释四）也对此作出规定，第八条：当事人在劳动合同或者保密协议中约定了竞业限制和经济补偿，劳动合同解除或者终止后，因用人单位原因导致3个月未支付经济补偿，劳动者请求解除竞业限制约定的，人民法院应予支持。此外，由于劳动者在解除竞业限制约定之前已经通过不作为的方式部分履行了竞业限制义务，因此劳动者在解除竞业限制约定的同时可以要求用人单位支付拖欠的经济补偿金。实践中，有的劳动者为了规避竞业限制，故意注销自己的银行账户或者卡号，导致用人单位无法往其账户里存钱，此时用人单位并无过错，劳动者仍应当履行竞业限制义务。

而劳动者违约的，则应承担违约金、赔偿损失，具体体现为以下两种方式：

支付违约金。根据《劳动合同法》第二十三条第二款的规定，劳动者违反竞业限制约定的，应当按照约定向用人单位支付违约金。这里的违约金数额由双方进行协商确定。

赔偿损失。根据《劳动合同法》第九十条之规定，劳动者违反竞业禁止义务，给用人单位造成损失的，应当承担赔偿责任。

从上述规定可以看出，法律只是规定用人单位可以与劳动者约定违约金，但对违约金的数额没有相应的指导性规定，双方可以通过协商确定，但需注意合理性，即违约金的数额要与商业秘密的重要性程度、竞业限制经济补偿金的数额以及劳动者的个人承担能力等因素相结合。值得注意的是，劳动者承担不利后果的方式虽有两种，但这两种方式不可同时适用。在实务中，如果双方当事人约定的违约金数额高于因劳动者违约给用人单位造成的实际损失的，劳动者应当按双方约定承担违约金；约定的违约金数额低于实际损失，用人单位请求赔偿的，劳动者应按实际损失赔偿。约定的违约金数额畸高的，当事人可以要求适当减少。

司法解释四对劳动者违反竞业限制约定作出进一步规定：劳动者违反竞业限制约定，向用人单位支付违约金后，用人单位要求劳动者按照约定继续履行竞业限制义务的，人民法院应予支持。

需要注意的是，如果员工违反竞业限制义务承担违约责任并不必然导致继续履行义务的消失，只要竞业限制协议尚未到期，用人单位订约时所期待的可保护利益即可能存在，应通过劳动者继续履行竞业限制约定加以保护。另外，劳动者因违反竞业限制约定支付的违约金所弥补的仅是劳动者本次违反竞业限制约定所造成的损失，而不能弥补竞业限制剩余期间内劳动者不再履行竞业限制义务可能给单位造成的损失。在实践当中，劳动者可能会到新的一家甚至几家用人单位任职，则原用人单位可能遭受的损失是不可预估的，如果承担了违约责任就可以免除竞业限制义务，会导致劳动者不诚信、不守约，会纵容企业之间的不正当竞争行为，影响社会经济的健康发展。因此司法解释四规定对违约责任的追究，同时要求违约员工继续承担履行竞业限制义务的责任。

案例：12－2　劳动者违反竞业限制义务应按约定返还取得股票之利益

2009年4月1日起，徐某在某科技公司从事网络游戏开发运营工作。2009年8月6日，双方签订《协议书》约定："鉴于乙方（徐某）知悉甲方（某科技公司）……的重要商业秘密……乙方特作出本保密与不竞争承诺，作为……对价……甲方的母公司授予乙方限制性股票……乙方在职期间不得自营、参与经营与甲方或甲方关联公司构成业务竞争关系的单位；离职后两年内不得与同甲方或甲方关联公司有竞争关系的单位建立劳动关系……乙方不履行本协议约定的义务……甲方有权向乙方追索所有任职期间行使限制性股票所生之收益。若收益数额难以确定的，以采取法律行动当日股票市值计算……"之后，某科技公司的母公司分5次将解禁的限制性股票19220股过户给徐某，其中3388股抵扣税款，实际过户15832股。2014年5月28日，某科技公司为徐某办理了退工手续。2014年6月1日，M公司为徐某办理了招工手续。据查，M公司于2014年1月26日设立，法定代表人为徐某。之后，M公司又分别设立了H公司、Y公司、L公司，法定代表人均为徐某。前述四家公司经营范围均与某科技公司重合。2017年5月27日，某科技公司申请仲裁，要求徐某依据《协议书》支付违约金2300万元。仲裁委以科技公司的请求不属于劳动争议受理范围为由，作出不予受理的通知。之后，因科技公司不服仲裁裁决，向法院提起诉讼。

法院经审理后认为，《协议书》系双方真实意思表示，应认定合法有效。徐某设立的M、H、Y、L四家公司，经营范围均与某科技公司重合，故徐某违反了协议约定的"不得从事自营、参与经营与科技公司构成竞争关系的业务"之竞业限制义务。按《协议书》约定，徐某应返还"行使限制性股票所生之收益"。由于徐某拒不提供交易记录，收益数额难以确定，因此应以某科技公司采取法律行动当日（即某科技公司申请劳动仲裁之日）的股票市值计算。综上，法院判决徐某支付某科技公司1900万余元。

律师点评

根据《劳动合同法》规定，用人单位和负有保密义务的劳动者可以通过签订劳动合同或其他协议的方式，约定劳动者在解除或终止劳动合同后的一定期限内不得在生产同类产品、经营同类业务或存在其他竞争关系的用人单位任职，也不得自己生产或经营与原单位有竞争关系的同类产品或同类业务。竞业限制源于劳动者对企业的忠诚义务，该规定对于保护企业商业秘密、保证企业核心竞争力具有非常积极的意义。本案的特殊性在于公司给付劳动者的补偿并非货币而是限制性股票，且违约责任体现为返还限制性股票所生之利益。双方约定作为徐某保守商业秘密的对价，科技公司授予徐某公司限制性股票；如徐某违反竞业限制协议约定，则需返还限制性股票所生之收益。该约定系当事人真实意思表示，且不违反法律法规禁止性规定，应为合法有效，对双方当事人均具有法律约束力。在收益数额难以确定的情况下，法院通过固定计算股价时点、股数、股价、汇率等方法，确定徐某取得限制性股票收益的具体数额，并依据协议约定判决徐某返还某科技公司上述钱款，有事实和法律依据。

五、竞业限制协议的解除

《最高人民法院关于审理劳动争议案件适用法律若干问题的解释（四)》第九条，在竞业限制期限内，用人单位请求解除竞业限制协议时，人民法院应予支持。在解除竞业限制协议时，劳动者请求用人单位额外支付劳动者 3 个月的竞业限制经济补偿的，人民法院应以支持。

在竞业限制协议的规定上，由于其是以保护单位的商业秘密和知识产权，促进经济的繁荣发展，而对劳动者择业自由权利的限制，因此用人单位由于竞业限制意愿消除或基于其他原因或者事由的出现，而要求解除竞业限制协议的，应获得支持。

当然在实际生活中，竞业限制协议虽然解除了，并不意味着劳动者可以立即摆脱协议的束缚，找到新的更好的岗位，从而实现经济收入上的提升和改善。因此在充分考虑劳动者损失弥补、生活保障的同时，也不会给用人单位带来过重的经济负担，符合公平原则的前提下，《最高人民法院关于审理劳动争议案件适用法律若干问题的解释（四)》规定劳动者要求用人单位额外支付 3 个月的经济补偿金的，应获得支持。这也与《最高人民法院关于审理劳动争议案件适用法律若干问题的解释（四)》第八条规定的因用人单位的原因导致 3 个月未支付经济补偿，劳动者有权要求解除竞业限制协议的规定构成前后协调。

第三节　企业对员工的管理措施

员工作为公司的雇员，其工作过程中无可避免接触或掌握公司的商业秘密，甚至直接参与创造公司的商业秘密，因此，对员工在职及离职时进行恰当合理的商业秘密保护是人力资源管理的一个重要课题。笔者根据上述对商业秘密保护及竞业限制基本问题的介绍，结合日常顾问单位维护及案件审理的有关经验，从以下几个方面提出企业有关商业秘密保护的管理建议。

一、制定保密制度

制定有针对性的商业秘密保护制度是管理的基础。通常企业制定保密管理制度时应包括以下两个方面：

（1）制定对办公硬件使用的要求

制度中应规定，在保密要求较高的情况下，需配备专用的设备及人员，例如对企业高级管理人员、涉密人员等配备独立的设备，如专用打印机、传真机、扫描仪；要求对文件、电子邮件等必须设置密码、非授权禁止复制、打印等措施；对文件对外交流渠道进行严格限制，如禁止使用软驱、光驱、USB 盘等；禁止他人对涉密计算机的非授权使用等；对企业内部局域网与外部互联网进行技术或物理隔离，禁止利用外部电子邮箱等。

（2）制定具体的日常行为管理制度

制定详细的商业秘密管理操作规范制度，通常包括：秘密等级划分制度、保密制度、保密人员特殊管理制度、档案管理制度、计算机及互联网使用制度、文档取阅登记制度、废旧纸张处理制度、门禁制度等。

此外，需要注意的是，按照《劳动合同法》第四条的规定，公司制定商业秘密保护制度时，也应当遵循民主程序，即应当经职工代表大会或者全体职工讨论，提出方案和意见，与工会或者职工代表平等协商确定，并进行公示。

二、签订保密协议

签订保密协议是企业最常用、最简便、最基本的保密措施，在协议内容的起草中应把握以下几个方面：

（1）详细界定商业秘密的范围

正如以上所述商业秘密的范围通常包括技术信息和经营信息，保密协议中除了明确一般常见的商业秘密范围外，还需要特别列明本公司的秘密范围。同时，对于属于公司因经营所获取或得知的第三方商业秘密亦应列入保密范围。

（2）明确保密义务的期限

实务中很多员工没有承担保密义务的基本意识，更不知悉保密义务应当承担至该商业秘密公开或事实已经公开，因此，应当特别对此点予以明确。当然也有部分商业秘密的期限是固定的或者是附条件的，此种情况也应当写明。

（3）指明员工违反商业秘密的法律责任

员工或者员工离职后新加入的用人单位在违反或共同违反商业秘密时可能承担民事责任，严重的可能会承担刑事责任。因此，在协议中应对员工进行违法责任明示。

（4）把握保密协议的签订时间

虽然员工应当对公司商业秘密承担保密义务，签订保密协议也在情理之中，但是如果在员工入职后签订，可能会碰到员工抵触的尴尬局面。因此，签订保密协议的最佳时间为员工正常入职当天或入职前与劳动合同同时签订。

三、主动对离职员工采取脱密措施

按照劳动法的规定，与员工解除劳动关系，有两种类型：一种是劳动者自己离职，一种是用人单位单方面解除劳动合同。对于后者由于用人单位在时间上有一定的主动权，而劳动员工自己离职，按照目前的法律，员工仅需提前30天通知即可。因此，企业应当充分利用现有法律制度在此时间内充分做好脱密措施。通常的措施有：

（1）在员工确定离职后，及时向有关客户进行告知，明确说明此员工将不再有权代理公司从事职务行为，除非公司对特别事项有特别说明。

（2）及时安排进行工作交接。通过工作交接，员工将其掌握或持有的公司保密信息或文件资料交还公司指定人员，同时对其正在负责的项目或具体业务进行安全交接。

（3）直接安排员工进行带薪休假。安排员工休假可以利于公司平稳进行工作交接，同时，员工由于仍是在职，在此期间，新的接替人员如果存在不明之处，员工有义务进行辅导或指明。

四、签订竞业限制协议

竞业限制是指用人单位可以与知悉商业秘密的员工在劳动合同中约定，在劳动合同终止或解除后的一定期限内，劳动者不得到与用人单位生产同类产品或经营同类业务有竞争关系的其他用人单位任职，也不得自己开业生产或者经营与用人单位有竞争关系的同类产品或者业务。签订竞业限制协议应当把握以下几个方面：

（1）竞业限制主体要适格

依据《劳动合同法》相关规定，竞业限制的人员仅限于用人单位的高级管理人员、高级技术人员和其他负有保密义务的人员。其中高级管理人员，是指公司的经理、副经理、财务负责人，上市公司董事会秘书和公司章程规定的其他人员。此规定的目的重点在于约束单位掌握商业秘密和核心技术的人员，因此在实务中，不能滥用竞业限制，要求每个员工都必须签署竞业限制协议。

（2）竞业限制的地域、时间、范围应明确

由于竞业限制是法律赋予用人单位的合法权利，因此竞业限制一旦生效，就应实现保护企业商业秘密的目的，用人单位应当对竞业限制地域、时间（不得超过最长期限）、竞业限制的范围做出明确的约定，便于员工清晰地遵守。通常用人单位应当以与自己有直接竞争关系的企业区域作为界定竞业限制地域范围，与自己主营业务直接竞争的行业企业作为竞业单位。

（3）竞业限制时间不得超过两年

依据《劳动合同法》规定，竞业限制的时间不得超过两年，否则超出的时间无效。

（4）应当依法支付竞业限制补偿金

很多企业对补偿金的支付认识不清，甚至心存侥幸不支付、不依法支付，如将平时所发工资一部分主张作为已经支付竞业限制补偿金的依据，或与员工签署协议后劳动者履行了协议，但企业不支付等。

综之，商业秘密保护是公司人事管理中必须重视的一个问题，特别是处于网络化时代的今天，新技术带来更多新的挑战。认识到保护商业秘密的重要性，切实地落实对商业秘密管理的措施，是企业在激烈的市场竞争中立于不败之地的保障。

第十三章　女职工特殊保护争议

一、女职工特殊保护概述

女职工特殊劳动保护是指根据妇女生理机能、身体结构的特点以及承担繁衍后代、抚育子女任务的特殊需要，在劳动方面对妇女特殊权益的法律保障。它是妇女劳动权利的一项重要内容，体现了法律追求实质意义上的平等保护，是在劳动领域对女性实行一般生理保护和生育保护的一项制度。

随着《女职工劳动保护特别规定》于2012年4月的颁布实施，女职工的产假时间得以延长，使得很多育龄女性职工对产假期间的相关待遇提高了关注度。对于一个职业女性来说，从怀孕到分娩，再到产后休养恢复，每一个阶段的假期与相关待遇是关系到切身利益的重要问题。

二、女职工禁忌工作范围

根据女职工的生理特点，女职工禁忌从事的劳动分绝对禁忌从事的劳动和相对禁忌从事的劳动。绝对禁忌从事的劳动是指凡是女职工均不能从事的劳动；相对禁忌从事的劳动是指女职工在某个特殊时期不能从事的劳动。

根据《特别规定》，女职工禁忌从事的劳动范围分：绝对禁忌从事的劳动范围、在经期禁忌从事的劳动范围、孕期禁忌从事的劳动范围、哺乳期禁忌从事的劳动范围四类。

（一）绝对禁忌从事的劳动范围有四种作业：分别是1. 矿山井下作业；2. 体力劳动强度分级标准中规定的第四级体力劳动强度的作业；3. 每小时负重6次以上、每次负重超过20公斤的作业，或者间断负重、每次负重超过25公斤的作业。

（1）矿山作业是指在开采矿石或生产矿物原料的场所作业，矿山包括煤矿、金属矿、非金属矿、建材矿和化学矿等。

（2）井下作业是指油田勘探开发过程中保证油水井正常生产的技术手段。井下作业内容主要有油水井维修、油水井大修、油层改造和试油。

（3）体力劳动是指主要依靠人的身体器官从事的劳动，其能量受到劳动者生理界限的限制。

（二）女职工在经期禁忌从事的劳动范围也分四类，分别是：1. 冷水作业分级标准中规定的第二级、第三级、第四级冷水作业；2. 低温作业分级标准中规定的第二级、第三级、第四级低温作业；3. 体力劳动强度分级标准中规定的第三级、第四级体力劳动强度的作业；4. 高处作业分级标准中规定的第三级、第四级高处作业。

（1）冷水作业是指在生产劳动过程中，操作人员接触冷水温度等于或小于12℃的作业，按操作人员实际接触的冷水温度和冷水作业时间率将冷水作业分为四级，级别越高表示冷强度越大。

注：凡遇作业环境平均气温等于或小于5℃的作业，应在本标准的基础上相应提高一级。

（2）低温作业是指在生产劳动过程中，其工作地点平均气温等于或低于5℃的作业。按工作地点的温度和低温作业时间率，将低温作业分为四级，级别高者冷强度大。

注：凡低温作业地点空气相对湿度平均等于或大于80%的工种应在本标准基础上提高一级。

（3）体力劳动指主要依靠人的身体器官从事劳动，其能量不能不受到劳动者生理界限的限制。

注：劳动时间率是指工作日内纯劳动时间与工作日总时间的比，以百分率表示。

（4）高处作业是指：凡在坠落高度基准面2米以上（含2米）有可能坠落的高处进行的作业。

（三）女职工在孕期禁忌从事的劳动范围分十类：1. 作业场所空气中铅及其化合物、汞及其化合物、苯、镉、铍、砷、氰化物、氮氧化物、一氧化碳、二硫化碳、氯、己内酰胺、氯丁二烯、氯乙烯、环氧乙烷、苯胺、甲醛等有毒物质浓度超过国家职业卫生标准的作业；2. 从事抗癌药物、己烯雌酚生产，接触麻醉剂气体等的作业；3. 非密封源放射性物质的操作，核事故与放射事故的应急处置；4. 高处作业分级标准中规定的高处作业；5. 冷水作业分级标准中规定的冷水作业；6. 低温作业分级标准中规定的低温作业；7. 高温作业分级标准中规定的第三级、第四级的作业；8. 噪声作业分级标准中规定的第三级、第四级的作业；9. 体力劳动强度分级标准中规定的第三级、第四级体力劳动强度的作业；10. 在密闭空间、高压室作业或者潜水作业，伴有强烈振动的作业，或者需要频繁弯腰、攀高、下蹲的作业。

（1）高温作业是指以本地区夏季通风室外平均温度为参照基础，其工作地点具有生产性热源，而工作地点气温高于室外温度2℃或2℃以上的作业。

（2）噪声作业是指职工在产生工业噪声的工作地点从事生产和劳动的作业。

（3）在密闭空间、高压室作业或者潜水作业，伴有强烈振动的作业，或者需要频繁弯腰、攀高、下蹲的作业。

密闭空间是指与外界相对隔离，进出口受限，自然通风不良，足够容纳一人进入并从事非常规、非连续作业的有限空间。常见的密闭空间有：封闭、半封闭设备：船舱、储罐、反应塔、冷藏车、沉箱及锅炉、压力容器、浮筒、管道、槽车等；地下密闭空间：地下管道、地下室、地下仓库、地下工事、暗沟、隧道、涵洞、地坑、矿井、废井、地窖、沼气池及化粪池、下水道、沟、井、池、建筑孔桩、地下电缆沟等；密闭空间：储藏室、酒糟池、发酵池、垃圾站、温室、粮仓、烟道等。

潜水作业是指人或机械在水下环境里进行的水下施工、海底采矿、水中养殖、水下营救和水下检查维修等工作。

振动作业是指生产中或在生产中使用手持振动工具或接触受振工件时，直接作用于整个人体的振动或直接作用或传递到人手臂的机械振动或冲击的作业，分局部振动作用和全身振动作用。常见的局部振动作业：主要是使用振动工具的各工种，如砂铆工、锻工、钻孔工、捣固工、研磨工及电锯、电刨的使用者等进行作业；常见的全身振动作业：主要是振动机械的操作工。如震源车的震源工、车载钻机的操作工；钻井发电机房内的发电工及地震作业、钻前作业的拖拉机手等野外活动设备上的振动作业工人，如锻工等。

（四）女职工在哺乳期禁忌从事的劳动范围：

1. 孕期禁忌从事的劳动范围的第一项、第三项、第九项；

2. 作业场所空气中锰、氟、溴、甲醇、有机磷化合物、有机氯化合物等有毒物质浓度超过国家职业卫生标准的作业。

以上女职工禁忌从事的劳动范围并不是一成不变的，国务院安全生产监督管理部门会同国务院人力资源社会保障行政部门、国务院卫生行政部门可根据经济社会发展情况，对女职工禁忌从事的劳动范围进行调整。

此外，对怀孕 7 个月以上的女职工及对哺乳未满 1 周岁婴儿的女职工，用人单位不得延长劳动时间或者安排夜班劳动。夜班劳动系指在当日 22 点至次日 6 点时间从事劳动或工作。

而且，女职工在孕期不能适应原劳动的，用人单位应当根据医疗机构的证明，予以减轻劳动量或者安排其他能够适应的劳动。

三、女职工特殊期间的权利

（一）假期

女职工所享有的特殊假期主要有产假、哺乳期及哺乳假、计划生育手术假，以及特殊条件下的保胎假等。

1. 保胎假

《国家劳动总局保险福利司关于女职工保胎休息和病假超过六个月后生育时的待遇问题给上海市劳动局的复函》（1982 年，现在有效）中规定，女职工按计划生育怀孕，经过医师开具证明，需要保胎休息的，其保胎休息的时间，按照本单位实行的疾病待遇的规定办理。因此，女职工在条件允许的情况下可以享受保胎假，但保胎假期间只能拿到病假工资。

2. 产假

正常分娩产假为98天（含产前假15天；产假包括公休、假日和法定节日，下同）；女职工产假期满上班的，用人单位应当给予一至两周的适应时间，使其逐渐恢复工作量。因身体原因不能正常上班的，经医疗机构证明，其超过产假后的休息时间，按国家规定的疾病医疗待遇规定办理。

其中关于产前假，《女职工保健工作规定》第十条规定："妊娠满7个月应给予工间休息或适当减轻工作。"而《上海市女职工劳动保护办法》也根据妊娠期的不同情况作了一些有针对性的规定：女职工妊娠7个月以上（按28周计算），应给予每天工间休息1小时，不得安排夜班劳动。如工作许可，经本人申请，单位批准，可请产前假2个半月。经二级以上医疗保健机构证明有习惯性流产史、严重的妊娠综合征、妊娠合并症等可能影响正常生育的，本人提出申请，用人单位应当批准其产前假。因此，孕妇妊娠28周以上需要休息的可以向单位提出产前假申请，单位可根据生产经营状况决定是否批准，但如果女职工有二级以上医疗保健机构开出的证明，则用人单位必须批准。

女职工妊娠期间在医疗保健机构约定的工作时间内进行产前检查（包括妊娠12周的初查）应算作劳动时间。

非正常分娩产假包括难产分娩和妊娠期间流产。难产分娩的，在正常分娩产假的基础上，再增加15天，生育多胞胎的，每多生育1个婴儿，增加产假15天。

妊娠期间流产的，怀孕未满4个月流产的，享受15天产假；怀孕满4个月流产的，享受42天产假。

3. 生育假

根据《中华人民共和国人口与计划生育法》，符合法律、法规规定生育子女的夫妻，可以获得延长生育假的奖励或者其他福利待遇。各地也对此作出相应的规定，以《上海市人口与计划生育条例》为例，符合法律法规规定生育的夫妻，女方除享受国家规定的产假外，还可以再享受生育假30天，男方享受配偶陪产假10天。生育假享受产假同等待遇，配偶陪产假期间的工资，按照本人正常出勤应得的工资发给。

4. 哺乳期与哺乳假

哺乳期与哺乳假是两个既相联系又有区别的概念。

哺乳期是指产后产妇用自己的乳汁或乳制品人工喂养婴儿的时期，自婴儿出生之日起至婴儿满1周岁前1日止。用人单位应当在每天的劳动时间内为哺乳期女职工安排1小时哺乳时间；女职工生育多胞胎的，每多哺乳1个婴儿每天增加1小时哺乳时间。女职工在此期间可采取提前或推迟1小时上下班享受哺乳时间。

哺乳假是在哺乳期的基础上产生，指女职工在产假期满后抚育婴儿有困难而享受的假期。《女职工劳动保护特别规定》并没有对此作出规定，各省市可根据地区特点制定地方性法规，以上海为例，《上海市女职工劳动保护办法》对此作出规定，女职工生育后，若有困难且工作许可，由本人提出申请，经单位批准，可请哺乳假6个半月。哺乳假需要本人申请，用人单位可以批准也可以不批准。

女职工的产假、计划生育手术假均须有医院出具的休假证明为依据。

案例：13－1　女职工在哺乳期内，用人单位可以以违反规章为由解除劳动合同吗?

厉小姐3年前从大学毕业后进入本市一家股份制企业，从事车间生产统计工作，企业与其签订了2年期劳动合同，期满后双方又续签了3年合同。今年初，厉小姐产假期满后来上班，由于婴儿体弱多病，厉小姐不得不经常请假照顾婴儿。车间主任找其谈话示意，再这样请假企业要与其解除劳动合同。于是，厉小姐向车间主任提交了二级医院出具的证明要求请哺乳假，企业不仅没有批准请假，并以严重违反企业规章制度为由，书面通知与厉小姐解除劳动合同。经与企业几次交涉未果，厉小姐只能向劳动争议仲裁委员会申请劳动仲裁。要求企业恢复劳动关系，继续履行合同。

仲裁委员会经过审理后认为，厉某在哺乳期期间，婴儿患有严重影响身体健康的疾病，并持有二级医院出具的证明，厉某提出要求请哺乳假，企业应当按照国家的有关规定予以准假。现在企业以厉某违反企业规章制度为由与其解除劳动合同，缺乏法律和事实依据，企业应当予以纠正。

律师点评

根据《上海市实施〈中华人民共和国妇女权益保障法〉办法》第二十三条第四款的规定：“经二级以上医疗保健机构证明患有产后严重影响母婴身体健康疾病的，本人提出申请，用人单位应当批准其哺乳假。”另外，按照《劳动合同法》第四十二条规定：女职工在孕期、产期、哺乳期的，用人单位不得与其解除劳动合同。除非女职工违反第三十九条之规定，即严重违反用人单位的规章制度，企业可以与其解除劳动合同。否则，用人单位是不得随意与“三期”女职工解除劳动合同的。所以仲裁委员会依法作出裁决，撤销企业与厉某解除劳动合同的决定，企业与厉某恢复劳动关系，并继续履行劳动合同。

此外，用人单位应当在每天的劳动时间内为哺乳期女职工安排1小时哺乳时间；女职工生育多胞胎的，每多哺乳1个婴儿每天增加1小时哺乳时间。原劳动部《关于印发〈女职工劳动保护规定问题解答〉的通知》《女职工保健工作规定》中规定，哺乳期满，如果婴儿身体特别虚弱，经医务部门证明，可将哺乳期酌情延长。如果哺乳期满时正值夏季，也可延长一二个月。女职工哺乳时间和在本单位内哺乳往返时间，算作劳动时间，并减少相应的工作量。

女职工上述休假期满仍需休息或治疗的，女职工可根据实际情况选择请事假或请病假方式，选择请病假的按国家规定的基本医疗待遇规定处理。

根据《劳动法》和《劳动合同法》的规定，职工在符合计划生育规定的孕期、产期、哺乳期内，用人单位不得随意解除、终止劳动合同；劳动合同期满而医疗期、孕期、产期、哺乳期未满的，劳动合同应当顺延至医疗期、孕期、产期、哺乳期满。否则，视为违法解除劳动合同，职工可选择要求用人单位继续履行合同或要求用人单位进行赔偿处理。但职工本人自愿提出解除或终止劳动合同或有违反法律法规规定或用人单位依法制订的规章制度的除外。

案例：13－2　女职工未婚先孕，公司是否可以解除合同？

黄某系本市某信息技术公司的职工，公司与其签订了期限为2007年11月22日至2008年11月21日的劳动合同。2008年10月，黄某意外怀孕，遂于2008年10月20日起以请二周保胎假的方式告知公司其怀孕的情况，公司则以其尚未达到法定婚龄，未婚先孕的行为违反了公司的员工手册规定、造成恶劣影响为由开除黄某。黄某不服申请仲裁，要求恢复与公司的劳动关系。

仲裁庭经审理认为：根据《上海市实施〈中华人民共和国妇女权益保障法〉办法》第二十条规定："各单位在录用女职工与其签订劳动（聘用）合同或者服务协议时，应当依法约定女职工的岗位、劳动报酬、劳动安全卫生等事项，并不得以任何形式规定限制女职工结婚、生育的内容。有下列情形之一的，用人公司不得解除女职工的劳动（聘用）合同，但法律、行政法规另有规定的除外：（三）在孕期、产期、哺乳期内的。"黄某在孕期内，除因其自行提出解除劳动关系或构成严重违纪外，公司不能解除与其的劳动合同。最终区仲裁委裁决撤销公司作出的解除劳动关系的决定，并由公司支付黄某仲裁期间的工资损失。

律师点评

本案的争议焦点是女职工未婚先孕，公司可否以此为由解除与劳动者的合同？

由于女职工的生理特点，在特定时期，劳动工作中会存在一些特殊困难。为保护女职工的健康，减少和解决她们因生理特点而造成的特殊困难，国家对女职工实行特殊的劳动保护。从《女职工劳动保护特别规定》开始到《劳动法》《劳动合同法》和《劳动合同法实施条例》，都明确规定了女职工孕期、产期、哺乳期应享受的相关待遇。2007年，《上海市实施〈中华人民共和国妇女权益保障法〉办法》中又增设了对妇女孕期和哺乳期的特殊保护规定。

本案例中，黄某的"未婚先孕"从道德的角度来看也许会有非议，对其公司内部舆论会带来不良影响。但这属于其个人行为，由民事法律调整，如果触犯了计生条例的有关规定，也应由当地区（县）计划生育委员会来制约。公司与职工间形成的劳动用工关系，应当遵循劳动法律法规的规定，故公司无权对黄某就未婚先孕的事实作出处分的决定。并且鉴于劳动法律法规对孕期女职工的保护，公司不能以女职工"未婚先孕"为由将其开除，从而逃避企业应当承担的社会责任。

案例：13－3 协商解除劳动合同后能否以怀孕为由恢复劳动关系？

王某于2010年7月28日进入上海某公司工作，2013年3月1日双方签订无固定期限劳动合同。2015年12月11日，王某与公司签订《劳动合同解除协议》，该协议约定，经双方协商一致，王某与公司的劳动合同将于2015年12月31日解除。2015年11月20日，公司因工作需要与王某协商希望王某工作至2016年2月底，王某表示同意。对此，双方重新签订《劳动合同解除协议》，约定：经双方协商一致，王某与公司的劳动合同将于2016年2月29日解除。公司依法向王某支付经济补偿金。

2016年2月25日，王某确诊为早孕4—5周，王某分别于2016年2月26日和2016年2月29日告知公司并要求继续履行劳动合同，公司予以拒绝。2016年2月29日公司为王某办理退工手续，并按约定向王某支付了经济补偿金。王某遂申请劳动仲裁，要求与公司恢复劳动关系，并要求支付2016年3月1日至仲裁裁决之日的工资。

王某认为：依据《劳动合同法》相关规定，女职工在孕期、产期、哺乳期的，用人单位不得解除劳动合同。王某怀孕时间系在双方劳动关系存续期间，且王某在双方约定的劳动关系解除日前告知了公司，而公司仍然解除劳动关系，构成违法解除。

公司认为：女职工怀孕不得解除的规定不适用于协商解除的情形，双方协商解除劳动关系，签订的《劳动合同协商解除协议》系双方真实意思表示，应予以履行。

仲裁委员经审理后认为，王某在签订《劳动合同解除协议》时并未怀孕，并不存在重大误解，该协议系双方真实意思表示，应具有法律效力。据此，对王某的仲裁请求不予支持。

律师点评

《最高人民法院关于审理劳动争议案件适用法律若干问题的解释（三）》第十条规定，劳动者与用人单位就解除或者终止劳动合同办理相关手续、支付工资报酬、加班费、经济补偿或者赔偿金等达成的协议，不违反法律、行政法规的强制性规定，且不存在欺诈、胁迫或者乘人之危情形的，应当认定为有效；前款协议存在重大误解或者显失公平情形，当事人请求撤销的，人民法院应予支持。那么本案中，王某在签订协议后发现怀孕，是否属于重大误解的情形？王某系完全民事行为能力人，在协商解除时，其对协商解除劳动关系的后果应当是知晓的，不应存在重大误解的情形，虽然怀孕后解除劳动关系会影响王某生育津贴等费用的领取，但该后果的发生并不是公司在协商基础过程中存在欺诈、胁迫、乘人之危等行为造成的，因此王某要求恢复劳动关系的诉求无法得到支持。

5. 节育手术假

根据《人口与计划生育法》，公民实行计划生育手术，享受国家规定的休假，地方人民政府可以给予奖励。据此各地方也根据当地的实际情况作出规定，以上海为例，根据《上海市计划生育奖励与补助若干规定》按照下列规定享受休假，假期期间的工资按照本人正常出勤应得的工资发给：

（1）放置宫内节育器的，休息2天。在术后一周内不做重体力劳动。放置宫内节育器3个月、6个月、12个月时各随访一次，以后每年随访一次，每次休息1天。

（2）取宫内节育器的，休息2天。

（3）输精管绝育的，休息7天。

（4）输卵管绝育的，休息30天。

（5）第一次人工流产及因放置宫内节育器、绝育、皮下埋植术后失败的再次人工流产，孕期小于13周且行吸宫术及药物流产的，休息14天；孕期小于13周且行钳刮术的，休息21天；孕期大于13周的，休息30天。

（6）放置皮下埋植剂的，休息5天。

（7）取出皮下埋植剂的，休息3天。

（8）放置宫内节育器或皮下埋植剂后因月经失调需诊断性刮宫的，休息5天。

实行计划生育手术有以下情形之一且经医生同意需要休息的，其假期按照病假处理：

（1）第一次人工流产后及因放置宫内节育器、绝育、皮下埋植术后失败而再次人工流产后，已休满规定假期。

（2）未采取绝育、放置宫内节育器或皮下埋植术而再次人工流产。

（3）发生节育手术并发症。

节育手术假期均自手术之日起计算；同时实行多项计划生育手术的，多项手术假期累计。实施以上节育手术的公民，其假期工资按照本人正常出勤应得的工资发给。

（二）女职工特殊期间的工资及医疗费

1. 产假工资：

女职工产假期间的工资或称生育津贴，对已经参加生育保险的，按照用人单位上年度职工月平均工资的标准由生育保险基金支付；对未参加生育保险的，按照女职工产假前工资的标准由用人单位支付。

此外，怀孕女职工在劳动时间内进行产前检查，所需时间计入劳动时间，工资照发。

另据《社会保险法》的规定：享受计划生育手术休假、法律、法规规定的其他情形期间也享受生育津贴，生育津贴按照职工所在用人单位上年度职工月平均工资计发。用人单位已经缴纳生育保险费的，其职工享受生育保险待遇；职工未就业配偶按照国家规定享受生育医疗费用待遇，所需资金从生育保险基金中支付，未参加生育保险的，用人单位按此标准赔偿。

案例：13－4　女职工孕期调整工作岗位的，用人单位可否降低其收入？

李某3年前通过社会招聘，被本市一家私营企业录用，担任生产部门的经理，企业与其签订了 2 年期劳动合同，合同约定每月工资 4500 元，另外每月按照绩效考核给予奖金，合同期满后企业又与其续签了 3 年期劳动合同。去年 5 月初李某经医院检查，得知自己怀孕了。几个月后，由于李某妊娠反应较大，每天无法坚持正常上班，影响了正常工作的开展，经与企业协商调整了李某在孕期的工作岗位。但是，第二个月由于李某调整了工作岗位，企业将李某的工资也相应地下降了几级。于是，李某找到人事部经理问明情况，人事部经理回复李某，因其岗位调整故总经理相应降低了其工资。李某又找到总经理，也是同样的答复。在百般无奈之下，李某只能申请劳动仲裁，要求企业恢复原工资待遇。

仲裁委员会经过开庭审理后认为，李某在孕期不适应原工作岗位，经与用人单位协商调整该期间的工作岗位，用人单位不能降低其原工资性收入。企业降低李某的工资待遇是缺乏法律依据的，应予以纠正。

律师点评

本案争议的焦点是女职工在孕期不适应原工作岗位的，经与用人单位协商调整该期间的工作岗位，用人单位是否可以降低其原工资性收入。根据《妇女权益保障法》第二十三条第二款规定：女职工在孕期或者在哺乳期不适应原工作岗位的，可以与用人单位协商调整该期间的工作岗位，或者改善相应的工作条件。用人单位不得降低其原工资性收入。由此可见，李某在孕期由于妊娠反应比较大，不能适应原工资岗位，经与用人单位协商后调整其工作岗位，用人单位在调整该期间的工作岗位是不能降低李某原工资性收入的。企业因此降低了李某的工资，是违背了国家法律、法规规定的，应当予以纠正。因此，仲裁委员会经过审理后，依法作出裁决，要求企业按照李某原岗位的工资待遇支付其劳动报酬。

对于怀孕女职工的工作岗位调整情况：

（1）必须调整的情形，即如果女职工怀孕前从事的工作属于孕期禁忌从事的劳动范围，怀孕后必须调离原工作岗位，改为从事不属于孕期禁忌从事的劳动；

（2）可以调整的情形，即虽然女职工孕期从事的工作不属于禁忌从事的劳动范围，但如果怀孕女职工本人感到不能适应孕前工作，用人单位应当根据医疗机构的证明，减轻劳动量或者安排其他能够适应的劳动。

2. 哺乳期及哺乳假工资：

如前所述，哺乳期与哺乳假既有所联系又有所区别，所以女职工享受的工资待遇有所不同。

哺乳期女职工每天的劳动时间 1 小时（女职工生育多胞胎的，每多哺乳 1 个婴儿每天增加 1 小时哺乳时间）的哺乳时间工资照发。女职工在哺乳期间，不得延长其劳动时间，一般不得安排其从事夜班劳动。

哺乳假工资，对于哺乳假国家层面没有明确规定，根据《上海市女职工劳动保护办法》相关规定，女职工生育后，若有困难且工作许可，由本人提出申请，经单位批准，可请哺乳假6个半月。如仍有困难的，单位可酌情延长哺乳假，但不得超过1年。哺乳假的工资按本人原工资的80%发给。单位增加工资时，女职工按规定享受的产前假、产假、哺乳假，应作出勤对待。

此外，《上海市城镇生育保险办法实施细则》还对失业期间的生育问题作出规定，失业妇女在领取失业保险金或失业补助金期间生育的，不再享受《上海市失业保险办法》规定的生育补助金；其生育所发生的检查费、药费、住院医疗费等，超过生育医疗费补贴标准以上的部分，仍可按《上海市失业保险办法》的规定申领医疗补助金。

3. 提前工作的待遇

女职工在享受产假、享受计划生育手术休假、法律法规规定的其他情形期间，用人单位如要求女职工提前工作并征得其同意的，参加生育保险的，女职工可同时享受生育津贴和提前工作的正常工资；未参加生育保险的，女职工可要求用人单位支付按未休的用人单位上年度职工月平均工资的产假工资和提前工作的正常工资。因为生育津贴是基于用人单位缴纳了生育保险费和员工合法生育这两个事实而应该享受的待遇，而且职工享受生育津贴不需要提供正常劳动；而工资只是基于员工提供了正常劳动后企业应当支付的报酬。

4. 医疗费

女职工生育、产前检查或者女职工实施放置（取出）宫内节育器、皮下埋植术、流产术（含药物流产）、引产术、绝育及复通手术所发生的医疗费用，按照生育保险规定的项目和标准，对已经参加生育保险的，由生育保险基金支付，女职工在生育或做生育手术时的医疗费超过当地规定时，可从基本医疗保险基金中开支；对未参加生育保险的，由用人单位支付。至于用人单位应承担多少，根据社会保险机构核定的应当从生育保险基金中支付的医疗费金额为准，其余由职工自负。

四、违反女职工保护的法律责任

《女职工劳动保护特别规定》（以下简称《特别规定》）第十二条：县级以上人民政府人力资源社会保障行政部门、安全生产监督管理部门按照各自职责负责对用人单位遵守本规定的情况进行监督检查。工会、妇女组织依法对用人单位遵守本规定的情况进行监督。

过去20多年里，女职工劳动保护监督管理体制发生了多次变化。1988年，由劳动部门一家管理；1998年后，劳动部门、安监部门、卫生部门三家管；2011年，《职业病防治法》规定，人社部门负责劳动合同、工时休假、社会保险等事项的监督检查，安监部门负责劳动安全卫生的现场监督检查。据此，《特别规定》调整后，明确人社部门和安监部门负有保护女职工特殊权益的监督检查职责。

《特别规定》还对用人单位违反规定的处罚作出刚性规定，由人社部门、安监部门责令限期改正，并依据有关法律法规对用人单位处以1000元至30万元不等的罚款。经查实造成女职工损害的，用人单位依法给予赔偿；直接负责的主管人员和其他直接责任人员构成犯罪的，依法追究刑事责任。

第十四章　工伤及职业病争议

第一节　工伤概述

一、工伤基础

工伤，是指在生产、劳动过程中，因工作、执行职务行为或从事与工作、执行职务相关的活动，发生意外事故而受到的人身伤害，包括负伤、致残、死亡或患职业病等。最初工伤的范围并不包括职业病，但随着时间的推移、时代的进步，各国逐渐将职业病纳入工伤范围并写进了国际公约。当前国际上比较规范、通行的"工伤"定义包含两方面的内容，即由工作引起并在工作过程中发生的事故伤害和职业病伤害。根据《工伤保险条例》（以下简称《条例》，2010 年 12 月 20 日最新修订）第一条规定，为了保障因工作遭受事故伤害或者患职业病的职工获得医疗救治和经济补偿，促进工伤预防和职业康复，分散用人单位的工伤风险，制定本条例。根据《条例》的定义，我国工伤既包括突发性的伤害事故，也包括职业病，基本同国际惯例一致。

《中国职业安全卫生百科全书》将工伤定义为："企业职工在生产岗位上，从事与生产劳动有关的工作中，发生的人身伤害事故、急性中毒事故。但是职工即使不是在生产劳动岗位上，而是由于企业设施不安全或者劳动条件，作业环境不良而引起的人身伤害事故，也属工伤。"

《工伤保险条例》自 2004 年 1 月 1 日起施行，国务院各有关部门还制定发布了《工伤保险条例》的若干配套规章或政策文件，各地方结合当地的实际情况制定了相应的地方性法规，2010 年 12 月 20 日国务院令第 586 号通过了《关于修改〈工伤保险条例〉的决定》。在我国，一个以《职业病防治法》《安全生产法》和《工伤保险条例》为主体，包括相关法律、法规、规章在内的职业安全与卫生保障法律体系已初步形成。其中，安全生产法律规范侧重于生产活动中事故伤害的事前预防和劳动保护，职业病防治法律规范侧重于生产过程中职业病特殊危害的预防和劳动保护，工伤保险法律规范针对劳动者在职业活动中遭受事故和职业病伤害为劳动者提供事后的补偿。三个方面互为补充、互相衔接、相辅相成，是我国劳动法律体系中十分重要的组成部分。

此外，由于新修订《工伤保险条例》的实施后，工伤保险参保范围进一步扩大，工伤保险行政案件数量进一步上升。相关行政案件审判过程中新情况新问题不断出现，解决纠纷的难度日益增大。基于此，最高人民法院出台了《关于审理工伤保险行政案件若干问题的规定》，该规定自2014年9月1日起施行。对于一些热点问题，如工伤认定中劳动关系交叉的处理问题，工伤认定中的“工作原因、工作时间和工作场所”“因工外出期间”以及“上下班途中”如何认定问题，职工或者其近亲属工伤认定申请法定期限能否扣除或者延长问题，因第三人的原因造成工伤的工伤保险待遇与民事侵权赔偿如何衔接处理等问题制定了较详细的规定。

Tips 小贴士：14－1　工伤赔偿的无过错责任原则

工伤保险实行无过失补偿原则，即只要发生了工伤，不管受伤害的职工个人有没有过失，都有权无条件获得工伤保险赔偿。也就是说，职工因工负伤、致残、死亡，即使受害职工对事故发生负有责任，也可享受工伤待遇。除非职工是因为违法犯罪行为、醉酒受到伤害，或者是自杀、自伤、自残。

Tips 小贴士：14－2　“工伤概不负责”条款的效力

有些用人单位会在承包合同或者劳动合同中约定类似“在施工过程中出现伤亡事故，概不负责”的条款。这种条款属于损害社会公共利益的条款，而且对劳动者实施劳动保护是我国宪法和劳动法的强制性规定，因此这种约定是无效的条款。

二、工伤保险的交纳

工伤保险也称职业伤害保险，是指职工出现工伤情况后，由工伤保险机构或者用人单位给工伤职工以及死亡职工生前供养亲属提供必要的经济补偿的一种社会保险制度。国家规定所有用人单位必须为职工办理统一的工伤保险，并按人头缴纳保险费。工伤保险属于强制保险，这里的“强制”针对的是用人单位，而不是职工，也就是用人单位必须为职工办理工伤保险，职工并不需要为工伤保险缴纳保险费用。

工伤保险制度的适用范围。根据《工伤保险条例》第二条规定，在我国境内的各类企业、事业单位、社会团体、民办非企业单位、基金会、律师事务所、会计师事务所等组织和有雇工的个体工商户即用人单位都应当为其所有职工缴纳工伤保险费，建立工伤保险关系。这里说的企业无论国有、集体所有还是私人所有，也无论其规模大小，凡经过工商登记注册的企业，都要纳入工伤保险范围。而我国境内各类企业的职工和个体工商户的雇工，也就都有享受工伤保险保障的权利。需要指出的是，这里说的个体工商户必须是有雇工的（2—7名），而并非所有个体工商户。根据条例第六十一条的规定，职工是指与用人单位存在劳动关系（包括事实劳动关系）的各种用工形式、各种用工期限的劳动者，因此《劳动合同法》规定的以完成一定任务为期限的劳动关系的职工也适用工伤保险制度。根据条例第六十五条规定，公务员和参照公务员法管理的事业单位、社会团体的工作人员因工作遭受事故伤害或者患职业病的，由所在单位支付费用。具体办法由国务院社会保险行政部门会同国务院财政部门规定。

根据《人力资源社会保障部关于执行〈工伤保险条例〉若干问题的意见》（人社部发〔2013〕34号），具备用工主体资格的承包单位违反法律、法规规定，将承包业务转包、分包给不具备用工主体资格的组织或者自然人，该组织或者自然人招用的劳动者从事承包业务时因工伤亡的，由该具备用工主体资格的承包单位承担用人单位依法应承担的工伤保险责任。

工伤保险的缴费原则。我国《工伤保险条例》规定实行差别费率，此差别费率根据不同行业的伤亡事故风险和职业危害程度的类别确定，各个地方存在差异，但总的来说工伤保险的费率一般确定为职工总工资的0.3%—3%之间。工伤保险采取由用人单位缴费、个人不缴费的原则，即工伤保险费用完全由企业或雇主承担。工伤保险费由各级劳动和社会保障部门设立的工伤保险经办机构负责征缴。用人单位应当到当地的社会保险经办机构办理工伤保险手续，并且每个月向其申报并缴纳本单位应缴纳的工伤保险费。《条例》规定单位缴费的数额为本单位职工工资总额乘以单位缴费率之积。根据《关于工资总额组成的规定》，工资总额由以下几部分组成：计时工资；计件工资；奖金；加班加点工资；津贴和补贴；特殊情况下支付的工资。单位缴纳的保险费及其利息等构成工伤保险基金。当职工发生工伤事故或患职业病后，由工伤保险基金支付相应待遇。

Tips 小贴士：14-3 用人单位不缴纳工伤保险仍按工伤责任标准负担劳动者工伤待遇

如果用人单位违反法律规定没有为劳动者缴纳工伤保险费的，劳动者可以到该单位所在地的劳动保障行政部门举报，要求依法查处并补缴工伤保险费，劳动保障行政部门应该及时调查，责令改正。

根据《条例》第六十条规定，没有办理工伤保险的用人单位职工发生工伤的，由该单位按照工伤保险待遇的项目和标准自行赔付。

三、工伤保险与商业保险

工伤保险是社会保险，对劳动者来说具有福利性质，而商业保险公司的人身意外伤害综合险是以保险公司营利为目的，两者区别如下：

1. 目的不同。工伤保险作为一种社会保险，是国家强制实行的，企业必须参加。雇主责任险、人身意外伤害险是商业保险，用人单位可以自愿选择参加。工伤保险不以营利为目的，它是政府实施的一项社会保障措施，是在企业职工发生工伤事故或职业病致伤、致残、死亡后，对受害者或其遗属提供的医疗保障和基本生活保障等。作为商业保险的雇主责任险、人身意外伤害险则是以营利为目的。虽然它也能对劳动者给予一定的保障，但带有较为显著的商业色彩，即商业保险公司设立该险种，是为了追求利润最大化。

2. 保险对象不同。工伤保险的被保险人与企业之间的关系是一种劳动关系。工伤保险的实施对象是所有企业的各类职工，包括危险性很大的建筑业、采矿业、冶金业等行业的职工，只要是与属于工伤保险实施对象的企业有劳动关系的职工都是工伤保险的实施对象。商业保险的实施对象是符合保险合同规定条件的任何人，保险人与被保险人之间根据保险合同产生权利与义务。

3. 实施方式不同。工伤保险的实施方式是强制实施的，它是社会保险管理机构依据国家有关法律，强制属于实施对象的企业必须参加的社会保险，不管企业和员工是否愿意。而商业保险的实施方式是自愿的，投保人自愿投保，保险人与投保人双方在自愿的基础上签订保险合同，并遵循契约自由的原则。

4. 保障水平不同。工伤保险的保障水平是根据整个社会的经济发展水平和各方面的承受能力，由政府单方面决定的。一般而言，它提供的保障水平仅是保障劳动者及其家属的基本生活需要，高于生活贫困线，低于劳动期间的工资标准。雇主责任险、人身意外伤害险所提供的保险水平是依保险人与被保险人签订的保险合同和投保人缴纳保险费的多少而定的，多投多保，少投少保，不投不保。

第二节　工伤的认定

一、工伤认定的范围

（一）应当认定为工伤的情形

1. 在工作时间和工作场所内，因工作原因受到事故伤害的；

2. 工作时间前后在工作场所内，从事与工作有关的预备性或者收尾性工作受到事故伤害的；

3. 在工作时间和工作场所内，因履行工作职责受到暴力等意外伤害的；

4. 患职业病的；

5. 因工外出期间，由于工作原因受到伤害或者发生事故下落不明的；其中对“因工外出期间”的认定，应当考虑职工外出是否属于用人单位指派的因工作外出，遭受的事故伤害是否因工作原因所致；

6. 在上下班途中，受到非本人主要责任的交通事故或者城市轨道交通、客运轮渡、火车事故伤害的；对“非本人主要责任”的认定，应当以有关机关出具的法律文书或者人民法院的生效裁决为依据；

7. 法律、行政法规规定应当认定为工伤的其他情形。

需要注意的是，根据最新《工伤保险条例》规定，职工在上下班途中，受到非本人主要责任的交通事故或者城市轨道交通、客运轮渡、火车事故伤害的，也应当认定为工伤。这样规定，将上下班途中的工伤认定范围由原来的机动车事故伤害扩大到机动车、非机动车的交通事故和城市轨道交通、客运轮渡和火车事故伤害，惠及了更多的职工群众，既体现了公平原则，也符合实践发展。同时，限定上下班途中“非本人主要责任”的交通事故伤害才能认定为工伤，则上下班途中本人承担主要责任的交通事故，如无证驾驶、酒后驾车等行为造成本人伤亡的，不纳入工伤的范围，这样规定有利于提示和引导职工群众注意上下班途中的交通安全。

根据《最高人民法院关于审理工伤保险行政案件若干问题的规定》的相关条款，对于工伤认定中的实践难点作出明确的规定，主要有：

认定下列情形为工伤：

（1）职工在工作时间和工作场所内受到伤害，用人单位或者社会保险行政部门没有证据证明是非工作原因导致的；

（2）职工参加用人单位组织或者受用人单位指派参加其他单位组织的活动受到伤害的；

（3）在工作时间内，职工来往于多个与其工作职责相关的工作场所之间的合理区域因工受到伤害的；

（4）其他与履行工作职责相关，在工作时间及合理区域内受到伤害的。

认定下列情形为“因工外出期间”：

（1）职工受用人单位指派或者因工作需要在工作场所以外从事与工作职责有关的活动期间；

（2）职工受用人单位指派外出学习或者开会期间；

（3）职工因工作需要的其他外出活动期间。

职工因工外出期间从事与工作或者受用人单位指派外出学习、开会无关的个人活动受到伤害，社会保险行政部门不认定为工伤的，人民法院应予支持。

认定下列情形为“上下班途中”：

（1）在合理时间内往返于工作地与住所地、经常居住地、单位宿舍的合理路线的上下班途中；

（2）在合理时间内往返于工作地与配偶、父母、子女居住地的合理路线的上下班途中；

(3) 从事属于日常工作生活所需要的活动，且在合理时间和合理路线的上下班途中；

(4) 在合理时间内其他合理路线的上下班途中。

（二）视同工伤的情况

1. 在工作时间和工作岗位，突发疾病死亡或者在48小时之内经抢救无效死亡的；

2. 在抢险救灾等维护国家利益、公共利益活动中受到伤害的；

3. 职工原在军队服役，因战、因公负伤致残，已取得革命伤残军人证，到用人单位后旧伤复发的。

（三）不得认定为工伤的情况

根据《工伤保险条例》及《最高人民法院关于审理工伤保险行政案件若干问题的规定》相关规定，以下情况不得认定为工伤：

1. 故意犯罪的。对"故意犯罪"的认定，应当以刑事侦查机关、检察机关和审判机关的生效法律文书或者结论性意见为依据。

2. 醉酒或者吸毒的。应当以有权机构出具的事故责任认定书、结论性意见和人民法院生效裁判等法律文书为依据，但有相反证据足以推翻事故责任认定书和结论性意见的除外。前述法律文书不存在或者内容不明确，社会保险行政部门就前款事实作出认定的，人民法院应当结合其提供的相关证据依法进行审查。

3. 自残或者自杀的。应当以有权机构出具的事故责任认定书、结论性意见和人民法院生效裁判等法律文书为依据，但有相反证据足以推翻事故责任认定书和结论性意见的除外。前述法律文书不存在或者内容不明确，社会保险行政部门就前款事实作出认定的，人民法院应当结合其提供的相关证据依法进行审查。

（四）承担工伤保险的责任单位

针对目前劳动关系中经常出现与职工存在用人关系的单位有两个或者两个以上的情形，具体由哪个单位承担工伤保险责任容易产生争议的情况，《最高人民法院关于审理工伤保险行政案件若干问题的规定》对双重劳动关系、派遣、指派、转包和挂靠关系五类比较特殊的工伤保险责任主体作了规定，同时规定承担工伤保险责任的单位承担赔偿责任或者社会保险经办机构从工伤保险基金支付工伤保险待遇后，有权向相关组织、单位和个人追偿。

1. 职工与两个或两个以上单位建立劳动关系，工伤事故发生时，职工为之工作的单位为承担工伤保险责任的单位；

2. 劳务派遣单位派遣的职工在用工单位工作期间因工伤亡的，派遣单位为承担工伤保险责任的单位；

3. 单位指派到其他单位工作的职工因工伤亡的，指派单位为承担工伤保险责任的单位；

4. 用工单位违反法律、法规规定将承包业务转包给不具备用工主体资格的组织或者自然人，该组织或者自然人聘用的职工从事承包业务时因工伤亡的，用工单位为承担工伤保险责任的单位；

5. 个人挂靠其他单位对外经营，其聘用的人员因工伤亡的，被挂靠单位为承担工伤保险责任的单位。

前款第4、5项明确的承担工伤保险责任的单位承担赔偿责任或者社会保险经办机构从工伤保险基金支付工伤保险待遇后，有权向相关组织、单位和个人追偿。

Tips 小贴士：14－4　醉酒的认定

关于醉酒的标准，按照《实施〈中华人民共和国社会保险法〉若干规定》，醉酒的标准，应按照《车辆驾驶人员血液、呼气酒精含量阈值与检验（GB19522—2010）》执行，公安机关交通管理部门、医疗机构等有关单位出具的检测结论、诊断证明等材料，可以作为认定醉酒的依据。

按照规定，醉酒指血液中的酒精含量大于或者等于80mg/100mL的情形。

案例：14－1　员工在公司组织的旅游活动中受伤是否应认定为工伤？

2017年8月10日，王某在参加公司组织的旅游活动中，不慎摔伤，经诊断为右腿骨折，花费医药费、护理费等6万元。同年10月，王某提出工伤认定申请。当地人力资源和社会保障部门认为王某参加单位组织的旅游活动，使职工工作延续，应当认定为工伤。但是王某所在公司不服，认为王某是在旅游过程中发生的意外事故，既非在工作场所，也非在工作时间，更非因为工作原因，因此不应认定工伤，遂向法院提起诉讼。

法院审理后认为，员工参加公司组织的旅游活动，有别于个人自发的旅游活动，是公司增强职工凝聚力、调动职工工作积极性、提高工作效率的一种方式，旅游活动与工作存在本质上的关联性，属于与工作有关的活动。于是，维持了当地人力资源和社会保障部门关于工伤的认定，驳回了公司的诉请。

律师点评

本案的焦点是员工参加公司组织的旅游活动是否与工作具有关联性。本案中，用人单位组织旅游更多的是出于团队建设的目的。此类活动具有明显的集体属性，是职工工作的延续，应当视作与工作有关的活动。因此，职工参加公司组织的旅游活动受到伤害被认定为工伤符合法律保护劳动者立法本意。

案例：14－2　下班途中绕道，交通事故受伤是否算工伤？

某公司员工李某在2017年12月7日上午8时夜班下班，8时40分左右离开公司，途中他到同事周某的家中归还光盘并在那里逗留一会，9时30分左右离开，10点10分李某在回途中遭遇车祸。经司法鉴定，甲为脑外伤所致精神障碍，无民事行为能力。2018年9月，浦东新区劳动和社会保障局认定李某在下班途中遭遇车祸，应为工伤。

但是，公司不服，认为李某到同事家纯属私事，从同事家到自己住处的路上不应视为下班途中，原告要求撤销上述工伤认定结论。

法院在审理后，维持了劳动和社会保障局关于工伤的认定，驳回了公司的诉请。

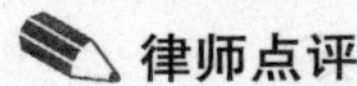

律师点评

按照法律规定，上下班时间受到交通事故伤害应当算作工伤。但是本案中的焦点在于当事人在下班时间内绕道后受到交通事故伤害是否应认定为工伤。此案明确表明我国司法对相关事件的态度，即“上下班途中”不应当狭隘地理解为一成不变的固定路线，毕竟现实生活中，某些偶然的因素会影响到当事人上下班路线的选择，只要这种选择是合理的，且总体不影响“上下班”这一主要行为，就应当算作上下班途中。

在本案中，虽然李某临时去同事家归还光盘，但是这一行为本身并不影响在下班途中这一主要工伤认定因素，其受到交通事故伤害被认定为工伤，符合对职工利益保护的原则。

二、工伤认定的程序

职工发生工伤事故之后，在整个工伤赔偿的流程中，首先要进行的就是工伤认定，也就是对事故造成的伤害是否属于工伤保险的范围进行认定，只有经过劳动部门的认定，确认为工伤，才会享有相应的工伤保险待遇。工伤认定的基本程序如下：

1. 提出工伤认定申请。用人单位应自职工发生事故伤害或者按照《职业病防治法》规定被诊断、鉴定为职业病之日起30日内，向统筹地区社会保险行政部门提出工伤认定申请。用人单位未在规定的期限内提出工伤认定申请的，受伤害职工或者近亲属、工会组织在事故伤害发生之日或者被诊断、鉴定为职业病起1年之内，可以向用人单位所在地统筹地区社会保险行政部门提出工伤认定申请。根据《最高人民法院关于审理工伤保险行政案件若干问题的规定》，由于不属于职工或者其近亲属自身原因超过工伤认定申请期限的，被耽误的时间不计算在工伤认定申请期限内。有下列情形之一耽误申请时间的，应当认定为不属于职工或者其近亲属自身原因：（一）不可抗力；（二）人身自由受到限制；（三）属于用人单位原因；（四）社会保险行政部门登记制度不完善；（五）当事人对是否存在劳动关系申请仲裁、提起民事诉讼。符合《工伤保险条例》第十五条第（一）项情形的，在工作时间和工作岗位，突发疾病死亡或者在48小时之内经抢救无效死亡的，职工所在用人单位原则上应自职工死亡之日起5个工作日内向用人单位所在统筹地区社会保险行政部门报告。

2. 提交相关材料申请工伤认定。除应填写《工伤认定申请表》以外，还应提交：劳动合同文本复印件或者其他建立劳动关系的有效证明；医疗机构出具的受伤后诊断证明书或者职业病诊断证明书（或职业病诊断鉴定书）。

3. 决定是否受理。社会保险行政部门决定受理或者不受理的，应当书面告知申请人并说明理由。曾经从事接触职业病危害作业、当时没有发现罹患职业病、离开工作岗位后被诊断或鉴定为职业病的符合下列条件的人员，可以自诊断、鉴定为职业病之日起1年内申请工伤认定，社会保险行政部门应当受理：

（1）办理退休手续后，未再从事接触职业病危害作业的退休人员；

（2）劳动或聘用合同期满后或者本人提出而解除劳动或聘用合同后，未再从事接触职业病危害作业的人员。

4. 调查核实。社会保险行政部门决定受理的申请，对申请人提供的符合国家有关规定的职业病诊断书或者职业病诊断鉴定书，不再进行调查核实；对不符合国家规定的格式和要求的，可以要求出具证明的部门重新提供。对遭受事故伤害提出申请的，须进行调查核实。

5. 当事人举证。一般情况下，谁主张谁举证。如果职工或者近亲属认为是工伤，用人单位不认为是工伤的，则由该用人单位承担举证责任。用人单位拒不举证的，社会保险行政部门可以根据受伤害职工提供的证据依法作出工伤认定结论。

6. 作出工伤认定决定。一般性工伤，社会保险行政部门应自受理工伤认定申请之日起60日内要作出工伤认定决定，对于事实清楚、权利义务明确的工伤认定申请，则应在15日内做出工伤认定决定。认定决定包括是否属于工伤或视同工伤的内容。根据《人力资源社会保障部关于执行〈工伤保险条例〉若干问题的意见》（人社部发〔2013〕34号），社会保险行政部门受理工伤认定申请后，发现劳动关系存在争议且无法确认的，应告知当事人可以向劳动人事争议仲裁委员会申请仲裁。在此期间，作出工伤认定决定的时限中止，并书面通知申请工伤认定的当事人。劳动关系依法确认后，当事人应将有关法律文书送交受理工伤认定申请的社会保险行政部门，该部门自收到生效法律文书之日起恢复工伤认定程序。

图表：14－1　工伤认定流程图

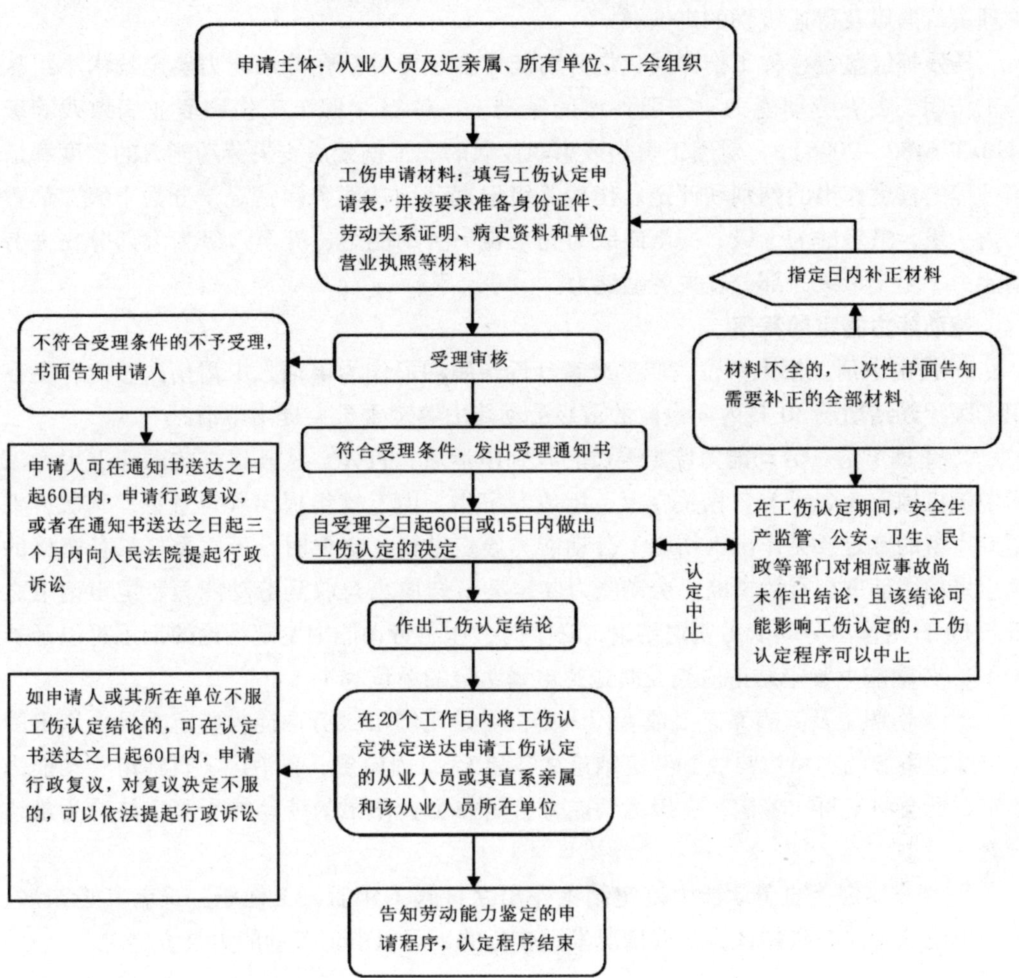

三、伤残等级的认定

工伤职工经过社会保险行政部门的工伤认定之后，需要进行劳动能力鉴定，以确定伤残等级。劳动能力鉴定属于一个承上启下的程序，既是工伤认定之后的第二个步骤，也是工伤待遇核准的前提条件。劳动能力鉴定是指劳动功能障碍程度和生活自理障碍程度的等级鉴定（亦称为伤残鉴定），由劳动能力鉴定委员会负责鉴定。通常情况下，我国的劳动能力鉴定可能发生于因工伤、因病或者非因工负伤而导致职工劳动能力损害的情形，本节叙述的劳动能力鉴定的有关规则仅适用于因工负伤一种情况。劳动能力鉴定的内容有两项：一是劳动功能障碍程度，二是生活自理障碍程度。对这两项作出的鉴定结论，将直接影响到工伤职工能否享受工伤保险待遇中的伤残待遇、护理费待遇以及待遇级别的高低。

伤残等级鉴定也称工伤评残，是劳动能力鉴定委员会在劳动能力鉴定技术小组认为工伤职工丧失劳动能力，需要评残的基础上，依据《职工工伤和职业病致残等级（GB/T16180－2006）》，对因工负伤或患职业病的职工伤残后丧失劳动能力的程度和依赖护理的程度作出的判别和评定。伤残等级根据劳动功能障碍情况，分为十级，最重的为一级，最轻的为十级。一至四级为完全丧失劳动能力，五至六级为大部分丧失劳动能力，七至十级为部分丧失劳动能力。

劳动能力鉴定的程序

1. 提出申请。用人单位、职工或者其近亲属均可作为申请人申请伤残鉴定，需在职工医疗终结期满 30 日内向设区的市级劳动能力鉴定委员会提出申请。

2. 受理申请。劳动能力鉴定委员会收到申请后，首先，从其建立的医疗卫生专家库中随机抽取 3 名或 5 名相关专家，组成专家组，由专家组提出鉴定意见；其次，根据专家组的鉴定意见作出工伤职工劳动能力鉴定结论；必要时，可以委托具备资格的医疗机构协助进行有关诊断。劳动能力鉴定委员会应当自收到劳动能力鉴定申请书之日起 60 日内作出劳动能力鉴定结论，必要时，作出劳动能力鉴定结论的期限可以延长 30 日。劳动能力鉴定结论应当及时送达申请鉴定的单位和个人。

3. 工伤职工及其直系亲属或者用人单位对设区的市级劳动能力鉴定委员会作出的鉴定结论不服的，可以自收到鉴定结论之日起 15 日内向省、自治区、直辖市劳动能力鉴定委员会申请再次鉴定，省级劳动能力鉴定委员会作出的劳动能力鉴定结论为最终结论。

4. 复查鉴定。自劳动能力鉴定结论作出之日起 1 年后，工伤职工或者其近亲属、所在单位或者经办机构认为伤残情况发生变化的，可以申请劳动能力复查鉴定。

图表：14－2　劳动能力鉴定的基本流程图

申请主体：劳动者本人、近亲属或所在单位

鉴定申请材料：填写劳动能力鉴定申请表。并按要求准备病史资料和身份证件等材料

因工负伤致残程度鉴定以及除因病提前退休，提前享受本人退休时医疗待遇外的其他因病、非因工负伤丧劳鉴定

因病提前退休或提前享受本人退休时医疗待遇及职业病致残程度鉴定

区、县劳动能力鉴定委员会办公室

市劳动能力鉴定中心

对鉴定申请审查、受理、收费

派员至鉴定现场组织医疗检查或由病人提供病史资料

专家面见被鉴定人

材料齐全

材料不全
补充材料或复查

召开劳动能力状况技术鉴定会作出鉴定意见

审核盖章作出鉴定结论

通知申请人和所在单位领取《劳动能力鉴定结论书》

进入理赔程序

如申请人或申请人所在单位不服鉴定结论的，可从签收之日起15日内至市劳动力鉴定中心申请再次鉴定

第三节　工伤待遇

一、工伤保险待遇

根据《工伤保险条例》第三十条至第四十条的规定，工伤保险待遇包含以下项目：工伤医疗待遇（包括医疗费、住院伙食补助费、异地就医治疗所需交通及食宿费、康复性治疗费用）、配置残疾辅助器具待遇、停工留薪期待遇、生活护理费待遇、伤残待遇、因工死亡直系亲属享受待遇、旧伤复发待遇等。根据《人力资源社会保障部关于执行〈工伤保险条例〉若干问题的意见》（人社部发〔2013〕34 号）第十三条，由

工伤保险基金支付的各项待遇应按《条例》相关规定支付，不得采取将长期待遇改为一次性支付的办法。当然，上述待遇并非每个工伤职工都能享受，在具体个案中，职工能够享受的待遇取决于自身受伤害或者所患职业病所造成的后果。如：对于经过治疗没有留下功能障碍、劳动能力未受影响的职工来说，就不需要评定伤残等级，也就不可能得到伤残待遇，也无需配置残疾辅助器具。

图表：14－3　工伤待遇一览表

项目	具体内容规定
医疗费	1. 职工治疗工伤应当在签订服务协议的医疗机构就医，情况紧急时可以先到就近的医疗机构急救。 2. 治疗工伤所需费用符合工伤保险诊疗项目目录、工伤保险药品目录、工伤保险住院服务标准的，从工伤保险基金支付。 3. 工伤职工治疗非工伤引发的疾病，不享受工伤医疗待遇，按照基本医疗保险办法处理。
住院伙食补助费	1. 职工住院治疗工伤的伙食补助费，由工伤保险基金支付。 2. 经医疗机构出具证明，报经办机构同意，工伤职工到统筹地区以外就医的，所需交通、食宿费用由工伤保险基金支付。
工伤治疗期间待遇	1. 职工因工作遭受事故伤害或者患职业病需要暂停工作接受工伤医疗的，停工留薪期内，原工资福利待遇不变，由原单位按月支付。 2. 停工留薪期一般不超过 12 个月。伤情严重或者特殊，经设区的市级劳动能力鉴定委员会确认，可以适当延长，但延长不得超过 12 个月。 3. 工伤职工在停工留薪期满后仍需治疗的，继续享受工伤医疗待遇。
护理费	1. 生活不能自理的工伤职工在停工留薪期需要护理的，由所在单位负责。 2. 工伤职工已经评定伤残等级并经劳动能力鉴定委员会确认需要生活护理的，从工伤保险基金按月支付生活护理费。生活护理费按照生活完全不能自理、生活大部分不能自理或者生活部分不能自理 3 个不同等级支付，其标准分别为统筹地区上年度职工月平均工资的 50%、40% 或者 30%。

续　表

职工因工致残享受的待遇	1. 职工因工致残被鉴定为一级至四级伤残的，保留劳动关系，退出工作岗位，享受以下待遇： (1) 从工伤保险基金按伤残等级支付一次性伤残补助金，标准为：一级伤残为27个月的本人工资，二级伤残为25个月的本人工资，三级伤残为23个月的本人工资，四级伤残为21个月的本人工资。 (2) 从工伤保险基金按月支付伤残津贴，标准为：一级伤残为本人工资的90%，二级伤残为本人工资的85%，三级伤残为本人工资的80%，四级伤残为本人工资的75%。伤残津贴实际金额低于当地最低工资标准的，由工伤保险基金补足差额。 (3) 工伤职工达到退休年龄并办理退休手续后，停发伤残津贴，享受基本养老保险待遇。基本养老保险待遇低于伤残津贴的，由工伤保险基金补足差额。 职工因工致残被鉴定为一级至四级伤残的，由用人单位和职工个人以伤残津贴为基数，缴纳基本医疗保险费。 2. 职工因工致残被鉴定为五级、六级伤残的，享受以下待遇： (1) 从工伤保险基金按伤残等级支付一次性伤残补助金，标准为：五级伤残为18个月的本人工资，六级伤残为16个月的本人工资。 (2) 保留与用人单位的劳动关系，由用人单位安排适当工作。难以安排工作的，由用人单位按月发给伤残津贴，标准为：五级伤残为本人工资的70%，六级伤残为本人工资的60%，并由用人单位按照规定为其缴纳应缴纳的各项社会保险费。伤残津贴实际金额低于当地最低工资标准的，由用人单位补足差额。 经职工本人提出，可以与用人单位解除或终止劳动关系，由工伤保险基金支付一次性工伤医疗补助金，由用人单位支付一次性伤残就业补助金。 3. 职工因工致残被鉴定为七级至十级伤残的，享受以下待遇： (1) 从工伤保险基金按伤残等级支付一次性伤残补助金，标准为：七级伤残为13个月的本人工资，八级伤残为11个月的本人工资，九级伤残为9个月的本人工资，十级伤残为7个月的本人工资； (2) 劳动合同期满终止，或者职工本人提出解除劳动合同、聘用合同的，由工伤保险基金支付一次性工伤医疗补助金，由用人单位支付一次性伤残就业补助金。
因工死亡赔偿	职工因工死亡，其近亲属按照下列规定从工伤保险基金领取丧葬补助金、供养亲属抚恤金和一次性工亡补助金： 1. 丧葬补助金为6个月的统筹地区上年度职工月平均工资。 2. 供养亲属抚恤金按照职工本人工资的一定比例发给由因工死亡职工生前提供主要生活来源、无劳动能力的亲属。标准为：配偶每月40%，其他亲属每人每月30%，孤寡老人或者孤儿每人每月在上述标准的基础上增加10%。核定的各供养亲属的抚恤金之和不应高于因工死亡职工生前的工资。 3. 一次性工亡补助金标准为上一年度全国城镇居民人均可支配收入的20倍。 4. 伤残职工在停工留薪期内因工伤导致死亡的，其近亲属享受本条第一款规定的待遇。 5. 一级至四级伤残职工在停工留薪期满后死亡的，其直系亲属可以享受第1、2条规定的待遇。

案例：14－3　受工伤的职工是否可以同时获得工伤保险赔偿和商业保险赔偿？（案例选于《最高人民法院公报》2017年第12期）

甲公司为某水湾远洋渔业有限公司，2012年7月8日，甲公司招聘安某为远洋大管轮职务船员。2012年8月22日，甲公司为安某投保人身意外险，并约定如在聘用期内发生因工伤亡，按有关意外保险条款执行，保障项目为额外身故、残疾、烧伤给付，每人保险金额为60万元。后安某进行远海捕鱼作业，轮船侧翻，当地人民法院于2014年1月16日宣告死亡。人保公司向安某父母实际支付了安某身故赔偿金60万元。2015年3月16日，当地人力资源和社会保障局认定安某属于工伤。安某父母诉至法院请求判令甲公司支付拖欠安某的工资及奖金，以及丧葬补助金、一次性工亡补助金等工伤保险待遇。

高院经审理认为，首先，依据《工伤保险条例》第二条第一款关于用人单位为职工缴纳工伤保险费的规定，为职工缴纳工伤保险费是甲公司的法定义务，该法定义务不得通过任何形式予以免除或变相免除。《工伤保险条例》第六十二条第二款又进一步规定："依照本条例规定应当参加工伤保险而未参加工伤保险的用人单位职工发生工伤的，由该用人单位按照本条例规定的工伤保险待遇项目和标准支付费用。"在甲公司未为安某缴纳工伤保险费的情况下，甲公司应向安某的父母支付工伤保险待遇。其次，甲公司为安某购买商业性意外伤害保险，性质上是甲公司为安某提供的一种福利待遇，不能免除甲公司作为用人单位负有的法定的缴纳工伤保险费的义务或支付工伤保险待遇的义务。此外，法律及司法解释并不禁止受工伤的职工或其家属获得双重赔偿。最高人民法院《关于审理工伤保险行政案件若干问题的规定》第八条第一款规定："职工因第三人的原因受到伤害，社会保险行政部门以职工或者其近亲属已经对第三人提起民事诉讼或者获得民事赔偿为由，作出不予受理工伤认定申请或者不予认定工伤决定的，人民法院不予支持。"第三款规定："职工因第三人的原因导致工伤，社会保险经办机构以职工或者其近亲属已经对第三人提起民事诉讼为由，拒绝支付工伤保险待遇的，人民法院不予支持，但第三人已经支付的医疗费用除外。"由此可见，上述规定并不禁止受工伤的职工同时获得民事赔偿和工伤保险待遇赔偿。故一审法院判决水湾公司向安某父母支付工伤保险待遇正确，予以维持。

律师点评

本案的焦点是受工伤的职工是否可以同时获得商业赔偿和工伤保险待遇赔偿？

依法缴纳工伤保险是用人单位的法定义务，该项义务不能通过当事人协商予以免除。用人单位为职工购买商业性人身意外伤害保险的，不因此免除其为职工购买工伤保险的法定义务。职工获得用人单位为其购买的人身意外伤害保险赔付后，仍然有权向用人单位主张工伤保险待遇。

二、非法用工的工伤待遇

现实中用人单位非法用工的现象并不少见，而非法用工最大的隐患就是安全问题。《工伤保险条例》与劳动和社会保障部《非法用工单位伤亡人员一次性赔偿办法》规定，无营业执照或者未经依法登记、备案的单位以及被依法吊销营业执照或者撤销登记、备案的单位的职工受到事故伤害或者患职业病的，由该单位向伤残职工或者死亡职工的近亲属给予一次性赔偿；用人单位不得使用童工，用人单位使用童工造成童工伤残、死亡的，由该单位向童工或者童工的近亲属给予一次性赔偿。

图表：14－4　非法用工伤亡赔偿

1. 一次性赔偿包括受到事故伤害或患职业病的职工或童工在治疗期间的费用和一次性赔偿金，一次性赔偿金数额应当在受到事故伤害或患职业病的职工或童工死亡或者经劳动能力鉴定后确定。
2. 劳动能力鉴定按属地原则由单位所在地设区的市级劳动能力鉴定委员会办理。劳动能力鉴定费用由伤亡职工或者童工所在单位支付。
3. 职工或童工受到事故伤害或患职业病，在劳动能力鉴定之前进行治疗期间的生活费按照统筹地区上年度职工月平均工资标准确定，医疗费、护理费、住院期间的伙食补助费及所需的交通费等费用，按照《工伤保险条例》规定的标准和范围，全部由伤残职工或童工所在单位支付。
4. 伤残的一次性赔偿金按以下标准支付：一级伤残的为赔偿基数的16倍，二级伤残的为赔偿基数的14倍，三级伤残的为赔偿基数的12倍，四级伤残的为赔偿基数的10倍，五级伤残的为赔偿基数的8倍，六级伤残的为赔偿基数的6倍，七级伤残的为赔偿基数的4倍，八级伤残的为赔偿基数的3倍，九级伤残的为赔偿基数的2倍，十级伤残的为赔偿基数的1倍。所称赔偿基数，是指单位所在工伤保险统筹地区上年度职工年平均工资。
5. 受到事故伤害或患职业病造成死亡的，按照上一年度全国城镇居民人均可支配收入的20倍支付一次性赔偿金，并按照上一年度全国城镇居民人均可支配收入的10倍一次性支付丧葬补助等其他赔偿金。

案例：14－4　工伤认定申请起算时间如何确定？

原告于2014年3月从事汽车修理工作。2014年6月某日，原告与师傅王继聪拆一辆汽车的拉杆球头，用榔头敲打球头时铁屑溅入原告左眼中。当时原告只是感到左眼疼痛，视物有点模糊不清，随即停下手中的工作，但并没有特别在意，汽车修理所也没有及时送原告就医诊治。2016年10月3日，原告左眼突然剧烈疼痛，感到视线模糊，10 月 4 日左眼即看不到任何东西后被诊断为左眼永久性失明。

原告于 2016 年 12 月 21 日向无锡市南长区人民法院提起民事诉讼，法院经审理认为原告系因工伤事故受到人身损害，应请求工伤保险赔偿，裁定驳回了原告的起诉。原告遂于 2017 年 4 月 9 日向被告无锡市劳动局提交工伤认定申请。被告于 2017 年 4 月 11 日以原告的工伤认定申请已超过法定的申请时效为由，作出了不予受理通知书。原告向法院提起诉讼，要求确认工伤。法院支持了原告的请求。

律师点评

按照法律规定，工伤认定的申请应当于事故伤害发生之日起 30 日内由所在单位提出申请，或 1 年内由工伤职工本人或近亲属、工会组织提出申请，本案中原告发生事故的时间较早，而原告在事故发生两年后才提出工伤认定申请，其申请行为是否超期成为案件的焦点。

实务中，法律的规定“事故伤害发生之日”不应理解为“事故发生之日”，事故伤害可能由于病情发作或影响的滞后性，在事故发生后才出现伤害性后果。本案中虽然案件发生时间较早，但是由于事故造成的伤害性后果在 2016 年 10 月 3 日才被确认，因此，在此日期后的一年时间内，原告提出工伤认定申请，都是符合法律规定的期限。

第四节　职业病争议

一、职业病认定

根据《职业病防治法》第二条的规定，职业病是指企业、事业单位和个体经济组织等用人单位的劳动者在职业活动中，因接触粉尘、放射性物质和其他有毒、有害因素而引起的疾病。因此，在工作中得的病不一定是职业病，得了《职业病目录》中的疾病也不一定是职业病，构成职业病必须同时满足四个条件：第一，患病主体是企业、事业单位或个体经济组织的劳动者；第二，必须是在从事职业活动的过程中产生的；第三，必须是因接触粉尘、放射性物质和其他有毒、有害物质等因素引起的；第四，必须是国家公布的职业病分类和目录所列的职业病。按照《劳动合同法》《职业病防治法》的规定，在签订劳动合同时用人单位应该向职工说明工作岗位可能存在的职业病情况。用人单位要和从事接触职业病危险工作的劳动者解除劳动合同，须先进行离岗前职业健康检查，否则用人单位不得解除合同，如果用人单位单方面解除合同，需要向劳动者支付赔偿金。

按照国家卫生和计划生育委员会、人力资源和社会保障部、国家安全生产监督管理总局、中华全国总工会 2013 年 12 月发布的《职业病分类和目录》（国卫疾控发

〔2013〕48 号）的规定，职业病包括如下 10 类：职业性尘肺病及其他呼吸系统疾病、职业性皮肤病、职业性眼病、职业性耳鼻喉口腔疾病、职业性化学中毒、物理因素所致职业病、职业性放射性疾病、职业性传染病、职业性肿瘤以及其他职业病，共 132 种。详细目录如下：

一、职业性尘肺病及其他呼吸系统疾病

（一）尘肺病

1. 矽肺

2. 煤工尘肺

3. 石墨尘肺

4. 碳黑尘肺

5. 石棉肺

6. 滑石尘肺

7. 水泥尘肺

8. 云母尘肺

9. 陶工尘肺

10. 铝尘肺

11. 电焊工尘肺

12. 铸工尘肺

13. 根据《尘肺病诊断标准》和《尘肺病理诊断标准》可以诊断的其他尘肺病

（二）其他呼吸系统疾病

1. 过敏性肺炎

2. 棉尘病

3. 哮喘

4. 金属及其化合物粉尘肺沉着病（锡、铁、锑、钡及其化合物等）

5. 刺激性化学物所致慢性阻塞性肺疾病

6. 硬金属肺病

二、职业性皮肤病

1. 接触性皮炎

2. 光接触性皮炎

3. 电光性皮炎

4. 黑变病

5. 痤疮

6. 溃疡

7. 化学性皮肤灼伤

8. 白斑
9. 根据《职业性皮肤病的诊断总则》可以诊断的其他职业性皮肤病
三、职业性眼病
1. 化学性眼部灼伤
2. 电光性眼炎
3. 白内障（含放射性白内障、三硝基甲苯白内障）
四、职业性耳鼻喉口腔疾病
1. 噪声聋
2. 铬鼻病
3. 牙酸蚀病
4. 爆震聋
五、职业性化学中毒
1. 铅及其化合物中毒（不包括四乙基铅）
2. 汞及其化合物中毒
3. 锰及其化合物中毒
4. 镉及其化合物中毒
5. 铍病
6. 铊及其化合物中毒
7. 钡及其化合物中毒
8. 钒及其化合物中毒
9. 磷及其化合物中毒
10. 砷及其化合物中毒
11. 铀及其化合物中毒
12. 砷化氢中毒
13. 氯气中毒
14. 二氧化硫中毒
15. 光气中毒
16. 氨中毒
17. 偏二甲基肼中毒
18. 氮氧化合物中毒
19. 一氧化碳中毒
20. 二硫化碳中毒
21. 硫化氢中毒
22. 磷化氢、磷化锌、磷化铝中毒

23. 氟及其无机化合物中毒
24. 氰及腈类化合物中毒
25. 四乙基铅中毒
26. 有机锡中毒
27. 羰基镍中毒
28. 苯中毒
29. 甲苯中毒
30. 二甲苯中毒
31. 正己烷中毒
32. 汽油中毒
33. 一甲胺中毒
34. 有机氟聚合物单体及其热裂解物中毒
35. 二氯乙烷中毒
36. 四氯化碳中毒
37. 氯乙烯中毒
38. 三氯乙烯中毒
39. 氯丙烯中毒
40. 氯丁二烯中毒
41. 苯的氨基及硝基化合物（不包括三硝基甲苯）中毒
42. 三硝基甲苯中毒
43. 甲醇中毒
44. 酚中毒
45. 五氯酚（钠）中毒
46. 甲醛中毒
47. 硫酸二甲酯中毒
48. 丙烯酰胺中毒
49. 二甲基甲酰胺中毒
50. 有机磷中毒
51. 氨基甲酸酯类中毒
52. 杀虫脒中毒
53. 溴甲烷中毒
54. 拟除虫菊酯类中毒
55. 铟及其化合物中毒
56. 溴丙烷中毒

57. 碘甲烷中毒

58. 氯乙酸中毒

59. 环氧乙烷中毒

60. 上述条目未提及的与职业有害因素接触之间存在直接因果联系的其他化学中毒

六、物理因素所致职业病

1. 中暑

2. 减压病

3. 高原病

4. 航空病

5. 手臂振动病

6. 激光所致眼（角膜、晶状体、视网膜）损伤

7. 冻伤

七、职业性放射性疾病

1. 外照射急性放射病

2. 外照射亚急性放射病

3. 外照射慢性放射病

4. 内照射放射病

5. 放射性皮肤疾病

6. 放射性肿瘤（含矿工高氡暴露所致肺癌）

7. 放射性骨损伤

8. 放射性甲状腺疾病

9. 放射性性腺疾病

10. 放射复合伤

11. 根据《职业性放射性疾病诊断标准（总则）》可以诊断的其他放射性损伤

八、职业性传染病

1. 炭疽

2. 森林脑炎

3. 布鲁氏菌病

4. 艾滋病（限于医疗卫生人员及人民警察）

5. 莱姆病

九、职业性肿瘤

1. 石棉所致肺癌、间皮瘤

2. 联苯胺所致膀胱癌

3. 苯所致白血病
4. 氯甲醚、双氯甲醚所致肺癌
5. 砷及其化合物所致肺癌、皮肤癌
6. 氯乙烯所致肝血管肉瘤
7. 焦炉逸散物所致肺癌
8. 六价铬化合物所致肺癌
9. 毛沸石所致肺癌、胸膜间皮瘤
10. 煤焦油、煤焦油沥青、石油沥青所致皮肤癌
11. β－萘胺所致膀胱癌

十、其他职业病

1. 金属烟热
2. 滑囊炎（限于井下工人）
3. 股静脉血栓综合征、股动脉闭塞症或淋巴管闭塞症（限于刮研作业人员）

职业病鉴定的具体程序

根据卫生部《职业病诊断与鉴定管理办法》的规定，只有当患者对职业病诊断有异议时，才有必要通过鉴定来最终确定是否为职业病。职业病鉴定分为首次鉴定和再鉴定，分别由设区的市级卫生局和省级卫生厅局组织的职业病诊断鉴定委员会负责。职业病鉴定的具体程序为：

1. 申请和受理。不服职业病诊断的可以在接到职业病诊断证明书之日起 30 日内，向诊断机构所在地设区的市级卫生局申请职业病首次鉴定。如果患者提交的材料齐全，则鉴定办事机构会签发受理通知书，正式进入鉴定程序。

2. 审查和调查取证。鉴定委员会应当认真审查患者所提供的材料，需要的时候听取患者的陈述和申辩，对患者进行医学检查，还根据需要对患者的工作场所进行现场调查取证。如果需要的话，鉴定委员会还可以向原职业病诊断机构调阅有关诊断材料；还可以向患者所在单位索取与鉴定有关的材料，单位有义务如实提供相关材料。

3. 作出鉴定结论并送达当事人。对所有的材料都认真审核完毕后，专家们就要作出鉴定结论了，表决时以过半数专家的意见确定最终的结论。参加鉴定的专家要在坚定书上签字并加盖职业病诊断鉴定委员会公章。整个鉴定要在受理鉴定申请之日起 60 日内完成。作出的职业病诊断鉴定书要在鉴定结束之日起 20 日内送达患者。

4. 申请再鉴定。对首次鉴定结论不服的，可以自接到职业病诊断书之日起 15 日内，向省级卫生厅局申请再鉴定，由省级职业病诊断鉴定委员会组织再鉴定，再鉴定为最终鉴定。

图表：14－5 职业病鉴定程序

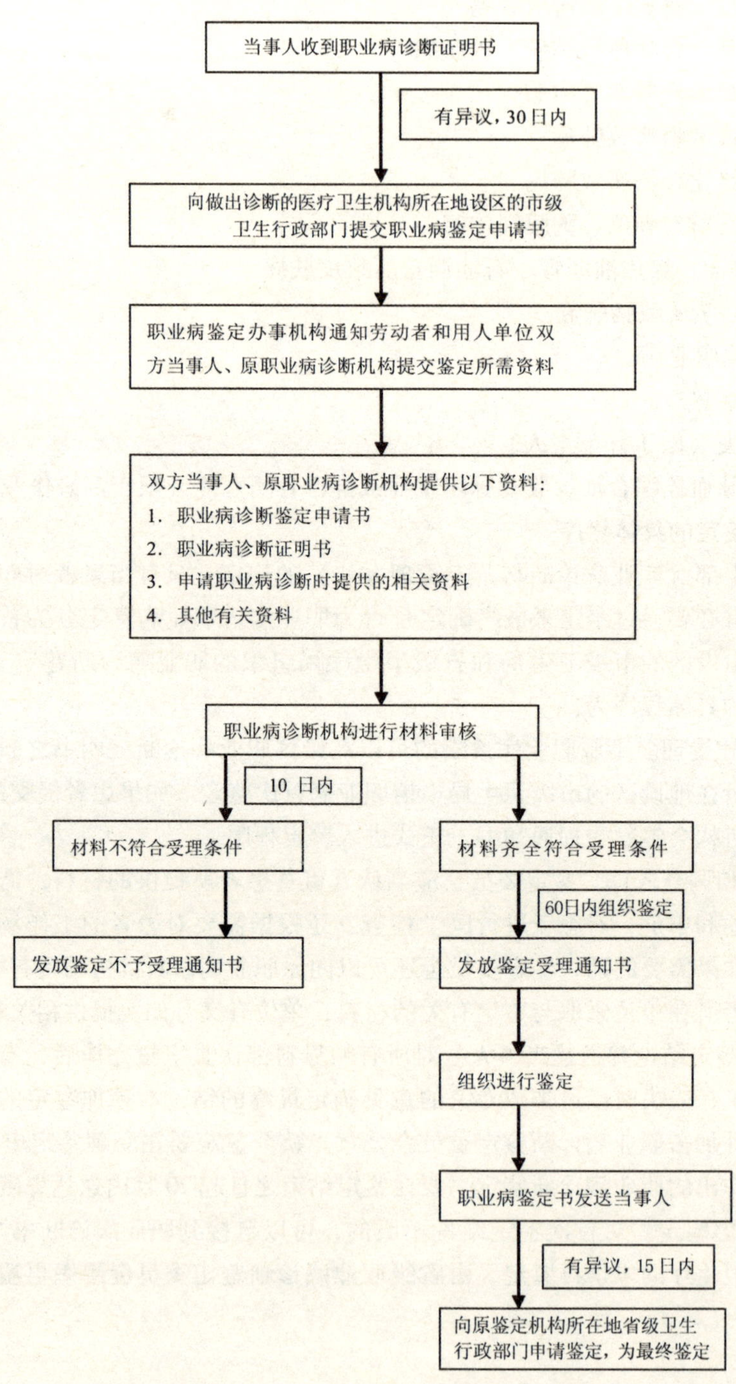

二、职业病享受的待遇

职业病是一种特殊的工伤，我国法律规定，职业病患者在治疗期间，以及确定为伤残或者治疗无效而死亡时，按照国家的有关规定，享受工伤保险待遇。职业病患者享受的工伤待遇项目和标准同上述章节中工伤保险的待遇标准相同。

案例：14－5　用人单位未安排从事职业病危害作业的劳动者进行离岗前健康检查系违法

2010年9月26日，李某入职某服饰公司担任胶印部门负责人，双方签订的最后一份劳动合同的期限从2013年11月26日至2018年11月25日。在职期间，服饰公司每年安排李某进行职业健康检查。经查，李某职业健康检查表中显示，“接害工龄5年，毒害种类和名称：苯、甲苯、二甲苯类”。2016年12月8日，服饰公司以经济性裁员为由与李某解除了劳动合同。李某遂以服饰公司违法解除劳动合同为由申请劳动仲裁，要求服饰公司支付违法解除劳动合同赔偿金差额等。仲裁委裁决：服饰公司应支付李某违法解除劳动合同赔偿金差额6万余元。服饰公司不服仲裁裁决，向法院提起诉讼。

法院经审理后认为，李某所在的车间为胶印部门，属于接触有毒有害物质的岗位。虽然李某系部门主管，但其履行职责时确需进入车间，且服饰公司亦每年安排李某进行职业健康检查，故李某应属于从事接触职业病危害作业的劳动者。《职业病防治法》规定，对未进行离岗前职业健康检查的劳动者不得解除或者终止与其订立的劳动合同。《劳动合同法》也规定，对从事接触职业病危害作业的劳动者未进行离岗前职业健康检查的，用人单位不得依照该法第四十条、第四十一条的规定解除劳动合同，而第四十一条即对用人单位经济性裁员的规定。服饰公司在未安排李某进行职业健康检查的情况下，便以经济性裁员为由解除了双方的劳动合同，其解除行为违法，应当向李某支付违法解除劳动合同赔偿金。

律师点评

职业病是指劳动者在职业活动中，因接触粉尘、放射性物质和其他有毒、有害因素而引起的疾病。与普通疾病相比，这类疾病具有不可逆、难治愈等特点，往往对劳动者的健康伤害程度较大，致残概率亦高。因此，我国立法对接触职业病危害的劳动者权益保护进行了特别规定，体现了对这类特殊职业群体的保护。但实践中，用人单位侵害从事接触职业病危害作业劳动者合法权益的纠纷仍时有发生。本案判决表明，为接触职业病危害的劳动者安排离岗前职业健康检查是用人单位的一项法定义务，不因经济性裁员而免除。同时也充分体现了国家严格保护劳动者健康权及其相关权益、促进经济社会发展的立法目的。

第十五章　社会保险事务争议

社会保险制度涉及每个人基本利益，是举国上下都十分关注的重大制度安排。继《劳动合同法》实施后，《社会保险法》于2010年10月28日经第十一届全国人大常委会第十七次会议审议通过，并于2011年7月1日开始实施。而作为配套规章的《实施〈中华人民共和国社会保险法〉若干规定》，也于2011年7月1日同时实施，社会保险作为劳动关系权利义务中的一项重要内容，它是劳动者享有的一项社会福利，《社会保险法》的颁布实施，无疑使我国的社会保险制度全面进入法制化轨道。

一般来说，社会保险具体包括养老保险、医疗保险、失业保险、工伤保险和生育保险，通常简称“五险”。社会保险具有强制性，缴纳社会保险费是用人单位和劳动者双方的法定义务。作为法律保障，《劳动合同法》将社会保险增设为劳动合同的必备条款，明确规定用人单位未依法为劳动者缴纳社会保险费的，劳动者可以解除劳动合同，并加大了用人单位违反社会保险相关规定的法律责任。《社会保险法》则专章规定了违反社会保险义务行为的法律责任，有效地保障社会保险制度的落实。

由于工伤保险问题在前述章节中已有叙及，本章主要介绍养老保险、医疗保险、失业保险和生育保险的相关问题。

第一节　社会保险概述

一、社会保险制度综述

劳动法的调整对象并不仅局限于劳动关系。除了劳动关系以外，劳动法还调整与劳动关系有密切联系的其他一些关系，如执行社会保险、加强社会保障的关系等。传统的社会保险和社会保障制度是在劳动法的理论框架下发展起来的，属于劳动法所调整的“与劳动关系密切联系的其他关系”之一，国内将社会保险法律问题主要放在劳动法的领域下规范。

社会保险是由国家立法规范，面向劳动者及其他社会成员建立的一种强制性社会保障制度，它由用人单位和个人缴费及政府补助形成各项社会保险基金，以解除劳动者及其他社会成员在养老、疾病、职业伤害、失业、生育等方面的后顾之忧为目标，是促使劳资关系和谐和维护劳动者及其他社会成员福利权益的根本性制度保障，它不仅事关全体劳动者及其他社会成员的切身利益，而且对国家和社会能否持续、健康、文明发展直接产生着重大而深刻的影响。

我国的社会保险改革，自 20 世纪 80 年代中期以来，经历了四个阶段：

第一阶段自 1986 年至 1993 年，以国家实施劳动合同制、建立国营企业职工待业保险制度等为改革起步的重要标志，这一阶段是将社会保险改革作为国有企业改革的配套机制。

第二阶段自 1993 年至 1998 年，将社会保险制度明确为社会主义市场经济体系的五大支柱之一，这一阶段，原有的劳动保险制度临近崩溃，而新的保险制度改革又奉行“效率优先”，造成数以百万计的离退休人员不能按时足额领到养老金，而且各行业自我统筹导致社会保险制度进一步被分割。

第三阶段是 1998 年至 2011 年 6 月 30 日，这一阶段，社会保险管理体制得到一定程度的理顺，离退休人员的养老金与下岗职工的基本生活保障金得到保障，社会保险的社会化服务取得重大进展。我国现行社会保障制度主要是行政法规、国务院文件、地方性法规、部门及地方政府规章、各级人民政府及其部门文件的规定构成。这就决定了我国社会保险制度的规范具有数量繁多、多层次、多区域、强制性偏弱的特点。

第四阶段是 2011 年 7 月 1 日至今，2011 年 7 月 1 日开始实施的《社会保险法》，使我国社会保险制度发展全面进入法制化轨道。《社会保险法》规范了社会保险关系，规定了用人单位和劳动者的权利义务，强化了政府责任，明确社会保险行政部门和社会保险经办机构的职责，该法实施后，社会保险制度运行更加稳定、规范，对劳动者合法权益的保护更加有力。

Tips 小贴士：15－1　用人单位可否在劳动合同中与劳动者约定不为其缴纳社会保险费？

根据《劳动法》和《劳动合同法》的规定，依法参加社会保险、缴纳社会保险费是用人单位和劳动者的法定强制义务，即使劳动合同中约定用人单位无需为劳动者缴纳社会保险费是双方合意的结果，也将因违反法律强制性规定而无效。

Tips 小贴士：15－2　劳动者可否要求用人单位将应缴纳的社会保险费变现支付给自己？

参加社会保险及缴纳社会保险费是用人单位与劳动者双方对国家的一项强制性义务，用人单位没有依法为劳动者缴纳各项社会保险费的，劳动者可以要求用人单位补缴，但是不得要求将社会保险费直接补偿给个人。在实务中，因特定条件的限制，经劳动者提出或同意，用人单位将社会保险费支付给了劳动者个人，由劳动者个人在户籍所在地缴纳社会保险费，但用人单位必须尽到监督义务。否则，如果劳动者没有依法参加社会保险，用人单位还将面临被追究法律责任的风险。

二、社会保险类型及征缴范围

（一）社会保险类型

《社会保险法》第二条规定，国家建立基本养老保险、基本医疗保险、工伤保险、失业保险、生育保险等社会保险制度，保障公民在年老、疾病、工伤、失业、生育等情况下依法从国家和社会获得物质帮助的权利。

其中，基本养老保险又分为职工基本养老保险、城镇居民社会养老保险、新型农村社会养老保险三种类型。

基本医疗保险又分为：职工基本医疗保险、城镇居民医疗保险、新型农村合作医疗三种类型。

图表：15－1　中国社会保险体系构成

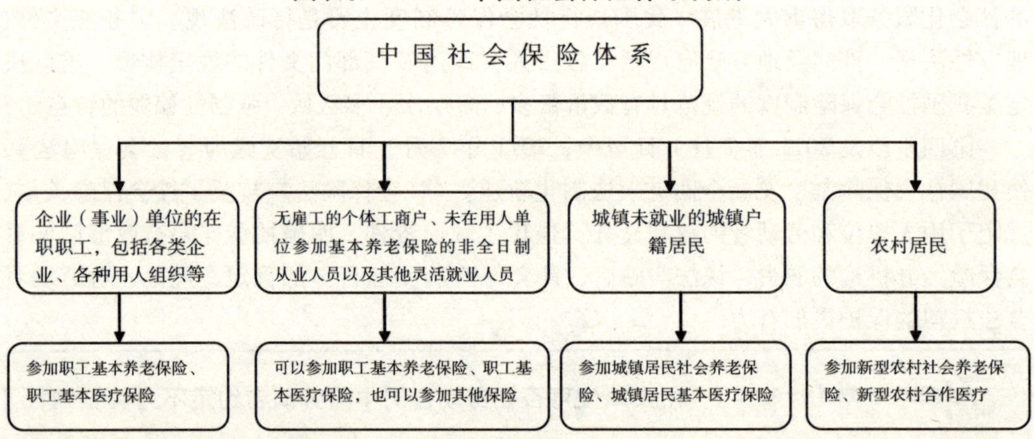

（二）社会保险交费主体

对于社会保险交费主体，《社会保险法》及其配套法律法规对之作详细规定，下文主要对涉及企业等用人单位的法律规定作相应梳理：

对于职工基本养老保险，《社会保险法》第十条第一、二款，则明确规定："职工应当参加基本养老保险，由用人单位和职工共同缴纳基本养老保险费。无雇工的个体工商户、未在用人单位参加基本养老保险的非全日制从业人员以及其他灵活就业人员可以参加基本养老保险，由个人缴纳基本养老保险费。"

对于职工基本医疗保险，《社会保险法》第二十三条规定："职工应当参加职工基本医疗保险，由用人单位和职工按照国家规定共同缴纳基本医疗保险费。无雇工的个体工商户、未在用人单位参加职工基本医疗保险的非全日制从业人员以及其他灵活就业人员可以参加职工基本医疗保险，由个人按照国家规定缴纳基本医疗保险费。"

《企业职工生育保险试行办法》第二条、第四条规定，城镇企业应当向社会保险经办机构缴纳生育保险费。职工个人不需要缴纳生育保险费。

此外，《社会保险费征缴暂行条例》第三条亦更详细规定了养老保险费、基本医疗保险费、失业保险费的征缴范围。基本养老保险的征缴范围：国有企业、城镇集体企业、外商投资企业、城镇私营企业和其他企业及职工，实行企业化管理的事业单位及其职工。基本医疗保险费的征缴范围：国有企业、城镇集体企业、外商投资企业、城镇私营企业和其他城镇企业及职工，国家机关及其工作人员，事业单位及其职工，民办非企业单位及其职工，社会团体及其专职人员。失业保险费的征缴范围：国有企业、城镇集体企业、外商投资企业、城镇私营企业和其他城镇企业及职工，事业单位及其职工。

Tips 小贴士：15－3 **用人单位招收在校实习生和退休返聘人员是否需为其缴纳社会保险费？**

在校实习生和退休返聘人员不具备劳动法意义上的劳动者主体资格，其与用人单位之间并非劳动关系，因此用人单位无需为其缴纳社会保险费。

Tips 小贴士：15－4 **试用期员工是否可以不缴纳社会保险费？**

员工自入职之日起就与用人单位建立劳动关系，试用期是劳动关系存续的一种状态，因此用人单位应当依法为劳动者缴纳各种社会保险费。

Tips 小贴士：15－5 **对企业富余人员、长期请（病）假、外借人员和带薪培训（上学）人员，是否应缴纳社会保险费？**

根据劳动部《关于贯彻执行〈中华人民共和国劳动法〉若干问题的意见》的规定，上述人员的社会保险费仍按规定由原单位和个人继续缴纳，缴纳保险费期间计算为缴纳年限。

（三）社会保险费用的缴费基数及缴纳比例

（1）职工基本养老保险

《职工养老保险个人账户管理暂行办法》第七条、第八条规定养老保险缴费工资基数的确定，职工本人一般以上一年度本人月平均工资为个人缴费工资基数，单位的缴费工资基数为职工个人的缴费工资基数之和。《国务院关于完善企业职工基本养老保险制度的决定》中明确：自2006年1月1日起，个人账户的规模统一由本人缴费工资的11%调整为8%，全部由个人缴费形成，单位缴费不再划入个人账户。

（2）职工基本医疗保险

《国务院关于建立城镇职工基本医疗保险制度的决定》第二部分规定，用人单位缴费率应控制在职工工资总额的6%左右，职工缴费额一般为本人工资收入的2%。

（3）工伤保险

《工伤保险条例》第十条规定，用人单位缴纳工伤保险费的数额为本单位职工工资总额乘以单位缴费费率之积。

《劳动部和社会保障部、财政部、卫生部、国家安全生产监督管理局关于工伤保险费率问题的通知》明确：各省、自治区、直辖市工伤保险费平均缴费率原则上要控制在职工工资总额的1.0%左右。在这一总体水平下，各统筹地区三类行业的基准费率要分别控制在用人单位职工工资总额的0.5%左右、1.0%左右、2.0%左右。各统筹地区劳动保障部门要会同财政、卫生、安全监管部门，按照以支定收、收支平衡的原则，根据工伤保险费使用、工伤发生率、职业病危害程度等情况提出分类行业基准费率的具体标准，报统筹地区人民政府批准后实施。基准费率的具体标准可定期调整。

（4）失业保险

《失业保险条例》第六条规定，城镇企事业单位按照本单位工资总额的2%缴纳失业保险费。城镇企事业单位职工按照本人工资的1%缴纳失业保险费。

（5）生育保险

《企业职工生育保险试行办法》第四条规定，生育保险费的提取比例由当地人民政府根据当地计划生育内生育人数和生育津贴、生育医疗费等项费用确定，并可以根据费用支出情况适时调整，但最高不得超过工资总额的1%。

综上，养老保险、基本医疗保险、失业保险、生育保险、工伤保险的缴费工资基数是一致的，即以职工本人上一年度月平均工资作为缴费工资基数。

图表：15－2　特殊情况下的员工缴费基数计算原则

情形	基数计算原则
新招职工（包括研究生、大学生、大中专毕业生等）	以起薪当月工资收入为个人缴费工资基数；从第二年起，以上一年实发的月平均工资作为个人缴费工资基数
对单位派出的长期脱产人员、经批准请长假的职工，保留工资关系的	以脱产或请假的上年月平均工资作为个人缴费工资基数
对单位派往境外工作的职工	以本人出境上年的月平均工资作为个人缴费工资基数，次年的个人缴费工资基数按上年本单位平均工资增长率进行调整
失业再就业的职工	以再就业起薪当月的工资收入作为缴费工资基数；从第二年起，按上一年实发的月平均工资作为缴费工资基数

Tips 小贴士：15－6 缴费月平均工资的确定

作为个人缴费工资基数的月平均工资按国家统计局规定列入工资总额统计的项目计算，包括工资、奖金、津贴、补贴等收入，其中的工资包括计时工资、计件工资、加班加点工资、特殊情况下支付的工资等。

本人月平均工资低于当地职工平均工资60%的，按当地职工月平均工资的60%缴费；超过当地职工平均工资300%的，按当地职工平均工资的300%缴费，超过部分不计入缴费工资基数，也不计入计发社会保险待遇的基数。

图表：15－3 部分城市职工基本养老保险、基本医疗保险、失业保险、生育保险缴费比例一览表

城市	基本养老保险		医疗保险		失业保险		生育保险
	单位	个人	单位	个人	单位	个人	单位
北京	16%	8%	10%	2%	0.8%	0.2%（农村户籍不缴）	0.8%
上海	16%	8%	9.5%	2%	0.5%	0.5%	1%
天津	16%	8%	10%	2%	0.5%	0.5%	0.5%
广州	14%	8%	5.5%＋重疾医疗保险0.26%＋补充医疗保险0.5%	2%	0.48%/0.64%/0.8%	0.2%	0.85%
苏州	16%	8%	7%（基本医疗）＋1%（地方补充医疗）	2%	0.5%	0.5%	0.8%

需要特别注意的是，2019年4月4日国务院办公厅印发《降低社会保险费率综合方案》（以下简称《方案》），统筹考虑降低社会保险费率、完善社会保险制度、稳步推进社会保险费征收体制改革，确保企业特别是小微企业社会保险缴费负担有实质性下降，确保职工各项社会保险待遇不受影响、按时足额支付。

《方案》主要的政策内容包括：

（一）关于降低养老保险单位缴费比例。各地企业职工基本养老保险单位缴费比例高于16%的，可降至16%；低于16%的，要研究提出过渡办法。省内单位缴费比例不统一的，高于16%的地市可降至16%；低于16%的，要研究提出过渡办法。目前暂不调整单位缴费比例的地区，要按照公平统一的原则，研究提出过渡方案。各地机关事业单位基本养老保险单位缴费比例可降至16%。

（二）关于继续阶段性降低失业保险费率。自 2019 年 5 月 1 日起，实施失业保险总费率 1% 的省份，延长阶段性降低失业保险费率的期限至 2020 年 4 月 30 日。

（三）关于继续阶段性降低工伤保险费率。按照《人力资源社会保障部、财政部关于阶段性降低社会保险费率的通知》（人社部发〔2018〕25 号）已纳入降费范围的统筹地区，原则上继续实施，保持力度不减。此前未纳入降费范围但截至 2018 年底累计结余可支付月数达到阶段性降费条件的统筹地区，要按规定下调费率，确保将符合条件的统筹地区全部纳入降费范围。阶段性降费率期间，费率确定后，一般不做调整。

（四）关于调整就业人员平均工资计算口径。各省应以本省城镇非私营单位就业人员平均工资和城镇私营单位就业人员平均工资加权计算的全口径城镇单位就业人员平均工资，核定社保个人缴费基数上下限，合理降低部分参保人员和企业的社保缴费基数。调整就业人员平均工资计算口径后，为保证新退休人员待遇水平平稳衔接，人力资源社会保障部、财政部将提出基本养老金计发办法的过渡措施，并加强对各地的指导。

（五）关于完善个体工商户和灵活就业人员缴费基数政策。个体工商户和灵活就业人员参加企业职工基本养老保险，按照调整计算口径后的本地全口径城镇单位就业人员平均工资，核定社保个人缴费基数上下限，允许缴费人在 60% 至 300% 之间选择适当的缴费基数，以减轻其缴费负担、促进参保缴费。

（六）关于加快推进企业职工基本养老保险省级统筹。各地要逐步统一养老保险政策，完善省级统筹制度，为全国统筹打好基础。

（七）关于提高企业职工基本养老保险基金中央调剂比例。为进一步均衡各省份之间养老保险基金负担，逐步提高企业职工基本养老保险基金中央调剂比例，确保企业离退休人员基本养老金按时足额发放，2019 年基金中央调剂比例提高至 3.5%。

（八）关于稳步推进社保费征收体制改革。企业职工基本养老保险和企业职工其他险种缴费，原则上暂按现行征收体制继续征收，稳定缴费方式，“成熟一省、移交一省”；机关事业单位社保费和城乡居民社保费征管职责如期划转。人力资源社会保障、税务、财政、医保部门要抓紧推进信息共享平台建设等各项工作，切实加强信息共享，确保征收工作有序衔接。

（四）社会保险的征缴机构

根据中共中央办公厅、国务院办公厅印发《国税地税征管体制改革方案》（2018 年 7 月 20 日），从 2019 年 1 月 1 日起，将基本养老保险费、基本医疗保险费、失业保险费、工伤保险费、生育保险费等各项社会保险费交由税务部门统一征收。

（五）外国人及台港澳人员社会保险

随着我国经济的国际化进程加快和改革开放的深入，越来越多外国人进入中国就业。对于外国人参加社会保险，人力资源与社会保障部于 2011 年 9 月 6 日发布《在中国境内就业的外国人参加社会保险暂行办法》(以下简称《暂行规定》),其第三条规定,在中国依法注册或登记的用人单位依法招用的外国人,应当依法参加社会保险,由用人单位和本人按照规定缴纳社会保险费;与境外雇主订立雇佣合同后,被派遣到在中国境内注册或者登记的分支机构、代表机构工作的外国人,应当依法参加职工社会保险,由境内工作单位和本人按照规定缴纳社会保险费。

三、用人单位违反社会保险义务的法律责任

根据《社会保险法》相关法律法规的规定,用人单位应当依法办理社会保险登记,并按时足额为劳动者缴纳社会保险:

(1)用人单位应当自行申报,按时足额缴纳社会保险费,非因不可抗力等法定事由不得缓缴、减免。职工应缴纳的社会保险费由用人单位代扣代缴,用人单位应按月将缴纳社会保险费的明细情况告知本人。

(2)用人单位不办理社会保险登记,由社会保险行政部门责令限期改正;逾期不改正的,对用人单位处应缴社会保险费数额一倍以上三倍以下的罚款,对其直接负责的主管人员和其他直接责任人员处五百元以上三千元以下的罚款。

(3)用人单位未按规定申报应缴纳的社会保险费数额的,按该单位上月缴额的110%确定应缴纳数额;缴费单位补办申报手续后,由社会保险费征收机构按规定结算。

(4)根据《社会保险法》规定,用人单位未按时足额缴纳社会保险费的,由社会保险费征收机构责令其限期缴纳或补足。

(5)用人单位逾期仍未缴纳或补足社会保险费的,社会保险费征收机构可向银行和其他金融机构查询其存款账户;并可申请县级以上有关行政部门作出划拨社会保险费的决定,书面通知其开户银行或其他金融机构划拨社会保险费。

(6)用人单位账户余额少于应缴纳社会保险费的,社会保险费征收机构可要求该用人单位提供担保,签订延期缴费协议。

(7)用人单位未足额缴纳社会保险费且未提供担保的,社会保险费征收机构可申请人民法院扣押、查封、拍卖其价值相当于应缴纳社会保险费的财产,以拍卖所得抵缴社会保险费。

四、《社会保险法》亮点及对企业的影响

自1951年政务院颁布《中华人民共和国劳动保险条例》及其实施细则以来,我国社会保险理论和实践一直沿用这个条例。在经过一系列尝试和摸索后,中国第一部社会保险领域法律《社会保险法》终于在2010年10月28日十一届全国人大常委会第十七次会议上通过,并于2011年7月1日起开始实施。该法的颁布实施具有重要的里

程碑式意义，填补了我国社会保障领域立法的空白，对全体民众和企业均将产生重要而深远的影响。

（一）社会保险法亮点

1. 社会保险法以法律的形式确立了中国覆盖全体国民的社保体系

长期以来，中国社会保险体系由于地区经济发展的不平衡及城乡二元体制的存在，导致在全国范围内尚未建立起覆盖全民的社保体系。《社会保险法》则以法律形式规定，国家建立基本养老保险、基本医疗保险、工伤保险、失业保险、生育保险等社会保险制度，该法实施后，将建立起一个覆盖全民的社会保障体系。

《社会保险法》构建全民社会保险体系的制度，保障了各行各业人员参加社会保险和医疗的法律权利。赋予公民在年老、疾病、工伤、生育、丧失劳动能力和重大疾病情况下享受国家补助的权利。

2. 社会保险费统一征收和劳动者跨区流动时社保可随之接续转移

由于此前尚未建立具有全国效力的法律层级的社会保险制度，各地区社会保险征收实施中存在着较大的差异，另外，虽然随着劳动力市场的完善，劳动者的流动日益频繁，但社会保险本身的流动性较差，导致员工流动时社保关系无法有效衔接，影响人才的有效流动。

社会保险的全国统一性标准和可转移性，无疑为劳动者的跨地区流动削除了后顾之忧，可以更有效地促进各类人才的合理流动，为企业提供更多人才选择机会。

3. 强化对企业等用人单位履行缴纳社会保险义务的监督权

针对目前企业等单位缴纳社会保险的监督乏力，《社会保险法》规定，中华人民共和国境内的用人单位和个人依法缴纳社会保险费，有权查询缴费记录、个人权益记录，要求社会保险经办机构提供社会保险咨询等相关服务。个人依法享受社会保险待遇，有权监督本单位为其缴费的情况。

综观整个法律，该法确立了以下对履行社保缴纳义务的具体监督模式：

1. 人大监督

社会保险法规定各级人民代表大会常务委员会听取和审议本级人民政府对社会保险基金的收支、管理、投资运营以及监督检查情况的专项工作报告，组织对本法实施情况的执法检查等，依法行使监督职权。

2. 社会监督

《社会保险法》规定任何组织或者个人有权对违反社会保险法律、法规的行为进行举报、投诉。它充分保障了职工作为公民的维权渠道。

3. 行政监督和审计监督

在监督企业等用人单位履行社会保险缴纳义务等方面，该法规定县级以上人民政府社会保险行政部门应当加强对用人单位和个人遵守社会保险法律、法规情况的监督检查。

社会保险行政部门实施监督检查时，被检查的用人单位和个人应当如实提供与社会保险有关的资料，不得拒绝检查或者谎报、瞒报。

4. 对用人单位社保金的征缴和违法惩罚更有操作性，执行更加刚性

此前，《社会保险费征缴暂行条例》《社会保险稽核办法》对征缴社会保险费的社会保险经办机构（以下简称经办机构），只赋予调查权、核查权、责令整改权和建议行政处罚权。但这几项权力作为强化征缴手段，很难对不履行社会保险缴费义务责任单位采取有效措施，行政执法强度较弱。在征缴实践中，经办机构必须借助劳动保障监察的力量，对拒不整改问题的缴费单位进行执法。而进入劳动保障监察、再进入人民法院裁决，整个执法过程烦琐、周期也长，实际效果较差。缴费单位瞒报漏报缴费基数和故意拖延缴费的情况比较常见，甚至有些企业根本不按规定参加社会保险或不按规定缴纳社会保险费。

《社会保险法》实施后，上述问题将得到很大的解决，经办机构对企业缴费义务的履行及违法惩罚将更有操作性，执法将更具有刚性：

（1）该法规定，用人单位应当自行申报、按时足额缴纳社会保险费，非因不可抗力等法定事由不得缓缴、减免。职工应缴纳的社会保险费由用人单位代扣代缴，用人单位应按月将缴纳社会保险费的明细情况告知本人。

（2）用人单位不办理社会保险登记，由社会保险行政部门责令限期改正；逾期不改正的，对用人单位处应缴社会保险费数额一倍以上三倍以下的罚款，对其直接负责的主管人员和其他直接责任人员处五百元以上三千元以下的罚款。

（3）用人单位未按规定申报应缴纳的社会保险费数额的，按该单位上月缴额的110%确定应缴纳数额；缴费单位补办申报手续后，由社会保险费征收机构按规定结算。

（4）按《社会保险法》规定，用人单位未按时足额缴纳社会保险费的，由社会保险费征收机构责令其限期缴纳或补足。

（5）用人单位逾期仍未缴纳或补足社会保险费的，社会保险费征收机构可向银行和其他金融机构查询其存款账户；并可申请县级以上有关行政部门作出划拨社会保险费的决定，书面通知其开户银行或其他金融机构划拨社会保险费。

（6）用人单位账户余额少于应缴纳社会保险费的，社会保险费征收机构可要求该用人单位提供担保，签订延期缴费协议。

（7）用人单位未足额缴纳社会保险费且未提供担保的，社会保险费征收机构可申请人民法院扣押、查封、拍卖其价值相当于应缴纳社会保险费的财产，以拍卖所得抵缴社会保险费。

从上述规定来看，《社会保险法》施行后，用人单位违法成本增大，违反难度增加，违法惩罚加重，这些措施，必将促使用人单位依法及时、足额缴纳社会保险。

5. 社会保险对诸如外国人参保等问题有突破性规定

随着我国经济的国际化进程加快和对外开放的深入，越来越多的外国人进入中国就业，长期以来，对外国人参加社会保险一直处在不明朗状态，各地实施情况不一，例如上海市直到2009年才发布《关于在沪工作的外籍人员、获得境外永久（长期）居留权人员和台湾香港澳门居民参加城镇职工社会保险若干问题的通知》，明确了外国人参加社会保险的操作办法。

在《社会保险法》中则以法律形式，明确了在中国境内就业的外国人，参照《社会保险法》参加社会保险的规定，这一立法要求，是中国社保制度对劳动力国际化流动和经济全球化客观现实的回应，也是对到中国就业的外籍人士劳动权益的切实保障，是我国社会保险制度的一大突破。2011年9月6日《在中国境内就业的外国人参加社会保险暂行办法》发布施行。

此外，社会保险法在诸如保险待遇支付问题上，也努力以人性化、保障人民基本权益为出发点，做出了最有利于实现个人利益的制度设计。该法规定，参加基本养老保险的个人，达到法定退休年龄时累计缴费不足15年的，可以缴费至满15年，按月领取基本养老金，也可以转入新型农村社会养老保险或者城镇居民社会养老保险。这一规定，基本使得大多数员工能够获得正常的养老金，体现了法律对公民养老保险权益的切实保障。

6. 更加保障员工权益的特殊情形基金支付制度

为更加保护员工权益，该法规定了一些特殊情况下，基金先支付或应支付：

1. 医疗费支付制度

对于参加基本医疗保险的劳动者，在由第三人造成侵害的情形下，若第三人不支付或无法确定第三人的，由基本医疗保险基金先行支付。基金支付后，有权向第三人追偿。

2. 工伤保险待遇支付

职工所在用人单位未依法缴纳工伤保险费，发生工伤事故的，由用人单位支付工伤保险待遇。用人单位不支付的，从工伤保险基金中先行支付。

由于第三人的原因造成工伤，第三人不支付工伤医疗费用或者无法确定第三人的，由工伤保险基金先行支付。工伤保险基金先行支付后，有权向第三人追偿。

3. 未就业配偶享受生育医疗费用支付

用人单位已经缴纳生育保险费的，其职工享受生育保险待遇；职工未就业配偶按照国家规定享受生育医疗费用待遇。所需资金从生育保险基金中支付。

（二）《社会保险法》实施对企业的现实影响

1. 《社会保险法》实施后，企业用工成本将提升

《社会保险法》所构建的体系是全面、统一的，同时，该部法律对社会保险征缴、

违法惩罚、社会监督的健全和落实，使得企业利用法律模糊性，规避、少缴或不缴社会保险的空间大大减小，企业不得不面临规范化的社会保险缴纳压力，对于那些低成本、低利润的劳动密集型制造企业，其用工成本增加将更加明显。

可以说，《社会保险法》实施后，中国劳动力低成本时代将真正地面临终结。针对此情况，企业应一方面加强人力资源管理，调整社会保险费缴纳思路，规范社会保险缴纳；另一方面应加强生产创新，提高生产效率，从管理和创新着手，增加企业效益。对于劳动力密集的企业，需要根据企业实际情况，合理地进行产业地区转移，降低用工成本。

2.《社会保险法》实施后，短期内企业将面临较大的索赔风险，社保争议将增多

《社会保险法》实施后，社会各个方面都将加大社会保险的宣传、培训和教育，社会保险的影响力度、广度和深度前所未有，劳动者对社会保险维权的意识会进一步觉醒、增强，按照该法规定，个人与所在用人单位发生社会保险争议的，可以依法申请调解、仲裁，提起诉讼。用人单位侵害个人社会保险权益的，个人也可以要求社会保险行政部门或者社会保险费征收机构依法处理。因此，对于那些此前社会保险缴纳不合法的企业，将面临来自劳动者索赔、诉讼的风险，同时，也将面临社会保障相关行政部门监督、检查、整改、处罚的压力。

针对此，企业应提早对社会保险履行情况进行自检，查缺补漏，主动做好相关工作，将可能发生争议的风险影响降至最低。

3.《社会保险法》实施后，对人力资源管理的规范化和法制化要求将进一步提高

如果说《劳动合同法》实施后，用人单位的人力资源管理面临巨大挑战，则《社会保险法》实施后，用人单位的人力资源管理将不得不再次提升。在此前实践中，部分企业人力资源管理人员对社会保险认识不足，重视不够，方法措施不当，在员工社会保险缴费关系处理中产生了很多劳资纠纷，牵涉了人力资源管理人员的大量精力，也对在职员工产生了负面影响，因此，在社会保险法实施后，企业管理层对于员工社保管理必须在认识上提到新的高度，对于员工人数较多的企业，应当设立社保管理员的专门职位，处理和应对社会保险问题，做好符合企业实际的合法性社保规划，以减少不必要的行政处罚，减少劳动纠纷。

4.《社会保险法》实施后，企业社会保险成本将统一，企业必须调整人才使用战略

《社会保险法》实施前，由于社保经办机构的权力相对虚化，对企业处罚力度较小，社保法律保障不能落实到位，有的企业不为劳动者缴纳社会保险或少缴社会保险，甚至部分员工本人也不愿意企业为之缴纳社会保险，而选择与企业协议将本应缴纳的社会保险直接以现金发放给劳动者本人，增加其短期工资收益。《社会保险法》实施后，企业的违法成本增大，违法空间大大减小，企业之间对于劳动力和人才的使用成

本，都将在统一的法律框架下趋于平等，企业必须调整现有的人才使用战略，以人为本，减少企业与员工的劳动冲突，并通过合理的福利制度、用人机制等争取劳动者为本企业更好地服务。

第二节　养老保险争议

一、养老保险概述

（一）基本养老保险类型

养老保险是指达到法定条件的老年人，在完全或基本退出工作岗位之后，由社会提供物质帮助以满足其基本生活需求的一种社会保险制度。目前，我国养老保险制度包括职工基本养老制度，企业年金（企业补充养老保险制度）、城乡居民养老保险制度。

职工基本养老保险是社会保障制度的重要组成部分，是我国在城镇职工及相关劳动者中建立多层次养老保险体系的第一个层次，是按国家法律法规以及统一政策强制实施的。

企业年金（2000 年，国务院决定将企业补充养老保险更名为企业年金），是指企业根据自身的经济实力，在国家规定的实施政策和实施条件下为本企业职工所建立的一种辅助性的养老保险，居于多层次养老保险的第二个层次，不具有强制性。企业年金由企业和职工个人共同缴纳，企业缴费每年不超过本企业职工工资总额的 8%。企业和职工个人缴费合计不超过本企业职工工资总额的 12%。年金待遇可在达到法定条件后根据本人实际情况，选择一次性领取或者定期领取。

城乡居民养老保险：根据 2014 年《国务院关于建立统一的城乡居民基本养老保险制度的意见》（国发〔2014〕8 号），新型农村社会养老保险和城镇居民社会养老保险两项制度合并实施，在全国范围内建立统一的城乡居民基本养老保险制度。年满 16 周岁（不含在校学生），非国家机关和事业单位工作人员及不属于职工基本养老保险制度覆盖范围的城乡居民，可以在户籍地参加城乡居民养老保险。

城乡居民养老保险基金由个人缴费、集体补助、政府补贴构成。其中：（一）个人缴费。参加城乡居民养老保险的人员应当按规定缴纳养老保险费。缴费标准目前设为每年 100 元、200 元、300 元、400 元、500 元、600 元、700 元、800 元、900 元、1000 元、1500 元、2000 元 12 个档次，省（区、市）人民政府可以根据实际情况增设缴费档次。（二）集体补助。有条件的村集体经济组织应当对参保人缴费给予补助，鼓励有条件的社区将集体补助纳入社区公益事业资金筹集范围。鼓励其他社会经济组织、公益慈善组织、个人为参保人缴费提供资助。（三）政府补贴。政府对符合领取城乡居民养老保险待遇条件的参保人全额支付基础养老金。

（二）基本养老保险待遇

在劳动者退休时，按照有关规定，基本养老保险待遇如下：

参加工作、缴费年限累计满 15 年的人员，退休后按月发给基本养老金。基本养老金由基础养老金和个人账户养老金两部分构成。

目前操作实践中，依据有关规定，按照以下原则实施：

（1）基础养老金（又称统筹养老金）月标准以达到退休条件时上年度在岗职工月平均工资与本人指数化月平均缴费工资之和的平均值为基数，缴费年限（计算到月）每满 1 年发给 1%。

计算公式为：统筹养老金 =（参保人员退休时上年度月平均工资 + 本人指数化月平均缴费工资）÷2 × 缴费年限 × 1%

（2）个人账户养老金月标准为本人个人账户累计储存额除以计发月数，计发月数统一按《国务院关于完善企业职工基本养老保险制度的决定》（国发〔2005〕38 号）规定的计发月数执行（个人账户养老金计发月数见图表：15－4）。

（3）《国务院关于建立统一的企业职工基本养老保险制度的决定》（国发〔1997〕26 号）实施前参加工作，本决定实施后退休且缴费年限累计满 15 年的人员，在发给基础养老金和个人账户养老金的基础上，再发给过渡性养老金。各省、自治区、直辖市人民政府要按照待遇水平合理衔接、新老政策平稳过渡的原则，在认真测算的基础上，制订具体的过渡办法，并报劳动保障部、财政部备案。

图表：15－4　个人账户养老金计发月数表

退休年龄	计发月数	退休年龄	计发月数
40	233	56	164
41	230	57	158
42	226	58	152
43	223	59	145
44	220	60	139
45	216	61	132
46	212	62	125
47	208	63	117
48	204	64	109
49	199	65	101

续表

退休年龄	计发月数	退休年龄	计发月数
50	195	66	93
51	190	67	84
52	185	68	75
53	180	69	65
54	175	70	56
55	170		

关于缴费不满15年的情形处理：

对于个人缴费年限累计不满15年的，《社会保险法》特别作出了规定“参加基本养老保险的个人，达到法定退休年龄时累计缴费不足十五年的，可以缴费至满十五年，按月领取基本养老金；也可以转入新型农村社会养老保险或者城镇居民社会养老保险，按照国务院规定享受相应的养老保险待遇。”

根据《实施〈中华人民共和国社会保险法〉若干规定》的规定，参加职工基本养老保险的个人达到法定退休年龄时，累计缴费不足15年的，可以延长缴费至满15年。社会保险法实施前参保、延长缴费五年后仍不足15年的，可以一次性缴费至满15年。

参加职工基本养老保险的个人达到法定退休年龄后，累计缴费不足15年（含依照第二条规定延长缴费）的，可以申请转入户籍所在地新型农村社会养老保险或者城镇居民社会养老保险，享受相应的养老保险待遇。

对于参加职工基本养老保险的个人达到法定退休年龄后，累计缴费不足15年（含依照规定延长缴费），且未转入新型农村社会养老保险或者城镇居民社会养老保险的，个人可以书面申请终止职工基本养老保险关系。社会保险经办机构收到申请后，应当书面告知其转入新型农村社会养老保险或者城镇居民社会养老保险的权利以及终止职工基本养老保险关系的后果，经本人书面确认后，终止其职工基本养老保险关系，并将个人账户储存额一次性支付给本人。

此外，对于跨省流动就业的，未达到缴费满15年时，在确定续缴费地后，按照上述原则办理。

二、退休退职

（一）退休的基本规定

根据《国务院关于安置老弱病残干部的暂行办法》和《国务院关于工人退休、退职的暂行办法》明确规定：

全民所有制企业、事业单位和党政机关、群众团体的工人，符合下列条件之一的，应该退休：

（1）男年满60周岁，女年满50周岁，连续工龄满10年的。

（2）从事井下、高空、高温、特别繁重体力劳动或者其他有害身体健康的工作，男年满55周岁，女年满45周岁，连续工龄满10年的。本项规定也适用于工作条件与工人相同的基层干部。

（3）男年满50周岁，女年满45周岁，连续工龄满10年的，由医院证明，并经过劳动鉴定委员会确认，完全丧失劳动能力的。

（4）因工致残，由医院证明，并经劳动鉴定委员会确认，完全丧失劳动能力。

对于上述第（2）种提前退休情形，1999年劳动保障部发出《关于制止和纠正违反国家规定办理企业职工提前退休有关问题的通知》（劳社部发〔1999〕8号），规定从事高空和特别繁重体力劳动的必须在该工种岗位上工作累计满10年，从事井下和高温工作的必须在该工种岗位上工作累计满9年，从事其他有害身体健康工作的必须在该工种岗位上工作累计满8年。

对于第（4）种提前退休情形，即因病或非因工致残，由医院证明并经劳动鉴定委员会确认完全丧失劳动能力的，其退休年龄为男年满50周岁、女年满45周岁。

（二）女职工退休

我国的法定退休年龄是根据1978年5月24日第五届全国人民代表大会常务委员会第二次会议原则批准，现行有效的《国务院关于安置老弱病残干部的暂行办法》和《国务院关于工人退休、退职的暂行办法》（国发〔1978〕104号）文件所规定的退休年龄，现行法定的通常退休年龄是，男性60周岁，女干部55周岁，女工人50周岁。

相比一些发达国家，我国是目前世界上退休年龄最早的国家，平均退休年龄不到55岁，未来的趋势是逐步推迟到合理的退休年龄。一些地方也做了一些探索，如上海2010年10月1日起实施的《上海市人力资源和社会保障局关于本市企业各类人才柔性延迟办理申领基本养老金手续的试行意见》（沪人社养发〔2010〕47号），对符合条件的人员，实施柔性延迟办理申领基本养老金手续，探索“柔性退休”，延迟办理申领基本养老金手续的年龄，男性一般不超过65周岁，女性一般不超过60周岁。

因此，女职工实际上执行两种标准，即女干部和女工人。目前如何把握两者之间身份的区别，各地尚无统一标准。但根据《国家经济贸易委员会、人事部、劳动和社会保障部关于深化国有企业内部人事、劳动、分配制度改革的意见》（国经贸企改〔2001〕230号）规定，取消企业行政级别，企业不再套用政府机关的行政级别，不再比照国家机关公务员确定管理人员的行政级别。打破“干部”和“工人”的界限，变身份管理为岗位管理。在管理岗位工作的即为管理人员。岗位发生变动后，其收入和其他待遇要按照新的岗位相应调整。

按照这一文件精神，即打破“干部”和“工人”的界限，变身份管理为岗位管理，实践中，会依据职工退休前的工作岗位性质来确定，若女职工为从事管理技术岗位的，则可认为为女干部，按照55周岁的标准处理。此外，按照有关意见，对于女职工退休年龄涉及岗位性质的，其是否从事管理、技术岗位由用人单位确认，并承担举证责任。

养老保险制度改革后，企业养老保险制度已经覆盖了城镇各类企业职工和个体工商户及灵活就业人员。对于个体工商户及灵活就业人员中的女性职工退休领取养老金的年龄，根据原劳动和社会保障部下发的《关于完善城镇职工基本养老保险政策有关问题的通知》（劳社部发〔2001〕20号），将国家原来没有规定的城镇个体工商户和灵活就业人员的女性职工领取养老金的年龄统一为55周岁。

（三）其他情形的提前退休

除了《国务院关于工人退休、退职的暂行办法》所规定的提前退休情形，1999年3月9日，劳动和社会保障部下发了《关于制止和纠正违反国家规定办理企业职工提前退休有关问题的通知》（劳社部发〔1999〕8号），规定除了符合国发〔1978〕104号文件规定的条件可以提前退休外，其他办理提前退休的范围限定在两类情况：

一是国务院确定的111个“优化资本结构”试点城市的国有企业中距离法定退休年龄不足5年的职工。其依据是《国务院关于在若干城市试行国有企业破产有关问题的通知》（国发〔1994〕59号）和《国务院关于在若干城市试行国有企业兼并破产和职工再就业有关问题的补充通知》（国发〔1997〕10号）。

《国务院关于在若干城市试行国有企业破产有关问题的通知》（国发〔1994〕59号）和《国务院关于在若干城市试行国有企业兼并破产和职工再就业有关问题的补充通知》（国发〔1997〕10号）关于提前退休的规定是：“破产企业中因工致残或者患严重职业病、全部或者大部分丧失劳动能力的职工，作为离退休职工安置。距离退休年龄不足5年的职工，经本人申请，可以提前离退休。”

从上述两个文件中可以看出，对提前离退休的条件是有严格限制的。即：一是仅仅限于“优化资本结构”试点的111个城市适用；二是限于破产的国有工业企业；三是距离本人法定退休年龄不足5年；四是经本人申请。

二是资源枯竭矿山关闭的职工，根据《中共中央办公厅国务院办公厅关于进一步做好资源枯竭矿山关闭破产工作的通知》（中办发〔2000〕11号）规定，关闭破产矿山的全民所有制职工执行提前5年（男55周岁，女45周岁）退休的政策。其中，从事井下、有毒、有害等特殊工种的职工，可提前10年（男50周岁，女40周岁）退休。

（四）延长退休

延长退休，即不按照国家规定的基本退休年龄退休，再依据一定标准提高退休年龄标准，推迟办理退休手续的副教授、副研究员以及相当这一级的高级专家（高工、高经等）退休年龄可延长至65周岁；教授、研究员以及相当这一级的高级专家，可延长至70周岁。

目前对于具有高级专业技术职务任职资格（高级职称）的人员，根据本人意见及单位意见，可以延长退休年龄，一般而言，副教授、副研究员以及相当这一级的高级专家（高工、高经等）退休年龄可延长至65周岁；教授、研究员以及相当这一级的高级专家，可延长至70周岁。

对于企业职工的延长退休，由于涉及的政策问题尚没有取统一意见，目前国家层面尚未作出统一性规定，但各地还是做了一些尝试，如上海市较早发布了《上海市人力资源和社会保障局关于本市企业各类人才柔性延迟办理申领基本养老金手续的试行意见》，其主要规定：

（1）参加本市城镇养老保险的企业中具有专业技术职务资格人员，具有技师、高级技师证书的技能人员和企业需要的其他人员，达到法定退休年龄、符合在本市领取基本养老金条件，如企业工作需要，本人身体健康，能坚持正常工作；经本人提出申请，与企业协商一致后，可以延迟申领基本养老金。

（2）符合本试行意见的人员，延迟办理申领基本养老金手续的年龄，男性一般不超过65周岁，女性一般不超过60周岁。

三、跨地区就业时养老保险的转移接续

在目前市场经济条件下，人才的流动成为常态，但由于我国基本养老保险统筹层次不高，跨地区就业时，基本养老保险不能转移续接，年限不能累计计算，一直成为影响人才流动和统一的人力资源市场建设的重要因素。2009年12月，人力资源和社会保障部与财政部联合出台了《城镇企业职工基本养老保险关系转移接续暂行办法》规定了参保人员跨省流动就业时，基本养老保险关系应随同转移，其在各地的参保缴费年限合并计算，个人账户储存额累计计算。

（一）资金的转移

参保人员跨省流动就业转移基本养老保险关系时，按下列方法计算转移资金：

（1）个人账户储存额：1998年1月1日之前按个人缴费累计本息计算转移，1998年1月1日后按计入个人账户的全部储存额计算转移。

（2）统筹基金（单位缴费）：以本人1998年1月1日后各年度实际缴费工资为基数，按12%的总和转移，参保缴费不足1年的，按实际缴费月数计算转移。

（二）转移的手续办理

根据规定，基本养老保险关系的转移手续办理如下：

（1）参保人员返回户籍所在地（指省、自治区、直辖市，下同）就业参保的，户籍所在地的相关社保经办机构应为其及时办理转移接续手续。

（2）参保人员未返回户籍所在地就业参保的，由新参保地的社保经办机构为其及时办理转移接续手续。但对男性年满50周岁和女性年满40周岁的，应在原参保地继续保留基本养老保险关系，同时在新参保地建立临时基本养老保险缴费账户，记录单位和个人全部缴费。参保人员再次跨省流动就业或在新参保地达到待遇领取条件时，将临时基本养老保险缴费账户中的全部缴费本息，转移归集到原参保地或待遇领取地。

（3）参保人员经县级以上党委组织部门、人力资源社会保障行政部门批准调动，且与调入单位建立劳动关系并缴纳基本养老保险费的，不受以上年龄规定限制，应在调入地及时办理基本养老保险关系转移接续手续。

（三）待遇领取地

（1）基本养老保险关系在户籍所在地的，由户籍所在地负责办理待遇领取手续，享受基本养老保险待遇。

（2）基本养老保险关系不在户籍所在地，而在其基本养老保险关系所在地累计缴费年限满10年的，在该地办理待遇领取手续，享受当地基本养老保险待遇。

（3）基本养老保险关系不在户籍所在地，且在其基本养老保险关系所在地累计缴费年限不满10年的，将其基本养老保险关系转回上一个缴费年限满10年的原参保地办理待遇领取手续，享受基本养老保险待遇。

（4）基本养老保险关系不在户籍所在地，且在每个参保地的累计缴费年限均不满10年的，将其基本养老保险关系及相应资金归集到户籍所在地，由户籍所在地按规定办理待遇领取手续，享受基本养老保险待遇。

四、养老保险争议处理

养老保险争议处理程序包含两方面：养老保险行政争议处理和劳动争议处理：

（一）养老保险行政争议处理

1. 申请复查和行政复议的具体范围

按照《社会保险行政争议处理办法》规定：有下列情形之一的，公民、法人或者其他组织可以申请行政复议：

（1）认为经办机构未依法为其办理社会保险登记、变更或者注销手续的；

（2）认为经办机构未按规定审核社会保险交费基数的；

（3）认为经办机构未按规定记录社会保险费情况或者拒绝其查询缴费记录的；

（4）认为经办机构违法收取费用或者违法要求履行义务的；

（5）对经办机构核定其社会保险待遇有异议的；

（6）认为经办机构不依法支付其社会保险待遇或者对经办机构停止其享受社会保险待遇有异议的；

（7）认为经办机构未依法为其调整保险待遇的；

（8）认为经办机构未依法为其办理社会保险关系转移或者接续手续的；

（9）认为经办机构的其他具体行政行为侵犯其合法权益的。

属于上述第（2）、（5）、（6）、（7）项情形的，公民、法人或其他组织可以直接向劳动保障行政部门申请行政复议，也可以先向作出该具体行政行为的经办机构申请复查，对复查决定不服的，再向劳动保障行政部门申请行政复议。申请人认为经办机构的具体行政行为所依据的除法律、法规、规章和国务院文件以外的其他规范性文件不合法，在对具体行政行为申请行政复议时，可以向劳动保障行政部门一并提出对该规范性文件的审查申请。

2. 申请复查和行政复议的具体程序

申请人对经办机构作出的具体行政行为不服，可以向直接管理该经办机构的劳动保障行政部门申请行政复议。

申请人与经办机构之间发生的属于人民法院受案范围的行政争议案件，申请人也可以依法直接向人民法院提起行政诉讼。

申请人认为经办机构的具体行政行为侵犯其合法权益的，可以自知道该具体行政行为之日起60日内向经办机构申请复查或者向劳动保障行政部门申请行政复议。申请人对经办机构的复查决定不服，或者经办机构逾期未作出复查决定的，申请人可以向直接管理该经办机构的劳动保障行政部门申请行政复议。

3. 行政复议的受理程序

根据规定，处理机构接到行政复议申请后，应当注明收到日期，并在5个工作日内进行审查，由劳动保障行政部门按照下列情况分别作出决定：（1）对符合法定受理条件，但不属于本行政机关受理范围的，应当告知申请人向有关机关提出；（2）对不符合法定受理条件的，应当作出不予受理决定，并制作行政复议不予受理决定书，送达申请人。行政复议申请自劳动保障行政部门的保险争议处理机构收到之日起即为受理，并制作行政复议受理通知书，送达申请人和被申请人。

4. 行政复议的处理程序

社会保险争议处理机构应当自收到申请之日起7个工作日内，将申请书副本或者申请笔录复印件和行政复议受理通知书送达被申请人。被申请人应当自接到行政复议申请书副本或者申请笔录复印件之日起10日内，提交答辩书，并提交作出该具体行政行为的证据、所依据的法律规范及其他有关材料。劳动保障行政部门处理社会保险行政争议案件，原则上采用书面审查方式。必要时，可以向有关单位和个人调查了解情况，听取申请人、被申请人和有关人员的意见，并制作笔录。

5. 行政复议决定书的内容

行政复议决定书应当载明下列事项：申请人的姓名、性别、年龄、工作单位、住址（法人或者其他组织的名称、地址、法定代表人的姓名、职务）；被申请人的名称、地址、法定代表人的姓名、职务；申请人的复议请求和理由；被申请人的答辩意见；劳动保障行政部门认定的事实、理由，适用的法律、法规、规章和依法制定的其他规范性文件；复议结论；申请人不服复议决定向人民法院起诉的期限；作出复议决定的年、月、日。

此外，根据《行政诉讼法》第四十五条的规定，申请人不服复议决定的，可以在收到复议决定书之日起15日内向人民法院提起诉讼。因此，养老保险行政争议人不服复议决定的，应在规定的期限内提起诉讼。

（二）养老保险劳动争议处理

根据2010年9月14日施行的《最高人民法院关于审理劳动争议案件适用法律若干问题的解释（三）》第一条规定，劳动者以用人单位未为其办理社会保险手续，且社会保险经办机构不能补办导致其无法享受社会保险待遇为由，要求用人单位赔偿损失而发生争议的，人民法院应予受理。同时根据这一规定，如果用人单位已经为劳动者办理了社保手续，但因缴费基数、缴费年限发生的争议不属于劳动争议处理的范围，应当由社保行政部门依其职能处理。据此劳动者一般可以采取以下程序维护自己的合法权益：

（1）向用人单位提出自己的请求，要求单位为自己补缴所有应缴纳的养老保险费；

（2）如果用人单位拒绝，可以积极与单位协商，也可以请工会与单位协商，达成和解协议；

（3）如果当事人不愿意协商、协商不成或达成和解协议后不履行，可以向调解组织申请调解；

（4）不愿意调解、调解不成或达成调解协议后不履行的，可根据具体争议事项向社保行政部门投诉举报或向劳动争议仲裁委员会申请仲裁；

（5）对仲裁裁决不服的，可以在收到裁决书之日起15日内向法院起诉。

有关劳动争议处理，可参见本书第一章的相关内容。

Tips 小贴士：15-7　**养老保险争议仲裁裁决的效力**

劳动争议申请仲裁的时效为1年，自当事人知道或应当知道其权利受侵害之日起计算。仲裁机关对养老保险等社会保险劳动争议案件作出的仲裁裁决，除劳动者不服，以及用人单位有证据证明仲裁裁决具有法律规定的情形向劳动争议仲裁委员会所在地的中级人民法院申请撤销裁决，裁决被法院裁定撤销外，仲裁裁决为终局裁决。当事人必须执行，不然另一方当事人可以向法院申请执行。

第三节　医疗保险争议

一、医疗保险概述

根据《社会保险法》，我国基本医疗保险体系包括职工基本医疗保险、城镇居民基本医疗保险和新型农村合作医疗，以实行大病统筹为主起步，分别从制度上覆盖城镇就业人口、城镇非就业人口和农村居民。目前我国在全国范围内实行的社会医疗保险制度是城镇职工基本医疗保险制度，因此本节重点介绍城镇职工医疗保险制度。

我国的城镇职工基本医疗保险制度是在对我国长期以来实行的劳保医疗制度、公费医疗制度逐步改革的基础上建立起来的。

《社会保险法》关于职工医疗保险制度，主要延续和充实1998年底国务院颁发的《关于建立城镇职工基本医疗保险制度的决定》的相关内容，国务院该决定发布后，在全国范围内进行城镇职工医疗保险制度，其主要内容包括：

1. 建立城镇职工基本医疗保险制度，原则是：基本医疗保险的水平要与社会主义初级阶段生产力发展水平相适应；城镇所有用人单位及其职工都要参加基本医疗保险，实行属地管理；基本医疗保险费由用人单位和职工双方共同负担；基本医疗保险基金实行社会统筹和个人账户相结合。

2. 覆盖范围和缴费办法。城镇所有用人单位，包括企业（国有企业、集体企业、外商投资企业、私营企业等）、机关、事业单位、社会团体、民办非企业单位及其职工，都要参加基本医疗保险。乡镇企业及其职工、城镇个体经济组织业主及其从业人员是否参加基本医疗保险，由各省、自治区、直辖市人民政府决定。基本医疗保险费由用人单位和职工共同缴纳。用人单位缴费率应控制在职工工资总额的6%左右，职工缴费率一般为本人工资收入的2%。随着经济发展，用人单位和职工缴费率可作相应调整。

《社会保险法》则进一步明确，无雇工的个体工商户、未在用人单位参加职工基本医疗保险的非全日制从业人员以及其他灵活就业人员可以参加职工基本医疗保险，由个人按照国家规定缴纳基本医疗保险费。

3. 建立基本医疗保险统筹基金和个人账户。基本医疗保险基金由统筹基金和个人账户构成。职工个人缴纳的基本医疗保险费，全部计入个人账户。用人单位缴纳的基本医疗保险费分为两部分，一部分用于建立统筹基金，一部分划入个人账户。划入个人账户的比例一般为用人单位缴费的30%左右，具体比例由统筹地区根据个人账户的支付范围和职工年龄等因素确定。

4. 健全基本医疗保险基金的管理和监督机制。各级劳动保障和财政部门，要加强对基本医疗保险基金的监督管理。审计部门要定期对社会保险经办机构的基金收支情况和管理情况进行审计。统筹地区应设立由政府有关部门代表、用人单位代表、医疗机构代表、工会代表和有关专家参加的医疗保险基金监督组织，加强对基本医疗保险基金的社会监督。

5. 加强医疗服务管理。规定要求确定基本医疗保险的服务范围和标准。劳动保障部会同卫生部、财政部等有关部门制定基本医疗服务的范围、标准和医药费用结算办法，制定国家基本医疗保险药品目录、诊疗项目、医疗服务设施标准及相应的管理办法。各省、自治区、直辖市劳动保障行政管理部门根据国家规定，会同有关部门制定本地区相应的实施标准和办法。

6. 妥善解决离休人员、老红军、二等乙级以上革命伤残军人、退休人员、国家公务员等特定行业的职工的医疗待遇。国有企业下岗职工的基本医疗保险费，包括单位缴费和个人缴费，均由再就业服务中心按照当地上年度职工平均工资的60%为基数缴纳。

《社会保险法》及《实施〈中华人民共和国社会保险法〉若干规定》实施后，我国职工基本医疗保险制度在法律层面上得到确立与保证。

二、医疗保险的缴纳及支付

（一）医疗保险的缴纳

用人单位以上年度职工工资总额为基数，按当地规定的比例进行缴纳，职工个人以上年度工资收入为基数，按当地的规定比例缴纳。退休人员正式办理退休手续的下月起，个人不再缴纳基本医疗保险费。

目前，根据国家医疗保险政策规定，用人单位缴费控制在职工工资总额的6%左右，个人按本人工资收入的2%缴纳基本医疗保险费，并将根据经济发展情况适当调高个人缴费比例。个人应缴纳的医疗保险费由所在单位从其本人工资中代缴，但是城镇个体劳动者的保险费要由本人缴纳。实际执行中，各地并不统一。以上海为例，《上海市职工基本医疗保险办法》第八条规定，用人单位的缴费基数为本单位职工缴费基数之和。用人单位应当按照其缴费基数 9% 的比例，缴纳基本医疗保险费，并按照其缴费基数 2% 的比例，缴纳地方附加医疗保险费。

（二）享受基本医疗保险待遇的条件

《社会保险法》对于具体的条件没有统一规定，目前各地均根据实际情况在各地的基本医疗保险办法中，做了细化，一般来讲，职工享受基本医疗保险待遇应满足以下条件：

1. 用人单位及其职工按照规定缴纳医疗保险费的，职工可以享受基本医疗保险待遇；未缴纳医疗保险费的，职工不能享受基本医疗保险待遇。用人单位按照有关规定申请缓缴医疗保险费的，在批准的缓缴期内，职工不停止享受基本医疗保险待遇。应当缴纳而未缴纳医疗保险费的用人单位及其职工，在足额补缴医疗保险费后，职工方可继续享受基本医疗保险待遇。

2. 用人单位及其职工缴纳医疗保险费的年限（含视作缴费年限）累计超过 15 年的，职工退休后可以享受基本医疗保险待遇。

（三）医疗保险基金的支付

《社会保险法》规定，参保人员符合基本医疗保险药品目录、诊疗项目、医疗服务设施标准以及急诊、抢救的医疗费用，按照国家规定从基本医疗保险基金中支付。参保人员医疗费用中应当由基本医疗保险基金支付的部分，由社会保险经办机构与医疗机构、药品经营单位直接结算。同时，法规规定，社会保险行政部门和卫生行政部门应当建立异地就医医疗费用结算制度，方便参保人员享受基本医疗保险待遇。

在《国务院关于建立城镇职工基本医疗保险制度的决定》中规定，统筹基金和个人账户要划定各自的支付范围，分别核算，不得相互挤占。各地操作中通常规定由个人账户的支付范围包括职工一般门急诊的医疗费用以及按规定由职工个人负担的医疗费用。其中，个人账户当年计入资金只能用于支付一般门急诊医疗费用；个人账户历年结余资金可用于支付一般门急诊和按规定由职工个人负担的医疗费用。

实际中，对于统筹基金支付范围的住院治疗的医疗费用，只有当住院治疗的医疗费用达到一定的数额，才可以由统筹基金支付。同时，统筹基金对住院治疗的医疗费用，还有最高支付的限制。

在《国务院关于建立城镇职工基本医疗保险制度的决定》中对统筹基金的起付标准和最高限额作出了原则规定，即起付标准原则上控制在当地职工年平均工资的 10% 左右，最高支付限额原则上控制在当地职工年平均工资的 4 倍左右。起付标准以下的医疗费用，从个人账户中支付或由个人自付。起付标准以上、最高支付限额以下的医疗费用，主要从统筹基金中支付，个人也要负担一定比例。超过最高支付限额的医疗费用，可以通过商业医疗保险等途径解决。统筹基金的具体起付标准、最高支付限额以及在起付标准以上和最高支付限额以下医疗费用的个人负担比例，由统筹地区根据以收定支、收支平衡的原则确定。

以《上海市职工基本医疗保险办法》为例，统筹基金的支付范围：住院（含急诊观察室留院观察）和门诊大病（含重症尿毒症透析、恶性肿瘤化疗和放疗）的医疗费用。1. 住院医疗费。设统筹基金支付起付标准和最高支付限额。在职职工住院或者急诊观察室留院观察所发生的由统筹基金支付的医疗费用，设起付标准，起付标准为1500元。在职职工一年内住院或者急诊观察室留院观察所发生的医疗费用，累计超过起付标准的部分，由统筹基金支付85%。退休人员住院或者急诊观察室留院观察所发生的由统筹基金支付的医疗费用，设起付标准：2000年12月31日前退休的，起付标准为700元；2001年1月1日后退休的，起付标准为1200元。退休人员一年内住院或者急诊观察室留院观察所发生的医疗费用，累计超过起付标准的部分，由统筹基金支付92%。2. 门诊大病医疗费。在职职工的，由统筹基金支付85%；退休人员的，由统筹基金支付92%。其余部分由其个人医疗账户历年结余资金支付，仍不足支付的，由职工自负。

案例：15－1　职工医疗费用支付实例

某统筹地区的起付标准为800元，最高支付限额为2.5万元，统筹基金支付范围内个人负担比例为10%，乙类药品个人首先自付20%。现在假定该市某一职工一次住院发生医疗费用3万元，其中，药品费用1万元中6000元为使用甲类药品的费用，3000元为使用乙类药品的费用，1000元为非《基本医疗保险药品目录》内的药品费用。则该职工医疗费用支付办法如下：

1. 职工个人自付的乙类药品的费用为：

3000×20%＝600元

自付非《基本医疗保险药品目录》药品费用：1000元

2. 甲类药品6000元、乙类药品费用在个人自付后余下的2400元与其他医药费用一并共28400元，纳入统筹基金支付范围，按基本医疗保险的规定支付起付标准以上费用为27600元。

起付线以下由个人自付或个人账户支付：800元

起付线以上由统筹基金支付：27600×90%＝24840元

个人自付：27600×10%＝2760元。

根据以上计算，该职工发生的30000元住院医疗费用中，个人自付和个人账户支付总额为：1000＋600＋800＋2760＝5160元，统筹基金支付为24840元。

（四）医疗保险基金不支付情形

《社会保险法》规定了下列医疗费用不纳入基本医疗保险基金支付范围：

（1）应当从工伤保险基金中支付的。为避免工伤保险基金支出与医疗保险基金支出发生交叉，因此，规定工伤保险金支付的部分，基本医疗保险基金不予支付。

（2）应当由第三人负担的。这主要是指由于第三人侵权，导致参保人员人身受到伤害而产生的医疗费用。这里的第三人，既包括自然人，也包括法人或其他组织。第三人不支付的情形，既包括第三人有能力支付而拒不支付的，也包括第三人没有能力而不能支付或不能立即支付的。

医疗费用依法应当由第三人负担，第三人不支付或者无法确定第三人的，由基本医疗保险基金先行支付。基本医疗保险基金先行支付后，有权向第三人追偿。

（3）应当由公共卫生负担的。此处公共卫生是指政府组织全社会共同努力，为改善社会卫生条件、预防控制传染病和其他疾病流行、培养良好卫生习惯和文明生活方式，达到预防疾病、促进人民群众身体健康所提供的医疗服务。目前政府提供的基本公共卫生服务包括：计划免疫、妇幼保健、应急救治、采供血以及传染病、慢性病、地方病的预防控制等。

（4）在境外就医的。虽然参加境内社会保险，但在境外就业发生医疗费用，医疗保险基金不予支付。“境外”包括我国大陆以外的国家，以及我国香港、澳门和台湾地区。

三、医疗保险争议处理

医疗保险和养老保险都属于社会保险的范畴，其争议处理原则与办法与养老保险争议处理类似，可以参见本章“养老保险争议处理”部分。

第四节 失业保险

一、失业保险概述

（一）失业保险特点

失业保险是指国家通过立法强制实行的，由社会集中建立基金，对因失业而暂时中断生活来源的劳动者提供物质帮助的制度。失业保险具有以下特点：

1. 普遍性。它主要是为了保障有工资收入的劳动者失业后的基本生活而建立的，其覆盖范围包括劳动力队伍中的大部分成员。因此，在确定适用范围时，参保单位应不分部门和行业，不分所有制性质，其职工应不分用工形式，不分家居城镇、农村，解除或终止劳动关系后，只要本人符合条件，都有享受失业保险待遇的权利。

2. 强制性。它通过国家制定法律、法规来强制实施。按照规定，在失业保险制度覆盖范围内的单位及其职工必须参加失业保险并履行缴费义务。

3. 互济性。失业保险基金主要来源于社会筹集，由单位、个人和国家三方共同负担，缴费比例、缴费方式相对稳定，筹集的失业保险费，不分来源渠道，不分缴费单位的性质，全部并入失业保险基金，在统筹地区内统一调度使用以发挥互济功能。

（二）失业保险主要制度内容

我国《社会保险法》规定的制度，主要是延续和充实1999年国务院颁布施行的《失业保险条例》的相关内容，主要制度包括：

1. 失业保险的参保范围是城镇企业事业单位及其职工。省级政府还可以决定将民办非企业单位及其职工、社会团体及其专职人员、有雇工的城镇个体工商户及其雇工纳入范围。城镇企事业单位招用的农民合同制工人应当参加失业保险。

2. 失业保险资金来源于三个方面：城镇企业事业单位按照本单位工资总额的2%，职工按照本人工资收入的1%缴纳失业保险费，招用的农民合同制工人本人不缴纳失业保险费；基金不足使用时，由地方财政给予补贴。省级人民政府报经国务院批准，可以调整本地的费率。

3. 失业保险基金实行地方管理，在直辖市和设区的市实行全市统筹。省、自治区可以建立失业保险调剂金。基金必须存入财政专户，实行收支两条线管理。

4. 失业保险金标准，按照低于当地最低工资标准、高于城市居民最低生活保障标准的水平，由省级人民政府确定。待遇期限的具体标准是：失业人员失业前所在单位和本人按照规定累计缴费时间满1年不足5年的，领取期限最长为12个月；满5年不足10年的，最长为18个月；10年以上的，最长为24个月。领取期间就业的，尚未领取的期限可以保留。

5. 失业人员在领取失业保险金期间，按规定还可以同时享受其他失业保险待遇。包括：医疗补助金；失业人员如果死亡的，其亲属可以领取丧葬补助金和抚恤金；接受职业培训、职业介绍的补贴。

二、失业保险的领取

依照《社会保险法》第四十五条规定、《失业保险条例》第十四条的规定，失业人员符合下列条件的可享受失业保险待遇：1. 失业前，用人单位和本人已依法缴纳失业保险费满一年的；2. 非因本人意愿中断就业的；3. 已经进行了失业登记，并有求职要求的。

此外各地也作了细化规定，如《上海市失业保险办法》规定的领取失业保险的条件为：1. 在法定劳动年龄内非本人意愿中断就业；2. 具有本市城镇常住户口；3. 本人在职期间按照规定缴纳失业保险费；4. 解除、终止劳动关系或者工作关系前缴纳失业保险费满1年；5. 按照本办法规定办理失业登记手续和失业保险金申领手续，并有求职要求。

上述规定中，失业保险申领条件中必须具备的一个条件是“非因本人意愿中断就业的”，按照《实施〈中华人民共和国社会保险法〉若干规定》，非因本人意愿中断就业包括下列情形：

（1）依照劳动合同法第四十四条第（一）项、第（四）项、第（五）项规定终止劳动合同的；

（2）由用人单位依照劳动合同法第三十九条、第四十条、第四十一条规定解除劳动合同的；

（3）用人单位依照劳动合同法第三十六条规定向劳动者提出解除劳动合同并与劳动者协商一致解除劳动合同的；

（4）由用人单位提出解除聘用合同或者被用人单位辞退、除名、开除的；

（5）劳动者本人依照劳动合同法第三十八条规定解除劳动合同的；

（6）法律、法规、规章规定的其他情形。

失业保险申领程序。《失业保险金申领发放办法》规定的失业保险金的程序包括：

1. 失业人员失业前所在单位，应将失业人员名单自终止或者解除劳动合同之日 7 日内报受理其失业保险业务的经办机构备案，并按要求提供终止或解除劳动合同证明、参加失业保险及缴费情况等有关材料。

2. 失业人员应在终止或者解除劳动合同起 60 日内到受理其单位失业保险的经办机构申领失业保险金。

3. 失业人员申领失业保险应填写《失业保险金申领表》，并出示下列证明：（1）本人身份证明；（2）所在单位出具的终止或者解除劳动合同的证明；（3）失业登记及求职证明；（4）省级劳动保障行政部门规定的其他材料。

4. 失业人员领取失业保险金，应由本人按月到经办机构领取，同时应向经办机构如实说明求职和接受职业指导、职业培训情况。

5. 失业人员在领取失业保险金期间患病就医的，可以按照规定向经办机构申领医疗补助金。

6. 失业人员在领取失业保险金期间死亡的，其家属可持失业人员死亡证明、领取人身份证明、与失业人员的关系证明，按规定向经办机构领取一次性丧葬补助金和其他供养亲属、直系亲属的抚恤金。

停止领取失业保险金的情况。按照《社会保险法》第五十一条之规定：失业人员在领取失业保险金期间有下列情形之一的，停止领取失业保险金，并同时停止享受其他失业保险待遇：（1）重新就业的；（2）应征服兵役的；（3）移居境外的；（4）享受基本养老保险待遇的；（5）无正当理由，拒不接受当地人民政府指定的部门或者机构介绍工作或者提供的培训的。

第五节　生育保险

一、生育保险概述

生育保险是指女性劳动者因怀孕、分娩导致不能工作，收入暂时中断，国家和社会给予必要物质帮助的社会保险制度。建立生育保险，是为了保证生育状态的劳动妇女的身体健康，减轻其因繁衍后代而产生的经济困难，同时也是为了保证劳动力再生产的延续。生育保险不单单是指对女职工生育子女所花费的生育手术费、住院费等费用的补偿，还应当包括通过建立社会生育基金的方式，对女职工在规定的生育假期内因未从事劳动而不能获得工资收入的补偿。其宗旨在于通过提供生育津贴、医疗服务和产假，维持、恢复和增进生育妇女身体健康，并使婴儿得到精心的照顾和哺育。

根据劳动部《企业职工生育保险试行办法》的规定，生育保险的缴纳对象是企业，职工不缴纳生育保险费，企业按照其工资总额的一定比例向社会保险经办机构缴纳生育保险费，建立生育保险基金。生育保险的缴费比例由当地人民政府根据计划内生育人数和生育津贴、生育医疗费等费用确定，并可根据费用支出情况适时调整，但最高不得高过工资总额的1%。根据《社会保险法》规定，我国生育保险待遇主要包括两项：一是生育津贴，用于保障女职工产假期间的基本生活需要；二是生育医疗待遇，用于保障女职工怀孕、分娩期间以及职工实施节育手术时的基本医疗保健需要。

其中，生育医疗费用包括下列各项：1. 生育的医疗费用。指女职工在妊娠期、分娩期、哺乳期内，因生育所发生的检查费、接生费、手术费、住院费、药费等医疗费用。生育出院后，因生育引起疾病的医疗费，也由生育保险基金支付。需要注意的是，在生育期内超出规定的医疗服务费和药费（例如住高级病房、非必要补品等）由职工个人承担。

2. 计划生育的医疗费用。计划生育手术费是指职工因实行计划生育需要，实施放置（取出）宫内节育器、流产术、引产术、绝育及复通手术所产生的医疗费用。

3. 法律法规规定的其他项目费用。这是一条兜底条款，为以后经济或法律发展而产生的费用做出预留。

以上海市《关于贯彻实施〈女职工劳动保护特别规定〉调整本市女职工生育保险待遇有关规定的通知》为例，本市女职工符合计划生育规定生育或者流产的，按照以下规定享受生育生活津贴：

1. 参加本市城镇生育保险的女职工生育或者流产的，其生育生活津贴按照女职工所在用人单位上年度职工月平均工资除以30天再乘以应享受的产假天数计发，所需资金由本市城镇生育保险基金支付。

2. 本市女职工享受的生育生活津贴低于本人产假前工资标准的，按照《妇女权益保障法》第二十七条第一款和《女职工劳动保护特别规定》第五条执行。

3. 未参加本市城镇生育保险的女职工生育或者流产的，其生育生活津贴按照女职工产假前工资标准和应享受的产假天数计发，所需资金由用人单位支付。

> **Tips 小贴士：15－8 未就业配偶仍可享受生育保险待遇吗？**
>
> 对于参保职工未就业配偶是否可以享受生育保险待遇，国家政策没有规定。在《社会保险法》制定和起草中也存在两种不同的观点，《社会保险法》最终公布实施后明确对此做了规定，即职工未就业配偶按照国家规定享受生育医疗费用待遇。所需资金从生育保险基金中支付。需要注意的是，对于未就业配偶，其仅仅按照规定享受生育医疗待遇，并不包括生育津贴。

二、生育保险待遇的申领

申领程序：

劳动部《企业职工生育保险试行办法》对领取生育津贴和报销生育医疗费的程序作出了原则规定，该办法第七条规定：女职工生育或流产后，由本人或所在的企业持当地计划生育部门签发的计划生育证明，婴儿出生、死亡或流亡证明，到当地社会保险经办机构办理手续，领取生育津贴和报销生育医疗费。

同样以上海市生育保险待遇申领条件为例作为参考，规定属于计划内生育，并按规定设置产科、妇科的医疗机构生产或者流产（包括自然流产和人工流产），属于下列情形之一的生育妇女，均可按规定申请享受生育生活津贴、生育医疗费补贴：

1. 具有本市城镇户籍的从业妇女，其所在单位已经参加本市城镇社会保险并按规定建立了个人账户的；

2. 具有本市城镇户籍的失业妇女从业时按规定参加本市城镇社会保险并按规定建立了个人账户的；

3. 具有本市城镇户籍的自由职业人员、非正规就业劳动组织人员，参加本市城镇社会保险并按规定建立了个人账户的；

4. 不具有本市城镇户籍的从业妇女，与参加本市城镇社会保险的用人单位建立劳动关系并按规定建立了个人账户的；

5. 参加本市农村社会养老保险的外商投资企业、私营企业招用的本市户籍的劳动合同制职工，其所在单位按本市城镇社会保险规定的缴费比例缴纳养老保险费、医疗保险费并建立个人账户的；

6. 参加本市农村社会养老保险、具有本市户籍的个体工商户及其帮工，按本市城镇社会保险规定的缴费比例缴纳养老保险费、医疗保险费并建立个人账户的。

第十六章　劳务派遣争议

第一节　劳务派遣概述

随着社会主义市场经济的日益成熟和用工制度改革的深化，劳务派遣作为我国建立劳动力市场机制实践过程中出现的一种新的用工形式，逐渐产生和发展起来。特别是近年来，我国劳务派遣迅速发展，这对于解决下岗失业人员的再就业，促进农村劳动力跨省市有序流动，满足企业不同类型人员需求起到了积极作用。但由于劳务派遣单位"招人不用人"，用工单位"只用人不招人"，因此容易产生纠纷，尤其是被派遣劳动者的权益容易受到侵害。

这些纠纷主要集中在以下几方面：一是信息不对称。一些劳务派遣单位在招聘时为了增强吸引力，故意蒙骗求职者。二是同工不同酬。一些用工单位在观念上仍然把派遣工看成是"临时工"，而不是本企业的正式员工，派遣工虽然与企业的正式工承担的工作并无差别，但享受的权利待遇却大打折扣。三是劳动争议无人管。劳务派遣单位和用工单位在使用劳动者的过程中，双方责任不清。一旦劳动者权益受损，派遣机构和用工单位都不肯承担对劳动者的义务。为此，《劳动合同法》开出了"药方"，如规定劳务派遣单位和用工单位的告知义务，劳务派遣劳动者与用工单位的劳动者要"同工同酬"，劳动者权益受到侵害时用工单位与劳务派遣单位要承担连带赔偿责任等。

一、劳务派遣的法律关系

所谓劳务派遣，是指劳务派遣单位与劳动者签订劳动合同，与用工单位签订劳务派遣协议，将劳动者派遣至用工单位从事约定的生产劳动。劳务派遣的最大特点是劳动力的雇佣和使用相分离，被派遣的劳动者不与用工单位签订劳动合同，发生劳动关系，而是与劳务派遣单位存在劳动关系，被派遣至用工单位，形成了"有关系没劳动，有劳动没关系"的特殊形式。

案例：16－1　劳务派遣，发生工伤谁来赔？

2017年4月11日，丁某与某劳务公司签订了为期一年的劳务派遣性质的劳务合同，在某信息科技公司从事管线探测工作。工作期间，劳务公司及信息科技公司均未给丁某缴纳社会保险。

同年6月28日，丁某在工作时受伤，经医院诊断为左足拇指末节开放性骨折。10月8日，经区人力资源和社会保障局认定为工伤。11月17日，经劳动能力鉴定委员会认定为十级伤残。

2018年3月2日，丁某提起劳动仲裁，以工伤致残和未缴纳社会保险为由向劳务公司提出解除劳动关系，并请求该劳务公司支付工伤保险待遇109922.3元（其中停工留薪期为2017年6月28日至11月17日）并为其补缴入职起至解除劳动关系之日的社会保险；信息科技公司承担连带责任。

十天后，仲裁委作出仲裁裁决书，裁决劳务公司作为实际用人单位支付丁某一次性工伤医疗补助金等各项费用91366.63元（其中停工留薪期计算为3个月）并为其补缴社会保险费，驳回丁某的其余仲裁请求。丁某对仲裁裁决不服，向法院提起诉讼。

法院经审理后认为，丁某与劳务公司的劳动关系成立。但停工留薪期应依据医院出具的诊断证明书以工伤职工遭受事故伤害之日至暂停工作接受治疗终结止的期间确定，一般不超过伤残等级鉴定作出之日，结合丁某的实际情况，酌情确定为3个月为宜。关于第三人的责任承担，信息科技公司作为实际用工单位，并向丁某发放工资，应当承担连带责任，驳回丁某其他诉讼请求。

律师点评

本案中丁某被认定为工伤，劳务公司与其建立了劳动关系，故应对员工工伤承担赔偿责任。劳动者与用人单位签订劳动合同后，被该用人单位派往其他单位工作，《中华人民共和国劳动合同法》第九十二条第二款规定，用工单位给被派遣劳动者造成损害的，劳务派遣单位与用工单位承担连带赔偿责任。故信息科技公司应就用人单位的赔偿一并承担连带责任。

劳务派遣涉及三个法律关系，即劳务派遣单位与被派遣劳动者之间的劳动合同关系、劳务派遣单位与用工单位之间的派遣协议关系、用工单位与被派遣劳动者之间的劳动指挥管理关系。三个法律关系可以用图表：16－1来表示：

图表：16-1　劳务派遣中用人单位、用工单位、劳动者三方关系示意图

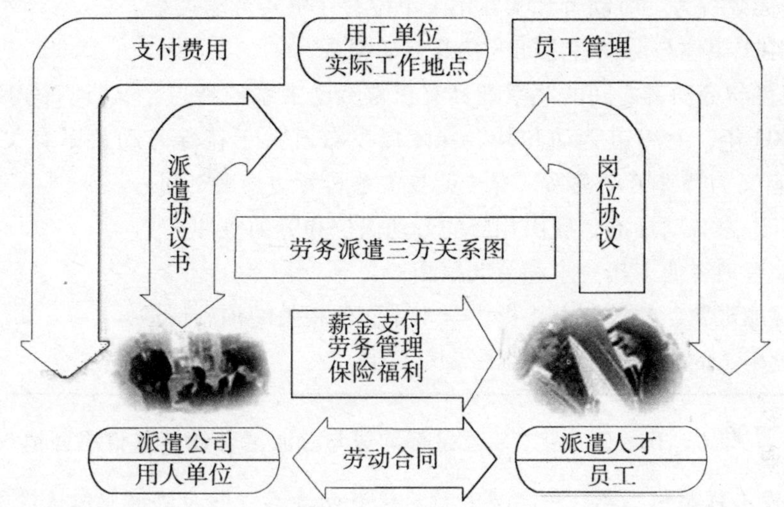

上图的三方关系可以作分解如下：

（一）派遣单位与劳动者之间的劳动法律关系。他们之间适用劳动法律法规，如《劳动法》《劳动合同法》等。

★ 派遣单位与劳动者之间签订劳动合同。派遣单位支付劳动报酬、缴纳社会保险、办理工伤认定和解除和终止劳动关系。双方因履行劳动关系发生纠纷属于劳动争议纠纷，必须经过劳动仲裁前置程序。

★ 违法给劳动者造成损害的，劳务派遣单位与用工单位承担连带赔偿责任。

★ 劳务派遣单位应当与劳动者订立两年以上的固定期限劳动合同，按月支付劳动报酬；在被派遣劳动者无工作期间，劳务派遣单位应当按所在地人民政府规定的最低工资标准，按月支付其报酬。

> **Tips** 小贴士：16-1　**劳务派遣公司的资质要求**
>
> 根据《劳动合同法》第五十七条的规定，劳务派遣公司应当依照公司法的有关规定成立，注册资本不得少于200万元人民币，且需取得经营劳务派遣业务的资格。

（二）派遣单位与用工单位之间的民事法律关系。他们之间适用民事法律法规，如《民法通则》《合同法》等。

（1）派遣单位与用工单位之间应订立劳务派遣协议。约定派遣岗位和人员数量、派遣期限、劳动报酬和社会保险费的数额与支付方式及违约责任。

（2）双方的劳务派遣协议属于民事劳务派遣服务合同，并不确立劳动关系，如双方就劳动派遣协议发生纠纷，除自行协商和调解外，只能通过民事诉讼渠道解决。

（3）如劳务派遣单位与用工单位之间不按照法定的要求和程序进行劳动派遣，则劳动派遣是无效行为。劳动者和实际用工单位存在事实劳动关系。

（三）用工单位与劳动者之间的特殊劳动关系。

用工单位与劳动者之间的关系既具有正常劳动关系的特点，又具有民事劳务关系的特点，2003 年，上海市劳动和社会保障局发布《关于特殊劳动关系有关问题的通知》，将其定义为特殊劳动关系，介于劳务关系和劳动关系之间：

★ 执行国家劳动标准，提供相应的劳动保护和劳动条件；

★ 告知劳动者的工作要求和劳动报酬；

★ 支付加班费、绩效奖金、提供与工作岗位相关的福利待遇；

★ 连续用工的，实行正常的工资调整机制。

Tips 小贴士：16－2 **用工单位是否需要与被派遣劳动者签订书面协议？**

法律没有强制用工单位一定要和被派遣劳动者签订书面协议，但从实务操作的角度而言，用工单位最好如此操作，通过书面协议对双方的权利义务作出明确约定。用工单位与被派遣劳动者签订的是一般的劳务合同而非劳动合同。此外，为了保护用工单位的利益，用工单位也可以依法与被派遣劳动者签订培训协议、保密协议、竞业限制协议等。

二、劳务派遣与相关概念的区分

（一）劳务派遣与职业介绍的区别

1. 法律关系不同。职业介绍与劳务派遣最主要的区别是职业介绍机构与劳动者之间不存在劳动关系，职业介绍机构仅仅是促成劳动者与用人单位之间建立劳动关系，只是起到居间的作用；而在劳务派遣，劳务派遣单位必然是首先与劳动者建立劳动关系，然后将劳动者派到用工单位从事劳动，劳动者与用工单位之间不存在一般意义上的劳动关系。

2. 对价表现不同。在职业介绍中，除法定或约定无偿外，劳动者和用工单位需分别依约给付居间报酬给职业介绍机构；而在劳务派遣当中，被派遣劳动者自劳务派遣单位处获取工资，同时也在用工单位处取得其他的劳动报酬，另外，作为使用被派遣劳动者的用工单位，应当支付相应的用工费用给劳务派遣单位。

3. 签署合同不同。在职业介绍中，用工单位与职业介绍机构以及劳动者与职业介绍机构之间形成的是一种居间关系，相应签署的职业介绍合同或职业中介合同是居间合同。而在劳务派遣关系中，派遣单位要与用工单位之间签订劳务派遣协议，约定劳务派遣派出方与使用方之间的权利义务关系。被派遣劳动者与派遣单位之间签署劳动合同，而用工单位与派遣单位则签订用工合同或劳务合同。

4. 法律约束不同。在职业介绍中，职业介绍机构提供的就业信息有可能是来自于劳务派遣单位，也就是说用人单位可以是以从事派遣为业的机构，其通过职业介绍机构招聘员工后再将该员工派遣出去；而在劳务派遣关系中，用工单位不能将被派遣劳动者再派遣出去。《劳动合同法》第六十二条第二款也是如此规定：“用工单位不得将被派遣劳动者再派遣到其他用人单位。”

（二）劳务派遣与借调的区别

企业借调作为一个特定的语词概念，在中国内地产生于20世纪80年代中期，由于国家机关、事业单位普遍进行机构改革，使一些部门原有的行政人员逐步减少，造成严重缺员，为了能正常开展工作，一些部门只得从基层企事业单位调用有特长、有专业知识、服从性较好的人员到机关工作，从而形成了“借调”现象。企业借调与劳务派遣的区别在于：

1. 在相关人员方面，企业借调一般涉及相互间的业务合作、人事交流、学习研修等目的，而劳务派遣则主要涉及临时性、辅助性、替代性岗位或特定的服务业和高度专门及技术性的业务；

2. 在主营业务方面，企业借调的出借方一般都有自己所在的行业，并不以派遣业务为主营业务，而劳务派遣单位的主业即为人力资源的派遣；

3. 在使用频率方面，企业借调并非经常性行为，而劳务派遣则以派遣劳动者为其经营的常态；

4. 在专业机构方面，企业借调通常只以企业双方共同意愿为基础，没有所谓专门从事借调业务的机构，而劳务派遣则以派遣公司为其业务运作的前提；

5. 在是否获益上，企业借调通常均是基于人员互动或调剂，通常不以获经济利益为目的，而劳务派遣则以派遣获益为基本目标。

（三）人事代理与劳务派遣的区别

劳务派遣与人事代理相似之处在于：劳务派遣与人事代理都涉及劳动者、用人单位及其这两者之外的第三方（劳务派遣单位或人事代理机构）；用人单位与劳务派遣单位之间、用人单位与人事代理机构之间都是一种平等的合同关系。

劳务派遣与人事代理不同之处有如下几点：

1. 劳动者与代理（派遣）机构法律关系不同。在劳务派遣中，劳动者与派遣单位之间是劳动关系，劳务派遣单位与劳动者订立劳动合同，受劳动法的调整和规范。而在人事代理中，劳动者与人事代理中介机构之间的关系则要具体分析，若人事代理机构为劳动者提供人事档案管理甚至代缴社会保险，则在劳动者与人事代理机构之间是委托关系，受合同法以及民事法律规范的调整；若人事代理机构受企事业单位委托提供人才测评、人才招聘等服务，则劳动者与人事代理中介机构之间并不存在法律关系。

2. 劳动者与用人单位的法律关系不同。在劳务派遣中，劳动者与用人单位之间没有合同关系，也并不存在劳动法意义上的劳动关系，实际用人单位对劳动者的管理和使用是基于其与劳务派遣单位的双务合同；在人事代理中，劳动者与用人单位之间是劳动法上规定的劳动关系，用人单位负有劳动法规定的义务。

3. 调整双方关系的法律规范不同。劳务派遣受劳动法及相关劳动法律规范的调整；而人事代理则是受民法以及民事法律规范的调整。

4. 承担雇主责任的相关责任主体不同。在劳务派遣中，劳务派遣单位与用工单位分别应当承担各自的责任，在一定条件下还要承担连带责任；而在人事代理中，由用人单位来承担雇主责任，代理机构完全不承担雇主责任。

5. 权利义务内容不同。劳务派遣是以派遣单位与劳动者之间的劳动合同为基础，其内容是劳动法上规定的权利和义务；人事代理的内容则是委托方与受托方在相关规章规定下由双方协商确定。

6. 用人单位所承担的义务责任不同。在劳务派遣关系下，劳动法上规定的用人单位的义务是由派遣单位来承担的，用工单位所承担的义务是基于其与派遣单位之间的双务合同来确定的，对劳动者并不承担劳动法上的义务，只是对劳动者实际管理使用；在人事代理关系下，用人单位是劳动关系的主体之一，不仅负有对劳动者的管理使用权，而且负有劳动法上规定的义务。

（四）劳务派遣与传统劳动关系的区别

一般来说，劳务派遣关系与劳动关系的区别主要有三点：

1. 主体不同。劳务派遣主体包括三方，即劳务派遣单位、用工单位与劳动者。而劳动关系的主体则只有用人单位和劳动者双方。

2. 关系不同。在劳务派遣关系中，被派遣劳动者与用工单位，不存在人身隶属关系。而在劳动关系中，劳动者处于服从的地位，用人单位与劳动者之间形成管理与被管理的隶属关系。

3. 劳动者的福利待遇不同。劳务派遣关系中，被派遣劳动者的劳动报酬和社会保险费的数额与支付方式由劳务派遣协议约定。而劳动关系中的劳动者除获得工资报酬外，还依法享有社会保险及其他福利待遇。

三、劳务派遣的适用岗位

在《劳动合同法》实施之前，由于我国法律对劳务派遣还没有规范和限制，用人单位为降低用工成本，逃避劳动法的责任，任意使用劳务派遣工，使劳务派遣范围不断扩大，派遣劳动者人数也不断增加。在一些行业和企业中，劳务派遣工甚至已占到一半以上，成为用工的主流形式。在一些长年稳定需求的工作岗位，也使用劳务派遣工，如银行的前台柜员等。如果不对这一用工形式加以规范，任其发展，劳务派遣很有可能在不久的将来成为所有企业用工的常态，劳动关系的基础将受到严重的挑战，劳动法的作用无法发挥，劳动者的合法权益将无法得到应有的保障，社会公平也将难以维护和实现。因此《劳动合同法》明确规定了劳务派遣一般仅适用于临时性、辅助性或者替代性的工作岗位，以力图解决劳务派遣这种用工形式日益扩大的现象。

法条链接

《劳动合同法》第六十六条　劳动合同用工是我国的企业基本用工形式。劳务派遣用工是补充形式，只能在临时性、辅助性或者替代性的工作岗位上实施。

前款规定的临时性工作岗位是指存续时间不超过六个月的岗位；辅助性工作岗位是指为主营业务岗位提供服务的非主营业务岗位；替代性工作岗位是指用工单位的劳动者因脱产学习、休假等原因无法工作的一定期间内，可以由其他劳动者替代工作的岗位。

用工单位应当严格控制劳务派遣用工数量，不得超过其用工总量的一定比例，具体比例由国务院劳动行政部门规定。

为了更加细化劳务派遣的相关规定，人力资源社会保障部制订了《劳务派遣暂行规定》，自2014年3月1日起施行。该规定明确"用工单位决定使用被派遣劳动者的辅助性岗位，应当经职工代表大会或者全体职工讨论，提出方案和意见，与工会或者职工代表平等协商确定，并在用工单位内公示"。从而解决了如何界定辅助性岗位的实务操作问题。

此外，该规定第四条规定"用工单位应当严格控制劳务派遣用工数量，使用的被派遣劳动者数量不得超过其用工总量的10%。前款所称用工总量是指用工单位订立劳动合同人数与使用的被派遣劳动者人数之和。计算劳务派遣用工比例的用工单位是指依照劳动合同法和劳动合同法实施条例可以与劳动者订立劳动合同的用人单位。"从而使劳务派遣工的用工人数及比例得到了量化的控制。

第二节　劳务派遣的法定保护

一、用工单位的法定义务

法条链接

《劳动合同法》第六十二条　用工单位应当履行下列义务：

（一）执行国家劳动标准，提供相应的劳动条件和劳动保护；

（二）告知被派遣劳动者的工作要求和劳动报酬；

（三）支付加班费、绩效奖金，提供与工作岗位相关的福利待遇；

（四）对在岗被派遣劳动者进行工作岗位所必需的培训；

（五）连续用工的，实行正常的工资调整机制。

用工单位不得将被派遣劳动者再派遣到其他用人单位。

从上述法条可以看出，用工单位必须履行的义务，包括：

（一）执行国家劳动标准，提供相应的劳动条件和劳动保护

劳动条件是指劳动者完成劳动任务的必要条件，如必要的劳动工具、工作场所、劳动经费、技术资料等必不可少的物质技术条件和其他工作条件。

劳动保护，是指用工单位为了保障劳动者在劳动过程中的身体健康与生命安全，预防伤亡事故和职业病的发生，而采取的有效措施。在劳动保护方面，凡是国家有标准规定的，用工单位必须按照国家标准执行，劳动合同约定只能高于国家标准；国家没有标准的，劳动合同约定的标准以不使劳动者的生命安全受到威胁、身体健康受到侵害为前提条件。

（二）告知被派遣劳动者的工作要求和劳动报酬

工作要求是指用工单位安排劳动者从事的岗位对劳动者的能力和绩效要求。劳动报酬是指劳动力价值的表现形式，是劳动者履行劳动义务后享有的劳动权利，包括工资、奖金、津贴等形式。被派遣劳动者对此享有知情权，尤其是劳动报酬的多少、支付方式等，因为这直接关系到被派遣劳动者合法劳动权益的保护，是关乎劳动者切身利益的重大问题。

（三）支付加班费、绩效奖金，提供与工作岗位相关的福利待遇

绩效奖金是指依照劳动者劳动绩效而计算、发放的奖金。职工福利，是企事业单位和机关团体在工资、社会保险之外免费为全体职工举办的集体生活福利设施、文化福利等设施以及给予职工各项补贴制度的总称。现在很多用工单位不支付被派遣劳动者的福利待遇，以此降低用工成本，这样的做法根据《劳动合同法》的最新规定是违法行为。派遣单位向被派遣劳动者支付劳动报酬，用工单位向派遣单位支付报酬或管理费。而作为加班加点工资报酬的加班费、绩效奖金、与工作岗位相关的福利待遇等则都是在具体劳动中的报酬内容，可以由用工单位向被派遣劳动者支付。

（四）对在岗被派遣劳动者进行工作岗位所必需的培训

派遣单位应当按照用工单位的要求派遣符合后者要求的劳动者。但如果用工单位在接受被派遣劳动者后认为按照本单位的岗位需要进一步对劳动者进行培训的，则由用工单位自己负责对在岗被派遣劳动者进行工作岗位所必需的培训，费用由用工单位承担。

（五）连续用工的，实行正常的工资调整机制

这主要是解决被派遣劳动者的工资长期过低的问题。用工单位连续用工的，工资需要进行定期的调整，此调整机制用工单位须依法实行。

（六）禁止用工单位再派遣

用工单位与派遣单位订立劳务派遣协议，双方应当按照该协议履行各自义务。在用工单位方面，其应当按照劳务派遣协议的约定使用被派遣劳动者，这其中包括协议中已明确的派遣岗位和人员数量、派遣期限等。此外，用工单位不得将被派遣劳动者再派遣到其他用人单位，也就是说接受以劳务派遣形式用工的单位接收被派遣劳动者必须是自用。

二、劳务派遣工的工资保护

法条链接

《劳动合同法》第六十三条　被派遣劳动者享有与用工单位的劳动者同工同酬的权利。用工单位应当按照同工同酬原则，对被派遣劳动者与本单位同类岗位的劳动者实行相同的劳动报酬分配办法。用工单位无同类岗位劳动者的，参照用工单位所在地相同或者相近岗位劳动者的劳动报酬确定。

劳务派遣单位与被派遣劳动者订立的劳动合同和与用工单位订立的劳务派遣协议，载明或者约定的向被派遣劳动者支付的劳动报酬应当符合前款规定。

这条规定了被派遣劳动者与用工单位的劳动者享有同工同酬权利。目前劳务派遣领域中对劳务派遣工进行身份歧视的问题比较突出，集中体现为劳务派遣工与正式工之间虽从事相同的工作但工资待遇相差较大，有的企业中劳务派遣工与正式工的基本工资相差30%—40%。在缴纳社会保险方面，劳务派遣工与正式工也有差别，正式工的社会保险是按照公司上年度平均工资的标准缴纳的，而劳务派遣工的社会保险是按照当地最低工资标准缴纳的。上海市总工会的调查报告显示，同样从事一线岗位工作，劳务派遣工的平均工资收入仅为正式工的81.52%。其他待遇方面也与正式工有比较大的差距：看病要自费；没有病假、探亲假等；不论工作表现如何，都不能评先进、没有疗养、休养的权利，也不能申请困难补助。用工单位大量使用派遣员工，一个重要的原因就是派遣员工工资水平较低，且没有正式员工的福利，使人工成本大大降低。因此，本法规定被派遣劳动者享有与用工单位劳动者同工同酬的权利。“同工同酬”是指被派遣劳动者的劳动报酬应当与用工单位中从事相同工作，付出等量劳动且取得相同劳绩的劳动者相同。“同工”包含三层含义：一是工作岗位、工作内容相同；二是在相同的工作岗位上付出了与别人同样的劳动工作量；三是同样的工作量取得了相同的工作业绩。用工单位无同类岗位其他劳动者的，参照用人单位所在直辖市、设区的市人民政府公布的职工平均工资确定劳动报酬。

三、劳务派遣工的工会参加权

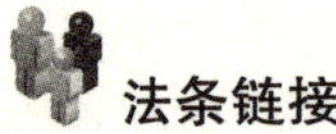

法条链接

《劳动合同法》第九十二条　违反本法规定，未经许可，擅自经营劳务派遣业务的，由劳动行政部门责令停止违法行为，没收违法所得，并处违法所得一倍以上五倍以下的罚款；没有违法所得的，可以处五万元以下的罚款。

劳务派遣单位、用工单位违反本法有关劳务派遣规定的，由劳动行政部门责令限期改正；逾期不改正的，以每人五千元以上一万元以下的标准处以罚款，对劳务派遣单位，吊销其劳务派遣业务经营许可证。用工单位给被派遣劳动者造成损害的，劳务派遣单位与用工单位承担连带赔偿责任。

本条是关于被派遣劳动者参加或者组织工会权利的规定。我国《工会法》和《劳动法》均作了规定，“劳动者有权依法参加和组织工会”。“工会代表和维护劳动者的合法权益，依法独立自主地开展活动。”参加和组织工会，利用集体的力量争取自身合法、正当权益是劳动者最基本的权利之一，被派遣劳动者因为其自身地位及与劳务派遣单位和用工单位关系的特殊性，其参加和组织工会的权利更应该得到强调和保护。《劳动合同法》明确规定，被派遣劳动者无论是在劳务派遣单位，还是在用工单位都可以有依法参加和组织工会的权利。

劳务派遣工参加工会的情况比较特殊，劳务派遣单位由于将职工都派遣出去了，职工很分散，所处的环境又不同，因此很少有组建工会的，即使组建了，工会工作也很难开展。同时，劳务派遣工尽管在接受单位工作，但不是接受单位的职工，且涉及工会会费缴纳等问题，因此劳务派遣工一般也不被允许参加接受单位的工会。实践中，解决劳务派遣工参加工会的问题主要有三种方法：1. 由劳务派遣单位成立工会，并在用工单位成立分工会，与用工单位的工会合作一起搞活动；2. 由劳务派遣单位与用工单位签订协议，委托用工单位工会管理劳务派遣工会员；3. 用工单位允许一定工龄的劳务派遣工加入用工单位的工会，但这种方式仍存在一些法律问题，有的还遭到正式工的反对。

四、侵害劳务派遣工的责任承担

“给被派遣劳动者权益造成损害的，劳务派遣单位与用工单位承担连带赔偿责任”，这是对被派遣劳动者权益受到损害的民事责任的规定。法律规定被派遣劳动者权益受到损害的，由劳务派遣单位和用工单位承担连带赔偿责任，这对于制止用工单位不实际承担用工责任，劳务派遣单位实际承担不了用工责任，以最大限度地保障被派遣劳动者受损的权益得到赔偿，都具有重要的意义和积极的法律效果。

Tips 小贴士：16－3 用工单位如何维护自身权益？

实践中，经常出现劳务派遣单位克扣员工工资，或没有依法为员工缴纳社会保险费等情况。用工单位应当与劳务派遣单位在《劳务派遣协议》中明确双方的责任，并约定企业承担连带责任后向劳务派遣单位追偿的事宜，一旦劳务派遣单位违法给被派遣劳动者造成损害的，用工单位可以依据《劳务派遣协议》的约定向劳务派遣单位追偿。一般而言劳务派遣协议包含下列内容：用工单位和劳务派遣单位的权利和义务；劳务费的支付标准、支付时间、支付方式；对被派遣劳动者的责任分配等。在实务中，劳务派遣协议一般都是由劳务派遣公司提供格式合同文本，合同更倾向于对劳务派遣公司的保护，用工单位应结合自身利益对合同条款进行仔细审查。

案例：16－2 派遣员工受伤，找谁维权？

【案例一】2008年7月10日，叶某到通州某服务公司处报名求职，经通州某服务公司派遣去南通某实业有限公司从事弯管工作。同年7月28日上午9时许，叶某在工作时受伤。2009年3月，叶某以南通某实业有限公司作为用人单位向劳动与社会保障局申请要求认定工伤未果，随后，叶某又以通州某服务公司作为用人单位申请确认劳动关系。2009年6月25日，仲裁委裁决确认叶某与通州某服务公司存在劳动关系。通州某服务公司认为仲裁委裁决不当，以叶某及南通某实业有限公司为被告诉至通州法院，请求确认其与叶某不存在劳动关系。

法院审理认为，根据叶某提供的证据，可以看出叶某是通州某服务公司派遣到南通某实业有限公司工作时受伤，故对通州某服务公司诉称自己仅是中介组织、与叶某不存在劳动关系的请求，法院不予采信。遂判决确认被告叶某与原告通州某服务公司存在劳动关系，在被告南通某实业有限公司工作受伤。

【案例二】张某与某人力资源服务有限责任公司形成劳动关系，后被派遣到被告某风电公司从事辅助工作，某人力资源服务有限责任公司未为张某办理社会保险手续。2008年10月11日下午，张某在单位上班时被脚手架砸伤股骨上段，造成右股骨上段粉碎性骨折，劳动与社会保障局做出工伤认定，后经鉴定为八级伤残。张某为工伤赔偿问题，申请仲裁委仲裁，仲裁委作出裁决。后张某认为仲裁裁决不当，工资标准应以两被告间的劳务合同中约定的标准计算，而不应以其与某人力资源服务有限责任公司的合同约定标准计算，向通州法院提起诉讼，要求解除其与被告某人力资源服务有限责任公司的劳动合同，人力资源服务有限责任公司支付就业补助金、医疗补助金等费用151192.3元，被告某风电公司对上述赔偿承担连带责任。

法院经审理认为，原告张某提供了两被告间的劳务合同，在该合同中，两被告约定的系劳务费用，其中含有人员工资、保险费、劳动保护费、管理费等费用，而并非系单纯的被派遣人员的工资，故原告的日工资仍应以其与人力资源服务有限责任公司的劳动合同来认定。

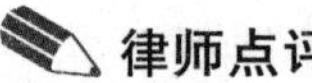律师点评

在劳务派遣合同履行中容易产生一些问题，如合同约定不明确或者违反法律规定、接受单位不按时向派遣单位支付劳务费、接受单位直接指挥劳动者加班而不支付加班工资、劳动者在劳动中遭受人身伤害等。虽然在发生纠纷的情况下，劳动者只能认定与派遣单位存在劳动关系，但是由于派遣单位有时候不规范，责任承担能力弱，为充分保护劳动者权利，《最高人民法院关于审理劳动争议案件适用法律若干问题的解释（三）》第十条规定，劳动者因履行劳动力派遣合同产生劳动争议而起诉，以派遣单位为被告；争议内容涉及接受单位的，以派遣单位和接受单位为共同被告。因此，劳动者如在工作中受到伤害，依法认定为工伤，可以以派遣单位和接受单位为共同被告，如接受单位未依法履行劳动者的劳动保护义务，则应与派遣单位承担连带赔偿责任。

劳务派遣关系的法规适用指南

（一）有关劳务派遣单位的资格与准入

法条链接

《劳动合同法》第五十七条　经营劳务派遣业务应当具备下列条件：

（一）注册资本不得少于人民币二百万元；

（二）有与开展业务相适应的固定的经营场所和设施；

（三）有符合法律、行政法规规定的劳务派遣管理制度；

（四）法律、行政法规规定的其他条件。

经营劳务派遣业务，应当向劳动行政部门依法申请行政许可；经许可的，依法办理相应的公司登记。未经许可，任何单位和个人不得经营劳务派遣业务。

第六十二条第二款　用工单位不得将被派遣劳动者再派遣到其他用人单位。

第六十七条　用人单位不得设立劳务派遣单位向本单位或者所述单位派遣劳动者。

《劳动合同法实施条例》第二十八条　用人单位或者其所属单位出资或者合伙设立的劳务派遣单位，向本单位或者所属单位派遣劳动者的，属于劳动合同法第六十七条规定的不得设立劳务派遣单位。

（二）有关劳务派遣用工指导适用

法条链接

《劳动合同法》第六十六条　劳动合同用工是我国的企业基本用工形式。劳务派

遣用工是补充形式，只能在临时性、辅助性或者替代性的工作岗位上实施。

前款规定的临时性工作岗位是指存续时间不超过六个月的岗位；辅助性工作岗位是指为主营业务岗位提供服务的非主营业务岗位；替代性工作岗位是指用工单位的劳动者因脱产学习、休假等原因无法工作的一定期间内，可以由其他劳动者替代工作的岗位。

用工单位应当严格控制劳务派遣用工数量，不得超过其用工总量的一定比例，具体比例由国务院劳动行政部门规定。

（三）有关劳务派遣单位与劳动者的劳动合同

1. 合同订立

法条链接

《劳动合同法》第五十八条　劳务派遣单位是本法所称用人单位，应当履行用人单位对劳动者的义务。劳务派遣单位与被派遣劳动者订立的劳动合同，除应当载明本法第十七条规定的事项外，还应当载明被派遣劳动者的用工单位以及派遣期限、工作岗位等情况。

劳务派遣单位应当与被派遣劳动者订立二年以上的固定期限劳动合同，按月支付劳动报酬；被派遣劳动者在无工作期间，劳务派遣单位应当按照所在地人民政府规定的最低工资标准，向其按月支付报酬。

第六十条　劳务派遣单位应当将劳务派遣协议的内容告知被派遣劳动者。

劳务派遣单位不得克扣用工单位按照劳务派遣协议支付给被派遣劳动者的劳动报酬。

劳务派遣单位和用工单位不得向被派遣劳动者收取费用。

《劳动合同法实施条例》第三十条　劳务派遣单位不得以非全日制用工形式招用被派遣劳动者。

2. 劳动标准确定

法条链接

《劳动合同法》第六十一条　劳务派遣单位跨地区派遣劳动者的，被派遣劳动者享有的劳动报酬和劳动条件，按照用工单位所在地的标准执行。

第六十三条　被派遣劳动者享有与用工单位的劳动者同工同酬的权利。用工单位应当按照同工同酬原则，对被派遣劳动者与本单位同类岗位的劳动者实行相同的劳动报酬分配办法。用工单位无同类岗位劳动者的，参照用工单位所在地相同或者相近岗位劳动者的劳动报酬确定。

劳务派遣单位与被派遣劳动者订立的劳动合同和与用工单位订立的劳务派遣协议，

载明或者约定的向被派遣劳动者支付的劳动报酬应当符合前款规定。

3. 合同解除与经济补偿金

法条链接

《劳动合同法》第六十五条　被派遣劳动者可以依照本法第三十六条、第三十八条的规定与劳务派遣单位解除劳动合同。

被派遣劳动者有本法第三十九条和第四十条第一项、第二项规定情形的，用工单位可以将劳动者退回劳务派遣单位，劳务派遣单位依照本法有关规定，可以与劳动者解除劳动合同。

《劳动合同法实施条例》第三十一条　劳务派遣单位或者被派遣劳动者依法解除、终止劳动合同的经济补偿，依照劳动合同法第四十六条、第四十七条的规定执行。

第三十二条　劳务派遣单位违法解除或者终止被派遣劳动者的劳动合同的，依照劳动合同法第四十八条的规定执行。

第十七章　集体合同争议

第一节　集体合同的概念及特征

一、集体合同的概念及特征

集体合同也称集体协议或团体协议，是指由工会组织代表职工与用人单位或用人单位的团体组织就劳动者的劳动报酬、工作时间、休息休假、安全卫生、保险福利等涉及劳动关系双方当事人的权利义务问题，通过协商谈判而订立的书面协议。劳动和社会保障局制定的《集体合同规定》称“本规定所称集体合同，是指用人单位与本单位职工根据法律、法规、规章的规定，就劳动报酬、工作时间、休息休假、劳动安全卫生、职业培训、保险福利等事项，通过集体协商签订的书面协议；所称专项集体合同，是指用人单位与本单位职工根据法律、法规、规章的规定，就集体协商的某项内容签订的专项书面协议”。

集体合同通常具有以下特征：

（1）签订集体合同的当事人特定。签订集体合同的双方当事人中一方为用人单位，而另一方必须为团体，通常是用人单位的工会或行业组织工会，由它们代表劳动者与用人单位签订集体合同，在未建立工会情形下，则应由职工推举的职工代表充当，劳动者个人不能与用人单位签订集体合同。

（2）集体合同规范的是劳动关系。集体合同是当事人之间关于劳动关系的约定，而非民事、经济协议，集体合同为劳动者个人与用人单位之间订立劳动合同确定了相应标准，以维护劳动者合法权益，协调劳动关系，促进用人单位与劳动者共同发展。集体合同所含内容广泛，可以涉及劳动关系的各个方面，甚至对某些专属于用人单位的权利也可以作出约定。

（3）集体合同效力主体与签订主体不同。集体合同生效后将对用人单位、工会及工会所代表的职工产生效力，而不仅是对签订集体合同的主体双方产生效力。

（4）集体合同必须为书面合同。集体合同是要式合同必须以书面形式进行签订，同时集体合同的签订必须符合国家法律规定，并且要报送主管机关审查，进行登记备案才具有法律效力。

二、集体合同与劳动合同

集体合同与劳动合同之间存在着区别与联系。集体合同是在劳动合同基础之上产生和发展的。具体来讲，集体合同与劳动合同的主要区别表现为以下几方面：

(1) 两者签订的目的不同。签订集体合同的目的是维护劳动者整体的合法权益，调整改善群体劳动关系，促进企业和劳动者全体的共同发展。签订劳动合同的目的仅在于确定劳动者和用人单位双方之间的劳动关系，明确各自的权利义务，调整的关系是个别的。

(2) 签订的主体不同。集体合同的主体是用人单位与用人单位工会或行业组织工会（没有建立工会的，由职工推选职工代表）代表的全体劳动者。而劳动合同的签订主体是用人单位与劳动者个人。

(3) 合同内容不同。集体合同不仅规定本单位的一般性劳动权利义务，而且涉及劳动关系的各个方面，内容宽泛，具有整体性，但当签订专项集体合同时，所涉及的内容又仅仅涉及劳动关系的某一个方面。劳动合同仅规定劳动者个人与用人单位双方之间的权利和义务，内容细致具体，针对性较强。

(4) 法律效力不同。根据现有法律集体合同的效力要高于劳动合同，当劳动合同与集体合同冲突时，应优先适用集体合同，劳动合同中规定的各项劳动标准不得低于集体合同的规定，否则无效，无效部分以集体合同标准代替。另外从约束力来看，集体合同适用于用人单位全体劳动者，具有整体约束力，而劳动合同仅对劳动者个人有约束力。

(5) 责任承担不同。在集体合同履行中，如用人单位方违反集体合同时，应当承担违约责任，包括承担赔偿经济利益损失的责任。但若工会一方不履行集体合同的约定，通常只能由上级工会给予批评教育，纠正违约行为，一般不承担物质赔偿责任。在劳动合同中，任何一方违约可能会导致另一方提前解除劳动合同关系，同时，如果因一方违约给对方造成经济损失时，应根据后果、损失大小等给予另一方赔偿。

图表：17－1　集体合同与劳动合同比较

	签订目的	签订主体	合同内容	法律效力	责任承担
集体合同	维护整体性权益	用人单位与单位工会或行业工会（无工会的为职工代表）	涉及劳动关系有关的各个方面（专项集体合同时仅涉及某个方面）	对用人单位、工会及其代表的全体劳动者均产生约束力 集体合同效力高于劳动合同	用人单位方违约承担包括经济利益损失在内的责任，而工会方违约通常只由上级部门纠正错误做法

续　表

劳动合同	维护双方个体权益	用人单位与劳动者个体	仅涉及双方劳动关系权利和义务关系	对用人单位和劳动者个人产生约束力 劳动合同标准不得违反集体合同规定	违约可能导致一方解除劳动合同，过错方需向另一方承担相应的经济损失赔偿

法条链接

《劳动法》

第三十五条　依法签订的集体合同对企业和企业全体职工具有约束力。职工个人与企业订立的劳动合同中劳动条件和劳动报酬等标准不得低于集体合同的规定。

《劳动合同法》

第五十一条　企业职工一方与用人单位通过平等协商，可以就劳动报酬、工作时间、休息休假、劳动安全卫生、保险福利等事项订立集体合同。集体合同草案应当提交职工代表大会或者全体职工讨论通过。

集体合同由工会代表企业职工一方与用人单位订立；尚未建立工会的用人单位，由上级工会指导劳动者推举的代表与用人单位订立。

第五十三条　在县级以下区域内，建筑业、采矿业、餐饮服务业等行业可以由工会与企业方面代表订立行业性集体合同，或者订立区域性集体合同。

第五十四条　企业职工一方与用人单位可以订立劳动安全卫生、女职工权益保护、工资调整机制等专项集体合同。

第五十五条　集体合同中劳动报酬和劳动条件等标准不得低于当地人民政府规定的最低标准；用人单位与劳动者订立的劳动合同中劳动报酬和劳动条件等标准不得低于集体合同规定的标准。

第二节　集体合同的协商与签订

一、集体合同平等协商原则

集体合同的签订是建立在平等协商基础之上的，所谓平等协商是指用人单位指定的协商代表与工会选派的协商代表（没有建立工会的，由职工推选协商代表）为签订集体合同进行商议的行为，同时，平等协商也是劳动关系双方就彼此之间权益及双方关注的相关事宜进行沟通、交涉、谈判和共决的过程。

双方进行平等协商应把握以下几个原则：

1. 合法的原则。合法原则是集体合同订立过程中最基本的原则。主要包括协商、订立的程序合法和协商内容、订立合同的条款合法两个方面。这里的合法主要指《劳动法》和劳动法相关的配套法规及其他法律、法规与规定。

2. 平等合作和协商一致的原则。参与协商的工会组织与企业不存在隶属关系，双方法律地位是平等的。因此互相都有充分表达意见的权利。任何一方不能依仗权势，通过胁迫手段把自己的意志强加给对方，订立不平等合同。不平等合同是没有法律效力的。

3. 权利与义务相结合的原则。劳动法虽然是以保障劳动者的权益为主要宗旨的，但它所保护的权利不是没有义务的权利，而是和义务相结合的权利。劳动者必须履行了劳动的义务，才享有劳动法保障的各项权利。所以，在集体合同中，双方当事人既享有权利，又承担义务。

4. 兼顾各方利益的原则。兼顾各方利益，就是要求工会在代表职工同企业进行协商谈判时，既要维护职工的合法利益，又要从企业实际出发，把改善职工劳动、生活条件与企业的发展结合起来。公有制企业要在兼顾国家、企业、职工利益的基础上建立协调稳定的劳动关系。非公有制企业要在劳资两利的基础上建立协调稳定的劳动关系，使企业和职工得到“双赢”。

5. 维护正常的生产、工作秩序的原则。在集体合同的协商过程中，双方应保持良好的合作态度，不能采取强制方式或过激行动强迫另一方接受自己的意见。

二、集体合同协商代表

（一）集体协商代表的主体资格问题

集体协商代表是指按照法定程序产生并有权代表本方利益进行集体协商的人员，分为用人单位的协商代表和职工方的协商代表。

1. 用人单位一方的协商代表

由用人单位法定代表人指派，其中首席代表应由单位法定代表人、负责人担任或由其书面委托单位中的其他管理人员担任。首席代表不得由非本单位人员担任。对于协商代表，用人单位可以委托本单位以外的有关专业人员作为本方协商代表参加协商，但是委托人数不得超过本方协商代表的三分之一。

需要注意的一点是，作为协商代表派出方的用人单位除了劳动法相关法律法规规定的主体外，由于可以签订行业性集体合同，所以在集体合同协商中，派出协商代表的主体还可为：（1）雇主或雇主代表组织。（2）小企业以进行平等协商为目的的区域性行业性企业联合会组织。

2. 职工一方的协商代表

由本单位工会征求职工意见后选派。未建立工会的，由本单位职工民主推荐，并经半数以上职工同意。职工一方的首席代表由本单位工会主席担任或者由其书面委托的其他协商代表担任；工会主席空缺的，首席代表由工会主要负责人担任。未建立工会的，职工一方的首席代表由协商代表民主推举产生。同时，职工一方亦可以委托本单位以外的有关专业人员作为本方协商代表参加协商，但是委托人数不得超过本方协商代表的三分之一。

此处需要注意的是，职工一方协商代表必须要经过民主程序选派，否则将导致程序违法。

（二）集体协商代表的选任原则和人数问题

集体协商代表的原则关系到集体合同协商进程的快慢和协商效率的高低，选任协商代表在集体合同前期工作中极其重要。

1. 协商代表选任的原则

集体协商代表选任应当遵循以下原则：

（1）人数平等原则。人数平等是指职工一方协商代表与用人单位代表人数应对等。任何一方提出人数增加，相应的对方人数亦应增加，从而体现协商的平等。

（2）双方均有委托权。是指协商双方均有权委托专业人士或其他具有专门法律知识或有丰富实践经验的人员作为本方协商代表，以提高协商的效率，同时赋予双方均有委托权以体现协商待遇公正原则。

（3）专业人士人数限制原则。专业人士人数限制是指用人单位和职工一方可以委托本单位以外的有关专业人员作为本方协商代表参加协商，委托人数不得超过本方协商代表的三分之一。同时，任何一方的首席协商代表必须由本单位人员担任，非本单位专业人员不能担任首席协商代表。

除了上述基本原则外，需要注意的是，对于协商代表还应要求具有相应的法律知识、正直的人品、敏捷的思维，具有突发事件应对能力等，具体来讲，除了上述条件外企业方协商代表还应具备以下条件：

（1）具有一定的理论政策水平和相关的业务知识。协商代表应熟悉有关法律、法规和政策，懂得企业经营管理基本知识，了解本企业生产经营状况，这样才能保证在协商和签订集体合同过程中，合理把握尺度，依法行事。

（2）正直无私，协商代表应当具有肯为职工利益和工会事业奉献的敬业精神，密切联系职工群众，了解职工群众的愿望和要求，在职工群众中有较高的威信和亲和力。在关键时刻能够挺身而出，依法争取和维护职工的合法权益。

（3）具备一定的协商谈判能力和水平。协商代表应精明干练，头脑冷静，自信而沉着，观察力敏锐、逻辑清晰，表达能力强。善于与协商对手沟通和交流。

对于职工方协商代表而言，在协商的不同环节，要善于运用不同的策略和方法，既坚持原则性，又具有灵活性。进行平等协商是一项严肃的、政策性、实践性很强的工作，并且协商的内容与企业发展和职工切身利益密切相关，因此，职工协商代表的责任非常重大。如果职工协商代表的专业知识和经营管理方面的经验不足，就会在协商中处于被动的地位，起不到维护和代表职工权益的目的。

2. 协商代表的人数

集体合同双方的协商代表人数应相当，双方协商代表人数应为三人以人，原则上一方协商代表数为奇数（3 人、5 人、7 人等）较好。法律对协商代表具体人数上限没有明确规定，但一些地方性法规，如《江苏省集体合同条例》则规定了每方协商代表为三至十名。

协商代表人数应根据双方情况合理确定，否则将导致谈判变成“开大会”，降低效率，且往往拿不出有效方案。在协商中，如果一方无理由提出增加人数，超出合理范围，另一方有权拒绝，并可以书面向劳动保障行政部门提出协调处理申请。

（三）协商代表的职责和义务问题

1. 协商代表的职责

协商代表是根据用人单位方或职工方的指派或选任代表一方利益进行协商活动的，根据相关规定，协商代表通常应当履行以下几个方面的职责：

（1）参加集体协商，真实反映本方意愿和维护自己代表方的合法权益。

（2）接受本方人员质询，及时向本方人员公布协商情况并征求意见。协商中协商代表应当与己方人员积极沟通交流，以便获得相应的信息，更好地代表和反映他们的利益需求。

（3）提供与集体协商有关的情况和资料。

（4）（代表本方）参加集体协商争议的处理。

（5）及时向本方全体人员公布生效的集体合同。

（6）监督集体合同的履行。

（7）法律、法规和规章规定的其他职责。

2. 协商代表的义务

作为协商代表除了应当忠实地、积极地履行作为代表的职责外，还应当履行以下义务：

（1）答复义务，即对对方协商代表提出的问题、要求应当予以答复。

（2）保守商业秘密义务。由于各方协商代表在协商过程中会接触到单位经营的有关信息或相关的商业秘密，因此法律规定，协商代表应当遵守保密法律、法规，保守企业商业秘密。

（3）向对方如实提供有关集体协商的情况和资料的义务；协商过程中应当积极配合对方提供协商所必需的、合理的情况或资料。

（4）兼顾企业、职工的利益的义务，集体合同的协商应当从企业的实际出发，进行集体协商，要兼顾企业和职工的利益，实现利益平衡。

（5）尊重对方的义务，协商中任何一方应尊重对方协商代表的人格和意见，不得采取歧视性、胁迫性行为。

（四）协商代表的保护问题

此处所讲的协商代表的保护主要是指职工方代表的保护，法律法规之所以要强调和保护协商代表是因为职工方协商代表在代表职工进行集体协商过程中不可避免地会与企业利益发生冲突，有时会出现用人单位对协商代表打击报复的情况。但是这种利益冲突及引发的矛盾是基于协商代表的身份决定的，而不是协商代表个人产生的，因此法律必须对协商代表保护做出规定，以达到法益平衡。具体上来讲，法律法规对协商代表保护主要有以下几个方面：

应当保障协商代表履行职责所必需的工作条件和工作时间。协商代表参加集体协商占用工作时间的，视为提供正常劳动。

劳动合同终止的延长保护。一方的协商代表在其履行协商代表职责期间劳动合同期满的，劳动合同期限应自动延长至完成履行协商代表职责之时。

劳动合同解除的保护。在协商期间单位不得解除职工方协商代表的劳动合同，除非发生以下情形：

（1）严重违反劳动纪律或用人单位依法制定的规章制度的；

（2）严重失职、营私舞弊，对用人单位利益造成重大损害的；

（3）被依法追究刑事责任的。

岗位调整的保护。职工一方协商代表履行协商代表职责期间，用人单位无正当理由不得调整其工作岗位。

需要提醒的是，虽然法律法规对协商代表的保护做出了规定，但是职工还应加强自我保护意识，学会自我保护，在担当协商代表期间，一方面要学会在履行其职责时，更多地依靠工会组织和协商代表群体的力量，尽可能采取有理、有据、有节的方式进行协商，避免因正常协商程序而造成的矛盾。另一方面在合法权益受到侵害和受到不公正待遇时，也要敢于依法维护自身的合法权益。

三、集体合同内容

在确定集体协商代表后，协商双方应确定协商议题，协商议题应当针对集体合同内容确定。关于集体合同内容，《集体合同规定》第八条作了列举，包括以下方面：（一）劳动报酬；（二）工作时间；（三）休息休假；（四）劳动安全与卫生；（五）补充保险和福利；（六）女职工和未成年工特殊保护；（七）职业技能培训；（八）劳动合同管理；（九）奖惩；（十）裁员；（十一）集体合同期限；（十二）变更、解除集体合同的程序；（十三）履行集体合同发生争议时的协商处理办法；（十四）违反集体合同的责任；（十五）双方认为应当协商的其他内容。

对于上述各项内容，依据其性质可以划分为三种类型：

（1）实体性内容条款。主要包括劳动报酬、工作时间、休息休假、劳动安生与卫生、补充保险和福利、女职工和未成年工特殊保护、职业技能培训等方面。这些内容是集体合同的核心，直接涉及劳动者和用人单位双方之间的切身利益，具有实质性意义，是集体合同协商双方关心的重点。

（2）程序性内容条款。主要包括集体合同期限、变更、解除集体合同的程序、履行集体合同发生争议时的协商处理办法等方面。这些内容是集体合同生效、履行及争议发生时的处理，亦是集体合同中必不可少的部分。

（3）保障性内容条款。主要包括对集体合同的监督、检查及相应的组织、人员职责规定，还包括违反集体合同的违约责任。

四、集体合同签订程序

（一）提出协商。用人单位和工会方任何一方均可就签订集体合同或专项集体合同等，向对方提出进行集体协商的要求，要求应当以书面形式提出。一方提出集体协商要求，另一方应当以书面形式给予回应，无正当理由不得拒绝。《集体合同规定》规定，回应在20日内作出。

（二）确定协商代表。双方确定协商后，如果是首次协商或原有协商代表履行职责的期限已经到期，则双方应当确定相应的协商代表。

（三）起草议题，草拟集体合同。在此阶段，应做好以下工作：

1. 征求劳动者意见。双方都广泛进行意见的收集与调研，注意听取劳动者各方面意见和要求。促使最终签订的集体合同能够切实符合用人单位的实际情况。

2. 法律法规及有关政策和数据的收集。具体可划分为用人单位外部和内部信息。企业外部的信息资料，包括国家和地方有关劳动法方面的法律法规、政策制度；劳动和社会保障方面的政策规定，劳动就业和工资报酬、安全生产和社会保险等涉及协商内容的各项劳动标准和劳动条件；有关物价指数、最低工资标准、劳动力市场价位和当地的职工生活消费价格指数等信息资料；地区和行业的职工平均工资、工资增长水平和其他劳动标准、劳动条件的情况。企业内部的情况资料，包括企业的生产经营状况、目标任务和具体的计划指标、劳动生产率和人均收入水平、企业的各项规章制度和管理办法。跨国公司还要注意企业文化和企业理念、公司在其他国家的企业的经营状况和职工收入等情况。

3. 拟定议题，草拟集体合同。收集有关资料及信息后，双方应确定协商议题以纳入协商会议时的讨论范围，同时可以草拟集体合同，议题和合同文本可由一方草拟，也可由双方共同指派代表草拟。

4. 商定具体协商方案。在确定协商议题后，双方应确定协商方案，方案应包括以下内容：协商的时间、地点、参加人员等事项；协商议题及其说明；协商的原则和程序；其他需要明确的事项等。

（四）进行协商。在做好上述准备工作后，双方即可举行正式协商。协商会议由双方首席代表轮流主持，通常应按以下程序进行：1. 宣布会议议程和纪律；2. 一方首席代表提出协商具体内容和要求，另一方首席代表就对方要求提出回应；3. 双方代表发表意见进行讨论；4. 双方代表归纳意见，达成一致的，应当形成草案，由双方首席代表签字确认。在协商过程中，双方可协商中止会议。

（五）职代会审议。依据《集体合同规定》经双方协商代表协商一致的集体合同草案或专项集体合同草案应当提交职工代表大会或全体职工讨论。这是集体合同签订的法定程序，未经审议，集体合同无效。对于职工代表大会或全体职工讨论集体合同草案或专项集体合同草案，应当有三分之二以上职工代表或职工出席，且须经全体职工代表半数或者全体职工半数以上同意，集体合同草案或专项集体合同方可获得通过。

（六）签约与审核。集体合同草案通过职代会审后，应由集体协商双方的首席代表签字。并自双方首席代表签字之日起 10 日内，由用人单位一方将文本一式三份报送劳动保障部门审查。劳动保障部门收到集体合同文本起 15 日内若未提出异议，则集体合同即行生效。若 15 日内提出异议，应将《审查意见书》送达双方协商代表。双方收到后，应对提出异议的事项经过集体协商重新签订集体合同，并再将提交文本送审。

（七）集体合同的公布。集体合同生效后，应自生效之日起以适当的形式向本方的全体人员进行公布。

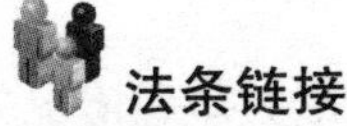
法条链接

《劳动法》第八条　劳动者依照法律规定，通过职工大会、职工代表大会或者其他形式，参与民主管理或者就保护劳动者合法权益与用人单位进行平等协商。

第三十三条　企业职工一方与企业可以就劳动报酬、工作时间、休息休假、劳动安全卫生、保险福利等事项，签订集体合同。集体合同草案应当提交职工代表大会或者全体职工讨论通过。

集体合同由工会代表职工与企业签订；没有建立工会的企业，由职工推举的代表与企业签订。

《劳动合同法》第五十一条　企业职工一方与用人单位通过平等协商，可以就劳动报酬、工作时间、休息休假、劳动安全卫生、保险福利等事项订立集体合同。集体合同草案应当提交职工代表大会或者全体职工讨论通过。

集体合同由工会代表企业职工一方与用人单位订立；尚未建立工会的用人单位，由上级工会指导劳动者推举的代表与用人单位订立。

第五十四条　集体合同订立后，应当报送劳动行政部门；劳动行政部门自收到集体合同文本之日起十五日内未提出异议的，集体合同即行生效。

依法订立的集体合同对用人单位和劳动者具有约束力。行业性、区域性集体合同对当地本行业、本区域的用人单位和劳动者具有约束力。

第三节　集体合同的变更、解除和终止

一、集体合同的变更

引起集体合同变更的情形主要有两种，一种是协商一致引起的变更，另一种是法定原因引起的变更。其中引起法定变更的原因主要包括：集体合同主体出现变化；因不可抗力等原因致使集体合同无法履行或部分无法履行；集体合同中的变更条件出现。此处的集体合同主体变化主要是指用人单位被兼并、解散、改制等情形。

需要注意的是，无论何种情形的集体合同变更，任何一方都不能任意进行，而应经双方协商达成一致方可变更，单方擅自变更是违法行为，变更无效且应承担相应的责任。

集体合同变更的程序与集体合同签订的程序相当，但可以相对简化，一方提出变更建议，另一方同意即可，并对集体合同文本进行修改，并报劳动行政部门审查。

二、集体合同的解除

集体合同的解除指在集体合同的有效期内，由于签订集体合同的主客观情况发生变化而导致集体合同不能或不必要继续履行，集体合同当事人依法解除双方权利义务关系。通常集体合同的解除是在没有预见的情形下，因特殊情况发生而导致集体合同解除条件出现。通常为：用人单位因被兼并、解散、破产等原因，致使集体合同无法履行的；因不可抗力等原因致使集体合同无法履行或部分无法履行的；集体合同约定的解除条件出现等。

解除集体合同的程序与集体合同协商程序相同，即应经双方协商代表协商，若协商成功，则应将协商解除集体合同的结果报送劳动部门集体合同管理机关登记备案。若一方提出解除集体合同的请求，另一方不同意，或者一方当事人单方解除集体合同，另一方有异议的，可以按照履行集体合同发生争议的处理程序的规定进行处理。

此外，如果是集体合同当事人一方违约，致使集体合同履行无法进行时，另一方当事人有权解除集体合同。

三、集体合同的终止

集体合同的终止包括广义上的终止和狭义上的终止。广义上集体合同的终止，是指因一定条件出现从而终止集体合同双方当事人之间的法律关系，即权利义务关系，集体合同对双方当事人不再具有约束力。狭义上的终止专指集体合同自然到期的终止。这又包括三种情况：集体合同的有效期届满；集体合同双方当事人约定的终止条件出现；集体合同规定的特定任务完成等。

1. 期限届满。是指集体合同签订时约定的有效期（通常为1至3年）到期，此时集体合同的法律效力自然终止。这是集体合同终止最为常见的情形。集体合同有效期届满，双方当事人经协商后又同意延续，这是允许的，但并不表明原集体合同继续生效，实际上是集体合同终止后的重新签订。因此，集体合同继续生效的程序相当于集体合同签订的程序。集体合同期限届满终止是一种自然的终止。

2. 当事人约定的终止条件出现。是指在签订集体合同时约定当某一情况出现，集体合同虽然尚未到期，但也视为到期而终止。如签订集体合同时，用人单位考虑到在集体合同有效期内，其可能要进行产品结构的调整，而这一调整将导致工作岗位、工作时间、劳动报酬标准等集体合同约定的内容发生重大变化，使集体合同的履行成为不可能，但这种调整又不是必然要进行的，需根据市场等多种不确定因素来决定。为既能保证在不调整情况下原劳动关系保持和谐、稳定，又能保证在调整成为必要时，不因原集体合同继续保有法律约束力使调整陷入被动，双方可就终止条件进行约定。

3. 特定任务完成而终止。双方当事人为实现特定的任务目标经协商达成一致签订集体合同，当特定的目标实现，集体合同的使命也随之结束从而终止。

图表：17－2　集体合同变更、解除或终止通常事由

项目 事由	集体合同变更	集体合同解除	集体合同终止
一	协商变更	协商解除	约定条件出现
二	用人单位因被兼并、解散、破产等	用人单位因被兼并、解散、破产等	集体合同期限届满
三	不可抗力等事由出现	不可抗力等事由出现	特定任务完成

第四节 集体合同争议处理

集体合同争议因不同阶段表现为两种不同形式的争议：一种为因签订集体合同发生的争议，一种为因履行集体合同发生的争议。两者因争议的发生、依据不同而有明显的不同，故在争议的处理方式上也完全不同。《劳动法》第八十四条分两款对两种不同的集体合同争议处理途径作了明确规定："因签订集体合同发生争议，当事人协商解决不成的，当地人民政府劳动行政部门可以组织有关各方协调处理。因履行集体合同发生争议，当事人协商解决不成的，可以向劳动争议仲裁委员会申请仲裁；对仲裁裁决不服的，可以自收到仲裁决定书之日起十五日内向人民法院提起诉讼"。

一、集体合同协商签订过程中的争议处理

根据《劳动法》第八十四条与《工会法》第五十三条的规定，因签订集体合同发生争议的处理，不是按照劳动争议处理的一般程序即仲裁、诉讼程序来解决，而是政府介入，责令改正，依法处理。其原因在于集体合同协商过程中的争议不是一般意义上的权利义务争议。因签订集体合同发生争议是指用人单位一方与劳动者一方就是否进行集体协商，是否能达成协议签订集体合同，集体合同确定什么样的标准条件等事项发生的争议。工会具有代表职工与用人单位进行集体合同协商的权力，但平等协商不是都必然能够达成协议的，劳动法、工会法赋予了劳动关系双方协调劳动关系这样一种机制、手段，集体合同制度的目的是确立合理的劳动标准、条件，正是这一点决定了因签订集体合同发生的争议不能按劳动争议的处理程序解决。

《集体合同规定》第七章规定了集体协商中的争议处理程序。当集体协商中双方当事人不能协商解决时，一方或双方均可向劳动行政部门提出协调处理申请，即使未提出申请的，若劳动保障部门认为必要时也可以进行协调处理。劳动行政部门处理因签订集体合同发生的争议应贯彻及时的原则，在决定受理之日起30日内结束。争议复杂或遇影响处理的其他客观原因需要延期的，延期最长不得超过15日。争议处理结束后，由劳动行政部门制作《协调处理协议书》，双方当事人首席代表和协调处理负责人共同签字盖章。《协调处理协议书》下达后当事人双方都应当执行。

二、集体合同履行中的争议处理

因履行集体合同发生的争议，是指集体合同生效后在其有效期内，双方当事人因不履行或不完全履行、不适当履行集体合同，以及对集体合同变更、解除、终止问题发生的争议。《工会法》第二十条第四款规定："因履行集体合同发生争议，经协商解

决不成的，工会可以向劳动争议仲裁机构提请仲裁，仲裁机构不予受理或者对仲裁裁决不服的，可以向人民法院提起诉讼。”《集体合同规定》第五十五条规定：“因履行集体合同发生的争议，当事人协商解决不成的，可以依法向劳动争议仲裁委员会申请仲裁。”

当履行集体合同发生争议时，因争议就发生在用人单位与全体职工间，当争议双方协商解决不成的，可直接向劳动争议仲裁委员会申请仲裁；对仲裁裁决不服时，可以自收到仲裁裁决之日起 15 日内向人民法院提起诉讼。

需要注意的是，在劳动争议处理程序中，对职工一方人数在 30 人以上的按特别程序处理。所谓的特别程序是指仲裁委员会在收到集体合同争议当事人的申诉之日起 3 日内就得作出受理或不受理的决定。决定处理的，应当组成特别仲裁庭，特别仲裁庭由 3 个以上的仲裁员单数组成。仲裁庭应按照就地、就近的原则处理争议。仲裁庭在处理因履行集体合同发生的争议时，组成仲裁庭之日起 15 日内结束。案情复杂需要延期的，经报仲裁委员会批准可以适当延期，但是延长的期限不得超过 15 日。

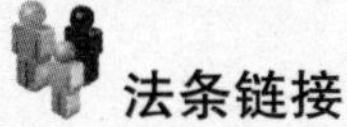

法条链接

《劳动法》第八十四条　因签订集体合同发生争议，当事人协商解决不成的，当地人民政府劳动行政部门可以组织有关各方协调处理。因履行集体合同发生争议，当事人协商解决不成的，可以向劳动争议仲裁委员会申请仲裁；对仲裁裁决不服的，可以自收到仲裁裁决书之日起十五日内向人民法院提起诉讼。

《劳动合同法》第五十六条　用人单位违反集体合同，侵犯职工劳动权益的，工会可以依法要求用人单位承担责任；因履行集体合同发生争议，经协商解决不成的，工会可以依法申请仲裁或者提起诉讼。

图书在版编目（CIP）数据

全新劳动争议处理实务指引：常见问题、典型案例、实务操作、法规参考：超级实用版/詹德强著．—3版．—北京：中国法制出版社，2020.3

（企业法律与管理实务操作系列）

ISBN 978-7-5216-0928-8

Ⅰ.①全… Ⅱ.①詹… Ⅲ.①劳动争议-处理-基本知识-中国 Ⅳ.①D922.591

中国版本图书馆CIP数据核字（2020）第034131号

策划编辑：杨智（yangzhibnulaw@126.com）

责任编辑：杨智 黄一迪　　封面设计：周黎明

全新劳动争议处理实务指引

QUANXIN LAODONG ZHENGYI CHULI SHIWU ZHIYIN

著者/詹德强

经销/新华书店

印刷/三河市紫恒印装有限公司

开本/787毫米×1092毫米 16开　　印张/20.25 字数/311千

版次/2020年3月第3版　　2020年3月第1次印刷

中国法制出版社出版

书号 ISBN 978-7-5216-0928-8　　定价：66.00元

北京西单横二条2号

邮政编码100031　　传真：010-66031119

网址：http://www.zgfzs.com　　**编辑部电话：010-66038703**

市场营销部电话：010-66033393　　**邮购部电话：010-66033288**

（如有印装质量问题，请与本社印务部联系调换。电话：010-66032926）